U1018317

职业教育“城市轨道交通专业”一体化课程改革创新示范教材

城市轨道交通
列车自动控制系统

田爱军　李凡甲　编著

西安电子科技大学出版社

内 容 简 介

本书主要介绍城市轨道交通领域主流的两大列车自动控制系统——西门子信号有限公司和卡斯柯信号有限公司的 CBTC 系统。全书共分为九个项目、36 个任务。项目一至项目五详细介绍了西门子 CBTC 系统及其 ATP、ATO、ATS、DCS 子系统；项目六至项目九详细介绍了卡斯柯 CBTC 系统及其 ATC、ATS、DCS 子系统。本书内容由浅入深，包括各系统的构成、工作原理、基本操作、维护及常见故障处理等。

本书配以大量设备应用的图片，图文结合紧密；在任务组织上符合循序渐进的教学规律，并按项目化教学方法的教学理念编写。

本书可作为高职高专、中职学校、技师学院、技工学校等的城市轨道交通专业的教材，也可作为相关专业师生及有关技术人员的参考书。

图书在版编目(CIP)数据

城市轨道交通列车自动控制系统 / 田爱军，李凡甲编著. —西安：西安电子科技大学出版社，2020.11(2023.4 重印)
ISBN 978-7-5606-5849-0

Ⅰ. ① 城… Ⅱ. ① 田… ② 李… Ⅲ. ①城市铁路—轨道交通—列车—自动控制系统
Ⅳ. ① U239.5

中国版本图书馆 CIP 数据核字(2020)第 161566 号

策　　划　秦志峰
责任编辑　秦志峰
出版发行　西安电子科技大学出版社(西安市太白南路 2 号)
电　　话　(029)88202421　88201467　　邮　　编　710071
网　　址　www.xduph.com　　电子邮箱　xdupfxb001@163.com
经　　销　新华书店
印刷单位　咸阳华盛印务有限责任公司
版　　次　2020 年 11 月第 1 版　2023 年 4 月第 2 次印刷
开　　本　787 毫米×1092 毫米　1/16　印张 19.75
字　　数　472 千字
印　　数　2001～4000 册
定　　价　59.80 元
ISBN　978-7-5606-5849-0 / U
XDUP 6151001-2

如有印装问题可调换

前　言

随着我国城市规模的扩大和城市人口数量的不断增加，交通成为人们特别关注的日常问题。城市轨道交通以其速度快、安全准时、乘坐舒适等其他交通工具无法比拟的优势，获得人们由衷的青睐。当前我国的城市轨道交通正处于发展、建设的黄金期，急需大量的相关专业技术人员，而从业者需要进行专业的技能培训才能上岗。其中，城市轨道交通列车自动控制系统是确保列车运行安全与提高效率的关键设备，其技术先进、设备众多、维护维修要求高，对相关从业人员的素质提出了更高的要求。为此，本书结合城市轨道交通在我国的实际应用情况，选取获得主流应用的西门子和卡斯柯的 CBTC(Communication Based Train Control，基于通信的列车控制)系统制式，从系统构成、工作原理、维护维修等方面进行了较为全面的阐述。

全书共分为九个项目，具体如下：

项目一为西门子 CBTC 系统，介绍了西门子 CBTC 系统的构成、功能、工作原理及相关列车驾驶模式等内容。

项目二为西门子 ATP 子系统，介绍了西门子 ATP 子系统的构成、功能、工作原理及检修方法等内容。

项目三为西门子 ATO 子系统，介绍了西门子 ATO 子系统的功能、工作原理、司机操作设备及车载显示器的检修方法等内容。

项目四为西门子 ATS 子系统，介绍了西门子 ATS 子系统的构成、功能、LOW 的显示与操作及系统检修方法等内容。

项目五为西门子 DCS 子系统，介绍了西门子 DCS 子系统的构成、工作原理及检修方法等内容。

项目六为卡斯柯 CBTC 系统，介绍了卡斯柯 Urbalis888 系统的构成、工作原理、运行模式等内容。

项目七为卡斯柯 ATC 子系统，介绍了卡斯柯 ATP 子系统的构成、功能、工作原理，ATO 子系统的功能，以及 ATC 子系统的维护方法等内容。

项目八为卡斯柯 ATS 子系统，介绍了卡斯柯 ATS 子系统的构成、功能、工作原理、工作站软件人机界面、信号与列车操作界面和故障处理方法等内容。

项目九为卡斯柯 DCS 子系统，介绍了卡斯柯 DCS 子系统的构成、功能、工作原理及维护方法等内容。

本书由江苏省徐州技师学院田爱军、李凡甲编著，田爱军编写了项目一至项目五，李凡甲编写了项目六至项目九及附录。在本书编写过程中，得到了各方同行的帮助，在此表示衷心的感谢。还要特别感谢西安电子科技大学出版社的领导和编辑们的支持与帮助。

由于编者水平有限，书中难免有不妥之处，欢迎各位读者批评指正。

编　者

2020 年 6 月

目　录

项目一　西门子 CBTC 系统

【项目描述】

西门子 CBTC 系统包括 Trainguard MT ATP/ATO 子系统、SICAS ECC 子系统、VICOS OC 或 MOCS ATS 子系统、Airlink pulz8 DCS 子系统、MMS 子系统等。本项目介绍西门子 CBTC 系统的总体构成、功能及工作原理，并结合列车控制级介绍了列车驾驶模式。

任务一　西门子 CBTC 系统概述

【工作任务】

(1) 掌握西门子 CBTC 系统的总体构成。
(2) 熟悉西门子 CBTC 系统各子系统的连接方式。
(3) 掌握西门子 CBTC 系统通信网络的组成。
(4) 掌握西门子 CBTC 系统各子系统间的信息流内容及方向。

【知识准备】

一、西门子 CBTC 系统的总体构成

西门子 CBTC 系统的总体构成具体如下：

(1) 正线配置完整的列车自动控制(Automatic Train Control，ATC)系统，包括列车自动监控(Automatic Train Supervision，ATS)子系统、列车自动防护(Automatic Train Protection，ATP)/运行(Automatic Train Operation，ATO)子系统 Trainguard MT(TGMT)、西门子计算机联锁系统元件控制计算机(Siemens Computer Aided Signalling Element Control Computer，SICAS ECC)子系统以及数据通信子系统(Data Communication System，DCS)。此外，在控制中心、设备集中站和维护部配置了相应的维护监测子系统设备。其中，列车自动监控子系统可以采用西门子 VICOS(Vehicle and Infrastructure Control and Operation System)或中电十四所 MOCS(Metro Operation Control System)。本项目中，以 MOCS 为例加以讲解。

(2) 试车线配置与正线一致的 ATP 轨旁设备及相应的试验设备，以提供试车功能。

(3) 培训中心配置具有地面和车载 ATC 功能的培训设施，以提供培训功能。

(4) 车辆段/停车场配置相应的信号设备。

正线信号系统结构如图 1-1 所示，其中：

(1) 中央控制层：主要包括列车自动监控(ATS)子系统。

(2) 轨旁层：主要包括 SICAS ECC 子系统(IXL)、TGMT 子系统(ATP)，与信号基础设备、计轴器(TVD)和应答器一起完成了联锁和轨旁 ATP 功能。

(3) 通信层：提供轨旁与车载之间的连续式通信。无线系统提供用于移动闭塞的连续通信(CTC(Continuous Train Control)级)。

(4) 车载层：包括车载 ATP/ATO 和驾驶员人机界面 (Human Machine Interface，HMI)等。车载 ATP/ATO 提供列车自动运行模式(ATO)和 ATP 防护下的人工驾驶模式(SM/RM)等功能。

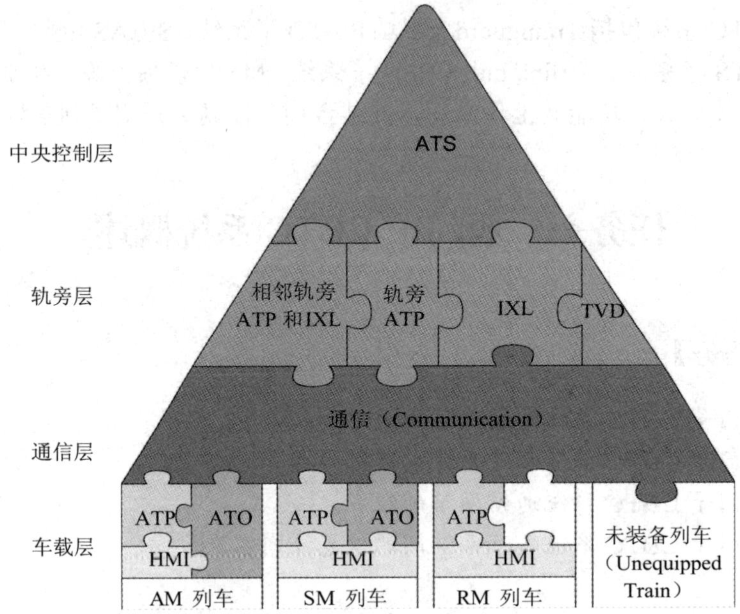

图 1-1 正线信号系统结构

二、子系统介绍

1. 列车自动监控(ATS)子系统

ATS 子系统 MOCS 由控制中心设备和分布于全线设备集中站、非设备集中站的设备组成，通过冗余的网络进行连接。控制中心的应用服务器和数据库服务器采用冗余配置，以提高 MOCS 的可用度。当一台服务器出现故障时，系统会自动切换到备机运行，不影响系统的正常运行。ATS 子系统的配置如下：

(1) 控制中心配置热备冗余的应用服务器、数据库服务器、接口工作站、用户工作站(包括调度员工作站、模拟/培训工作站、运行图/时刻表编辑工作站、系统维护工作站等)、大屏幕接口工作站、网络通信设备、存储和打印设备。

(2) 车站配置本地排路计算机和时刻表处理器(全线仅一套)。

(3) 派班室配置 HMI。

(4) 各车站配置一套 LOW(Local Operator Workstation，现地工作站)。

2. ATP/ATO 子系统

ATP/ATO 子系统为西门子 Trainguard MT。在连续式通信条件下，由 Trainguard MT 的列车自动防护和列车自动运行功能保证列车的安全监督和连续运行。ATP/ATO 子系统的配置如下：

(1) 设备集中站配置 WCU_ATP。

(2) 车站配置 WCU_TTS(全线仅一套)。

(3) 试车线设置一套 WCU_ATP，用于试车线的列车管理。

(4) 车头、车尾各配置一套安全的 OBCU(车载控制单元)，构成头尾冗余结构。

(5) 配置欧式应答器若干。

3. 西门子计算机联锁系统元件控制计算机(SICAS ECC)子系统

西门子计算机联锁系统元件控制计算机子系统配置若干套 SICAS 联锁，主要包括以下设备：

(1) 联锁上位机(与 ATS 本地工作站合并为 LOW)；

(2) 联锁计算机(二乘二取二冗余结构的西门子的故障-安全计算机)；

(3) 故障-安全元件控制计算机(ECC)；

(4) 信号现场元件。

4. 数据通信子系统(DCS)

数据通信子系统由有线网络和车地通信无线网络组成。其中，有线网络由以太网交换机和光模块构成，为 MOCS、Trainguard MT、SICAS 等子系统间提供数据传输。无线 LTE 通信系统为轨旁和车载子系统间提供数据传输。

5. 维护监测子系统(MMS)

维护监测子系统由信号集中监测系统和维护系统组成，具体包括维修中心的维护监测服务器、维护监测工作站、各设备集中站的监测设备和维护工作站等。

三、系统组成及各子系统的连接方式

1. 控制中心

控制中心设备如图 1-2 所示。其中，中央控制室的设备主要包括：

(1) 三台行车调度员工作站，一台调度长工作站。调度员/长工作站在硬件和软件上具有相同的结构，控制功能互为备用，且控制功能可根据需要进行灵活配置，每个工作站均配置两台不小于 22 英寸的高分辨率液晶显示屏，显示行车细景信息及列车计划和实际运行图。

(2) 一台运行图显示工作站，配置一台不小于 22 英寸的高分辨率液晶显示屏，显示列车计划和实际运行图。

(3) 一台大屏幕接口工作站，用来保证提供的 ATS 子系统能够可靠地与控制中心的大屏幕接口，实现文字、图表、画像在大屏幕上的显示功能。控制中心大屏幕上显示画面的布置应符合线路的实际位置及方向，与调度员工作站的一致。

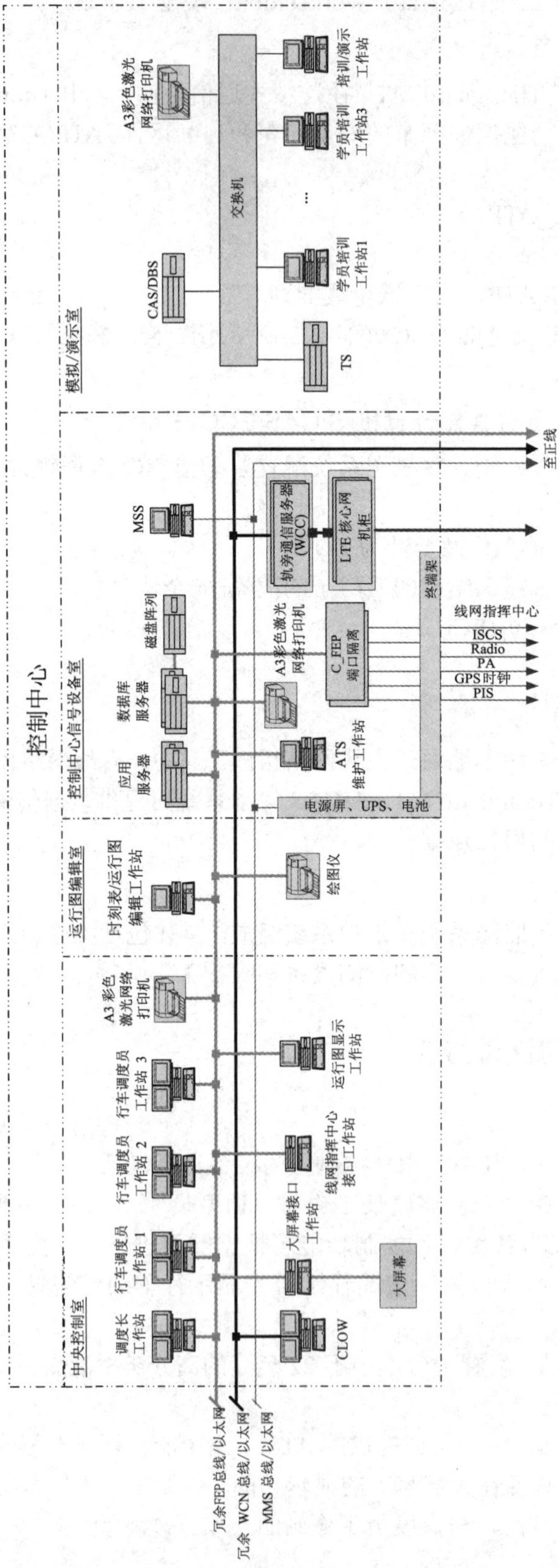
控制中心
模拟/演示室
A3彩色激光网络打印机
CAS/DBS
交换机
TS
学员培训工作站1
学员培训工作站3
培训/演示工作站
控制中心信号设备室
MSS
磁盘阵列
数据库服务器
应用服务器
轨旁通信服务器(WCC)
LTE 核心网机柜
A3彩色激光网络打印机
C_FEP 端口隔离
ATS 维护工作站
终端架
电源屏、UPS、电池
至正线
线网指挥中心
ISCS
Radio
PA
GPS时钟
PIS
运行图编辑室
时刻表/运行图编辑工作站
绘图仪
中央控制室
调度长工作站
行车调度员工作站 1
行车调度员工作站 2
行车调度员工作站 3
A3彩色激光网络打印机
CLOW
大屏幕接口工作站
大屏幕
线网指挥中心接口工作站
运行图显示工作站
冗余FEP总线/以太网
冗余 WCN 总线/以太网
MMS 总线/以太网

图 1-2 控制中心设备

(4) 一台 A3 彩色激光网络打印机，用于运行图打印、数据报表及故障报警打印。

(5) 网络交换机、路由器等网络传输设备(双网冗余)。

运行图编辑室的设备主要包括：一台时刻表/运行图编辑工作站，配置一台不小于 22 英寸的高分辨率液晶显示屏；一台绘图仪，用于运行图打印。

模拟/演示室的设备主要包括：一套培训模拟服务器(TS)；一台培训/演示工作站；三台学员培训工作站；一台 A3 彩色激光网络打印机。

控制中心信号设备室的设备主要包括：一套数据库服务器(含磁盘阵列)；一套应用服务器；网络交换机、路由器等网络传输设备(双网冗余)；一套通信前置机 FEP；一套轨旁通信服务器 WCC(全线仅一套)；一台 ATS 维护工作站；一台 A3 彩色激光网络打印机；一台维护监测服务器(MSS)；一套 LTE 核心网机柜；电源设备(含电源屏、UPS 及电池)；防雷设备等。

2. 一级设备集中站

图 1-3 所示为一级设备集中站设备，具体包括：

(1) 一套联锁；

(2) 一套 ECC；

(3) 一套冗余 WCU_ATP；

(4) 一套 WCU_TTS(全线仅一套)；

(5) 一套本地 ATS 服务器 TRC(全线仅一套)；

(6) 一套本地时刻表工作站 TTP(全线仅一套)；

(7) 一套现地工作站 LOW；

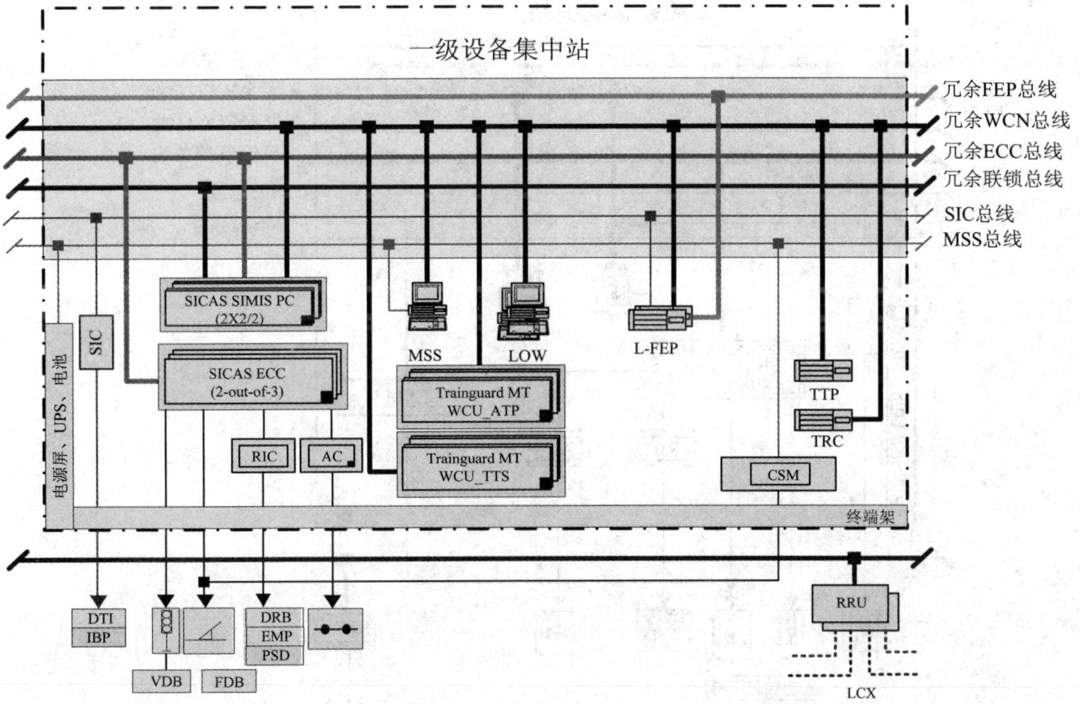

图 1-3　一级设备集中站设备

(8) 一套道岔缺口视频监测设备；
(9) 一套信号集中监测设备；
(10) 两套发车计时器；
(11) 计轴机柜；
(12) 维护工作站(含正线车站维修工区、维护部)；
(13) 防雷分线设备；
(14) 电源设备。

3. 二级设备集中站

二级设备集中站与一级设备集中站相比较，主要少了联锁的逻辑运算计算机 SIMIS PC 和轨旁 WCU_ATP，如图 1-4 所示。其具体包括以下信号设备：

(1) 一套 ECC；
(2) 一套现地工作站 LOW；
(3) 一套道岔缺口视频监测设备；
(4) 一套信号集中监测设备；
(5) 两套发车计时器；
(6) 计轴机柜；
(7) 维护工作站；
(8) 防雷分线设备；
(9) 电源设备。

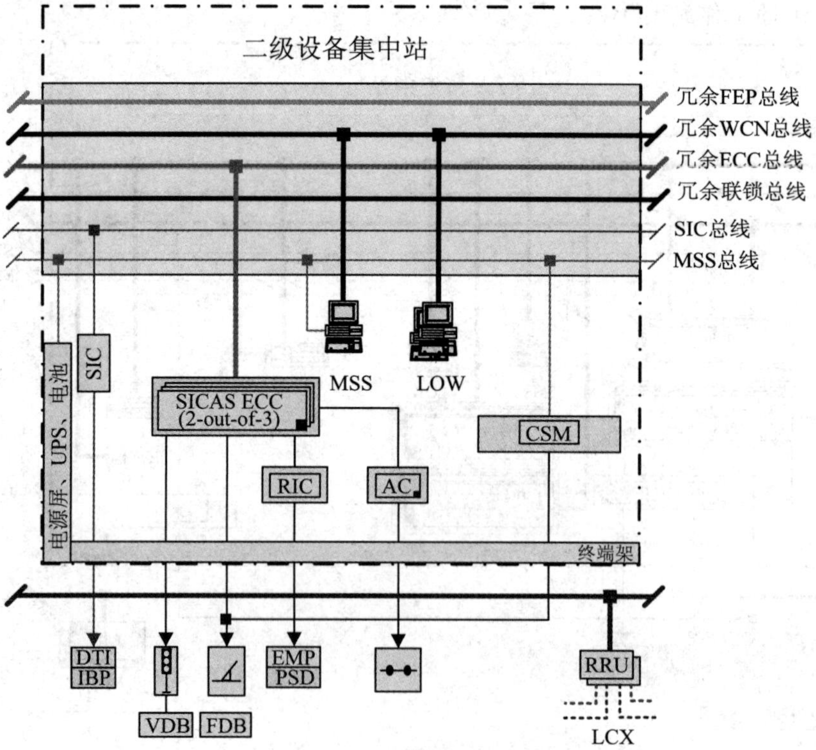

图 1-4 二级设备集中站设备

4. 非设备集中站

图 1-5 所示为非设备集中站设备，具体包括：

(1) 一套现地工作站 LOW；

(2) 两套发车计时器；

(3) 防雷分线设备；

(4) 电源设备。

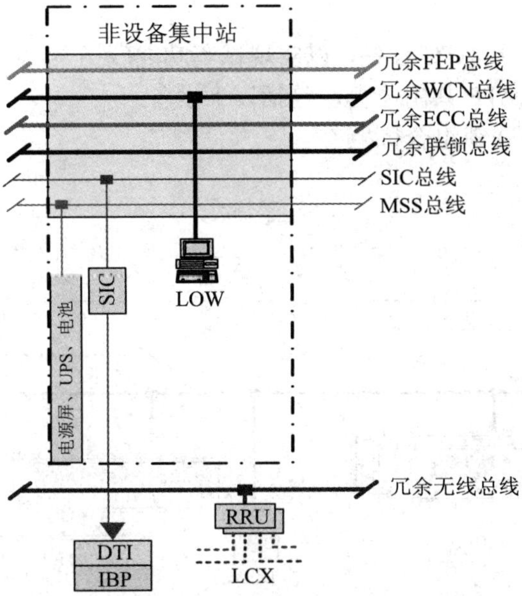

图 1-5　非设备集中站设备

5. 车辆段/停车场

图 1-6 所示为车辆段/停车场设备，具体包括：

(1) 一套联锁上位机；

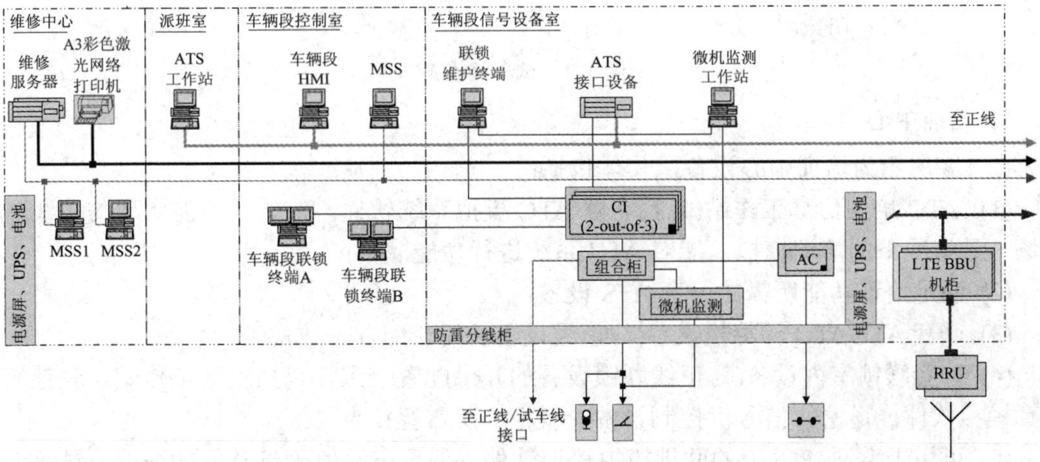

图 1-6　车辆段/停车场设备

(2) 一套冗余的联锁设备及继电器设备；

(3) 一套道岔缺口视频监测设备；

(4) 一套信号集中监测设备；

(5) 一台 ATS 工作站、MSS 工作站；

(6) 一套派班室工作站；

(7) 维修中心服务器相关设备(车辆段)。

6. 试车线

试车线配置相应的信号 ATC 设备，以实现试车功能(列车静态测试和动态测试)，如图 1-7 所示。试车线联锁和 ATP 共用一套，包括以下设备：

(1) 一套 WCU_ATP/联锁组合机柜；

(2) 试车终端；

(3) 轨旁 DCS 设备等。

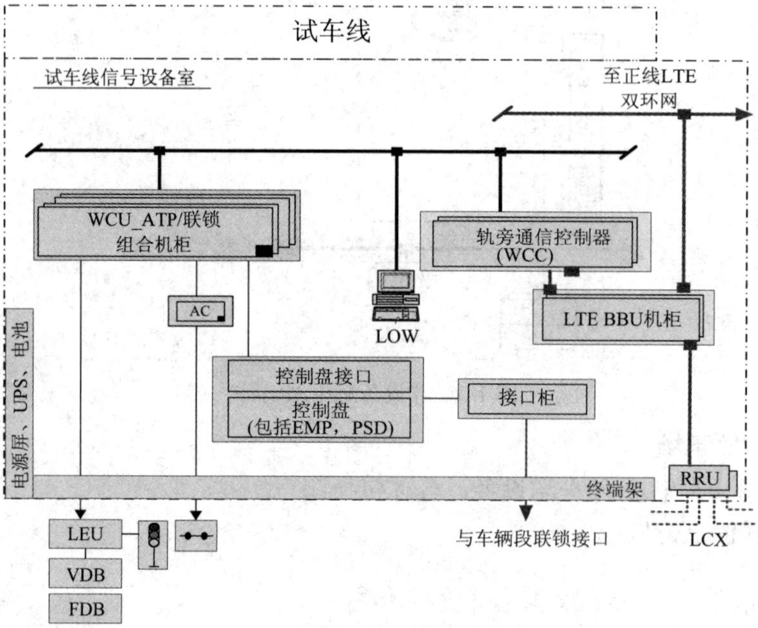

图 1-7　试车线设备

7. 培训中心

图 1-8 所示为培训中心设备，具体包括：

(1) ATC 培训仿真工作站(包括完整 ATC 模拟系统软件，该软件应能实现与正线任一站场一致情况下的培训模拟，能对 ATC 系统进行功能演示)。

(2) 满足培训功能所需的一套 ATS 设备。

(3) 一套 ATP/ATO 计算机设备(与正线设备的冗余配置一致)。

(4) 一套联锁室内设备(与正线联锁设备的冗余配置一致，包括现地工作站、联锁培训仿真模拟软件，道岔、信号机控制设备、机柜、防雷等)。

(5) 可用于普通 PC 上的联锁模拟培训软件，便于车站值班员及信号维护人员培训操作使用。

(6) 一套车地通信室内外设备(包括连续式车地双向通信设备和点式车地通信设备，有线骨干网、接入网及车地无线通信网络配置设备均应与正线相同，且冗余配置)。

(7) 一套完整的车载 ATP/ATO 设备(包含各类车载天线)。

(8) 一套完整的车载人机接口设备、驾驶台及与车载 ATP/ATO 设备的接口。

(9) 一套正线列车位置检测设备(三个计轴点组成的一个区段)。

(10) 一套发车计时器。

(11) 两台与正线一致的道岔转辙机。

(12) 紧急关闭按钮、无人自动折返按钮各一套。

(13) 一架三显示信号机。

(14) 一组无源应答器和一组有源应答器。

(15) 电源设备(含电源屏、UPS 及电池)。

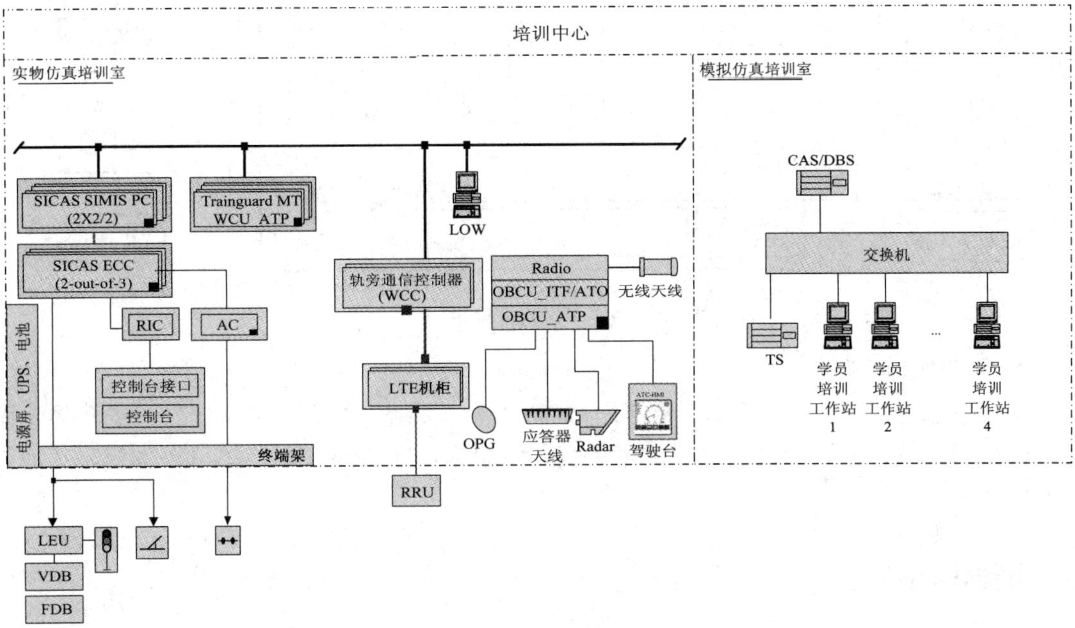

图 1-8 培训中心设备

8. 车载设备

车载设备采取热备冗余配置。列车头、尾两端分别配置二取二的车载计算机单元(OBCU)，即两端的车载控制单元接收来自两个驾驶室的按钮、开关和接点的所有输入，两端的 HMI 也都连接到两个 OBCU。车载设备如图 1-9 所示，主要有以下设备：

(1) 车载控制单元(OBCU)：在列车上与无线通信、测速和定位系统(雷达和测速电机)、应答器天线连接。

(2) 人机界面(HMI)：安装在司机驾驶室内，显示列车实际运行速度、目标速度及其他行车信息。OBCU 的相关信息可在 HMI 上显示。

(3) 应答器天线：安装在车体下方，接收轨旁应答器发送的数据信息。

(4) 测速设备：车头、车尾分别在不同车轴安装速度传感器。

(5) 雷达单元：车头、车尾分别安装一个雷达传感器。

(6) 车载无线单元(CRU)：车头、车尾各安装一套车载无线单元，并且双端互为备份。

(7) 车载自由波天线：车头、车尾各设置两个车载自由波天线，在自由波覆盖区域接收/发送自由波无线信号。

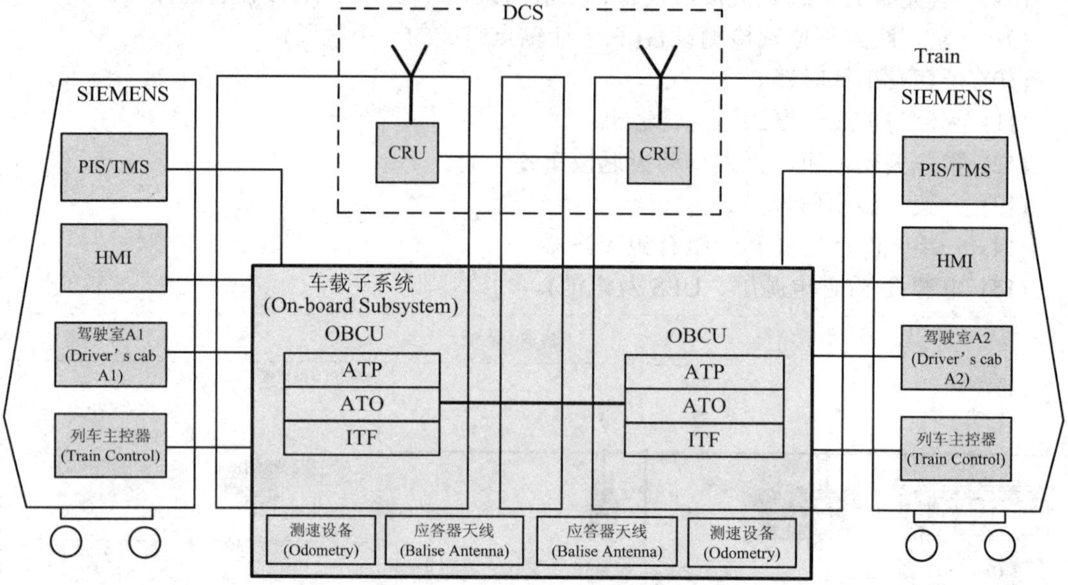

图 1-9　车载设备

9. 外部接口

信号系统与以下外部子系统有接口：车辆、通信系统、综合监控系统、大屏幕显示系统、站台门系统、低压配电及牵引供电系统、应急指挥中心及线网指挥中心系统、其他线路的信号系统。

四、通信网络构成

通信网络用来实现各子系统间的数据传输，主要包括：

(1) FEP 网：中央 ATS 与本地 ATS 之间通过该冗余以太网连接。

(2) WCN 网：联锁、轨旁 ATP、本地 ATS 和 MSS 之间通过该冗余以太网连接。

(3) 联锁网：联锁之间通过该冗余以太网互相连接，实现联锁区之间的信息交换。

(4) ECC 网：SIMIS PC 和 ECC 之间通过该冗余以太网相连，实现联锁主机与 ECC 之间的信息交换。

(5) SIC 网：ATS 与 TDT 及 IBP 盘接口设备之间通过该冗余以太网连接。

(6) MSS 网：正线信号集中监测设备与 MSS 之间通过该以太网连接。

(7) 无线总线：轨旁与车载之间通过冗余的无线总线进行通信。

五、信息交换

中央设备、车站级设备、轨旁设备、车载设备间的信息流向如图 1-10 所示。

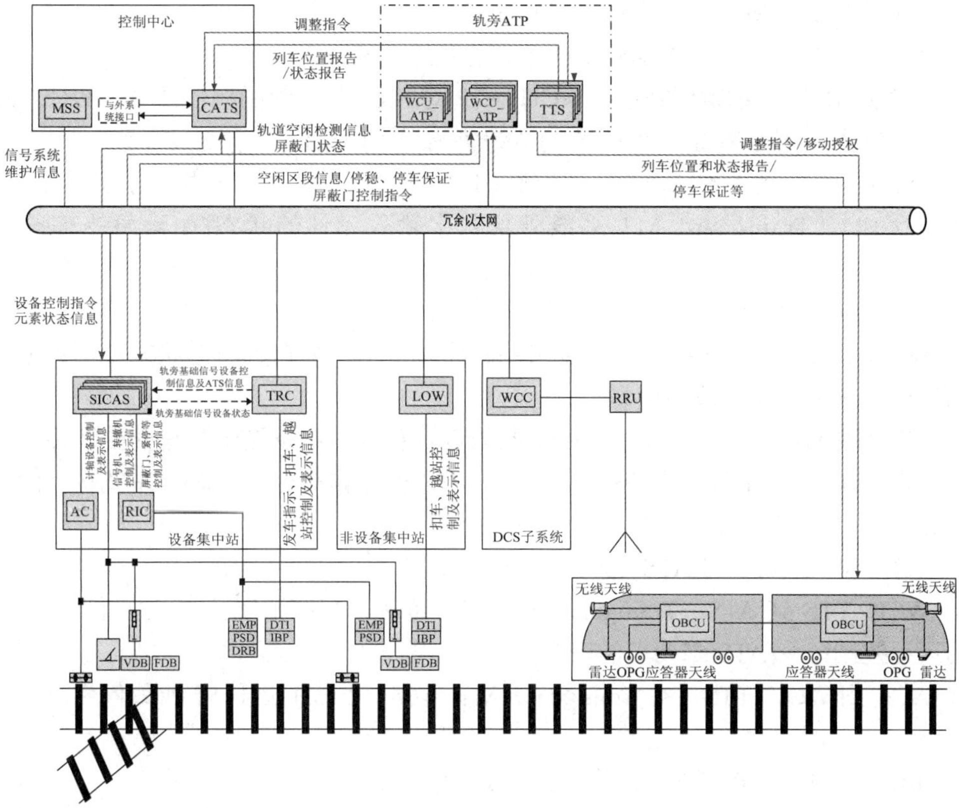

图 1-10　中央设备、车站级设备、轨旁设备、车载设备间的信息流向

子系统和设备间的接口协议与接口内容如图 1-11 所示，信息流用[a]、[b]等表示。

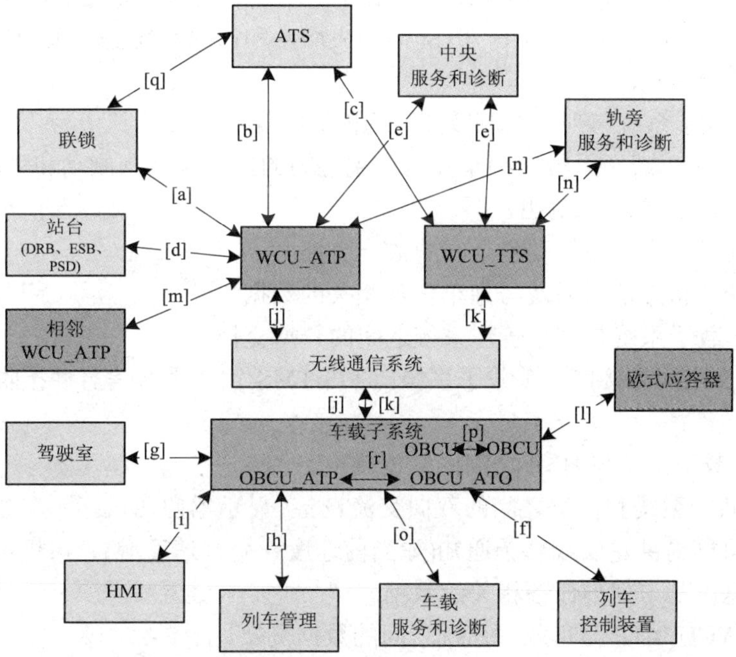

图 1-11　子系统间的关系及数据图

图 1-11 中各标志所代表的数据交换如下：

(1) [a]：WCU_ATP 与 SICAS 联锁之间的数据交换。

① WCU_ATP 到 SICAS 联锁：WCU_ATP 对 SICAS 联锁的控制命令；WCU_ATP 对 Trainguard MT 外部数字输出元件的控制命令(如站台门开启、关闭)。

② SICAS 联锁到 WCU_ATP：联锁元件状态(如道岔、信号机、轨道区段、轨道空闲检测区段)；Trainguard MT 系统外部数字输入元件的状态(如紧急停车按钮和站台门)。

(2) [b]：WCU_ATP 与 ATS 之间的数据交换。

① WCU_ATP 到 ATS：临时速度限制的状态指示；来自列车的状态指示；来自轨旁 ATP 和车载计算机单元的故障信息。

② ATS 到 WCU_ATP：临时速度限制的设置和取消；发送给列车的立即停车命令；发送给车载 ATO 的列车调整命令；其他来自 ATS 的操作命令，如联锁系统执行的进路设置命令等。

(3) [c]：WCU_TTS 与 ATS 之间的数据交换。

① WCU_TTS 到 ATS：Trainguard MT 报告每辆列车的状态信息(如车门状态)；确认 ATS 的远程控制命令(ATS 到列车的命令)。

② ATS 到 WCU_TTS：对 Trainguard MT 车载子系统的远程控制(如停站时间、行车时间)。

(4) [d]：WCU_ATP 与站台的数据交换。

① WCU_ATP 到站台：站台门(PSD)命令(开/关)。

② 站台到 WCU_ATP：PSD 状态(开/关/强制(解除互锁))、ESB 状态(激活/停用)。

(5) [e]：WCU_ATP/WCU_TTS 到中央服务和诊断系统的数据交换。

通过此接口，WCU_ATP/WCU_TTS 向中央服务和诊断系统提供关于 Trainguard MT 系统的故障和诊断信息。

(6) [f]：车载子系统与列车控制装置之间的数据交换。

Trainguard MT 车载子系统与列车控制装置之间的接口包括到制动和牵引系统的连接，以及到列车车门的数字输入/输出。

(7) [g]：车载子系统与驾驶室之间的数据交换。

车载子系统的状态信息以及与列车任务相关的数据。

(8) [h]：车载子系统与列车管理系统之间的数据交换。

TMS 和 PIS 之间有接口。车载子系统向 PIS/TMS 发送乘客信息并接收来自 PIS/TMS 的数据。

(9) [i]：车载子系统与 HMI 之间的数据交换。

HMI 是车载子系统和司机之间的双向交流设备。显示器向司机指示车载子系统的处理信息，以便向司机提供建议或给予通知(如当前速度、允许速度等)。司机可以获得车载子系统的状态信息以及与列车任务相关的数据。

(10) [j]：WCU_ATP 与车载子系统之间的数据交换。

通过 WCU_ATP 与车载子系统的接口，实现了位置报告和移动授权之间的安全交互及处理，同时也进行了与线路相关的非安全信息的交互。

① WCU_ATP 到车载子系统。

从轨旁到车载发送移动授权消息。轨旁 ATP 通过从联锁得到的状态信息和从轨旁 ATP 列车追踪功能得到的状态信息，计算出列车的安全移动授权。

附加的一般数据消息包括道岔的位置状态和其他的防护点状态，如与站台门或紧急停车按钮相关的紧急停车区域。

操作员或维护人员强制施加的速度限制信息包含在临时速度限制数据中。

轨旁 ATP 和车载 ATP 之间的信息交换通过轨旁的 ATS 总线，轨旁 ATP 和无线子系统都连接到此总线。然后，该信息经无线传输通过空气间隙由相应的车载天线接收。

② 车载子系统到 WCU_ATP。

如果列车已经被定位，并且列车和轨旁之间的通信通道已经建立，则列车发送一个位置报告给轨旁 ATP。位置报告消息还包括附加的状态信息，如列车速度、列车构成和列车的驾驶模式。

如果来自轨旁单元的移动授权距离被缩短了，并且车载 ATP 通过计算得出列车不需要紧急制动就可以停在新的防护点之前，则列车发送停车保证信息。

车载计算机单元的故障信息也是通过这个通信通道发送给轨旁 ATP 的。

(11) [k]：WCU_TTS 与车载子系统之间的数据交换。

① WCU_TTS 到车载子系统：来自 ATS 的远程控制(如列车任务码、停站时间和行车时间)、时间信息。

② 车载子系统到 WCU_TTS：列车状态信息、列车位置、运营数据(与 ATS 远程控制相关的列车状态信息)、诊断/维护数据。

注意：上述接口[j]和[k]中，Trainguard MT 应用 DCS 进行数据传输。该通信信道允许轨旁子系统和车载子系统进行双向通信，DCS 作为这两个子系统间的透明数据传输通道。Trainguard MT 系统提供到 DCS 的逻辑接口，以支持 DCS 功能。

(12) [l]：应答器与车载子系统之间的数据交换。

在 Trainguard MT 系统中，应用欧式应答器实现了在应答器安装处的地车间数据通信。应答器向车载子系统发送应答器 ID 和应答器版本。

(13) [m]：WCU_ATP 与 WCU_ATP 之间的数据交换。

Trainguard MT 系统应用一组 WCU_ATP 来控制整条线路，每个 WCU_ATP 负责线路的指定区域(WCU_ATP 控制区域)。为实现 WCU_ATP 控制区域的无缝切换，相邻 WCU_ATP 之间存在相关接口。相邻的 WCU_ATP 应用之间的数据交换与相邻的 WCU_ATP 控制区之间的列车交接过程相关。存在以下两类相关信息：

① 列车跟踪连续性：交换跟踪信息。

② 列车运行连续性：交换移动授权的界限。

相邻轨旁 ATP 单元之间交换信息，这样移动授权信息就可以越过轨旁 ATP 的边界。如果轨旁 ATP 检测到列车的实际移动授权已经到达边界，那么将会发送一个移动授权请求消息到相邻的轨旁 ATP；相邻的轨旁 ATP 发送移动授权确认消息作为应答，这样就会在相邻的 ATP 区域传递另外的移动授权。轨旁 ATP 之间交换列车追踪信息，以确保在相邻轨旁 ATP 边界处列车追踪的安全。

(14) [n]：WCU_ATP/WCU_TTS 与轨旁服务和诊断之间的数据交换。

① WCU_ATP/WCU_TTS 到轨旁服务和诊断：跟踪数据、故障数据、状态数据。

② 轨旁服务和诊断到 WCU_ATP/WCU_TTS：诊断请求。

(15) [o]：车载子系统与车载服务和诊断系统的数据交换。

① 车载子系统到车载服务和诊断系统：车载服务和诊断系统记录车载子系统的数据，包括速度(当前速度、EB 触发速度、推荐速度和超速事件)、位置信息、移动授权信息、目标信息(目标速度、目标距离)、运行模式和列车控制级别、门状态(如当前状态、门开模式和 PSD 授权)、行程号、乘务组号、目的地号、任务信息(如下一站、停站时间和扣车)、折返信息、驾驶状态(如停稳、打滑)、ATP/ATO 工作状态、无线通信信息、列车完整性等信息、时间、司机确认请求、应答器信息、数字 I/O 状态。以上数据可由服务和诊断笔记本电脑读出。

② 车载服务和诊断系统到车载子系统：线路数据库(TDB)、配置数据。其中，线路数据库类似于电子地图，储存了全局 Trainguard MT 网络视图、分区和偏移、通用坐标系统，以及下列对象和区域的静态数据：应答器、信号机、保护区段、海拔、坡度、速度、运行授权区、轨道空闲区域。

(16) [p]：OBCU 与 OBCU 之间的数据交换。

系统提供主/从车载计算机单元(OBCU)之间的通信。数据包括冗余信息、定位数据和折返信息。

(17) [q]：ATS 与 SICAS 联锁之间的数据交换。

① SICAS 联锁到 ATS：联锁元件状态(如转辙机、信号机、进路设置信息，以及轨道区段的“逻辑出清”或“逻辑占用”状态等)；ATS 远程控制确认(现场元件的 ATS 控制命令)。

② ATS 到 SICAS 联锁：对联锁区域的现场元件的远程控制(即联锁命令，如进路设置信息、转辙机或信号机的执行命令)。

(18) [r]：OBCU_ATP 与 OBCU_ATO 之间的数据交换。

车载 ATP 和车载 ATO 之间存在一个双向的接口，用于在运行期间连续的数据交换。

① 车载 ATP 到车载 ATO。

车载 ATP 从轨旁 ATP 获得移动授权并对限制最严的速度曲线进行监督。这些信息也会传送到 ATO，因为列车需要由 ATO 在 ATP 的监督下驾驶。

车载 ATP 包括应答器通道，并且传送应答器信息到 ATO。

车载 ATP 同时传送一些状态信息(如 ATP 运行模式、车门允许)来协调 ATO 与车载 ATP 之间的操作。

② 车载 ATO 到车载 ATP。

ATO 传送一些状态信息(如 ATO 生命指示)来协调车载 ATP 与 ATO 之间的操作。

车载 ATP 与 ATO 之间通过内部 OBCU 总线进行信息交换。

任务二 西门子 CBTC 系统的功能

【工作任务】

(1) 掌握西门子 CBTC 系统各子系统的功能。
(2) 了解西门子 CBTC 系统的主要技术指标。
(3) 掌握西门子 CBTC 系统的降级运行方式及后备模式。
(4) 熟悉西门子 CBTC 系统的信号方式。

【知识准备】

西门子 CBTC 系统提供列车自动防护(ATP)、列车自动运行(ATO)、计算机联锁(CI)、列车自动监控(ATS)和维护监测(MSS)等功能。其主要功能的划分情况如表 1-1 所示。

表 1-1 西门子 CBTC 系统的主要功能

序号	功能描述	ATS	ATP/ATO	CI	DCS	MSS
1	保证列车运行安全					
1.1	进路排列	√		√		
1.2	列车定位		√			
1.3	列车测速测距		√			
1.4	超速防护和防护点防护		√			
1.5	列车控制级与驾驶模式		√			
1.6	临时限速	√	√			
1.7	列车追踪间隔控制		√	√		
1.8	退行防护		√			
1.9	列车完整性监督		√			
1.10	信号机强制命令		√			
1.11	监控列车	√	√			
1.12	紧急制动		√			
1.13	零速检测		√			
1.14	车-地双向通信				√	
2	列车自动驾驶					
2.1	列车制动和牵引		√			
2.2	区间自动运行		√			
2.3	自动折返	√	√	√		

续表

序号	功能描述	ATS	ATP/ATO	CI	DCS	MSS
2.4	执行紧急制动		√			
2.5	站台精确停车		√			
2.6	秒级调整	√	√			
2.7	巡航/惰行		√			
2.8	能量优化	√	√			
2.9	跳停、扣车	√	√			
3	保护和辅助乘客安全					
3.1	监督车门状态		√			
3.2	监督站台门状态		√	√		
3.3	站台紧急停车按钮		√	√		
4	提供联锁控制					
4.1	道岔控制	√		√		
4.2	进路控制	√		√		
4.3	信号机控制	√		√		
4.4	计轴复位	√		√		
4.5	逻辑区段操作	√		√		
5	运营调整					
5.1	列车自动识别、追踪和车次号显示	√	√	√		
5.2	调整策略决策	√	√	√		
5.3	调整指令实施	√	√	√		
5.4	时刻表编制和管理	√				
5.5	非计划列车的自动管理	√				
6	提供辅助支持	√				
6.1	运行信息的记录、统计和回放	√				
6.2	系统维护监测					√
6.3	提供培训功能	√	√	√	√	√
6.4	网络管理				√	

注：“ √ ”表示此系统参与该功能的实现。

一、列车自动监控子系统

1. 概述

(1) MOCS 自动根据时刻表以及系统内置的调整策略对列车进行合理的运营控制。

(2) MOCS 对信号设备进行监控，实时反映各设备和列车的运行状况，操作人员可根据需要通过人机界面(HMI/LOW)对系统运行进行控制。

(3) 当中央 ATS 出现故障时，由本地 ATS 自动接管控制任务，保证整个轨道交通系统的不间断的安全运行。

2. 功能

MOCS 提供自动及人工控制运行手段，向行车调度员及外部系统提供信息。其主要功能如下：

(1) 列车自动识别、追踪、车次号显示；
(2) 自动/人工进路设置；
(3) 自动/人工运行调整；
(4) 自动/人工车次号运营管理；
(5) 列车运行及信号设备的监视和报警；
(6) 时刻表编制和管理；
(7) 系统连接状态显示；
(8) 运行信息的记录、统计和回放；
(9) 报表功能；
(10) 培训功能。

二、Trainguard MT 子系统

Trainguard MT ATP/ATO 由负责安全功能的列车自动防护(ATP)和非安全功能的列车自动运行(ATO)构成。系统设备位于轨旁(ATP)和每辆列车上(ATP 和 ATO)。

1. 列车控制级及级别转换

1) 列车控制级

Trainguard MT 子系统的列车运行取决于区域内设备、列车设备、列车控制级别、列车驾驶模式。车载子系统管理上述关系并评估这些数据，在任何指定时间选取一个适当的被监控的运行状态。在 Trainguard MT 子系统中，区域是由轨旁设备和通信信道组成的线路的一部分。系统支持的区域如表 1-2 所示。

表 1-2　Trainguard MT 区域

缩写	TGMT 区域	说　明
CTCT	连续式列车控制区域	该区域装备了高性能移动闭塞设备(CTC 级)
ITCT	点式列车控制区域	该区域装备了进行固定闭塞运行(ITC 级)的设备，用于可以接受较低的性能要求或便于对既有的固定闭塞系统进行改造的情况
IXLT	联锁列车控制区域	该区域未装备任何用于 CTC 级的 Trainguard MT 专门设备

列车必须提供特定的设备以支持在不同 Trainguard MT 区域内的运行，如表 1-3 所示。CTC 区域的边界在 TDB 中有定义。一个 CTCT 分成几个不相互重叠的 WCU_ATP 控制区。WCU_ATP 控制区的边界在 TDB 中也有定义。

表 1-3　Trainguard MT 列车设备

缩写	TGMT 车载设备	说　明
CET	CTC 装备列车	配备的列车在 CTCT 和 IXL 区域内提供 CTC 级运行
IET	ITC 装备列车	配备的列车在 ITCT 和 IXL 区域内提供 ITC 级运行
UT	非装备列车	可以按照由联锁系统(IXL 区域)控制的轨旁信号机来运行的列车

不同的列车控制级别体现了 Trainguard MT 系统轨旁和车载之间的关系。在 Trainguard MT 中有三种列车控制级别，如表 1-4 所示。

表 1-4　列车控制级别

缩写	列车控制级	主 要 特 点
CTC	连续式列车控制级	列车监督一个来自连续通信系统的 MA
ITC	点式列车控制级	列车监督一个来自固定和可变数据应答器的 MA
IXLC	联锁列车控制级	列车不监督来自轨旁的移动授权，司机必须按照轨旁信号机驾驶

(1) 连续式列车控制级。CTC 级是信号系统的最高列车控制级，提供完整的 CBTC 功能。ATP 以制动距离实现列车间隔而不考虑物理轨道空闲检测系统的状态。ATP 车载设备向轨旁 ATP 发送列车位置信息，轨旁 ATP 进而计算移动授权。由此，系统提供真正的移动闭塞运行。用于连续式列车控制的 Trainguard MT 结构如图 1-12 所示。

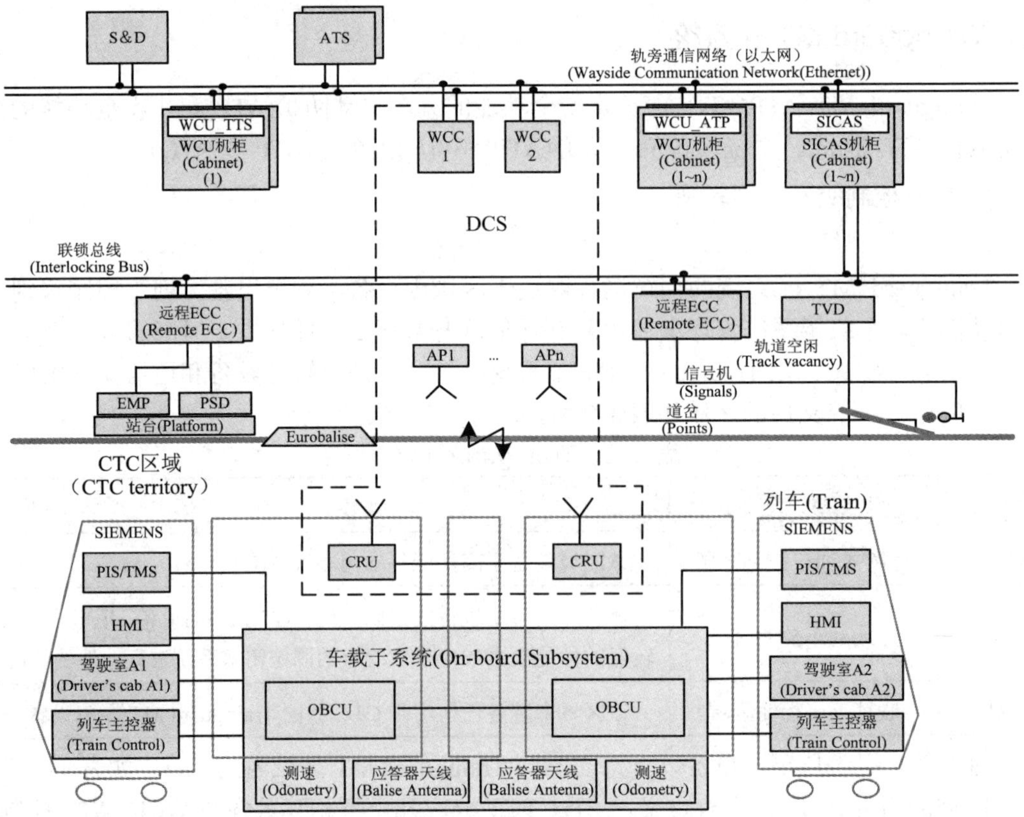

图 1-12　用于连续式列车控制的 Trainguard MT 结构

(2) 点式列车控制级。点式列车控制级基于固定闭塞列车间隔原理。列车间隔由联锁系统基于传统的进路监督实现。信号机状态在固定地点(如信号机处)通过可变数据应答器传送至列车。该控制级用于连续列车控制级的降级运行，并提供基本的 ATO 功能。用于点式列车控制运行的 Trainguard MT 结构如图 1-13 所示。

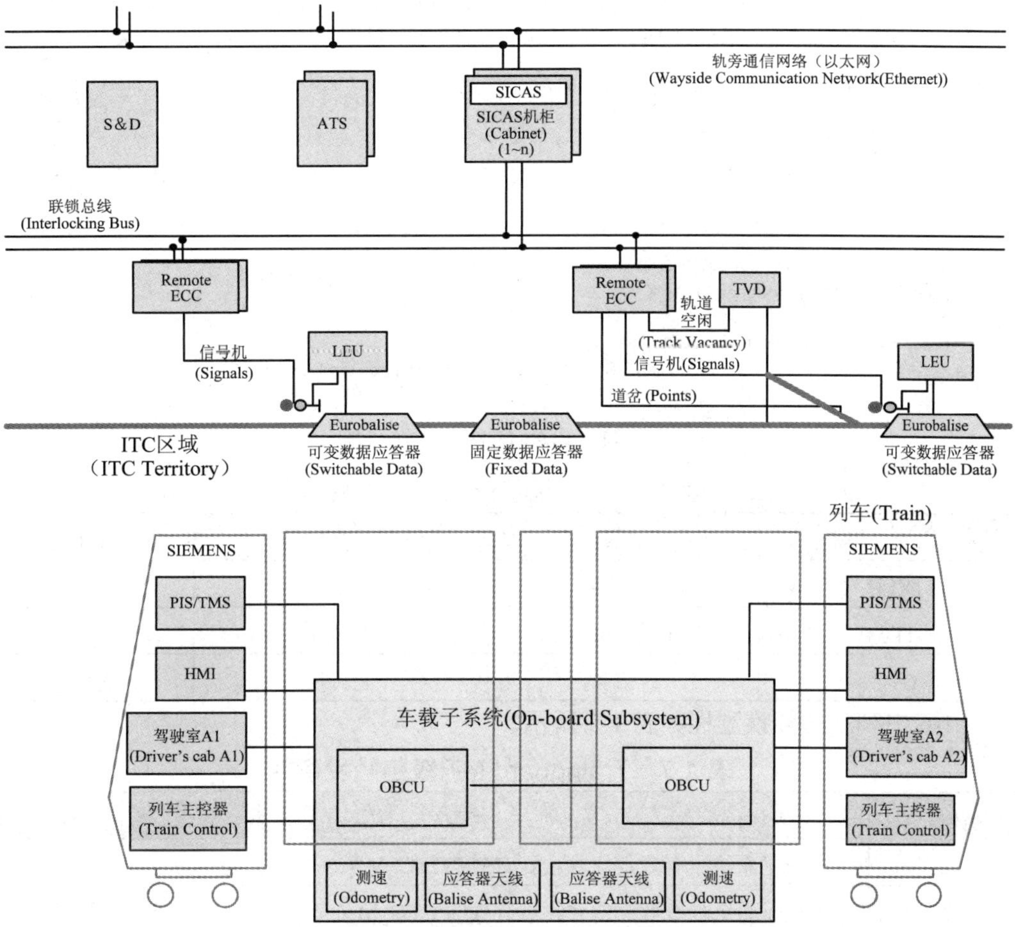

图 1-13　用于点式列车控制运行的 Trainguard MT 结构

(3) 联锁列车控制级。对未安装轨旁 ATP 设备的区域或者未装备列车，列车只能在联锁列车控制级下运行，司机根据轨旁信号显示负责列车运行。

最高可以达到的列车控制级别取决于以 Trainguard MT 区域定义的轨旁设备和车载设备，如表 1-5 所示。

表 1-5　列车控制区域对车载及轨旁设备的依赖关系

列车控制级	区域及车载设备
CTC	CET 运行在 CTCT
ITC	CET 或 IET 运行在 ITCT
IXLC	UT/CET/IET 运行在 IXLT

2) 级别转换

图 1-14 和表 1-6 描述了所有列车控制级别的转换(IXLT 边界指正线与场段边界)。

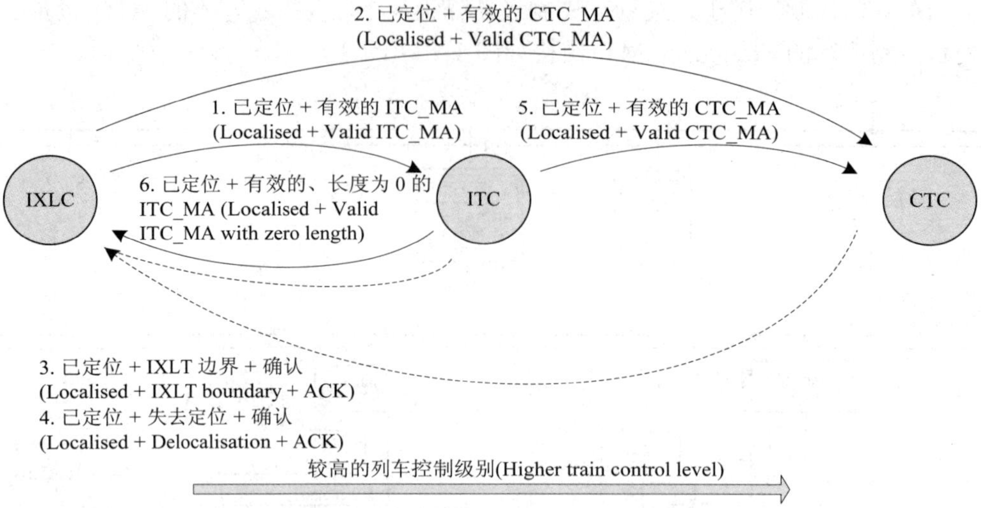

图 1-14　TGMT 级别转换原理

表 1-6　Trainguard MT 级别转换

	IXLC	ITC	CTC
IXLC	无转换	1	2
ITC	3 或 4 或 6	无转换	5
CTC	3 或 4	无转换	无转换

表 1-6 中列举的转换过程如表 1-7 所示。

表 1-7　Trainguard MT 级别触发条件

转换	转换的原因
1	车载子系统被有效定位并收到有效的 ITC_MA
2	车载子系统被有效定位并收到有效的 CTC_MA
3	到达 IXLT 边界(正线与场段边界)，并且司机确认进行级别转换
4	列车失去定位，司机确认级别转换
5	车载子系统被有效定位并收到有效的 CTC_MA
6	车载子系统收到一个有效的、长度为 0 的 ITC_MA

车载子系统支持不停车的列车控制模式转换。转换到较高的列车控制级别无需司机进行模式转换的确认，转换到较低的列车控制级别则需要司机对相应的模式转换进行确认。

(1) 区域出口处的级别转换。区域出口是指列车从一个区域进入另一个只能支持较低级别的区域的界限，例如从 CTCT 到 IXLT。在此情况下，继续在较高控制级别运行的条件已经不再满足，因此不可避免地将被转换到一个较低的列车控制级别。车载子系统在列车抵达 CTC 区域出口前，向司机通知需要将控制级别转换为 IXLC 级。在区域边界，转向 IXLC 控制级需满足三个条件：列车到达 IXLT 边界的接近区域，车速低于 RM 速度，司机的确认。如果司机未能对级别转换进行确认，列车将继续按当前有效控制级别运行，并最终在当前安全移动授权边界处停车。

(2) 向联锁级转换。车载子系统在未配备 Trainguard MT 轨旁设备的区域内工作在联锁控制级(IXLC)。如果测速设备故障或在 CTC 级的通信丢失，则车载子系统将提供从较高控制级(CTC)到联锁控制级(IXLC)的转换。

(3) 向较高控制级别转换。当车载子系统启动后，列车的初始控制级别是 IXLC 级。只要可能，车载子系统总是运行在可以达到的最高列车控制级别上。车载子系统在如下条件下由 IXLC 转为 ITC：列车被有效定位，车载子系统获得一个有效的 ITC_MA，司机未预选 IXLC。若由 IXLC 向 ITC 或 CTC 级别的转换均有可能，则车载子系统将会转换到 CTC 级别。这对于在 CTCT 区域内同时配备了 CTC 和 ITC 的列车非常有用，即向更高级别的转换具有更高的优先级。车载子系统在满足如下的条件时转换到 CTC：列车被有效定位，车载子系统获得一个有效的 CTC_MA，司机未预选 IXLC 或 ITC。

2. ATP/ATO 功能

Trainguard MT ATP/ATO 由负责安全功能的列车自动防护(ATP)和非安全功能的列车自动运行(ATO)构成。系统设备位于轨旁(ATP)和每列车上(ATP 和 ATO)。

ATP 子系统主要用于保证列车运行的安全，实现列车运行间隔控制和防护列车超速运行。其主要功能有列车定位、列车控制级与驾驶模式、超速防护、区域防护、列车追踪、安全列车间隔、退行监督、列车完整性监督、零速监测、列车折返运行、车门/站台门等监督、列车任务管理和诊断维护。

ATO 驾驶模式下，系统根据 MOCS 的指令，制定 ATO 运行曲线，自动完成列车启动、加速、巡航/惰行和停车。其主要功能有区间自动运行、秒级 ATO 调整、站台精确停车、巡航/惰行、开关车门/站台门、无人自动折返、跳停、扣车和能量优化。

三、联锁子系统

联锁子系统根据联锁条件检查轨道区段、转辙机和信号机室外设备，建立进路，确保进路上轨道区段、道岔、信号机之间的安全联锁关系，防护外来的错误操作，符合故障-安全原则。同时，联锁子系统向 ATS 和轨旁 ATP 提供进路、轨道区段、信号机和道岔的状态信息。

联锁子系统的主要功能如下：

(1) 道岔控制功能：负责道岔的解锁、转换、锁闭和监督。

(2) 信号机控制功能：根据进路、轨道区段、道岔和其他轨旁信号机的状态来控制信号机，并负责监督信号机状态。

(3) 轨道空闲处理功能：接收来自轨道空闲检测系统的输出并进行处理。

(4) 进路控制功能：负责进路的排列、锁闭、保持和解锁。进路类型有单列车进路、多列车进路、车队模式、折返进路。

(5) 联锁控制级别：包括移动闭塞信号控制级、主信号控制级和引导信号控制级。

(6) 临时限速：根据 ATS 的命令设置和取消限速。

(7) 对站台门、站台紧急停车按钮、其他联锁的监督等：向 ATP 子系统提供信号机和道岔的状态、列车进路的状态、保护区段的状态、站台门、站台紧急停车按钮等信息。

四、数据通信子系统

数据通信子系统(DCS)主要为信号系统内各设备间提供安全、可靠的透明传输通道，以确保数据的准确、实时传输。

(1) 有线网络。有线网络的基本功能包括透明的双向数据传输功能、网络配置与状态监视功能、丰富的 QoS 策略和安全接入控制机制。

(2) 无线 LTE 网络。无线通信系统为 Trainguard MT 系统中的轨旁和车载子系统间提供透明、连续、双向、基于 LTE 的数据传输，以保证 Trainguard MT 列车的通畅运行以及车地之间连续大容量的数据传输。其基本功能包括数据传输、优先级管理、路由、加密与认证、网络管理和分集。

五、维护监测子系统

MSS 子系统主要是对全线信号设备的工作状态进行在线监测和实时报警，并辅助维护人员对报警和维护工单进行统计分析，导出报表。其主要功能如下：

(1) 对中央设备、车站设备、轨旁设备、车载设备以及车地通信设备进行实时监督、记录和故障报警。

(2) 当设备和系统运行异常或者出现故障时，对维护人员进行提醒。

(3) 帮助维护人员进行故障的定位和维护的指导。

(4) 在所有有岔站的车站控制室 IBP 盘上进行道岔转辙机电流检测显示。

(5) 具备强大的统计分析能力，能提供丰富的统计报表，从而帮助维护人员进行故障和异常的分析。

六、系统能力

1. 系统能力

系统能力包括以下几个方面：

(1) 正线列车最小运行间隔、交路折返站最小折返运行间隔、列车最小出入车辆段/停车场运行间隔满足 2 min 运营的要求。

(2) 正线追踪间隔不大于 90 s；交路折返站折返追踪间隔不大于 108 s；列车出入车辆段/停车场追踪间隔不大于 108 s。

(3) CBTC 降级系统(含点式级、联锁级、CBTC 列车与非 CBTC 列车混合运行)运行能力：6 辆编组条件下，正线列车最小运行间隔、交路折返站最小折返运行间隔、列车最小出入车辆段/停车场运行间隔时间满足 4 min 运营的要求，设计间隔时间为 204 s(在运行间隔时间基础上预留 15%的余量)。

(4) 列车平均运行速度初期不低于 32 km/h，远期不低于 35 km/h。

2. 系统主要技术指标

系统主要技术指标如下：

(1) ATP 站台设计停车窗为 ±0.5 m。

(2) ATO 保证列车停在 ±0.3 m 停车精度范围内的准确率不低于 99.99%。

(3) ATO 保证列车停在 ±0.5 m 停车精度范围内的准确率不低于 99.9998%。

(4) 信息采集的表示周期，即设备状态变化至 ATS 控制中心的显示时间不大于 1 s。

(5) 监视器画面调用的响应时间不大于 1 s，键盘响应时间不大于 1 s。

(6) 热备切换时间不影响设备工作的连续性，可做到无扰随时切换。

(7) 命令发出至被控系统开始执行的时间不大于 1 s。

(8) 车地通信的更新率小于或等于 1 s。

(9) 列车占用与空闲检测的应变响应时间小于或等于 3 s。

(10) 车载信号设备自接收地面信息至完成处理的时间小于或等于 0.75 s。

(11) 信号系统设备按 24 h 不间断运行设计，满足 24 h 不间断运营的要求。

3. 系统容量分析

1) ATS 容量

(1) ATS 子系统可以满足远期列车数量增加的需求，通过增加硬件配置、升级软件等措施，以满足功能、性能及网络流量要求。

(2) ATS 子系统可监控管理的列车不少于 110 列，可以满足全线的远期列车数量要求。

(3) ATS 子系统具备对关键运营数据和设备运行数据保留 1 年的在线存储能力；中央调度员和车站值班员的所有操作、列车运行状况和设备工作状态均采用标准的文件格式记录并保存在系统数据库中，也可采用其他存储介质长期保存，并可进行统计和分析。

2) 联锁容量

(1) 联锁子系统最多可控制 10 个联锁区。

(2) 每个联锁区最多可控制 16 个 ECC。

(3) 每个 ECC 可控制多达 26 个元素(道岔、信号机等)。

(4) 最远控制距离(指 ECC 到室外设备元素的距离)达 6.5 km(取决于所用电缆)。

(5) 每个联锁区域大约可控制 300 个元素，联锁子系统可以控制多达 3000 个元素。

3) 轨旁 WCU_ATP 容量

每套轨旁 ATP 计算机管理的列车数可达 35 列。

4. 系统安全性指标

系统安全性指标如下：

(1) 车载 ATP 设备：车载控制单元 OBCU 采用二乘二取二安全冗余结构，安全完整性等级为 SIL4 级。

(2) 轨旁 ATP 设备：WCU_ATP 采用二乘二取二安全冗余结构，安全完整性等级为 SIL4 级。

(3) 正线联锁子系统：逻辑运算部分采用二乘二取二安全冗余结构，安全完整性等级为 SIL4 级；元件控制 ECC 采用三取二安全冗余结构，安全完整性等级为 SIL4 级。

(4) 车辆段联锁子系统：安全完整性等级为 SIL4 级。

(5) 计轴设备：安全完整性等级为 SIL4 级。

(6) LEU 和欧式应答器：安全完整性等级为 SIL4 级。

(7) ATS：安全完整性等级为 SIL2 级。

七、系统降级运行方式及后备模式

1. 降级运行方式

1) 中央 ATS 故障

(1) 中央 ATS 控制转换到本地 ATS 控制：当中央 ATS 发生故障或通信通道发生故障时，本地 ATS 后备模式 MOCS_LATS 将自动进入主控状态，监督和管理全线在线运行的列车。结合列车当前位置以及车次号等信息，MOCS_LATS 为相应的列车提供排列进路功能。当该列车通过一个预定义为运营触发点的轨道区间时，自动进路排列功能被激活，并向联锁子系统发出控制指令。列车换端及自动折返命令也通过本地 ATS 来触发。本地时刻表功能负责计算站停时间，还可根据时刻表(正常通信时与中央同步获得)进行车次号的转变和偏差调整。

(2) 本地 ATS 控制转换到联锁控制：如果本地 ATS 的列车排路计算机也发生了故障，则 SICAS ECC 联锁提供的自动进路调用功能将自动激活。自动进路调用功能可以根据轨道区间的占用情况为列车排列预先定义好的进路，从而将操作人员必须进行的人工干预降低到最小。

(3) 人工操作控制：如果所有提供进路设置的高级自动功能全部失效，则可在车站操作员工作站进行人工操作控制。

2) 车载设备故障

(1) 列车单个单元的车载设备故障：如果列车单个单元的车载设备发生故障，则可以通过头尾冗余的配置来解决。

(2) 单列车的车载无线单元故障：如果单列车的车载无线单元发生故障，则列车将紧急制动。重新启动后首先以 RM 模式运行。

(3) 车载 ATO 设备故障：若列车运行在 AM 模式下，车载 ATO 设备发生故障但 ATP 设备正常，则车载设备产生报警，由司机人工驾驶列车。

(4) 车载 ATP 设备故障：如果车载 ATP 设备发生故障，则车载设备产生报警并紧急制动停车。列车只能在 NRM 驾驶模式下运行，司机根据地面信号的显示人工驾驶列车。

(5) 轨旁设备故障：若某一轨旁 ATP 发生故障但联锁设备正常，则司机将以 RM 或 NRM 驾驶模式按地面信号显示人工驾驶列车运行。由于轨旁 ATP 为分布式配置，因此该故障只会影响整个线路的一部分，即当列车运行至 ATP 轨旁设备及车地连续通信设备正常的区域时，司机可在不停车的情况下将列车转换至连续通信级 SM 驾驶模式或 AM 模式下运行。

3) 无线通信故障

(1) 通信丢失：短时间内(此值可以预设在一定范围内)出现通信丢失故障，对保证列车安全运营不会产生影响。因为轨旁 ATP 根据列车位置计算移动授权和通信通道是相互独立的，而且移动授权也具有一定的时效性。

(2) 车载的 ATP/ATO 车地连续通信设备故障：此情况下，其车载设备会产生报警，系统触发列车紧急制动，司机将以 RM 或 NRM 驾驶模式按地面信号显示人工驾驶列车运行。

(3) 某一区域的地面 ATP/ATO 连续通信设备故障：此情况下，该区域的所有列车都会触发紧急制动，司机将以 RM 或 NRM 驾驶模式按地面信号显示人工驾驶列车运行。

2. 后备模式

1) 点式 ATP 控制模式

Trainguard MT 支持点式列车控制级下的降级运行。WCU_ATP 或通信通道发生故障时，可实现点式通信下的 ATP/ATO 功能，系统基于固定闭塞运行。在点式列车控制运行情况下，联锁采集计轴的状态进行位置检测，控制进路(例如：进路锁闭、进路排列以及进路解锁等)，并控制信号机的显示。轨旁电子单元(LEU)连接到信号机，根据信号显示选择相应的报文信息发送到可变数据应答器。如果信号机开放，则可变数据应答器在列车通过时将点式移动授权报文发送至车载子系统。车载子系统使用线路数据库(TDB)，根据 TDB 信息和接收到的点式移动授权以及列车位置，进行速度监督并控制列车运行。为了使列车减少不必要的制动，在信号机上游约一个制动距离的位置增加填充应答器。该填充应答器的报文信息与信号机处的可变数据应答器的信息一样，通过电缆连接到相同的 LEU。这样，列车当前的移动授权可以延伸到填充应答器的位置，即在距离下一架信号机一个制动距离的地方。如果信号机已经显示“前进”，则不需要制动。

在此级别下，列车在 AM 或者 SM 模式下运行。AM 模式下，系统不仅提供完整的 ATP 监督功能(如对线路速度和坡度的监督)，还具有 ATO 功能。ATO 子系统按照接收到的移动授权驾驶列车至下一站，列车以一定的停车精度停在事先定义的运营停车点。SM 模式下，司机驾驶列车并负责满足停车精度要求。

2) 联锁控制模式

在连续式 ATP 和点式功能均无效的情况下，联锁设备可保障列车行车安全。Trainguard MT 提供基于联锁功能的运行。此时，司机根据由联锁控制的轨旁信号机显示驾驶列车。固定闭塞通过联锁和轨道空闲检测设备来实现。在此模式下，可以通过人机界面将某一信号机或全部信号机设置为自动模式或人工模式两种状态，来完成进路的自动或人工设置。

八、信号方式

正常运行模式下，正线室外信号机灭灯，正线区段列车以车载设备显示作为行车凭证。信号系统故障情况下具备自动室外点灯功能。ATP 故障车、工程车等无车载信号列车及地面 ATP 发生故障时，降级运行的列车按地面信号机的指示人工驾驶运行。故障恢复后，室外自动灭灯。

正常运行模式下，室内中心及车站现地控制工作站上的信号机复示器的显示应与列车的移动授权显示对应，即应有绿、黄、红的相应显示。正线信号机(含试车线)应根据各信号系统的制式和特点来设置。原则上正线信号机的设置如下：

(1) 设置道岔防护信号机。

(2) 在每个车站出站方向设置出站信号机，若出站信号机外方设有道岔，则出站信号机兼作道岔防护信号机。

(3) 设置出车辆段/停车场(入正线)信号机。

(4) 折返进路终端设置阻挡信号机。

(5) 线路尽头设置阻挡信号机。

道岔防护信号机、出站信号机、区间分界点信号机、出车辆段/停车场信号机、折返进路终端信号机采用绿、黄、红三灯位信号机构，红灯显示为定位。其显示及意义如下：绿色灯光表示进路开通直向，准许列车按规定的速度越过该信号机；黄色灯光表示进路开通侧向，准许列车按规定的限制速度越过该信号机；红色灯光表示不准列车越过该信号机；黄色灯光+红色灯光表示开放引导信号，准许列车以不大于规定的速度(如 25km/h)越过该信号机并随时准备停车。

线路尽头设置阻挡信号机。为了方便将来线路延伸，尽头阻挡信号机采用绿、红、黄三灯位信号机构，黄灯、绿灯暂时封闭，显示红色灯光，不准列车越过信号机。车辆段/停车场(除试车线)设置入车辆段/停车场信号机和段内调车信号机。入停车场/车辆段信号机采用黄、绿、红三灯位信号机构，红灯显示为定位。其显示及意义如下：绿色灯光表示允许列车按规定速度进段；红色灯光表示不准越过该信号机；黄色灯光+红色灯光表示开放引导信号，准许列车以不大于规定的速度越过该信号机并随时准备停车。

段内调车信号机为矮型红、白两灯位信号机，红灯显示为定位。其显示及意义如下：白色灯光表示准许列车按规定的速度越过该信号机进行调车作业；红色灯光表示不准越过该信号机。

任务三　西门子 CBTC 系统的工作原理

【工作任务】

(1) 理解西门子 CBTC 系统的列车定位原理。

(2) 理解西门子 CBTC 系统的车地通信原理。

(3) 理解西门子 CBTC 系统的闭塞原理。

(4) 理解西门子 CBTC 系统的混跑原理。

(5) 能以实例阐述西门子 CBTC 系统对列车的控制。

【知识准备】

一、列车定位原理

列车定位是 Trainguard MT 子系统的重要功能。基于通信列车车载 OBCU 提供的列车位置信息，各子系统 ATS、CI 和地面 WCU_ATP 实现对列车的准确跟踪和安全控制。系统结合下列信息来确定列车定位：

(1) 安装在线路上某些位置的应答器。每个应答器发送一个包括识别编号(ID)的应答器报文，由列车接收。在 ATP 车载计算机单元的线路数据库里存有应答器的位置，这样列车就知道它在线路上的确切位置。

(2) 由测速电机和雷达共同执行的列车位移测量。

(3) 道岔位置。

1. 列车定位过程

列车定位包括两个过程，一是列车定位初始化阶段，另一个是列车运行过程中位置更新调整阶段。

1) 定位初始化

车载子系统重新启动后，其位置是未知的，因此定位状态为“未定位”。随着列车的运行，在检测到两个连续的应答器，同时所测量的两个应答器之间的距离与 TDB 相符之后，定位状态变为“已定位”。具体过程如下：

(1) 在转换轨处设置两个初始化应答器，用于初始化列车的位置和运行方向。

(2) 读取第一个应答器后，系统能从 TDB 中确定列车所处的位置。

(3) 读取第二个应答器后，系统能确定列车的运行方向。

2) 位置更新调整

通过第二个应答器后，使用测速电机和雷达的连续位移测量更新已定位的列车位置参数。影响距离测量精度的因素主要有两个：空转和打滑。空转在列车加速期间发生，此时车轮失去与走行轨的黏着接触，因此测量的准确性受到不利影响；打滑在制动期间发生，此时车轮失去了与铁轨的接触，使列车不能定位。使用不受车轮旋转影响的雷达系统可以保证 ATP 系统得到准确的列车位置。通过测速电机和雷达的结合使用，车载子系统得到了更加安全、可靠、精确的速度距离值。

由于测速设备具有累加误差，因此位置数据不确定性将随着列车的运行距离增加而不断变大。系统根据需要每隔一定的距离设置固定应答器，用于修正列车的位置。列车的定位精度取决于应答器的安装误差、车载应答器天线的安装误差、应答器读取窗口的不确定性和速度传感器的测速精度等因素。

2. 列车位置信息

车载 ATP 向轨旁 ATP 发送的位置报告包括如下信息：最大安全前端位置、最小安全后端位置、定位不确定量、定位状态、列车运行前进方向等。其中，位置不确定量主要包含三种：应答器检测的不确定性、应答器的安装精度和测速设备的测量误差。定位状态确定了列车处于定位/未定位状态。列车的运行前进方向决定了列车长度将向哪个方向延伸及列车的首、尾端位置。如图 1-15 所示，列车的非安全位置(估计的后/前端)被定义为最可能的列车位置，且仅用于车载子系统。

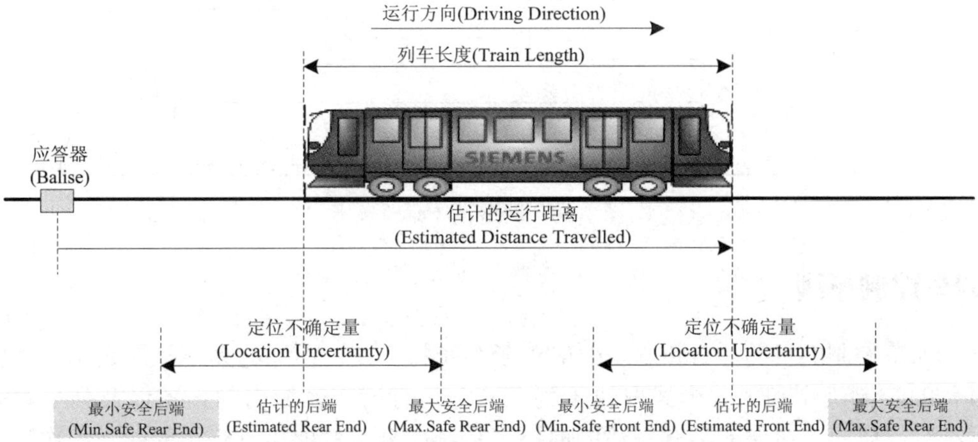

图 1-15　列车的安全和非安全位置

二、车地通信原理

数据通信子系统有线通信部分采用 IEEE 802.3 以太网标准，无线通信部分采用 LTE 技术。DCS 子系统为 Trainguard MT 子系统的连续列车控制提供了一个通信通道，其采用 A/B 双网设计。A 网和 B 网是两个完全相同、相互独立的网络，并行工作，互不影响。每个网络中均包含轨旁骨干网络、车载数据通信网络、车地双向通信网络。如图 1-16 所示，DCS 子系统又分为中央、轨旁和车载三大子系统。中央子系统由一个安装在机房的中央系统路由器(CSR)组成。管理、综合业务和诊断功能在同样安装在机房的网络管理系统(NMS)上实现。轨旁子系统由沿轨道分布的 LTE 设备组成。中央子系统和轨旁子系统通过综合承载网络连接。车载子系统由每列列车上的两个车载列车单元组成，每个车载单元分别连接到车载 LTE 收发设备。两个列车单元之间通过以太网连接在一起。

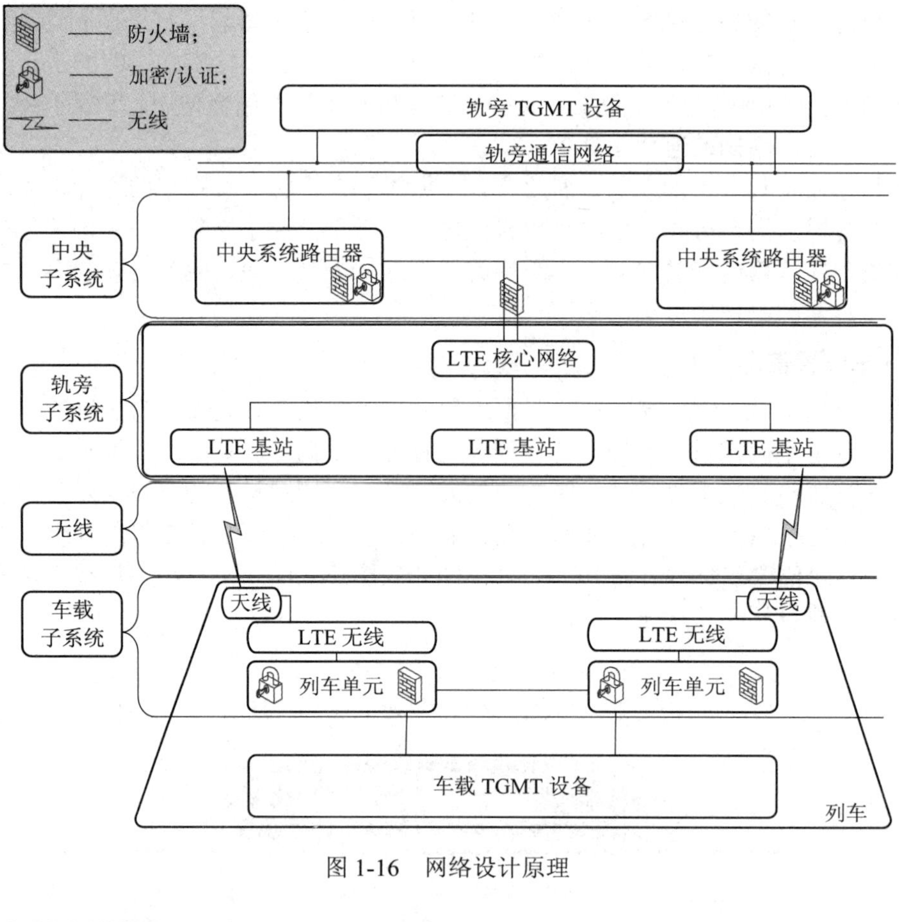

图 1-16　网络设计原理

三、列车控制举例

基于列车控制的目的，Trainguard MT 子系统将工作在不同的列车控制级别和驾驶模式。具体的控制级别和驾驶模式取决于列车实际运行所在区域内的设备以及列车车载设备。本次运行展示了在保证乘客舒适的前提下系统安全有效地控制列车的能力。作为典型的运行条件，假设列车处于 CTC(移动闭塞模式)下而且采用连续通信。同时，激活了 ATS

自动进路设置功能。

列车的运行从一列已经到站、现在正停在站台的列车开始，此时所有的车门和站台门(PSD)都是打开的。ATS 已经事先为该列车设定了发车和到站时间，并且向联锁子系统请求了进路。通常情况下，联锁子系统设置多列车进路，使列车在 ATP 监控模式下运行。Trainguard MT 轨旁控制单元为该列车计算了移动授权，并通过连续通信将该移动授权发送到 Trainguard MT 车载 ATP。

当乘客上下车后，停站时间超时之前，司机驾驶设备台 HMI 上显示门关闭请求。司机按要求关闭车门，轨旁 ATP(通过连续式通信接收门关闭报文)也同时关闭 PSD。如果 Trainguard MT 轨旁 ATP 检测到所有站台门(PSD)已经安全关闭，Trainguard MT 车载 ATP 检测到所有车门已经安全关闭并锁定，那么停车时间结束，所有的发车条件具备，列车司机将从 HMI 上获得发车指示。列车司机按下 ATO 启动按钮，列车开始加速行驶。

1) 列车行驶过程中

以下功能同时发挥作用，指导列车安全、经济、舒适地运行。

(1) 车载 ATP 自动确定列车位置(前端和后端位置)，并依据速度限制和移动授权计算制动曲线，同时 ATP 监督列车速度。

(2) 车载 ATO 按照其驾驶指令来驾驶列车，并通过巡航和惰行来节能。同时，它自动检测应答器，以精确地确定列车和 ATO 停车点位置，并实施目标制动，使列车准确地停在下一个计划停车点。

(3) 司机驾驶台 HMI 设备显示列车实际速度和建议速度。此外，司机驾驶台 HMI 上还显示目标速度和到下一个目标点的距离。

(4) 轨旁 ATP 跟踪列车，按照移动闭塞计算移动授权，检查驾驶指令的条件和联锁排列进路的终点。

(5) ATS 追踪所有列车的运行，检查目的地号，必要时向联锁子系统请求新进路。需要时，联锁子系统排列新的进路。

2) 列车到达下一个车站时

以下功能确保乘客安全上下列车。

(1) 车载 ATP 确定停稳条件和要求的列车位置。为保证列车处于静止状态，它切断牵引力并实施常用制动。

(2) 车载 ATP 释放车门，轨旁 ATP 释放站台门。

(3) 当列车处于安全状态后，车载 ATO 打开车门，同时轨旁设备打开站台门。ATS 监督列车停站，并计算停站时间。

(4) ATS 为下一段列车运行产生发车和到达时间。

(5) TGMT 信号系统的所有功能继续保障列车运行到下一个目的地。

四、闭塞原理

1. 移动闭塞原理

根据移动闭塞原理运行的两列车，后车追踪前车的尾端和安全余量。安全余量由位置不确定性和后退误差构成。安全制动距离用于后方列车的移动授权。在移动闭塞下，每个

Trainguard MT 车载 ATP 计算列车的位置，并将位置信息通过连续通信系统传送到 Trainguard MT 轨旁控制单元。Trainguard MT 轨旁控制单元计算所有的移动条件，并将移动授权发送给各列车的车载 ATP 设备。

连续通信系统允许连续传送位置不确定性的终点，并且以一种连续的模式把移动授权的终点设置在前行列车位置不确定性的起点。移动授权的终点和位置不确定性的终点沿着进路平滑移动，这也就是移动闭塞原理名称的由来。移动闭塞原理保证列车以可能的最短行车间隔运行。

列车分隔负责维持在连续通信的移动闭塞模式下行驶的列车之间的安全距离。在移动闭塞下，联锁子系统保护的进路中可以实现多个列车进入。

2. 固定闭塞原理

固定闭塞列车分隔保证列车间隔不会超过固定闭塞原理允许的距离。该功能负责在线运行列车之间保持安全行车距离。在 ITC 控制级别下，采用基于可变数据应答器的点式通信。在联锁控制级别下，由列车司机负责列车的行驶安全。固定闭塞原理应用于联锁保护的进路，该联锁信息基于计轴计数区段和主信号机。在 ITC 控制级别下，列车可以进入联锁子系统保护的进路。图 1-17 对移动闭塞列车分隔和固定闭塞列车分隔进行了比较。它描述了列车追踪(TM)和物理轨道区段(TVS)的空闲信息间的关联。显然，Trainguard MT 的移动闭塞列车分隔独立于物理轨道信息，仅使用列车追踪(基于列车位置报告 OPR 的追踪)的空闲信息。而在固定闭塞列车分隔情况下，列车追踪基于物理轨道区段(基于 TVD 的追踪)的追踪。

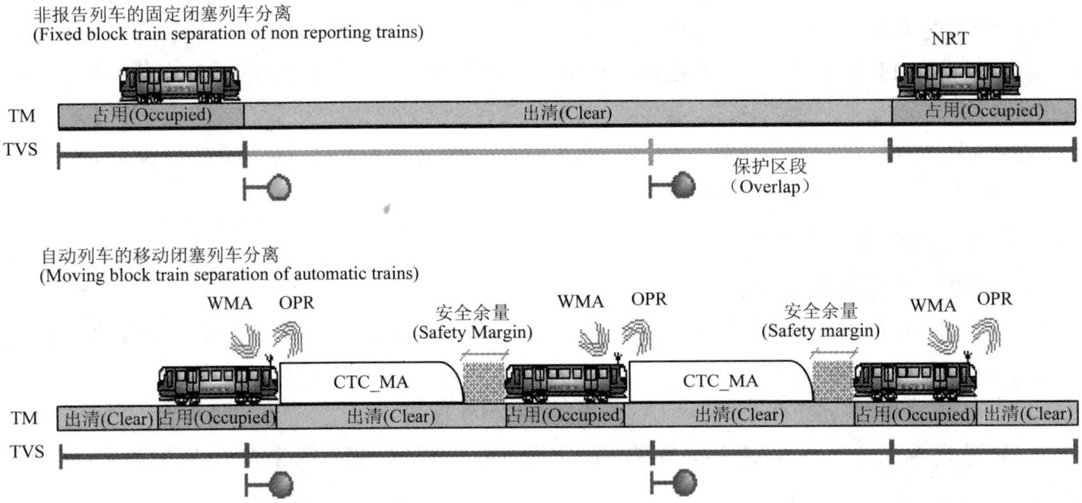

图 1-17　移动闭塞列车分隔和固定闭塞列车分隔比较

五、混跑原理

信号系统的正常运营模式是 CBTC 模式，点式 ATP 模式和联锁控制模式作为备用运营模式。全线所有列车(正线)具备以不同模式混合运营的能力。

1. 线路的某个区域故障

当线路上某个区域由于某种故障只能以后备模式运营时，线路上的无故障区域仍然以

CBTC 模式正常运营。列车在无故障区域以 CBTC 下的驾驶模式正常运行，在故障区域以点式 ATP/ATO 模式下或者联锁控制下的驾驶模式运行，全线具备良好的混合运营能力。

2. 某列车故障

当某辆车由于故障只能以后备模式运营时，线路上的无故障车辆仍然以 CBTC 模式正常运营。故障车的车载设备在点式 ATP 模式下通过从可变应答器接收到的移动授权来控制列车运行。故障车在联锁控制模式下通过司机按照轨旁信号机的显示信息和中心调度员的信息来驾驶列车运行。故障车的安全防护由联锁子系统负责。对于无故障车辆，车载控制器根据从 WCU_ATP 接收到的移动授权信息进行防护。

任务四　西门子 CBTC 系统的驾驶模式

【工作任务】

(1) 掌握西门子 CBTC 系统的驾驶模式。

(2) 熟悉西门子 CBTC 系统的折返模式。

(3) 能说出西门子 CBTC 系统控制下正线及站台的作业项目。

【知识准备】

一、驾驶模式

1. 自动驾驶模式(AM)

AM 模式为 ATP 监控下的列车自动运行模式。在该模式下，ATP 子系统监督所有安全相关和非安全相关限制条件，以保证列车的运行安全。ATO 子系统根据 ATS 发来的列车任务实现列车在区间的自动节能运行，站台定位停车及车门、安全门的自动控制。当然，AM 模式的运行需要得到司机的人工确认，列车司机通过按压 ATO 启动按钮来启动列车的自动运行。司机可通过将门控模式开关设置于不同位置来选择下列的自动模式：

(1) 车站自动停车，开、关车门，无需司机操作。

(2) 车站自动停车，自动开门，手动关门，司机需要按关门按钮。

(3) 车站自动停车，司机需使用按钮手动开关门。

车载子系统在 ITC 和 CTC 级别中均可以提供 AM。在连续式通信下，AM 模式是基于移动闭塞原理的，列车的运行由 ATO 系统自动控制。在点式通信下，AM 模式是基于固定闭塞原理的，列车的运行由 ATO 系统自动控制，ATP 对列车的自动运行进行连续的监督，当列车超速时实施紧急制动。当 ATO 出现故障时，SM 模式将作为 AM 模式的后备模式工作。

2. ATP 保护下的人工驾驶模式(SM)

SM 模式为 ATP 监督下的人工驾驶模式。在该模式下，ATP 子系统确定列车运行的最大允许速度，司机驾驶列车在 ATP 保护的速度曲线下运行，ATP 子系统实现列车自动防护的全部功能。站台停车以及车门及安全门的开关可由司机人工控制。在无线通信正常的情况下，系统具备车门及安全门的联动功能。

3. 限制人工驾驶模式(RM)

启动车载子系统后，RM 模式是初始驾驶模式。在 RM 模式下，司机以不高于 25 km/h 的速度(HMI 上显示列车速度)人工驾驶列车，且必须遵守地面信号并全面负责列车运行。RM 模式只能工作在 IXLC 控制级中，用以监督列车运行在未装备 Trainguard MT 轨旁设备(IXLT)的线路或 Trainguard MT 设备故障的区域中。

4. 非限制人工驾驶模式(NRM)

非限制人工驾驶模式为信号切除模式，由车辆提供，司机需停车后手动切换至该模式。在此模式下，车载信号设备不对列车的运行进行干预。

5. 列车控制级与驾驶模式的关系

在 CTC 和 ITC 控制级别下，车载子系统提供 AM 和 SM 驾驶模式。仅在 IXLC 控制级别下，车载子系统可以提供 RM 驾驶模式，同时 RM 驾驶模式只工作在 IXLC 控制级下。表 1-8 介绍了列车控制级别与列车驾驶模式的关系。车载子系统总是在上述的某个运行模式下工作。

表 1-8　列车控制级别与列车驾驶模式

模式	级　别		
	IXLC	ITC	CTC
AM	无	在 ITCT 区域	在 CTCT 区域
SM	无	在 ITCT 区域	在 CTCT 区域
RM	在所有区域	无	无

车载子系统提供列车运行模式，使得当前的运行模式总是 AM、SM 或 RM 中的任一种。图 1-18 和表 1-9 介绍了 Trainguard MT 模式转换的原理和条件。

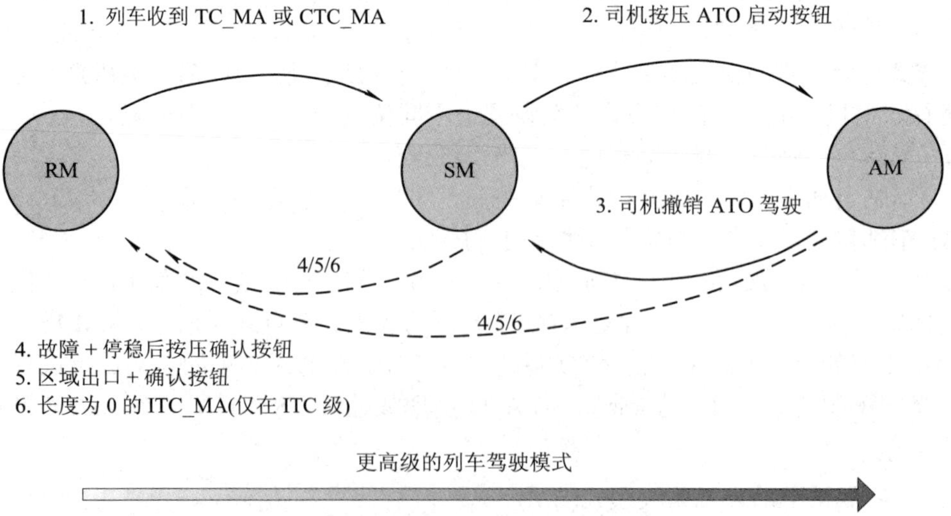

图 1-18　Trainguard MT 模式转换原理

表 1-9 模式转换条件

转换	转换的原因
1	车载子系统接收到一个有效的 ITC_MA 或 CTC_MA，这使得驾驶模式可以转换到 SM/ITC 或 SM/CTC
2	司机按压 ATO 启动按钮以激活 AM 模式。为了实现该模式，ATO 首先必须被解锁
3	仅当列车牵引/制动手柄在 0 位且车辆方向手柄在前进位置时，ATO 驾驶模式解锁。司机可以通过改变这些手柄的位置来退出 AM 驾驶模式
4	任何不允许保持当前驾驶模式的故障(例如测速设备故障或在 CTC 模式下的通信丢失)，在司机确认后，均可转换到 RM 模式
5	区域出口导致转换到联锁控制级(IXLC)，这样驾驶模式限制在 RM
6	车载子系统接收到一个长度为 0 的、有效的 ITC_MA，并由此导致向 RM 的转换

当出现如下情况时，需要将较高级的驾驶模式转换到 RM 模式。

(1) 因为区域出口而转换到 IXLC 控制级。

(2) 司机预选了 RM 模式和 IXLC 控制级。

(3) 因为故障而不允许继续保持在高级运行模式。

如果需要从 AM 或 SM 降级到 RM 模式运行，则车载子系统会要求司机确认。如果司机不确认，现在的驾驶模式将不会改变，列车会停在最后一个安全相关的移动授权边界内。如果是区域出口的缘故，那么切换到 RM 模式时并不要求列车一定停车。从 RM 或 AM 模式可以转到 SM 模式。在下列条件下，车载子系统自动进行从 RM 到 SM 的模式转换：列车获得定位；车载子系统得到 ITC_MA 或 CTC_MA 的有效移动授权；司机没有预设 RM 模式。在下列条件满足后，车载子系统实现从 SM 到 AM 的模式转换：按下 ATO 开始按钮(不需要停稳)；ATO 解锁有效(车辆牵引/制动手柄在 0 位(中立位置)及车辆方向手柄在前进位置)；没有预选较低的驾驶模式。

6. 预选控制级和驾驶模式

司机可以在 HMI 界面上预选最高列车控制级别和最高列车驾驶模式。车载子系统按照司机的预选限制列车驾驶模式和控制模式行驶列车。系统只定义了一些特定的控制级别和运行模式的组合。表 1-10 给出了可行的预选择。

表 1-10 可行的预选择

预选	可用模式与级别的组合				
RM/IXLC	RM/IXLC	SM/ITC	AM/ITC	SM/CTC	AM/CTC
AM/CTC	√	√	√	√	√
SM/CTC	√	√	—	√	—
AM/ITC	√	√	√	—	—
SM/ITC	√	√	—	—	—
RM/IXLC	√	—	—	—	—

注：“√”表示对应的模式/级别组合可以在执行了该预选时实现；“—”表示对应的组合在执行了该预选时无效。

二、折返模式

1. 停稳后的自动折返运行(自动换端)

折返运行由 ATS 根据时刻表自动激活或者由调度员人工激活。折返运行在 ITC 级也可使用。按压自动折返按钮后，折返操作被激活，自动折返指示灯亮起。司机使用钥匙锁闭当前驾驶室。如果列车车辆支持，车门可保持开启状态。司机从一个驾驶室走到另一个驾驶室时，系统完成内部换端。此时，原后端驾驶室内点亮的自动折返灯提示司机解锁后端驾驶室。列车驾驶模式与折返操作前的驾驶模式相同，列车可继续正线运行。

2. 折返轨上的自动折返运行

折返运行由 ATS 根据时刻表自动激活或者由调度员人工激活。按压自动折返按钮后，折返操作被激活，自动折返指示灯亮起。司机使用钥匙锁闭当前驾驶室。车门在此之前由司机手动关闭或由 OBCU 自动关闭。司机离开列车并启动站台上的无人折返按钮(DRB)。当车门关闭且 ATS 排列好进入折返轨的进路后，OBCU_ATO 驾驶列车自动驶入折返轨。列车在折返轨停稳后，OBCU 激活后端驾驶室并切断前端驾驶室。此时，刚刚被激活的后端驾驶室变为新的前端驾驶室投入运行。ATS 排好进路后，OBCU_ATO 驾驶列车自动驶入站台的离去区段，到站停稳后车门自动开启。点亮的自动折返灯提示司机登录前端驾驶室。司机驾驶室解锁后，列车驾驶模式与折返操作前的驾驶模式相同。

3. 人工折返运行

Trainguard MT 子系统支持人工折返。在设计了折返操作的站台及轨道区段，可通过下列方式启动 CTC 级的列车折返：移动闭塞运行的列车(CTC 级)到达折返点，换端完成后，列车可以继续以移动闭塞向反方向行驶(CTC 级)。此外，也可在联锁控制级、ITC 级和 CTC 级实现人工换端。人工换端后的列车控制级为联锁控制级。列车收到 ITC 移动授权或 CTC 移动授权后，列车控制级再次转换为 ITC 级或 CTC 级。

三、正线正常操作

1. 自动作业

运行开始前，行调人员需选择并激活当天的时刻表或 ATS 子系统自动加载并激活。运行开始时，列车进入正线与检修库的联络线。待由联锁控制级转换至 CTC 级，列车自动接收来自 ATS 子系统的车次号。司机按压“ATO 启动”按钮进入 AM 模式，或司机根据 HMI 显示人工驾驶列车，列车移动由 ATP 监督。CTC 级下，列车根据移动闭塞原理自动运行。因为在同一条进路和同一闭塞分区内可同时运行多辆列车，所以移动闭塞可满足最优化的运行间隔。ATS 子系统根据时刻表自动排路。联锁子系统被 ATP 子系统设定为“移动闭塞”模式，允许多列车在同一进路区段运行，列车间距由 ATP 子系统控制。

在每个车站，OBCU 从 ATS 子系统收到新的数据信息，该数据用于调整运行时间、下一站停站时间及下一站编号。在 AM 模式下，列车由车载 ATO 以最节能的方式自动驾驶至下一车站。在 SM 模式下，司机通过 HMI 接收所有信息并负责驾驶列车按时抵达下一车站。在终点站或折返站，可进行无人驾驶自动折返、自动换端以及人工折返等操作。折返作业完成后，ATS 子系统自动更换车次号。运行结束后，列车根据 ATS 时刻表信息自动回段。

2. 人工作业

需要时，行调人员可通过人工命令干预线路上的自动操作，而无需关闭自动功能。行调人员也可进行人工排路。ATS 子系统对识别列车按照时刻表/目的地码下达排路指令。对未排入时刻表的列车，ATS 子系统使用时刻表中的默认停站时间和行驶时间。对于非识别列车，OBCU 使用默认停站时间和行驶时间。系统支持未装备列车(如工程车)的人工驾驶。可通过本地操作员工作站以及中央调度员工作站控制这些列车。不过由于信号系统支持混运，未装备列车随时可以进入正线行驶。

四、站台作业

1. CTC 级的一般站台操作(AM 或 SM 模式)

AM 模式下，ATO 子系统驾驶列车进入站台。列车以一定的停车精度停在事先定义的运营停车点左右。SM 模式下，司机驾驶列车并负责满足停车精度的要求。列车到达站台后，ATS 子系统根据时刻表调整停站时间，确定驶向下一站的运行时间，并将停站时间和运行时间传送至 OBCU。停稳后，只有列车完全停泊在站台范围内，站台门与车门正对时才能解锁车门(允许开门)。即便采用人工开门，站台门也将与车门同时开启。车门的自动与人工开启根据下列车门模式选择：

(1) 人工开门/人工关门(M/M)；

(2) 自动开门/人工关门(A/M)；

(3) 自动开门/自动关门(A/A)。

如果车门开启，列车就不能移动，此时牵引系统被禁用。当停站时间倒数结束时，根据车门模式自动或人工关闭车门。HMI 上显示“关门”及“出发”(车门关闭后)提醒。如果需要，后续进路由 ATS 子系统自动排列。AM 模式下，司机按压“ATO 启动”按钮，列车自动驶向下一车站；SM 模式下，司机根据 HMI 上的指示人工驾驶列车驶向下一车站。

2. CTC 级的特殊站台操作(AM 或 SM 模式)

1) 越站(跳停)

ATS 子系统通知接近站台的列车通过此站台而不停车。此功能可通过时刻表自动实现，也可由调度人员人工实现。

2) 扣车

在全部出发条件都满足的情况下，ATS 子系统依然可以通知列车停留在车站内。扣车操作可由调度人员人工激活及取消。

3) 紧急停车按钮

如果站台紧急停车按钮被激活，则列车将在站台前方停车。如果列车位置过于接近站台或已经到达站台，则触发紧急制动；如果列车在站台内停稳，若有任何列车移动，则触发紧急制动。

4) 站台门

如果列车接近时站台门突然打开，则列车在站台前方停车。如果列车位置过于接近站台或已经位于站台区域，则触发紧急制动。若站台门由于故障未能如实显示关闭，则每个站台上提供一个旁路开关，此开关允许列车在站台门出现故障时运行。

5) 车门

如果车门由于故障未能如实显示关闭，则可使用司机操作台上的车门允许按钮旁路车门关闭的输入。

习　　题

1. 西门子 CBTC 系统的结构分为哪几层？
2. 简述西门子 ATS 子系统的配置。
3. SICAS 联锁有哪些功能？主要设备包括哪些？
4. 控制中心信号设备室的设备主要包括哪些？
5. 一级设备集中站包括哪些信号设备？
6. 车载信号设备主要包括哪些？
7. 简述通信网络的构成。
8. WCU_ATP 与车载子系统之间交换哪些数据？
9. 简述 MOCS 系统的主要功能。
10. 列车控制级别有哪三种？
11. 简述 Trainguard MT 级别触发条件。
12. 简述 Trainguard MT ATP/ATO 子系统的功能。
13. MSS 子系统的功能主要有哪些？
14. 什么是点式 ATP 控制模式？什么是联锁控制模式？
15. 西门子 CBTC 系统中，正线信号机是如何设置的？
16. 简述西门子 CBTC 系统的列车定位原理。
17. 简述西门子 CBTC 系统的车地通信原理。
18. 简述西门子 CBTC 系统的闭塞原理。
19. 简述西门子 CBTC 系统的混跑原理。
20. 西门子 CBTC 系统的驾驶模式包括哪些？
21. 西门子 CBTC 系统的折返模式包括哪些？
22. 西门子 CBTC 系统控制下，正线及站台的作业项目都有什么？

项目二　西门子 ATP 子系统

【项目描述】

西门子 Trainguard MT 系统从功能上分为 ATP 和 ATO 两部分。本项目介绍 ATP 部分，主要从车载 ATP 和轨旁 ATP 两个方面加以表述，包括 ATP 子系统的构成、功能、原理和检修的内容、周期及工艺标准。

任务一　西门子 ATP 子系统的构成

【工作任务】

(1) 掌握西门子 ATP 子系统轨旁室内设备的构成。
(2) 掌握西门子 ATP 子系统轨旁线路设备的构成。
(3) 掌握西门子 ATP 子系统的车载设备的构成。

【知识准备】

Trainguard MT 系统设备分为轨旁设备和车载设备。其中，轨旁室内设备(WCU)包括轨旁 ATP 计算机 WCU_ATP 和轨旁 TTS 计算机 WCU_TTS；轨旁线路设备包括轨旁电子单元(LEU)和应答器；车载设备(OBCU)包括车载 ATP 计算机、车载 ITF 计算机、车载 ATO 计算机、车载 HMI 显示器、应答器天线、测速电机和雷达。

一、TGMT 轨旁设备

1. 轨旁室内设备

Trainguard MT 系统中，轨旁控制单元使用的硬件为 SIMIS PC(WCU 机柜，如图 2-1 所示)。

图 2-1　WCU 机柜

1) 轨旁 ATP 计算机 WCU_ATP

WCU_ATP 轨旁计算机单元是 Trainguard MT 系统与信号系

统其他子系统的主要接口。WCU_ATP 根据存储的线路数据库信息及来自列车的定位信息计算移动授权，并通过车地连续无线通信，向车载子系统发送移动授权，实现列车跟踪、列车间隔等功能。

ATS 将在列车的控制中与站台轨相关的控制发送给 WCU_ATP，然后再以报文的形式由 WCU_ATP 传输到车载。例如：站台停车点、选择开启哪侧的车门、是否需要跳站通过等。

2) 轨旁 TTS 计算机 WCU_TTS

WCU_TTS 轨旁计算机单元为 ATS 与车载子系统提供通信服务。ATS 将对列车相关的控制发送给 WCU_TTS，再以报文的形式传输到车载。例如：列车的运行时间、停站时间等。

3) 硬件冗余结构

轨旁 ATP 计算机 WCU_ATP 和轨旁 TTS 计算机 WCU_TTS 的硬件结构完全相同，均采用二乘二取二结构的 SIMIS PC 安全型计算机系统。

2. 轨旁线路设备

1) 应答器

标准欧式应答器(如图 2-2 所示)安装在轨道内，如轨枕上。从硬件的角度看，在 Trainguard MT 系统中将使用到固定数据应答器和可变数据应答器。

图 2-2　欧式应答器

固定数据应答器是用于列车定位的无源设备，它存储一个可再编程的报文并将其传输给通过列车，无需安装电缆或者其他设备。每个应答器报文至少含有一个唯一的 ID，允许列车自身定义它在轨道上的绝对位置。当列车经过应答器时，列车应答器天线利用无线电磁感应技术激活应答器，这样应答器能够通过车载应答器天线向列车传输报文，报文通过数据总线传输给车载计算机。应答器数据持久有效，可以用测试和编程单元(TPG)重新编程。其设置原则为：每 600～800 m 设置固定数据应答器。当列车经过一个应答器时，测距误差将被归零。TGMT 允许一个定位应答器的丢失(或故障)，而不影响列车的运行。应答器故障由 OBCU 探测到后传送给 OCC 的 ATS，并可以显示在 S&D 上。

可变数据应答器用于向列车传送移动授权报文，通过轨旁电子单元(LEU)连接到一个轨旁信号机。正常情况下，可变数据应答器接收 LEU 连续发送的报文，该报文内容取决于与 LEU 相连接的信号机的显示信息。列车通过该应答器的瞬间，报文被传送到列车上。一旦与轨旁电子单元的连接中断，可变数据应答器将向通过的列车传送存储的缺省报文。可变数据应答器与一根电缆连接在一起，该连接电缆铺设在钢轨下的道床内。

从应答器信息功能应用的角度来看，在 Trainguard MT 中又分为以下几种应答器：

(1) 定位应答器。所有 Trainguard MT 应答器都是定位应答器。定位应答器沿线路设置，提供作为以下目的之用的参考位置：初始化列车位置、减少列车安全相关位置的不确定性、保证车站要求的安全相关和非安全相关停车精度。车载子系统通过读取定位应答器，获得应答器在 TDB 中的特定位置，从而进行定位调整。纯粹的定位应答器是固定数据应答器。

(2) 重定位应答器。重定位应答器设置在分歧道岔之后、主信号应答器的非确定的 ITC_MA 以内，用以列车实际移动授权的更新，以使列车获得确定的防护点(POP)和运营停车点(OSP)。

(3) 主信号应答器。主信号应答器是安装在主信号机前方的可变应答器，用以支持 ITC 级的运行。主信号应答器通过 LEU 的开关量接点连接到一个主信号机。主信号应答器根据信号机的显示，以应答器报文的形式向通过该应答器的车载子系统发送 ITC 运行授权。

(4) 填充应答器。填充应答器实际上是主信号应答器 MA 信息包的转发器，即如果显示为通过信号，则填充应答器发送和相应的主信号应答器相同的移动授权信息。填充应答器设置在相应主信号机前方至少一个常用制动距离之外的地方，这样当主信号应答器已经转变为“通过”时，列车通过填充应答器时可以避免产生制动。区间正向运行信号机应配置填充应答器。

一个应答器可以根据其运行方向用作多种用途。例如，一个主信号应答器也可以用作反方向运行时的重定位应答器。在 TDB 中，会详细说明双方向上应答器的类型。车载子系统通过监督应答器“预期窗口”检查每一个成功读取到信息的应答器的真实性。如果车载子系统在“预期窗口”外读取到应答器信息，那么列车位置状态将变为“失去定位”。

2) 轨旁电子单元

轨旁电子单元(LEU)如图 2-3 所示，它是信号机和可变数据应答器之间的标准接口。一个信号机灯位可以被转化为电压及电流值，由 LEU 读取后，选择对应报文通过电缆传送至可变数据应答器。

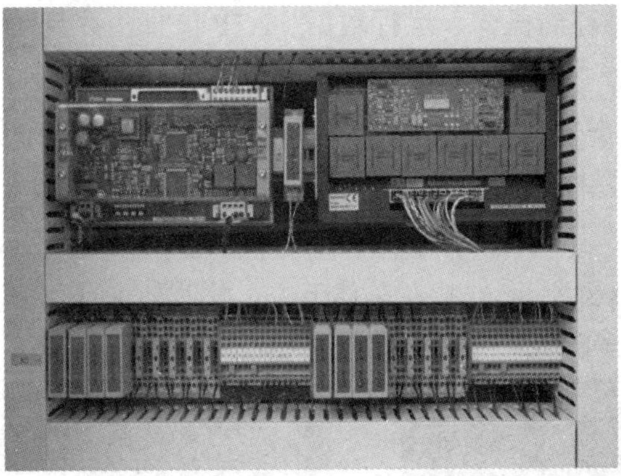

图 2-3　轨旁电子单元(LEU)

二、TGMT 车载设备

TGMT 车载子系统采用车头/车尾冗余的二取二配置。列车头、尾两端驾驶室分别配置二取二的车载计算机单元(OBCU)，每套 OBCU 与两端驾驶室相连接，实现系统级冗余功能。TGMT 每个车载单元组成如下：车载计算机单元 OBCU(OBCU_ATP，OBCU_ATO，OBCU_ITF)、车载 HMI 显示器、应答器天线、测速电机 OPG 和雷达 Radar。

OBCU_ATP 执行必要的程序来确保列车依据移动授权来安全运行。移动授权在 CTC

级由 WCU_ATP 产生并通过通信通道传输给列车。移动授权允许列车行驶至下一个运行停车点，最远至防护点。基于移动授权和线路数据库，OBCU_ATP 计算制动曲线。一旦出现与 OBCU_ATP 得出的制动曲线相背离的情况，将会触发紧急制动使列车停车。

1. 车载计算机单元 OBCU

用于 OBCU_ATP 的硬件平台是基于二取二故障-安全结构体系的安全型车载处理器 SIMIS TCC，如图 2-4 所示。它根据移动授权、位置报告及移动闭塞原理来执行 ATP 功能。OBCU_ATP 设备具有下列功能：

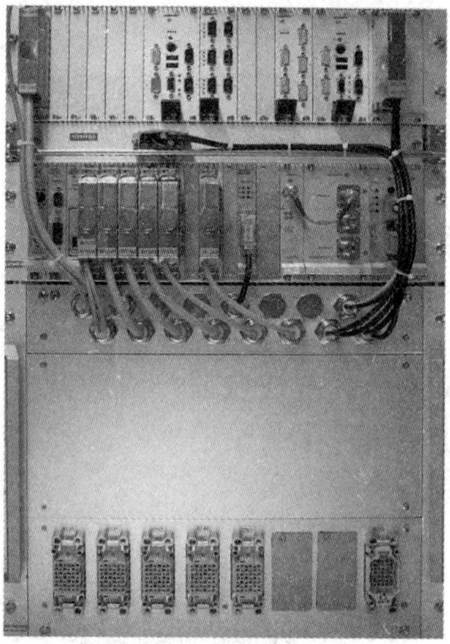

图 2-4　列车上的一整套 OBCU 部件

(1) 设备故障(包括地-车通信中断)时实施紧急制动及报警。

(2) 接近防护速度时预报警，超过最高允许速度时实施常用制动或紧急制动，以及常用制动率不足时自动转换为紧急制动。

(3) 列车运行方向的检测和监督。

(4) 列车非正常移动的检测并实施紧急制动。

(5) 监控车门、站台屏蔽(安全)门的开启及监督其关闭状态。

(6) 向车载 ATO 传送有关信息。

(7) 系统自检、自诊断、故障报警、记录列车运行数据、传送报警信息至车站/控制中心 ATS。

(8) 系统实时记录并存储操作、运行数据、ATP 信息，并且通过外接 PC 输出。

2. 车载 HMI 显示器

人机界面(如图 2-5 所示)安装在司机驾驶室内，用来实时显示来自 OBCU 的信息，如列车的实际运行速度、目标速度及其他行车运营需要的信息。其采用列车首尾冗余配置。

3. 应答器天线

应答器天线(如图 2-6 所示)安装在车体下方，接收轨旁应答器发送的数据信息。应答器天线采用列车首尾冗余配置。

图 2-5　人机界面

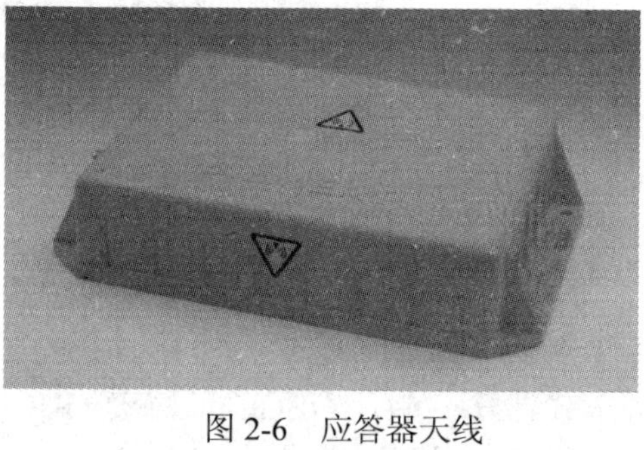

图 2-6　应答器天线

4. 测速电机

测速电机(如图 2-7 所示)安装在车轴上(司机室 2 轴右侧)，快速地检测车轮转速(数/分)

的变化和旋转的方向，从而计算列车定位信息、速度和行驶方向。每个驾驶室/车载计算机单元配置一个测速电机，每辆列车装备两个测速电机，采用列车首尾冗余配置。

5. 雷达

雷达单元(如图 2-8 所示)采用频率为 24.125 GHz 的微波辐射到轨道，然后经过反射后被雷达传感器检测到。根据多普勒效应，将会发生随列车速度变化的频率漂移现象，由此雷达可检测实际列车速度和行驶距离，并且不受车轮空转/打滑的影响。雷达结合测速电机，提高了 OBCU 的定位精度。雷达采用列车首尾冗余配置。

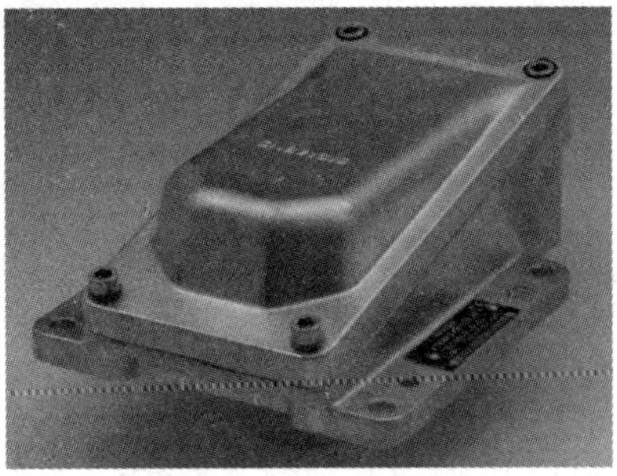

图 2-7 测速电机(OPG)

图 2-8 雷达单元

任务二 西门子 ATP 子系统的功能

【工作任务】

(1) 掌握西门子 ATP 子系统有哪些功能。
(2) 能说出西门子 ATP 子系统各功能项的内容。
(3) 熟悉与移动授权计算相关的 ATP 子系统的功能。

【知识准备】

一、速度和距离测量

精确的列车测速和测距是所有与速度相关安全功能和列车定位的先决条件。当列车经过应答器时，其正确的位置被识别。在这些应答器之间，雷达和测速电机一起确定准确的列车速度和距离。两种测量传感器的结合使用得到了更加安全、可靠、精确的速度距离值。

二、防护点和超速监督

如图 2-9 所示，在任何情况和时间下列车控制服从以下两种安全限制：零速度限制的防护点(POP)和安全速度曲线(VSP)。防护点代表了绝对不允许越过的限制点，在移动闭塞模式下，防护点位于前行列车的尾部。如果前行信号装备列车定义了一个防护点，则前行列车的位置不确定性因素和后退公差已经考虑在内。防护点主要包括：

(1) 前行列车的安全尾端加上后退误差(若前行列车已定位且运行在连续式通信级)；

(2) 计轴器区段边界；

(3) 与信号机位置相关的防护点；

(4) 联锁安全距离的末端(若配置且监督安全距离)；

(5) 其他的安全防护点，如车挡。

安全速度曲线(VSP)是对列车所在轨道区段范围内绝对不能超过的速度极限。VSP 是存储在线路数据库中的静态速度限制和由线路操作员设定的临时速度限制的最小值。

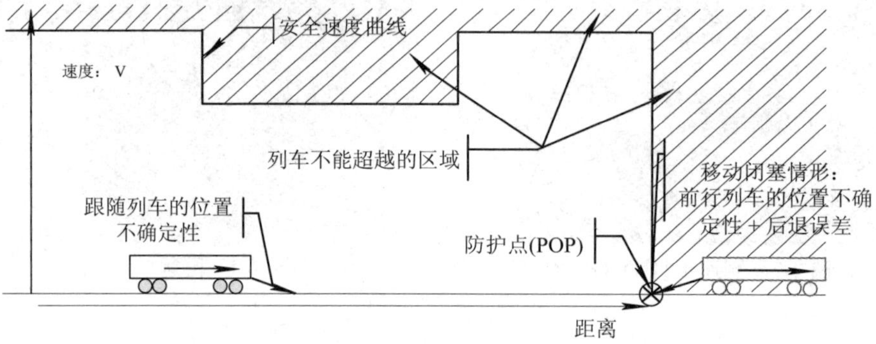

图 2-9 安全速度曲线和防护点监督

ATP 车载计算机单元连续地监控紧急制动触发曲线，保证列车不会超过安全速度曲线，而且列车将在防护点的前方停车。紧急制动曲线和紧急制动触发曲线如图 2-10 所示。紧急制动曲线考虑了列车保证的紧急制动减速度、轨旁 ATP 计算的当前防护点、限制最严的速度曲线和线路的坡度曲线。根据紧急制动曲线可以计算紧急制动触发曲线。该曲线考虑了紧急制动触发后直到紧急制动有效之前切断牵引力的时间，以及 ATP 的反应时间的延迟。同时，图 2-10 还描绘了一个具有恒定减速度的常用制动曲线，此曲线可以由 ATO 子系统来控制。不同的调节命令可以选用不同的 ATO 策略，从而保证到 ATO 停车点有一个最佳的制动。

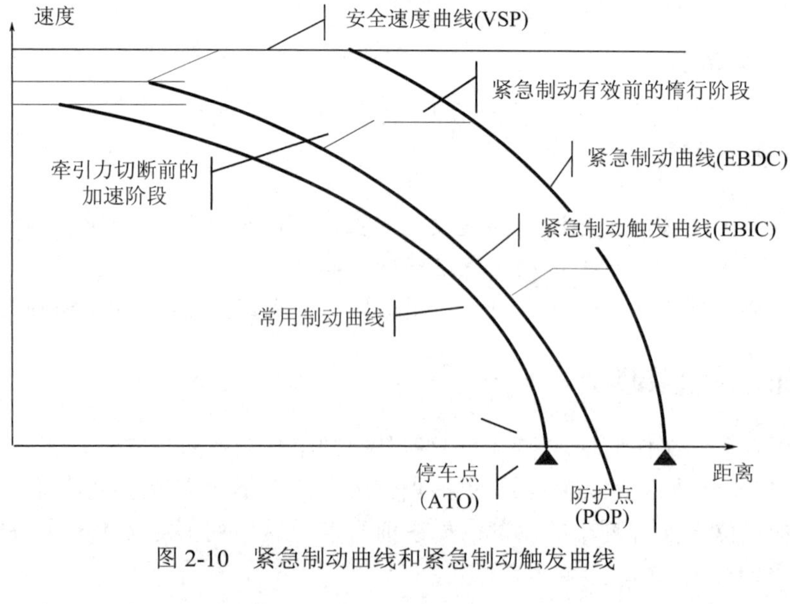

图 2-10 紧急制动曲线和紧急制动触发曲线

三、区域防护

1. 运行授权区域(RAUZ)防护

运行授权区域(RAUZ)是指路网中的一个区域，每个运行授权区域(RAUZ)在 TDB 中配置，并规定 RAUZ 类型，不同 RAUZ 之间可以重叠。系统提供了两种 RAUZ：站台门运行授权区域(PSD-RAUZ)和紧急停车授权区域(EMP-RAUZ)。

WCU_ATP 监督“PSD 关闭”的输入。如果相应的 PSD 已关闭，则 WCU_ATP 将 PSD-RAUZ 设置为“解锁”；否则 PSD-RAUZ 就被设置为“封锁”。被封闭的 PSD-RAUZ 可由强制功能解锁。此外，WCU_ATP 监督来自联锁的紧急停车按钮状态(解锁/封锁)的输入，并且根据 EMP 状态的输入设置 EMP-RAUZ 的状态。

2. 临时限速防护

WCU_ATP 通过 ATS 中的相关指令设置和取消限速。TGMT 系统将调度员设定的临时限速作为安全速度限制。零速临时限速定义了一个封锁的区域，运行在 CTC 级的列车无法通过这些临时速度区域。

3. ITC 级的区域防护

在纯 ITC 区域里，没有运行授权区域(RAUZ)和临时限速区域。在装备有 ITC 和 CTC 设备的 ITC/CTC 区域，对运行在 ITC 级的列车，仅提供间接区域防护。间接区域防护由 WCU_ATP 发给联锁的强制命令来实现。该强制命令禁止联锁，将相应的主信号机设置为“通过”显示，由此实现对相应区域的防护。

四、运行方向和后溜监督

该功能负责在任何驾驶模式下对列车后溜状况的安全监督。TGMT 系统使用以下原则：

由激活的驾驶室确定列车的前进方向。所有与行驶方向相反的移动都将由后溜监督功能监督。当达到了最大后溜距离时，车载子系统将触发紧急制动。当列车后溜停止后，为了重新使列车在前进方向上运行，需要一个最大后溜容忍范围。比如在坡道上，为了避免因列车后溜监督功能而导致的列车不能继续运行情况的发生，必须要设置该容忍范围。当超过后溜容许范围时，车载子系统将再次触发紧急制动。图 2-11 描述了后溜监督的情形。

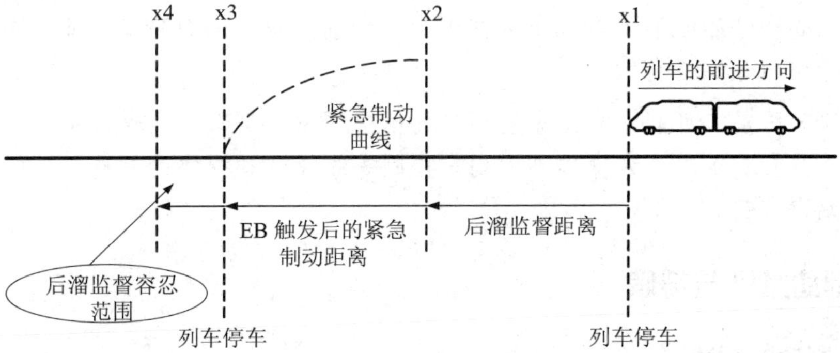

图 2-11　后溜监督

当列车在 X1 位置停车后，车载子系统将对最大后溜距离进行监督，并在列车达到 X2 位置时触发紧急制动；当紧急制动被激活后，列车将根据紧急制动曲线在 X3 位置停止；列车在 X3 位置停止后，车载子系统将监督最大后溜容忍范围，并在因后溜达到 X4 位置时再次触发紧急制动。如果列车向前运行最大后溜距离后，后溜监督功能将被重新设置为初始状态。

五、车门监控与允许

1. 车门监督

在任何控制等级下，车载子系统都将监督列车的车门。车门的状态在 HMI 中显示。TGMT 的车载子系统只在所有列车车门都安全关闭的情况下才允许列车开始移动。在 AM 和 SM 模式下，如果列车在站台停车点内安全停稳并位于停车窗内，同时列车完全停泊在站台范围内(车长必须符合站台长度)，则车载子系统允许车门开启。该授权(列车车门解锁)仅发送给列车的正确侧车门(在 TDB 内定义)。在 RM 模式下，车载子系统不授权列车车门的开启，只能通过按压车门允许按钮后再按压车门开启按钮手动开启列车车门。在任何列车驾驶模式下，车载子系统都会在列车开始移动后立刻撤销对车门的解锁。车载子系统向 HMI 提供车门解锁状态信息。

2. 牵引解锁

根据车门状态信息，车载子系统决定是否切断列车牵引供电。如果车门开启，则车载子系统就切断牵引供电；如果所有车门已安全关闭并锁闭，则车载子系统激活列车牵引。

3. 车门允许操作

为了使列车能够在故障情况下移动(比如由于检测故障，列车车门被错误地报告为“开”)，列车司机通过按压车门允许按钮来旁路车载子系统对车门的监督。如果司机按压车门允许按钮，他将开始负责对列车车门的监督。在使用车门允许操作的情况下，车门的开启和关闭将始终由司机手动控制。车门允许按钮可完成以下两个功能：

(1) 在静止状态下，可以无视列车实际位置而强迫解锁任何一侧的车门。

(2) 在静止状态下，如果未收到“所有列车门安全关闭并锁闭”的信息，则可以停止车载子系统对列车车门的监督。

如果再次收到“所有列车门安全关闭并锁闭”的信息，则车门旁路命令在车门状态经过“开—关”的次序后取消。在列车停在下个站台前，对“所有列车门安全关闭并锁闭”车门状态的旁路命令始终有效。

注意：列车司机有可能在列车车门开启的情况下驾驶列车。在这种情况下，司机负责对列车车门的监督。车门允许操作不受列车控制等级及驾驶模式的制约，只能在列车静止时使用车门允许按钮。

六、紧急制动激活与缓解

1. 紧急制动的激活

车载子系统通过与车辆的列车控制系统接口对列车施加紧急制动。车载子系统施加紧急制动的状态被显示在 HMI 上。由于下列原因，车载子系统可触发紧急制动：超速、违反退行监督(列车退行距离的次数及最大退行距离在设计联络阶段确定)、违反车门监督、应答器监督(包括重定位以及主信号应答器(仅用于 ITC)的检测出错、预期窗口外方检测到应答器)、ITC 或 CTC 下失去定位(例如：列车完整性、不确定的道岔位置、超过最大的列车定位误差)、车载安全相关输出故障、CTC 下的传输失效。CTC 中，车载子系统通过 WCU_TTS 向 ATS 提供紧急制动激活状态和紧急制动原因。

2. 紧急制动的缓解

紧急制动的缓解取决于紧急制动的触发原因。表 2-1 给出紧急制动缓解的配置。

表 2-1　EB 缓解配置

紧急制动的触发原因	紧急制动的缓解
超速	车停稳后，紧急制动自动缓解
违反退行监督	车停稳后，紧急制动自动缓解
违反车门监督	车停稳后，紧急制动自动缓解
应答器检测出错(导致失去定位)	车停稳后，司机确认 RM，紧急制动自动缓解
CTC 下的无线传输丢失	车停稳后，司机确认 RM，紧急制动自动缓解
ITC 或 CTC 下失去定位	车停稳后，司机确认 RM，信号系统紧急制动自动缓解
测速设备故障	对于该紧急制动原因，即使转换到 RM 紧急制动也不缓解。“非限制人工驾驶”模式是必需的
车载安全输出故障	“非限制人工驾驶”模式是必需的

通常情况下，紧急制动缓解原则为：如果造成紧急制动的原因已解除，且列车速度为零时，那么紧急制动自动被车载系统缓解，并且保证驾驶模式和控制级别不变。如果紧急制动已由车载子系统实施，并且紧急制动的原因在车辆处于停稳时仍然存在，那么车载子系统自动转换为 RM 模式和 IXLC 级别(需要司机按压确认按钮)。实施紧急制动之后，HMI 提示按压 RM 确认按钮，进入 RM 状态。在司机按压 RM 确认按钮之前，驾驶模式不显示。

七、站台门的监控

列车在站台 ATP 停车窗内安全停车后，才能开车门及 PSD(站台门)。OBCU 向车辆提供安全输出以避免列车在上下客时移动。如果列车停在所要求的 ATP 停车窗内，则车载 ATP 将通过给列车的安全输出解锁列车的车门；或者通过给列车的安全输出切断列车的牵引动力；或者通过报文给轨旁 ATP 发送安全“PSD 授权”信息。

在 CTC 模式下，OBCU 将给轨旁 ATP 发送“打开 PSD”的命令，该命令由 ATO 自动产生或由列车司机手动发出(例如按压驾驶室内的按钮)。根据该信息，轨旁 ATP 给 PSD 系统发出打开 PSD 的安全输出，同时列车车门将被自动地打开或由列车司机手动开启。如果列车离开站台(停站时间已到或列车司机手动操作)，则 OBCU 将给车辆发送“关闭列车车门”的命令；或者给轨旁 ATP 发送“关闭 PSD”的命令，该命令可自动产生(停站时间已到)或由列车司机发出(按压驾驶室内的相关按钮)。根据该信息，轨旁 ATP 给 PSD 系统发出关闭 PSD 的安全输出，同时列车车门将被自动地关闭或由列车司机手动关闭。

如果列车车门关闭，则车载 ATP 完成下列动作：向轨旁 ATP 发送安全的“无 PSD 授权”信息；为车辆提供安全输出以激活列车牵引系统；为车辆提供安全输出以撤销对列车车门的解锁(当列车开始移动后)。

八、列车完整性监督

车辆负责持续检查列车的完整性，并向车载子系统提供列车完整性状态信息。如果列车完整性丢失，车载子系统就无法确定列车两端位置，因此列车定位状态变为“失去定位”。列车完整性丢失将在 HMI 上进行显示。

九、紧急停车按钮

所有站台配备紧急停车按钮来应对紧急情况。这些设备仅在线路预先定义的区域使用。紧急停车按钮的使用区域一般为站台周围，该区域在线路数据库中定义。紧急停车按钮为 ATP 轨旁计算机单元提供安全输入，用于计算列车的移动授权。如果激活紧急停车按钮，则在预先定义的特定区域会有以下的反应：

(1) 所有在该预先定义区域的列车得到一个速度为零的临时限速(也就是区域封锁)，在相关区域的所有列车立即产生紧急制动。

(2) ATP 轨旁计算机单元在该区域封锁的边界产生防护点。也就是说，再也没有列车能进入该封锁区域。

如果紧急停车按钮再次被激活，则紧急停车功能将会解除，区域封锁(边界处产生的防护点)也将会解除。ATP 轨旁计算机单元能够再次计算跨越该区域的移动授权。

十、与联锁接口功能

WCU_ATP 和联锁子系统之间的接口是基于元件(例如信号机、道岔、岔心、轨道区段、轨道空闲检测区段)及元件状态的功能接口。它是双向接口，允许从联锁子系统到 WCU_ATP 的状态信息的传递，同时也允许从 WCU_ATP 到联锁子系统的状态信息或控制命令的传递。

1. 自动列车接近

“自动列车接近”是联锁子系统用于将信号机显示转换到“移动闭塞开放”显示的条件。对于其控制下的每个信号机，如果自动列车正接近该信号机，则 WCU_ATP 向联锁子系统发送“自动列车接近”=“是”的信息；如果列车越过信号机后，WCU_ATP 向联锁子系统发送“自动列车接近”=“否”的信息。该强制信息向联锁子系统提示：此时列车安全间隔(追尾防护)由 WCU_ATP 保证。

2. 信号机灭灯强制命令

“信号机灭灯”强制命令(如图 2-12 所示)用于自动列车与非自动列车在线路上混跑的情形。当仅有自动列车通过信号机时，信号灯就被熄灭；当仅有自动列车位于信号机前方时，WCU_ATP 才向该信号机发送命令“信号灯灭灯”＝“是”。使用该强制命令，若有非自动列车接近信号机时，则可开启信号机显示。通常情况下，线路上只有自动列车运行或没有列车接近信号机时，信号机处于灭灯状态。这种方式既达到节能的目的又可延长信号灯的寿命。

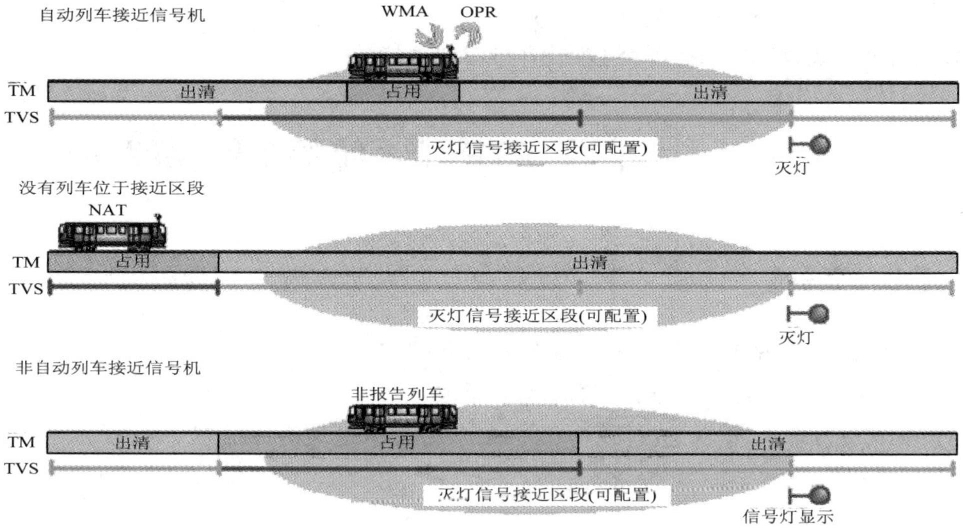

图 2-12　信号灯灭灯强制命令

3. 停车确认

“停车确认”强制功能用于加快联锁中的进路解锁。只要列车确信其将在相应信号机外方停稳，进路就可以解锁。该强制功能仅在取消进路时使用。

4. 列车停稳

“列车停稳”强制功能用于加速联锁中保护区段的解锁。一旦列车在保护区段前停稳(WCU_ATP 向联锁子系统发送“列车停稳”＝“是”的信息)，保护区段就可解锁。

5. 临时限速或作业区设置

WCU_ATP 提供一个基于逻辑轨道元件的“TSR 或作业区设置”状态指示。一旦施加了临时限速，WCU_ATP 就会发送“TSR 或作业区设置”＝“是”信息至联锁子系统(在施加了临时限速的元件基础上)。如果未施加 TSR，那么 WCU_ATP 发送“TSR 或作业区设置”＝“否”的信息至联锁子系统。对于进行了“TSR 或作业区设置”的进路，信号机将只能显示引导信号，司机在限制人工驾驶模式下驶入该进路。

十一、列车任务管理

列车任务是对列车运行的规划。车载子系统执行 ATS 定义的列车任务。列车任务通过运行线路、站台、站台停车点选择、折返策略、车门开启策略、停站时间和控制运行时间等来表现。列车任务控制意味着通过 ATS 指令控制列车任务参数。ATS 可进行下述控制：

(1) 站台相关控制。它包括选择站台停车点、车门策略选择、强行越站/停车、折返策略。

(2) 列车相关控制。它包括列车任务码、列车调整(停站时间、运行时间、下一站)等。

WCU_ATP 从 ATS 接收站台相关控制命令，WCU_TTS 从 ATS 接收列车相关控制命令。车载子系统在处理列车任务时，通过运营报文接收到的控制命令要优先于默认列车任务的参数。列车执行默认任务，并在考虑以下默认参数的条件下在进路上的所有站台轨停车：

默认站台停车点、默认车门策略、默认停站时间、默认下一站台(按方向)、默认至下一站台的运行时间(按方向)、默认折返策略等。

所有必要数据(默认值)在线路数据库(TDB)中配置。

任务三　西门子 ATP 子系统的工作原理

【工作任务】

(1) 理解西门子 ATP 轨旁及车载设备的工作原理。

(2) 理解西门子 ATP 对于站台门的控制原理。

(3) 理解西门子 ATP 在 CTC 级和 ITC 级下的列车追踪间隔原理。

【知识准备】

一、ATP 轨旁设备工作原理

在连续式列车控制级里，轨旁 ATP 的主要目的是执行移动闭塞列车分离原理来优化列车的运行。在安全的前提下，超越固定闭塞分区的限制。移动闭塞列车分隔基于提供给轨旁 ATP 的列车位置报告。在检测和识别应答器、测量列车位移的同时，列车连续地定位。轨旁 ATP 的移动闭塞安全列车追踪功能的输入来自信号装备列车的位置报告及轨道空闲检测。在连续式列车控制级别下，移动授权来自该列车的追踪功能，并且通过双向通信通道从轨道发送至列车。位置报告信息和移动授权信息的双向交换实现了基于无线通信的移动闭塞列车分离。

二、车载冗余原理

正常运行下，前端的车载计算机单元(OBCU)控制(ATO)和监督(ATP)列车运行，而后端的车载计算机单元(OBCU)处于备用模式。通过驾驶室的转换，后端的 OBCU 取得控制权，而前端 OBCU 将切换为备用模式(车载 ATP 头尾切换过程中，应保持原有车辆输出状态)。

使用前/后端冗余，两端的 OBCU 都得到诸如来自两个驾驶室的按钮、开关和接点的输入。无故障的情况下，后端的 ATP 跟随前端 ATP 的输出。每个二取二的 SIMIS ATP 通过安全的方式进行单独的输出。在前端二取二车载计算机单元或者测速电机、测速雷达、通信系统故障的情况下，后端的车载计算机单元自动取得控制权。司机的 HMI、与前端驾驶室的 ATO 和 ATP 相关的信息保持不变(如按钮和开关)。在这种情况下，所有的信息连接到后端的车载计算机。

三、站台门控制原理

在 CTC 控制级下或车地通信正常下的 ITC 控制级时，Trainguard MT 系统监控站台门，如图 2-13 所示。

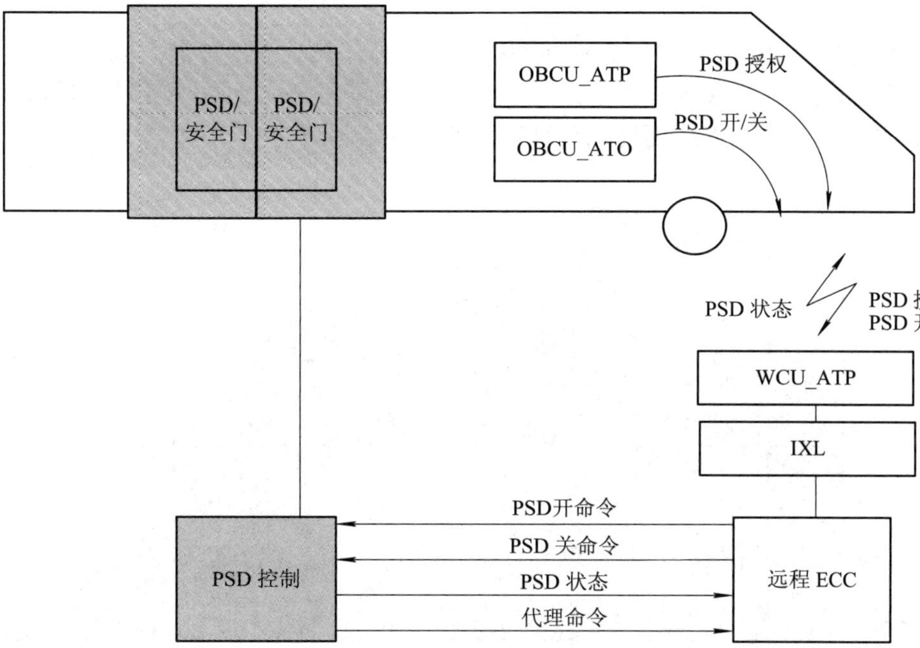

图 2-13 对 PSD 的监控

WCU_ATP 提供了一个到 PSD 控制(PSDC)的逻辑数字接口。物理上，该接口通过联锁接点来实现；功能上，WCU_ATP 发送“PSD 开命令”或“PSD 关命令”，并接收 PSDC 发出的“PSD 关闭且锁闭”的状态表示。人工旁路开关激活后，联锁将从 PSDC 收到“人工旁路”的状态表示。Trainguard MT 系统连续地监控 PSD 的状态。如果 PSD 状态非正常地从“关闭且锁闭”的状态转变为未锁闭或开启的状态，则 Trainguard MT 系统做出下列反应：

(1) 禁止列车进入站台区域(在没有无线通信的情况下使用红色信号灯显示)。

(2) 对停在站台内的列车，禁止其从站台发车。

(3) 在 ITC 模式下，如果在进路表中进行了设置，可禁止列车从站台发车。

(4) 使正接近或驶离站台的列车停止。

在 PSD 系统故障的情况下，车站值班员必须手动操作旁路开关来给 WCU 发出 PSD “Override”(类似“PSD 关闭且锁闭”)的信号，以允许列车发车。该旁路开关是 PSD 系统的一部分。使用旁路命令能够使运行于 SM、AM 模式的 Trainguard MT 列车在 PSD 系统故障的情况下(PSDC 不能够发出“PSD 关闭且锁闭”的表示或 WCU 不能够接收到该表示)发车。

四、ATP 安全制动模型

Trainguard MT 车载子系统使用安全制动模型来确定 EBIC 曲线，如图 2-14 所示。安全制动模型描述了紧急制动触发时从超速到 EB 制动力达到可保证的 EB 制动率过程中最差的列车行为。安全制动模型包含了下列部分：

(1) 触发紧急制动的反应时间。这是车载子系统的反应时间，此时牵引力被认为保持最大值。

(2) 切断列车牵引的反应时间。在该阶段，牵引力仍被认为保持最大值。

(3) 建立可保证的紧急制动率的反应时间。在该阶段，假设列车处于惰行阶段，这是由于紧急制动力未达到足够大而使列车真正有效地开始制动。

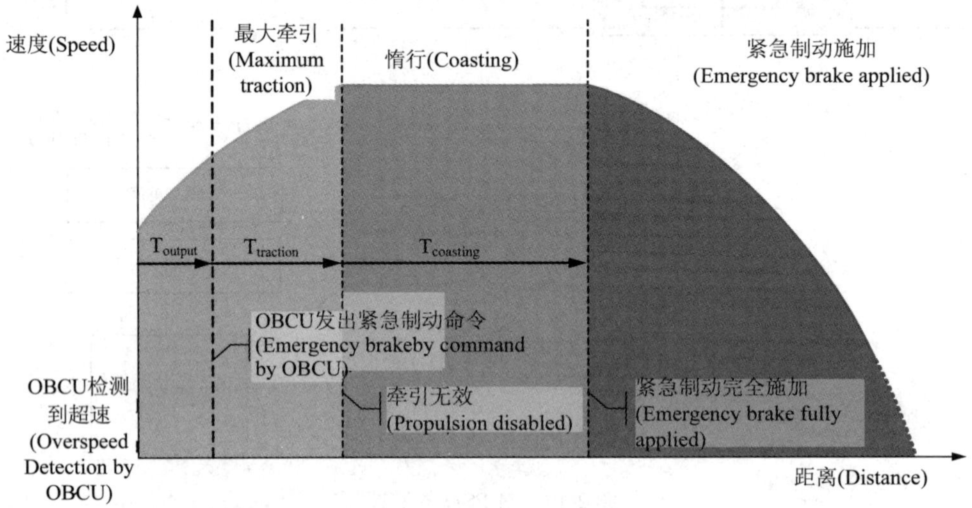

图 2-14 安全制动模型

五、列车追踪间隔控制机制

1. 列车追踪

报告列车是指能够从车载子系统向 WCU_ATP 提供有效的位置报告的列车，它由 WCU_ATP 追踪。对报告列车的列车追踪基于位置报告(基于 OPR 的追踪)；对非报告列车的列车追踪则基于 TVD 信息(基于 TVD 的追踪)。系统支持报告列车和非报告列车的混运。对于报告列车，实施移动闭塞列车分隔原理。列车追踪是列车分隔功能的基础。

列车追踪是一个轨旁功能，用以负责计算 WCU_ATP 控制区域内追踪间隔的追踪占用状态。其主要输入来自报告列车的位置报告信息和 TVS 的物理空闲状态。TVD 提供了一个安全相关的列车被动检测信息。如果轨道空闲区段 TVS 指示空闲，则该区间实质上为空闲，这样可以肯定该区间内没有列车。反之，如果一个区间指示为占用，这样该区间内可能有一辆或多辆列车；或者由于 TVD 的故障-安全的反应，虽然区间内没有列车，但是指示仍为占用。TVD 是一个实时系统，因而它会在预定的最大响应时间内提供当前空闲检测状态。

位置报告则提供了一个安全相关的列车主动检测信息。WCU_ATP 接收到的列车位置报告表明列车占用了区间，列车长度在 OPR 报文规定的最小安全后端和最大安全前端间隔内。位置报告数据在 OPR 报文的有效时间内是有效的。Trainguard MT 能够应对更新检查阈值内的通信损失，并且 WCU_ATP 不需要“实时”位置报告。位置报告时间越长，从 WCU_ATP 看到的列车位置可能与列车的当前位置就越不同。此外，位置报告对于直接位于报告列车前方或后方的其他未检测出(隐藏)列车无法给出指示。

所以，TVD 检测某些区段内有无列车。如果区段被占用，TVD 并不给出列车数量的指示，而是按照轨道空闲检测区段的尺度(分辨率)给出空闲检测信息。位置报告指示列车位置，并不提供有无其他列车的信息。位置报告给出精度为厘米的位置指示，但是 WCU_ATP 必须考虑位置报告的时效性和不确定性。列车被动和主动空闲检测原理的这些特性，综合在了列车追踪功能中。

2. CTC 级下的列车追踪间隔

CTC 级下的安全列车间隔基于存储在追踪图中的列车追踪功能的结果。图 2-15 描述了列车追踪和列车间隔功能的依赖关系。

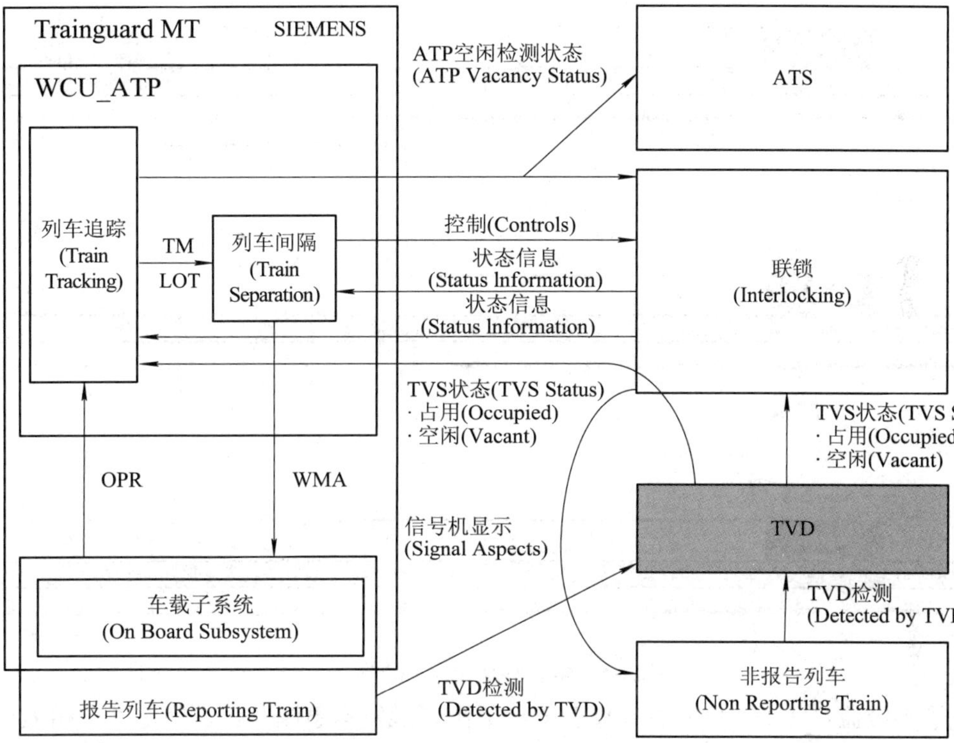

图 2-15　列车追踪间隔

安全列车间隔允许 AT(自动列车)根据移动闭塞原理彼此跟随。此外，联锁条件为列车的安全移动提供了前提条件，也将持续受到 Trainguard MT 的监督。根据列车位置，来自联锁的限制条件可能使移动授权缩短。Trainguard MT 系统能够处理可能在 CTC 区域同时运行的、具有不同加速度和制动速率的各种列车。

Trainguard MT 系统的设计方式是，在车载子系统中仅考虑列车的具体特性(列车参数)。WCU_ATP 将移动授权发送至其控制区域内的被管理的每辆列车。移动授权独立于列车特性。车载子系统监督移动授权 CTC_MA，并考虑列车的具体特性。

1) 移动授权的确定和监督

WCU_ATP 确定列车的移动授权，并通过 WMA 报文发送给车载子系统。移动授权综合考虑安全(V_MAL)和非安全移动授权(NV_MAL)以及其他轨旁条件(可变数据)，如图 2-16 所示。

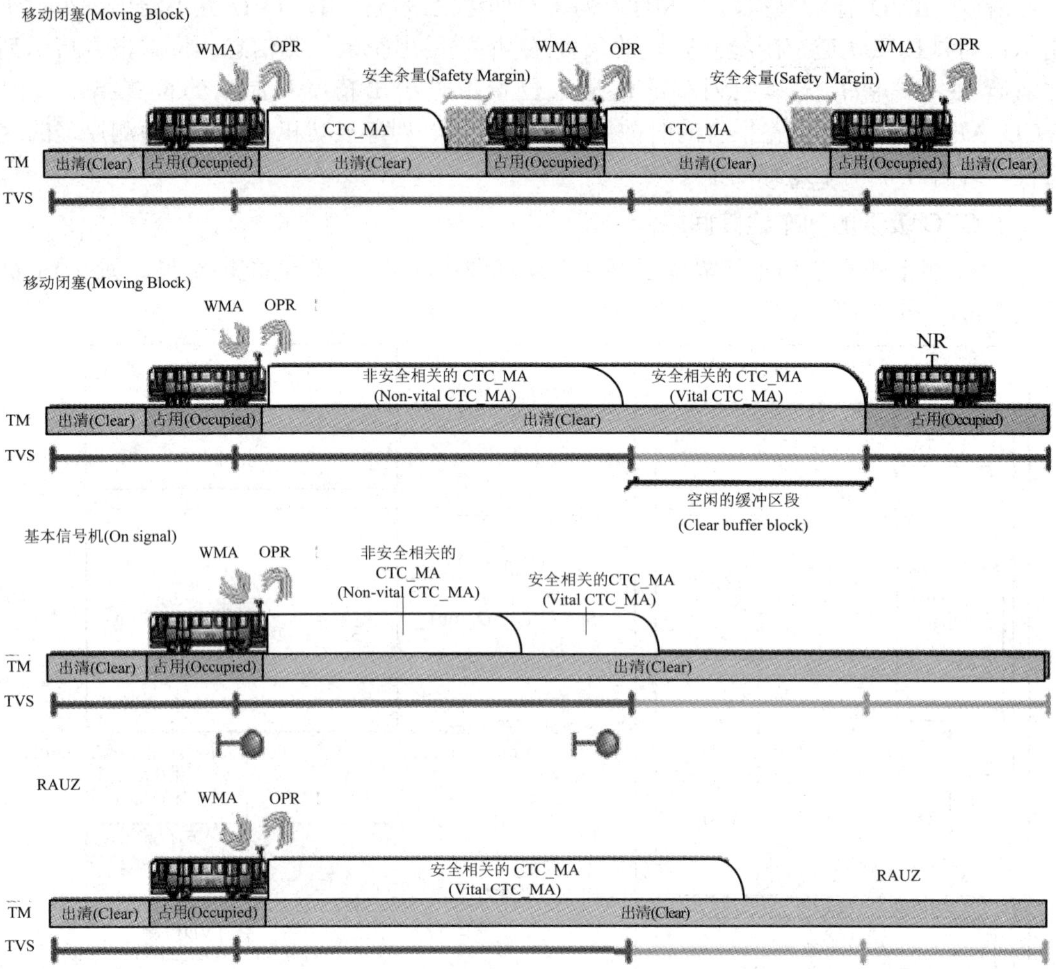

图 2-16　多种移动授权的边界

车载子系统监督 CTC_MA 并在侵犯安全界限时触发紧急制动。在确定安全相关移动授权 V_MAL 时，WCU_ATP 综合考虑限制条件，以便防止与其他列车相撞(包括运行方向上的迎面防护)、防止与固定障碍物相撞、保护跌落到轨道上的乘客(由 RAUZ 监督功能实现)、防止侧面撞车、防止道岔处脱轨。

除了 V_MAL 和 NV_MAL，WCU_ATP 通过 WMA 报文将各种可变数据发送到车载子系统。具体将提供下列数据：信号机显示、道岔位置、道岔和岔心的侧防(允许进入性)状态、RAUZ 状态、TSR 曲线等。车载子系统连续监督这些可变数据，以便达到以下目的：

(1) 防止与固定障碍物相撞。

(2) 保护跌落到轨道上的乘客。这可由信号机显示和 RAUZ 监督功能实现。

(3) 防止侵限区段撞车。这可通过监督道岔和岔心进入状态实现。

(4) 防止道岔处脱轨。这可通过监督道岔位置实现。

(5) 防止超速引起脱轨。这可通过监督 TSR 曲线实现。

车载子系统将对来自 WCU_ATP 的安全相关移动授权界限的监督和对来自 WMA 报文中的可变数据的监督结合到一起。

2) 进入站台

“进入站台”功能是 WCU_ATP 的一个列车间隔子功能。该功能对是否允许列车进入站台区域进行控制，降低了一个进入站台区域的列车在到达停车点之前不得不停车的风险。如果前行列车位于站台区域，并且还未执行站台发车，就不允许第二辆列车进入站台区域。进入站台功能是为了确保列车一次性进站，避免在列车没有完全进站的情况下停车。

3) 离开站台

只要一辆列车无法完全离开站台，车载子系统就在站台将此列车扣住。在 CTC 级下，车载子系统通过 WCU_TTS 将列车扣住的信息汇报给 ATS。离开站台功能是为了确保列车一次性出站，避免在列车没有完全出站的情况下停车。

3. ITC 级的列车追踪间隔

ITC 级的列车追踪间隔和列车防护依靠联锁进路的固定闭塞以及联锁控制的信号显示。进路通常是两个信号机间的路径。ITCT 区域的基本 IXL 功能只有在一直到下一信号机前的整个进路上的区间均为空闲且其可选的保护区段(或保护距离)已经提供的情况下才给出“通过”显示。WCU_ATP 不参与 ITC 级的运行。连接 LEU 的可变数据应答器发送根据信号显示生成的 ITC_MA，而在 Trainguard MT 中区分确定的和不确定的 ITC_MA。ITC_MA 从主信号应答器的安装位置到下一主信号相关的 POP(例如，轨道空闲检测区间的边界)。

1) 确定的 ITC_MA

确定的 ITC_MA 可以通过信号的显示得出，如图 2-17 所示。一个确定的 ITC_MA 定义了一个安全相关的和一个非安全相关的 MAL，并由固定的目标点加以限制(如轨道终端、信号机等)。非安全相关的 MAL 定义运营停车点的位置。

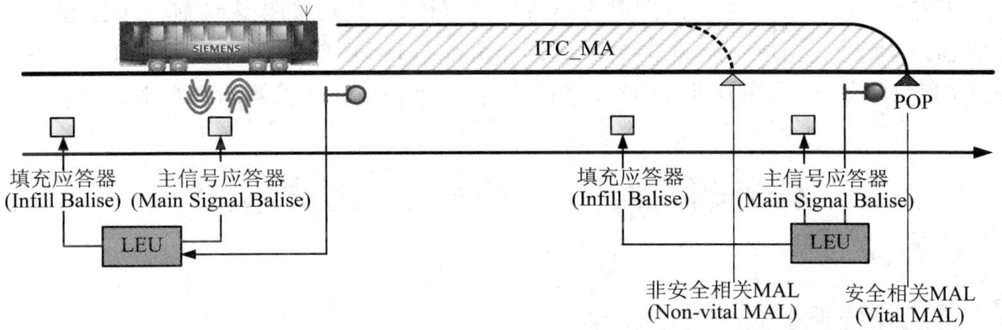

图 2-17　确定的 ITC_MA 的非安全相关 MAL 和安全相关 MAL

非安全 MAL 通常设置在距离下一主信号应答器前方的一定距离。如果填充应答器没有提供“信号显示为通过”所对应的 ITC_MA 或没有填充应答器，列车将在主信号应答器前被导向停车。该过程允许列车司机在信号机显示变换为“通过”时，越过主信号应答器(由此越过了非安全 MAL)以获取主信号应答器的 ITC_MA。

2) 非确定 ITC_MA

当无法获知进路中的道岔位置且下一个主信号机不是明显源自信号显示时，一般使用非确定的 ITC_MA。因此，非确定 ITC_MA 只明确给出“知道的”到进路终端的路径部分以及到可能的重定位应答器的最大路径长度。在到达最大可能的重定位应答器路径长度之前，车载子系统监督对重定位应答器的检测。如果在该最大路径长度内，没有检测到重定位应答器，则列车的定位状态会变为“定位丢失”。

3) 从填充应答器接收的 ITC_MA

从填充应答器接收到的 ITC_MA 只是对当前 ITC_MA 的扩充，如图 2-18 所示。填充应答器的 ITC_MA 在相应的主信号应答器之后率先生效。填充应答器和相应的主信号应答器之间的距离并未包含在来自填充应答器的 ITC_MA 中。因此，填充应答器只能用于扩展一个已经存在的 ITC_MA，并且不会实现向 ITC 的级别转换。

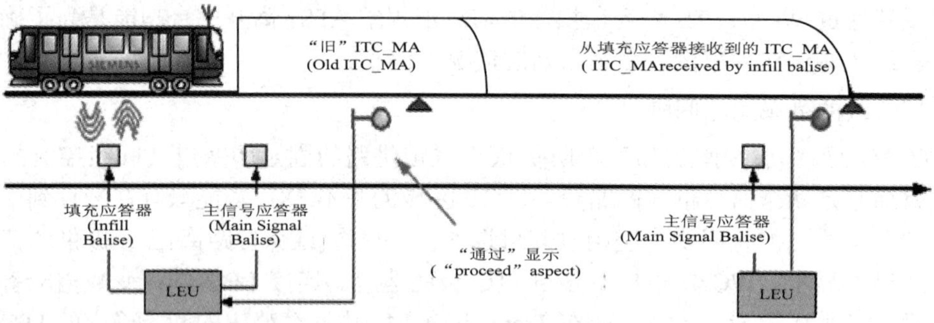

图 2-18　通过应答器对 ITC_MA 进行扩展

填充应答器在主信号应答器的任何距离之前可以扩展现有的 ITC_MA。但是为了保证由填充应答器扩展的 ITC_MA 在相应主信号应答器的位置仍然有效，车载子系统监督填充应答器提供的 ITC_MA 的有效性，因此要读入主信号应答器的应答器信息，对通过填充应答器接收到的 ITC_MA 的有效时间也会进行限制。

4) ITC 级主信号应答器的监控

在 ITC 级中，车载子系统监控对主信号应答器进行检测。如果未读到一个预想中的主信号应答器，车载子系统启动一个紧急制动，并执行向 IXLC 的级别转换。在 ITC 级中，任何情况下都会对主信号应答器进行监控，和有没有接收到填充应答器的 ITC_MA 的信息无关。

任务四　西门子 ATP 子系统的检修

【工作任务】

(1) 掌握西门子 ATP 轨旁设备的检修周期、内容及工艺标准。

(2) 掌握西门子 ATP 车载设备的检修周期、内容及工艺标准。

【知识准备】

一、轨旁 ATP 系统检修

1. 轨旁 ATP 计算机系统检修周期与工作内容

轨旁 ATP 计算机系统检修周期与工作内容如表 2-2 所示。

表 2-2　轨旁 ATP 计算机系统检修周期与工作内容

修程	检修工作内容	周期
日常保养	检查设备外观	每日
	检查设备运行状态	
	清洁设备表面卫生	每周
二级保养	同日常保养内容	每季
	检查防尘、过滤组件	
	检查各插卡板插接是否松动	
	检查各接口接头是否松动	
	清洁机柜散热风扇	
	检查系统的“二乘二取二”切换情况	
小修	同二级保养内容	每年
	检查地线、屏蔽线	
	整治设备内部	
中修	更换不良部件	每两年
	测试模块老化情况	每五年
大修	更换系统	十五年

2. 轨旁 ATP 计算机系统检修工艺标准

轨旁 ATP 计算机系统检修工艺标准如表 2-3 所示。

表 2-3　轨旁 ATP 计算机系统检修工艺标准

修程	周期	维修内容	维修方法	维修标准
日常保养	每日	检查散热风扇	目测，手动	风扇转动时没有噪音，保持一定风量以起到散热作用，并且没有积尘
		清洁设备外表	目测，使用抹布、清洁剂清洁	设备外表干净，无灰尘
		检查模块指示灯的显示	目测	PB：绿灯，故障存储器已清空； ID：绿灯，外围板件有效； SY：黄灯，计算机通道已同步； VO：黄灯，5V 计算机电压在允许的范围内； EA：黄灯，计算机通道有效； EL：红灯，左边计算机通道故障； ER：红灯，右边计算机通道故障； SD：红灯，处理器故障

续表

修程	周期	维修内容	维修方法	维修标准
日常保养	每周	检查设备外表	目测，使用抹布、清洁剂清洁	检查设备外表是否有裂纹、刮花或破损等现象，如果有，应根据损坏程度做出适当的处理
		清洁设备外表	目测，手动	设备外表洁净，无灰尘
		检查防尘网、过滤组件，清洁风扇	清洗防尘网、过滤组件及风扇	防尘过滤组件应无积尘，通气良好。每月至少清洗一次
		检查电缆入口密封性	使用工具拧紧，注油	电缆入口密封性良好
二级保养	每季	检查防尘、过滤组件	目测，手动	防尘过滤组件应无积尘，通气良好
		检查各插卡板插接是否松动，各接口接头是否松动	手动	各插卡板插接牢固且密贴性良好
		检查各接口接头是否松动	使用工具拧紧	各接口的螺丝应紧固，连接线应连接牢固，无断线、接触不良、表皮破损等现象
		清洁卫生	清扫散热风扇	风扇上无积尘
		检查系统的“三取二”工作是否正常	关闭其中一台计算机通道	系统的“三取二”工作正常
		检查系统的“二乘二取二”切换情况	关闭其中一台计算机	系统的“二乘二取二”工作正常
小修	每年	检查地线、屏蔽线	使用工具拧紧	地线、屏蔽线接地良好，螺丝紧固
		彻底清除内部积尘	使用刷子、清洁剂、抹布进行清洁	对设备进行彻底的清洁、吸尘
中修	每两年	更换不良部件	更换防尘网	更换为新防尘网
	每五年	测试模块老化情况	对电源模块后台进行老化测试	有条件的情况下进行测试，也可返厂进行测试

二、车载 ATP 系统检修

1. 车载 ATP 柜及 VOBC 柜检修周期与工作内容

车载 ATP 柜及 VOBC 柜检修周期与工作内容如表 2-4 所示。

表 2-4　车载 ATP 柜及 VOBC 柜检修周期与工作内容

修程	检修工作内容	周期
日常保养	询问调度员，了解设备使用情况	每日
	检查设备运转状态，有无异状	
	做好日检测并记录	
二级保养	同日常保养内容	每季
	检查列车所有的插接件是否牢固	
	检查所有的螺丝是否紧固	
	进行静态测试	
	检查地线	
	清洁机柜	
	检查橡胶密封条	
	检查风扇	
	检查标识及设备铭牌	
小修	同二级保养内容	每年
	检查模块	
	清洁设备卫生 (部件)	
	进行动态测试	
中修	对整机部件性能老化度进行评估，根据评估结果更换老化部件	每五年
大修	更换系统(根据系统生命周期而定，性能不低于原设计标准)	十五年

2. 车载 ATP 柜及 VOBC 柜检修工艺标准

车载 ATP 柜及 VOBC 柜检修工艺标准如表 2-5 所示。

表 2-5　车载 ATP 柜及 VOBC 柜检修工艺标准

修程	周期	维修内容	维修方法	维修标准
日常保养	每日	(1) 询问调度员，了解设备使用情况。 (2) 记录设备使用时出现的问题	(1) 询问时要详细，不放过出现的任何有关问题。 (2) 记录问题要有时间、地点、设备详细情况(驾驶室、显示屏显示、驾驶模式、司机的有关操作等)	保证设备正常合理使用
		检查设备运转状态有无异状	开主控钥匙，观察显示屏显示，并根据检修内容目测 ATP/ATO 及 VOBC 柜内模块灯显示是否正确	(1) 设备显示标准参照车载 ATP/ATO 启动操作规程。 (2) 显示屏显示车库图标和 RM 模式，无其他异常显示(如 ATP 打叉或 ATO 打叉的图标、ATP 或 ATO 无有效信息的显示)

续表一

修程	周期	维修内容	维修方法	维修标准
日常保养	每日	做好日检测并记录	读取上线列车(包括备用)的故障信息及紧急制动数据，读取后删除车载设备的记录	不能漏读，把所有上线列车(包括备用)的故障信息及紧急制动数据都要读取
二级保养	每季	(1) 同日常保养内容。 (2) 检查列车所有的插接件是否牢固。 (3) 检查所有的螺丝是否紧固。 (4) 进行静态测试。 (5) 进行 ATP 七项测试： ① 钥匙与开关测试； ② 速度验证测试； ③ ATP 信号接收测试； ④ 错误信息测试； ⑤ 门控测试； ⑥ ATO 接口功能测试； ⑦ ATP 车载单元通过以上静态测试，没有故障出现。 (6) 检查地线。 (7) 清洁机柜。 (8) 检查橡胶密封条。 (9) 检查风扇。 (10) 检查标识及设备铭牌	(1) 检查列车上模块插接件牢固情况。 (2) 紧固螺丝，如有松脱需立即进行更换。 (3) 在车库或试车线内进行静态功能测试。 (4) 检查地线。 (5) 检查橡胶密封条。 (6) 检查风扇转动情况，并清洁风扇，必要时加油润滑。 (7) 检查标识及设备铭牌。	(1) 各部件的面板、印刷电路板、插槽、插匙、端口(接口)洁净，无灰尘。清洁完毕，所有部件保证正确恢复原位且连接紧固口(接口)洁净，无灰尘。 (2) 螺丝紧固(无松动、锈蚀、滑丝、缺损等现象)。 (3) 地线连接良好，安装牢固、无锈蚀。 (4) 橡胶密封条没有移位、老化破损、变形失效现象，如有破损，必须更换。 (5) 风扇运作良好。 (6) 标识齐全、清楚，设备铭牌安装良好、洁净
小修	每年	(1) 同二级保养内容。 (2) 清洁设备卫生。 (3) 进行动态测试： ① RM 模式下的超速与报警测试； ② SM 模式下的超速与报警测试； ③ 车载 ATP 通道切断的测试； ④ ATO 模式条件的测试； ⑤ SM 模式下停车不准，使用强行开门的测试；	清洁机柜内部时： (1) 先断开电源。 (2) 用防静电毛扫和酒精棉球进行设备部件清洁。整个机架的部件按从上至下的顺序进行，同层的部件按从左到右的顺序进行。 (3) 恢复已清洁的部件，合上电源，开机检查。 (4) 重复以上的(1)、(2)、(3)步骤，直至所有的部件都清洁完毕。	(1) 在试车线年检时须注意线路情况，如有问题，按压“紧急停车”按钮。 (2) 模块清洁时注意电源断开。 (3) 拆卸模块必须佩戴防静电腕带。 (4) 模块拆卸时要小心拔出来，预防碰断模块上的电子器件。 (5) 当模块使用喷剂时，注意保护眼睛和不要吸入

续表二

修程	周期	维修内容	维修方法	维修标准
小修	每年	⑥ RM 模式下强行开门按钮的测试； ⑦ 收到报文后以 RM 倒行产生紧急制动； ⑧ 驾驶模式的转换； ⑨ 自动折返； ⑩ 换向、ATO 驾驶、停车窗停车、检查 PTI 和开门测试； ⑪ 无人折返； ⑫ SM 模式下警惕按钮的检查； ⑬ RM 模式下警惕按钮的检查	(5) 动态测试需要在试车线进行。根据“车载系统 ATP/ATO 设备动态测试记录表”中的要求进行车载功能测试	
中修	每五年	对整机部件性能老化度进行评估，并根据评估结果更换老化部件	按厂家技术说明文件进行操作	需要时更换老化部件
大修	十五年	更换系统(根据系统生命周期而定)	根据技术发展及新系统设计更换	性能不低于原设计标准

习　题

1. 固定数据应答器和可变数据应答器的工作原理分别是什么？
2. 从应答器信息功能应用的角度来看，在 Trainguard MT 中又分为哪几种应答器？
3. 简述 TGMT 各车载设备的功能。
4. 防护点主要包括什么？
5. 什么是运行授权区域(RAUZ)防护？
6. 什么是 ITC 级的区域防护？
7. 车载子系统触发紧急制动的原因包括哪些？
8. 简述紧急制动缓解的原则。
9. 简述 ATP 轨旁设备工作原理。
10. 简述车载冗余原理。
11. 简述站台门控制原理。
12. 简述轨旁 ATP 计算机系统检修周期与工作内容。

项目三　西门子 ATO 子系统

【项目描述】

与 ATP 子系统不同，西门子 ATO 子系统没有物理轨旁设备，只有车载设备。本项目介绍了西门子 ATO 设备的功能及原理，并着重介绍了司机 HMI 的显示内容及其检修周期、内容、工艺标准。

任务一　西门子 ATO 子系统的功能及工作原理

【工作任务】

(1) 熟悉西门子 ATO 子系统的各项功能。
(2) 熟悉西门子 ATO 子系统的工作原理。
(3) 了解西门子 ATO 子系统与其他设备的接口。

【知识准备】

车载子系统架构如图 3-1 所示，ATO 设备是车载 OBCU 的一部分，仅位于列车上，轨旁不配置 ATO 设备。

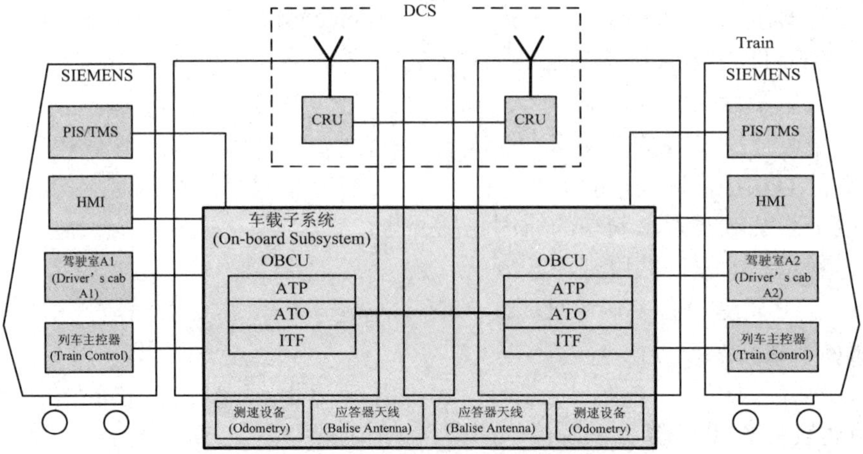

图 3-1　整个系统架构中 OBCU_ATO 的位置

车载 ATO 计算机主要包括两个模块板卡，如图 3-2 方框所示。其中，左侧为输入/输出板，主要用来处理 ATO 计算机的输入/输出信号；右侧为 CPU 板，用来执行 ATO 相关计算。每套车载设备配置一个 OBCU_ATO 组匣，对于头尾冗余配置的列车，车头、车尾各有一套。

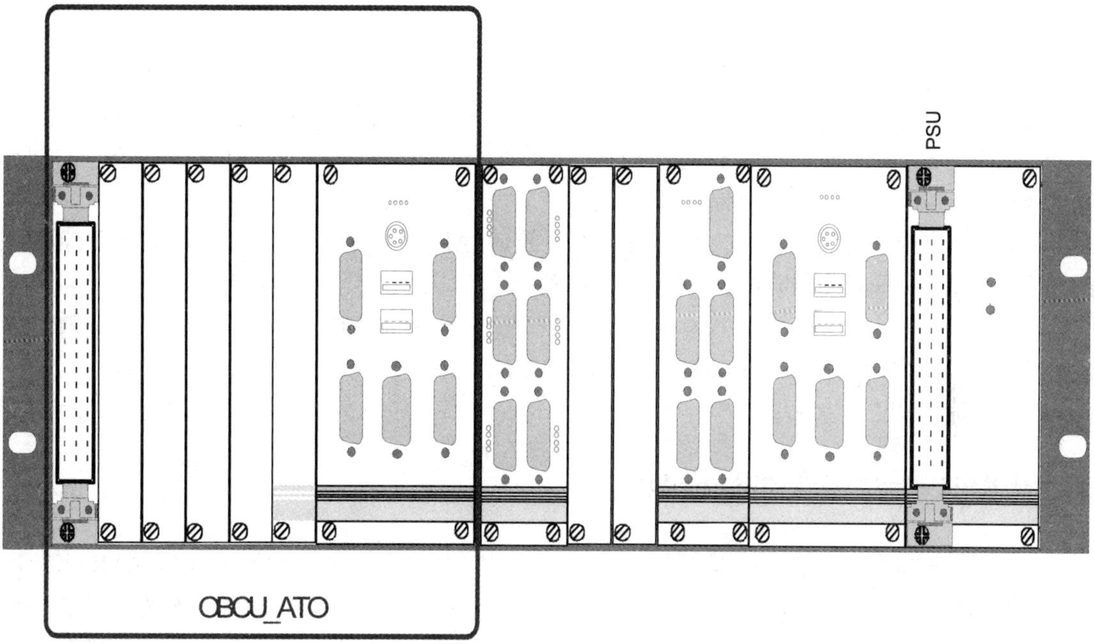

图 3-2 车载 ATO 计算机两个模块板卡

一、自动驾驶

ATO 功能负责列车牵引和常用制动系统的自动控制，以及产生车门、站台门的自动开/关的命令。ATO 控制列车自动地从一个车站运行到另一个车站。列车的出发可以由司机启动，且在所有的列车车门、站台门关闭后列车才会移动。ATP 防止在任何一个车门仍打开情况下的列车移动。

在 ATO 自检成功以及 ATP 设备允许自动操作的前提下可以使用 ATO 驾驶，在运行中进行列车速度调整，并在下一个车站执行目标制动，直到车门打开。同时，ATP 系统可保证列车安全。系统支持不同运营模式下的多种速度曲线，以满足车站运输的需要。列车速度曲线基于节能和下一站间运行时间。ATO 完成在车站的精确定位停车和自动开/关车门，并可单独处理每一列车在每一个站台的停车点。

二、开/关车门

ATP 和 ATO 均涉及该项功能。车门释放由 ATP 授权，接着 ATO 选择合适一侧的车门并提供开门命令。打开哪侧车门的信息包含在线路数据库里。车门关闭由司机实现或者在停站时间结束自动触发。

(1) 车门开/关功能的输入信息：来自 ATP 的车门释放，来自线路数据库的开车门数据，人工车门功能模式的车辆接口。

(2) 车门开/关功能的输出信息：输出车门开/关命令到负责车门的车辆系统；如果具有连续式通信，车门开/关信息会传送给 ATP 轨旁设备用于操作站台门的开/关。

三、开关站台门

ATP 轨旁设备和联锁设备涉及该功能。列车停稳后授权门释放，ATO 车载设备通过通信通道发送一个报文去打开站台门。ATP 轨旁通过联锁释放站台门，因为与站台门控制单元的接口是连接到联锁元件控制计算机的。

(1) 轨旁设备的主要任务：列车在正确位置时允许打开站台门；列车门关闭后申请关闭站台门；站台门未关闭时防止列车启动；站台门未关闭时防止列车进站。

(2) 站台门开/关功能的输入：来自 ATO 车载的站台门的开/关命令；来自 ATP 的站台门释放命令；来自线路数据库的打开站台门的数据。

(3) 站台门开/关功能的输出：输出站台门开/关控制命令到站台门控制系统。

四、根据时刻表产生节能速度曲线

列控系统的一个主要目标是根据时刻表并结合 ATS 的列车自动调整功能 ATR 来控制列车，并确保获得最大的能源效率，这就是 ATO 巡航/惰行功能的任务。该功能只能在连续式通信的前提下实现。节能曲线的计算要考虑加速和制动，以及坡度和曲线的影响。因此，ATO 需要保存在线路数据库里的线路纵断面的信息。ATO 同时从目的地码来预见列车预期的路径，目的地码是列车运行的唯一标识码。该信息允许 ATO 确定列车在它的运行中的位置，并能够检测到与预期路径的偏离。

应用最大加速度并结合巡航/惰行，ATO 使用上述信息计算到下一个停车点的速度距离曲线。当在某速度曲线采用巡航时，对于限速区段(SRS)和停车点来说，惰行具有优先权。如果该曲线会导致列车抵达下一个停车点的时间提前，那么惰行的启动点就会前移一段时间，同时，在列车到达下一停车点制动曲线之前增加低速巡航(典型为 30 km/h)的时间。通过连续通信通道，ATS 向 ATO 发送至下一站站间运行时间和车站停车时间等信息。在未规定运行时间的情况下，就不能从 ATS 功能里得到抵达下站运行时间的信息，此时采用线路数据库里各站间运行时间的缺省值。

(1) 节能曲线功能的输入信息：从 ATS 功能里得到至下站停车为止的可用的列车运行时间和停站时间，来自线路数据库的线路纵断面数据，来自 ATP 功能的 ATP 静态速度曲线。

(2) 节能曲线功能的输出信息：至 ATO 速度控制器的速度距离曲线。

五、ATO 子系统的接口

OBCU_ATO 和 OBCU_ITF 的接口如图 3-3 所示。

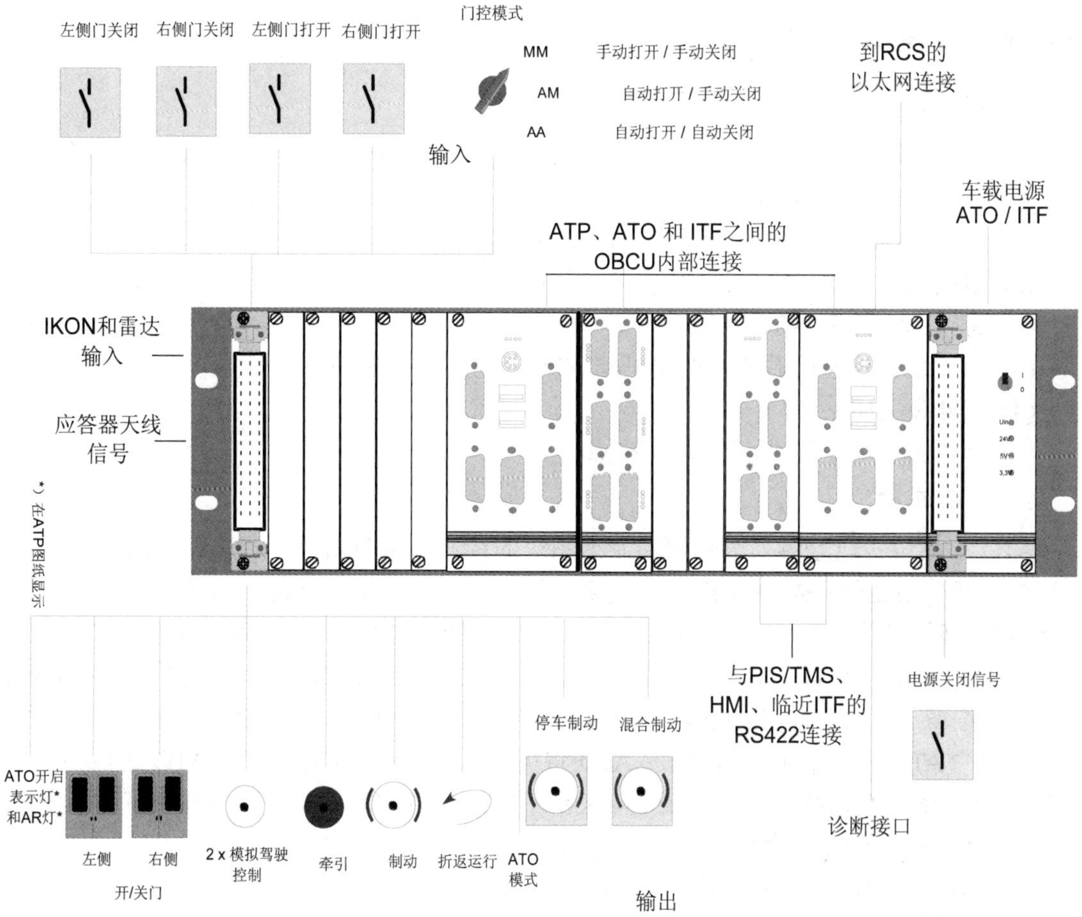

图 3-3　OBCU_ATO 和 OBCU_ITF 的接口总览

1. OBCU_ATO 和列车主控器之间的接口

OBCU_ATO 和列车主控器之间的接口包括到制动、牵引系统的连接以及到列车车门的数字 I/O 连接。

2. OBCU_ATO 与驾驶室之间的接口

OBCU_ATO 和驾驶室之间的接口包括若干个用于操作的转换器和按钮。

3. OBCU_ATO 和 TMS 之间的接口

OBCU_ATO 和 TMS 之间的接口通过 OBCU_ITF 来实现，TMS 和 PIS 之间有接口。车载子系统向 PIS/TMS 发送乘客信息并接收来自 PIS/TMS 的数据。

4. OBCU_ATO 和 HMI 之间的内部接口

OBCU_ATO 和 HMI 之间的接口通过 OBCU_ITF 来实现。HMI 是车载子系统和司机之间的双向交流设备。显示器向司机指示车载子系统的处理信息，并向司机提供建议或给予通知(如当前速度、允许速度等)。司机可以获得车载子系统的状态信息以及与列车任务相关的数据。

六、ATO 子系统的原理

1. ATO 轨旁

ATO 没有其本身的物理设备，其功能由 ATS、ATP 和联锁共同完成(如控制站台门)。在连续式通信情况下，ATO 工作方式如下：

(1) 通信接口取决于采用的通信方式(如无线)。

(2) 通过连续式通信通道接收列车数据(如驾驶模式、车次号、目的地号或者司机号)，并且将这些信息提交给 ATS。

(3) 通过连续式通信通道，在司机和 ATS 之间传送文本消息。

(4) 打开和关闭站台门。

(5) 为非安全信号提供标准接口/接点。

2. ATO 车载

ATO 车载设备通过对列车牵引和制动系统的控制，来负责列车在车站间的自动驾驶。在列车离开车站之前，ATO 车载设备关闭车门。正常情况下，前面的 ATO 和 ATP 控制、监督列车驾驶，后面的 ATP/ATO 作为备用。在驾驶室切换期间，后面的 ATP/ATO 接管控制，而前面的 ATP/ATO 成为备用。在这种冗余模式下，两头的 ATO 都收到来自两个驾驶室的诸如按钮、开关和接点的输入。当没有故障时，后面的 ATO 跟随前面的 ATO 输出。如果前面的 ATO 发生故障时，后面的 ATO 将控制列车的移动。为了实现 ATO 的热备冗余，两个 ATO 的输出都连接到车辆。图 3-4 表示了车载设备的配置。主要部件如下：

(1) OBCU_ATP：安全型 ATP 车载单元。

(2) OBCU_ATO：非安全型 ATO 车载单元。

(3) OBCU_ITF：非安全型接口元件。

(4) HMI：司机显示器(人机界面)。

(5) 列车控制：与车辆接口(如门控制、牵引和制动)。

(6) PIS：乘客信息系统，通过串行连接。

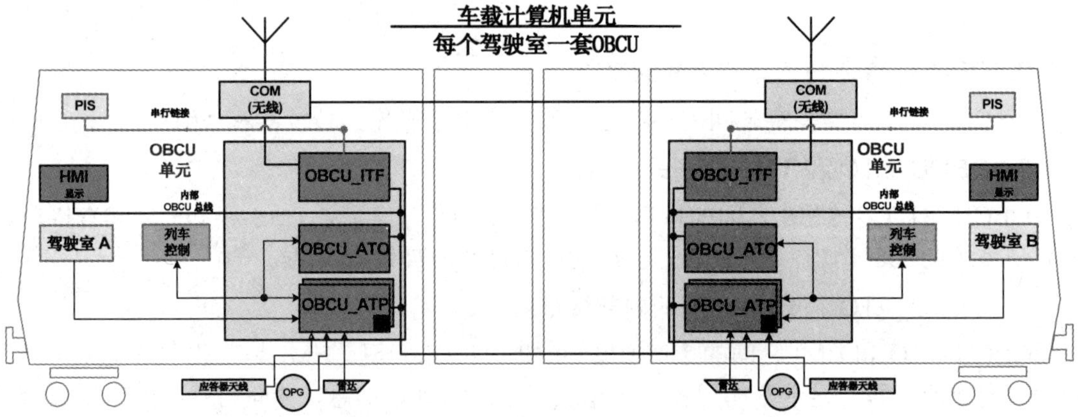

图 3-4　Trainguard MT 车载设备配置

3. 车站停车精度控制机制

车站停车点由 ATO 根据线路数据库进行控制，精确停车依靠车站区域安装的应答器来实现。根据 ATO 系统的特点，为了实现精确停车，精确停车应答器需要在轨道上指定的窗口内安装，每个窗口的范围及所需窗口的数量由系统的要求来确定。典型的站台精确停车应答器配置如图 3-5 所示，轨道上的小方点代表列车停稳后车载应答器天线的位置，1/2/3/4 表示应答器安装窗口，需要将四个应答器精确地安装到这四个窗口内。具体的站台应答器布置规则如表 3-1 所示。

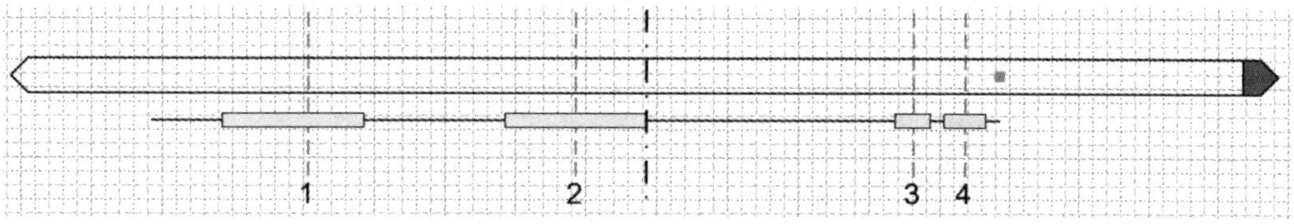

图 3-5　典型的站台精确停车应答器配置

表 3-1　站台应答器布置规则

距　离	数　值
应答器 4 安装窗口–应答器 3 安装窗口	12～20 m
应答器 3 安装窗口–应答器 2 安装窗口	40～50 m
应答器 2 安装窗口–应答器 1 安装窗口	20～30 m

如果为冗余列车(列车后端车载设备运行，前端备用)精确停车配置精确停车应答器，那么需要以列车停稳后车尾端的应答器天线位置为参照，设置同样数量的精确停车应答器。如果应答器窗口有重叠，那么可以只设置一个。

任务二　司机操作设备

【工作任务】

(1) 掌握司机 HMI 屏幕各区域的显示内容。

(2) 能说出司机 HMI 上各显示符号代表的意思。

【知识准备】

系统向司机提供了一个高分辨率的彩色图形 LCD 显示屏，其专用的触摸屏(HMI)可以保证显示的按钮和司机操作之间匹配正确。HMI 的目的是向司机提供驾驶列车所必需的所有信息，它是车载 ATP/ATO 系统和司机之间的接口。HMI 包括向司机显示信息的显示区以及接收来自司机的输入和指令的数据输入区。

HMI 向司机指示以下主要信息：列车当前速度、列车允许速度、目标速度、目标距离、列车控制级别、运行模式、紧急制动和门状态。其他信息也会显示给司机，如报警信号(听觉的和视觉的)、文字消息或者时间信息等。图 3-6 给出了 HMI 屏幕区域划分；图 3-7 是 HMI 显示的一个示例。

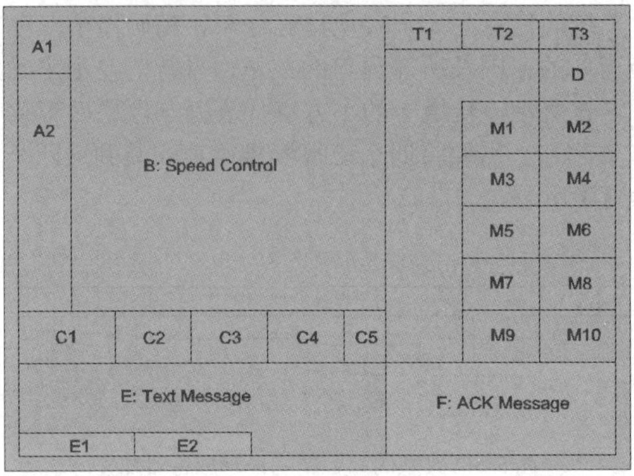

图 3-6　屏幕区域划分

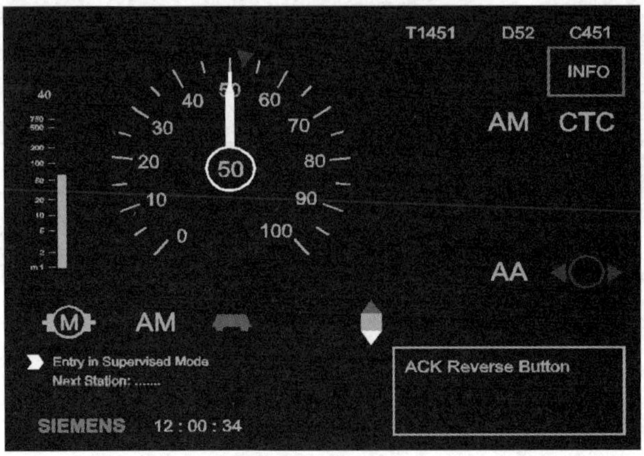

图 3-7　HMI 显示示例

1. A 目标信息

1) A1 制动

A1 制动具体描述如表 3-2 所示。

表 3-2　A1 制动

说 明	基于距下一速度限制的预计时间和距离，该信息将警告司机可能会发生的意外情况。如果没有信息或列车在 AM 模式下，将显示空白背景
屏幕中的位置	A1
示 例	请求制动 　施加紧急制动 

2) A2 目标

A2 目标具体描述如表 3-3 所示。

表 3-3　A2 目标

说 明	该信息显示距下一限制点的目标距离和目标速度。在特定的目标距离中，要达到对应的目标速度。目标距离以条状表示，并呈对数减小。最大目标距离与项目设计的最大值对应，并小于 750 m。条状下端是固定的。目标速度排列在目标距离之上，并以数值的形式输出
屏幕中的位置	A2
示 例	

2. B 速度控制

B 速度控制具体描述如表 3-4 所示。

表 3-4　B 速度控制

说 明	该信息显示速度控制区域的符号、位置和颜色
屏幕中的位置	B
示 例	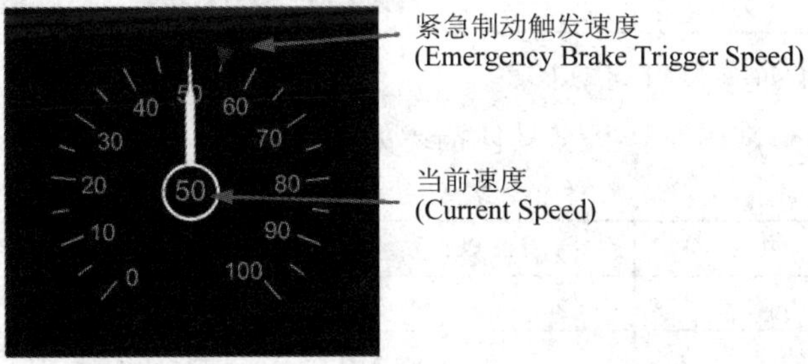

3. C 辅助驾驶信息

1) C1 牵引/制动

C1 牵引/制动具体描述如表 3-5 所示。

表 3-5　C1 牵引/制动

说 明	该信息显示 ATO 的牵引/制动状态。如果没有信息，将显示空白背景
屏幕中的位置	C1
示 例	驾驶　制动　隋行 

2) C2 最高运行模式/级别

C2 最高运行模式/级别描述如表 3-6 所示。

表 3-6　C2 最高运行模式/级别

说 明	该信息显示最高可用的列车运行模式和列车控制级别。如果没有信息，将显示空白背景
屏幕中的位置	C2
示 例	自动模式－连续式　监督模式－点式　限速模式－联锁 

3) C3 列车完整性

C3 列车完整性具体描述如表 3-7 所示。

表 3-7　C3 列车完整性

说 明	该信息显示列车完整性
屏幕中的位置	C3
示 例	列车完整性正常　列车完整性不正常 

4) C4 列车常用制动状态

C4 列车常用制动状态具体描述如表 3-8 所示。

表 3-8　C4 列车常用制动状态

说 明	该信息显示列车制动系统的状态
屏幕中的位置	C4
示 例	列车制动力不足 

5) C5 列车冗余状态具体描述

C5 列车冗余状态具体描述如表 3-9 所示。

表 3-9　C5 列车冗余状态

<table>
<tr><td>说　明</td><td colspan="2">该信息显示车载控制单元(OBCU)的状态</td></tr>
<tr><td>屏幕中的位置</td><td colspan="2">C5</td></tr>
<tr><td rowspan="3">示　例</td><td></td><td>头端 OBCU 激活，尾端 OBCU 备用</td></tr>
<tr><td></td><td>头端 OBCU 激活，尾端 OBCU 关闭(故障)</td></tr>
<tr><td></td><td>头端 OBCU 关闭(故障)，尾端 OBCU 激活</td></tr>
</table>

4. D 菜单

D 菜单具体描述如表 3-10 所示。

表 3-10　D 菜单

说　明	该菜单按钮用以改变列车数据以及维护数据输入屏
屏幕中的位置	D
示　例	

5. E 监视

1) E1 标志

E1 标志具体描述如表 3-11 所示。

表 3-11　E1 标志

说　明	西门子的标志
屏幕中的位置	E1
示　例	SIEMENS

2) E2 时间

E2 时间具体描述如表 3-12 所示。

表 3-12　E2 时间

说 明	该信息显示车载控制单元系统的实际时间。如果没有信息，将显示空白背景
屏幕中的位置	E2
示 例	

3) E 文字信息

E 文字信息具体描述如表 3-13 所示。

表 3-13　E 文字信息

说 明	可向司机显示各种信息。如果没有信息，将显示空白背景
屏幕中的位置	E
示 例	

6. F 确认信息

F 确认信息具体描述如表 3-14 所示。

表 3-14　F 确认信息

说 明	该信息向司机显示确认命令。如果没有信息，将显示空白背景
屏幕中的位置	F
示 例	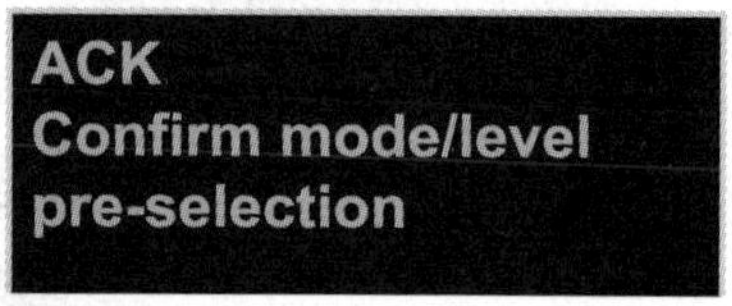

7. M 模式/级别及状态监视

1) M1 当前列车运行模式

M1 当前列车运行模式具体描述如表 3-15 所示。

表 3-15　M1 当前列车运行模式

说 明	该信息显示车载控制单元系统的当前运行模式。如果没有信息，将显示空白背景
屏幕中的位置	M1
示例	自动模式　监督模式　限速模式 

2) M2 当前列车控制级别

M2 当前列车控制级别具体描述如表 3-16 所示。

表 3-16　M2 当前列车控制级别

说　明	该信息显示车载控制单元的当前列车控制级别。如果没有信息，将显示空白背景
屏幕中的位置	M2
示　例	连续式：CTC　点式：ITC　联锁：IXLC

3) M3 折返作业

M3 折返作业具体描述如表 3-17 所示。

表 3-17　M3 折返作业

说　明	该信息显示折返操作的状态。如果没有信息，将显示空白背景
屏幕中的位置	M3
示　例	AR 可用  AR 激活 

4) M4 停车精度

M4 停车精度具体描述如表 3-18 所示。

表 3-18　M4 停车精度

说　明	该信息显示在车站的停车精度。如果没有信息，将显示空白背景
屏幕中的位置	M4
示　例	窗外  窗内 

5) M5 车门信息

M5 车门信息具体描述如表 3-19 所示。

表 3-19 M5 车门信息

说 明	该信息显示车门解锁情况。如果没有信息，将显示空白背景
屏幕中的位置	M5
示 例	开左侧 开右侧 两侧均开 

6) M6 发车信息

M6 发车信息具体描述如表 3-20 所示。

表 3-20 M6 发车信息

说 明	该信息显示发车命令
屏幕中的位置	M6
示 例	关门请求 发车请求 

7) M7 车门模式

M7 车门模式具体描述如表 3-21 所示。

表 3-21 M7 车门模式

说 明	该信息显示车门模式情况。如果没有信息，将显示空白背景
屏幕中的位置	M7
示 例	AO – AC AO – MC MO – MC  MO： 手动开门 MC： 手动关门 AO： 自动开门 AC： 自动关门

8) M8 告警信息

M8 告警信息具体描述如表 3-22 所示。

表 3-22　M8 告警信息

说 明	该信息显示空转/打滑、紧急制动和站台门/安全门状态情况。如果没有信息，将显示空白背景
屏幕中的位置	M8
示 例	打滑或空转 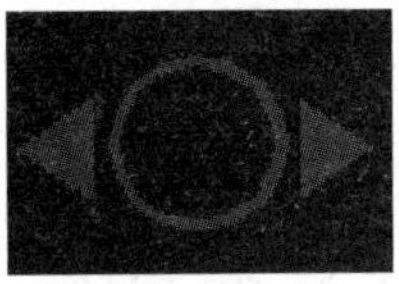 紧急制动  站台门/安全门未关 

9) M9 错误信息

M9 错误信息具体描述如表 3-23 所示。

表 3-23　M9 错误信息

说 明	该信息显示故障的发生。如果没有信息，将显示空白背景
屏幕中的位置	M9
示 例	无线故障  ATP 故障  ATO 故障 

10) M10 车辆段指示

M10 车辆段指示具体描述如表 3-24 所示。

表 3-24　M10 车辆段指示

说 明	该信息显示车辆段信息。如果没有信息，将显示空白背景
屏幕中的位置	M10
示 例	入段  段内行驶 

8. T 任务

1) T1 车次号

T1 车次号具体描述如表 3-25 所示。

表 3-25　T1 车次号

说 明	该信息显示车次号。如果没有信息，将显示空白背景
屏幕中的位置	T1
示 例	

2) T2 目的地号

T2 目的地号具体描述如表 3-26 所示。

表 3-26　T2 目的地号

说　明	该信息显示目的地号。如果没有信息，将显示空白背景
屏幕中的位置	T2
示　例	

3) T3 乘务组号

T3 乘务组号具体描述如表 3-27 所示。

表 3-27　T3 乘务组号

说　明	该信息显示乘务组号。如果没有信息，将显示空白背景
屏幕中的位置	T3
示　例	

任务三　车载显示器的检修

【工作任务】

掌握车载显示器的检修周期、内容及工艺标准。

【知识准备】

一、车载显示器检修周期与工作内容

车载显示器检修周期与工作内容如表 3-28 所示。

表 3-28　车载显示器检修周期与工作内容

修程	检修工作内容	周期
日常保养	询问调度员，了解设备使用情况	每日
	检查设备运转状态显示是否清晰，外观有无机械损伤，有无其他异常显示(如：EB 紧制)	
	做好日检测并记录，读取信号屏上的故障信息	
二级保养	同日常保养内容	每季
	清洁显示器屏幕	

续表

修程	检修工作内容	周期
二级保养	检查接插件是否牢固，接口是否良好	每季
	进行静态测试	
小修	同二级保养内容	每年
	清洁主机和显示屏内部卫生(部件)	
	进行动态测试	
中修	对整机部件性能老化度进行评估，根据评估结果更换老化部件	每五年
大修	更换系统(根据系统生命周期而定，性能不低于原设计标准)	十五年

二、车载显示屏检修工艺标准

车载显示屏检修工艺标准如表 3-29 所示。

表 3-29　车载显示屏检修工艺标准

修程	周期	维修内容	维修方法	维修标准
日常保养	每日	询问调度员，了解设备使用情况	询问调度员在日常使用过程中是否有异常现象，了解设备状态，以便及时排除硬件故障或更换软件	设备正常使用，无异常
		检查设备运转状态，有无异状，显示是否清晰，外观有无机械损伤	启动检查和外观检查	(1) 启动时，正常响应车载 ATP/ATO 系统要求，各表示正确(设备无故障)。 (2) 显示正常，图像清晰、色彩鲜艳、光暗度对比度适中。 (3) 检查设备外表是否有裂纹、刮花或破损等现象，如果有，应根据损坏程度做出适当的处理
		读取显示屏上的故障信息	打开显示屏观看	读取故障信息，做好记录并分析
二级保养	每季	清洁显示器屏幕	采用眼看、手动检查设备外观	设备表面干净，无灰尘及油渍
		进行静态测试	按照静态测试项目要求进行测试	(1) 按照检查项目要求。 (2) 点触显示屏选项反应灵敏，正确表示相关数据及实时列车状态。 (3) 电缆的连接应牢固，接触良好

续表

修程	周期	维修内容	维修方法	维修标准
小修	每季	清洁显示屏内部	清洁显示屏内部	(1) 内部洁净，无灰尘。 (2) 各部件螺丝紧固(无松动、锈蚀、滑丝、缺损等现象)
		检查接插件是否牢固，接口是否良好	用眼看、手动检查设备外观	各部件、接口的螺丝应紧固，DINBUS 连接线应连接牢固，无断线、无接触不良，表皮无破损
		进行动态测试	按照动态测试项目要求进行测试	(1) 显示正常，图像清晰、色彩鲜艳、光暗度对比度适中。 (2) 显示内容与测试项目吻合，无延时性
中修	每五年	对整机部件性能老化度进行评估，根据评估结果更换老化部件	根据厂家技术说明文件进行操作	需要时更换老化部件
大修	十五年	更换系统(根据系统生命周期而定)	根据技术发展及新系统设计更换	性能不低于原设计标准

习　题

1. 车门开/关功能的输入信息和输出信息分别有哪些？
2. 轨旁设备的主要任务是什么？
3. 站台门开/关功能的输入和输出有哪些？
4. 节能曲线功能的输入和输出信息有哪些？
5. ATO 子系统的接口包括哪些？
6. 简述在连续式通信情况下，ATO 的工作方式。
7. 画出 Trainguard MT 车载设备配置图。
8. HMI 向司机指示哪些主要信息？
9. 简述司机 HMI 上各显示符号代表的意思。
10. 简述车载显示器检修周期与工作内容。

项目四　西门子 ATS 子系统

【项目描述】

西门子 ATS 子系统由中央 ATS(VICOS OC 501)和轨旁 ATS(VICOS OC 101)组成。本项目介绍了西门子 ATS 子系统的构成、功能、各设备的检修周期、内容及工艺标准，并详细介绍了本地操作员工作站(LOW)的各项操作。

任务一　西门子 ATS 子系统的构成

【工作任务】

(1) 掌握西门子中央 ATS、本地 ATS 的设备分布。

(2) 掌握西门子中央 ATS、本地 ATS 的设备功能。

(3) 能正确对比西门子 ATS、MOCS-ATS、卡斯柯 Urbalis888 ATS 的差异。

【知识准备】

一、中央 ATS 系统构成

1. 设备分布

中央 ATS 子系统结构如图 4-1 所示。

控制中心 ATS 子系统主要包括以下设备：

(1) 中央控制室：3 台 HMI(两台调度员工作站、一台总调工作站)、一台中央操作员工作站(CLOW)和一台 A3 彩色激光网络运行图打印机(用于运行图、数据报表打印)。

(2) 中央信号设备室：冗余配置的应用服务器 COM、冗余配置的数据库服务器 ADM、外部接口工作站 C-FEP(与 ISCS、通信等非信号系统连接)。

(3) 设备维护室：一台 ATS 维护工作站(维护 HMI)。

(4) 时刻表编辑室：一台时刻表/运行图编辑工作站(FALKO)和一台运行图打印机。

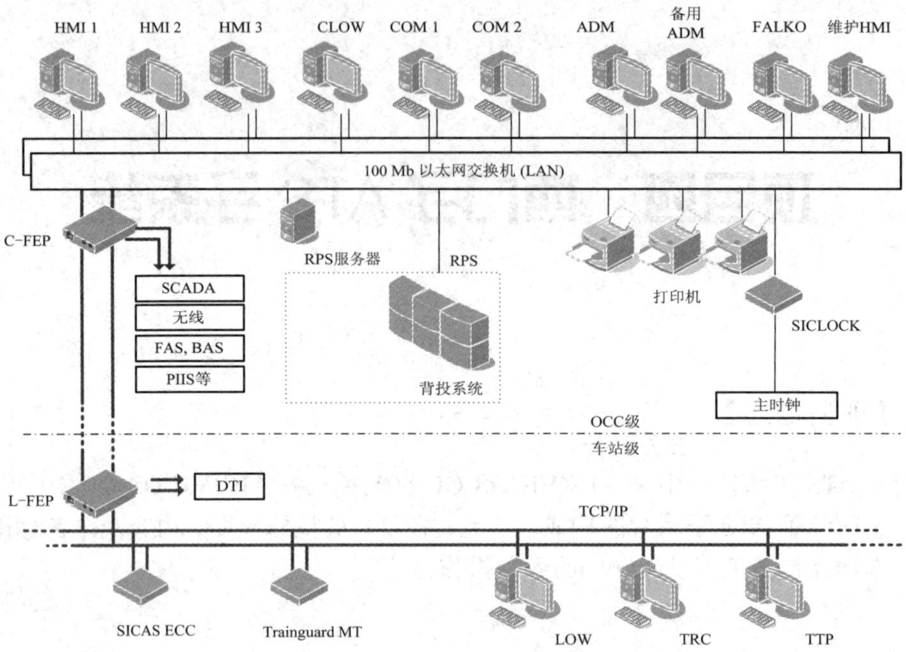

图 4-1　OC501 中央 ATS 子系统结构

2. 设备描述

1) COM 服务器

实际的过程数据存储在两个 COM 服务器上。COM 服务器采集并处理来自 SICAS 联锁、Trainguard MT 和其他外围系统的动态数据。自动操作和控制功能，如自动进路排列(ARS)、列车监视和追踪(TMT)等，运行在这两个服务器上，并且可以由 HMI 工作站上的操作员进行控制。

COM 服务器提供热备冗余。如果主 COM 服务器发生故障，备用 COM 服务器将接管其职责，不会对运行产生任何影响。

2) ADM 服务器

所有的系统统计数据和应用软件都存储在 ADM 服务器上，该服务器上也存储所有属于系统的、通常运行期间不改动的数据(静态数据)，如站场布置图和其他配置数据。当系统加电启动、发生请求或数据发生变化时，其他所有 OC501 服务器都会用 ADM 提供的最新数据进行更新。备用 ADM 服务器提供与主 ADM 一样的功能。当主 ADM 不可用，如发生硬件故障时，将启用备用 ADM。

报表数据存储在 ADM 服务器上。运行期间，所有相关的运行数据(如计划和实际到达时间、停车时间等)将存在 Oracle 数据库中用于统计报表(如列车报表、里程报表等)。报表数据可以通过预定的对话框从各个 HMI 工作站请求。此外，报表数据还可通过 SQL 语言从 Oracle 数据库中查询。ADM 备份数据可以存储在磁盘、DVD 或者其他存储介质上。

3) 总调度/调度员工作站

HMI 是 OCC 调度员和 ATS 系统之间的人机接口。一台操作员控制台包括一台 SUN 工作站、两个彩色显示器、一个数字字母键盘和一个鼠标。VICOS OC 501 系统通过鼠标和键盘实现操作。通过拖放操作选择工具条上的图标可以选择执行不同的功能。系统允许同时打开多个窗口并根据需要随意在屏幕上拖动。多窗口技术使几个系统功能可以同时执行。

HMI 包括以下对话框：系统总览，线路总览，车次号总览，线路图细览，操作授权对话框，控制职责对话框，时刻表加载对话框，记录与回放对话框，联锁对话框，列车自动调整(ATR)对话框，列车运行监视(Train Movement Monitoring，TMM)对话框、列车运行图(Train Graph Indication，TGI)对话框，车站综合按钮盘(Integrated Button Panel，IBP)对话框，车辆段服务对话框，存档对话框，存档管理对话框，已发布命令列表，操作日志，A、B 和 C 类报警列表，报表对话框和登录/注销对话框。

在 HMI 上可以查看以下信息：两端车载设备工作状态(含故障状态)、PSD 状态、驾驶模式、运行方向(向前或向后)、当前实际速度、当前位置(精确到米)、告警信息(紧急制动等)和当前车门状态。

4) ATS 维护工作站

维护 HMI 提供基本上与上述 HMI 服务器相同的功能，但维护 HMI 的功能因为受限于维护人员的权限而有所减少。维护 HMI 的主要任务是支持维护人员的工作，为他们提供系统的实时状态，包括系统报警信息、列车延误信息等。维护 HMI 上的对话框数目可以根据维护人员的访问权限增加或减少。一套维护 HMI 由一台 SUN 工作站、两个彩色显示器、一个数字键盘以及一个鼠标组成。

5) 运行图编辑工作站 FALKO

FALKO 是 ATS 系统的一个工具，用于执行以下两个任务：运行时刻表的离线创建和验证、系统实际运行时刻表的在线调度。

在离线系统中，以图形方式利用时刻表构建组件，可在很短时间内产生一个完整的时刻表，并且会考虑相关的运行因素。在线环境下，FALKO 系统可用于修改当前运行时刻表。

6) 前端处理器

前端处理器(FEP)位于每个联锁站，按热备冗余方式配置。它将 OCC 的 VICOS OC 501 系统与 SICAS ECC 联锁、Trainguard MT 系统以及在车站级接口的外围子系统如 DTI、PIIS、PA 等连接起来。

FEP 也用于在 OCC 通过以太网或串行接口在中央连接其他中央接口子系统，如 SCADA、BAS、TEL 等外围系统。

FEP 的任务归纳如下：

(1) 把 SICAS 联锁和 Trainguard MT 系统与 OCC 的 VICOS OC 501 和本地 ATS 相连接。

(2) 通过 PROFIBUS DP、数字 I/O、以太网或串口等形式连接车站级外部子系统，如 PIIS、DTI、IBP 等。

(3) 在 OCC 通过以太网或串口形式实现与中央外部子系统，如乘客导向系统(Passenger Information and Indication System，PIIS)、无线通信(Radio Communication，RC)、设备监控系统(BAS)、防灾报警系统(FAS)、SCADA 等的连接。

3. 差异化对比

从功能上看，MOCS 系统的 CAS 中央应用服务器相当于 OC 501 系统的 COM 服务器，也相当于 Urbalis888 系统的应用服务器；MOCS 系统的 DBS 中央数据库服务器相当于 OC

501 系统的 ADM 服务器，也相当于 Urbalis888 系统的数据库服务器。

二、本地 ATS 系统构成

1. 设备分布

本地操作员工作站 LOW(C-LOW)、时刻表处理器(TTP)和列车排路计算机(TRC)的系统环境基于标准硬件组件和系统构架。C-LOW/LOW 通过以太网的 LAN 直接连接到 SICAS ECC 联锁系统和 Trainguard MT 系统。

OC101—LATS 联锁站硬件主要包括以下部件：冗余配置的 FEP、冗余配置的以太网设备、本地操作员工作站(LOW)、车站接口箱(SIC)和发车指示器(DTI)。

OC101—LATS 非联锁站硬件主要包括以下部件：本地操作员工作站(LOW)、车站接口箱(SIC)、冗余配置的以太网设备和发车指示器(DTI)。

2. 设备描述

1) LOW

LOW 包括一台计算机、一台显示器、一套标准鼠标键盘。通过以太网实现与 SICAS 联锁和 Trainguard MT 的通信。可以通过鼠标和键盘实现对 LOW 的操作。不同的功能可以通过用鼠标选择不同的图标来实现。

LOW 操作控制系统提供：① 登录和退出；② 详细轨道布置图的显示、现场设备当前实际状态的指示；③ 执行联锁命令；④ 车次号的显示；⑤ ATS 后备级别的车次号处理；⑥ SICAS 联锁和 Trainguard MT 报警及时间的记录；⑦ 列车排路计算机(TRC)和时刻表处理器(TTP)信息的记录。

2) 列车排路计算机

列车排路计算机(TRC)提供两个主要的功能：本地列车监视和追踪功能、本地列车自动进路排列功能。

本地的列车监视和追踪任务是决定列车位置和发布运行信息(目的地号、表号和服务号)到列车。无论什么控制模式(中央或后备)，本地 TMT 总是活动的。

本地列车进路计算机提供后备模式下的本地自动进路排列功能，自动进路排列的前提是列车监视和追踪功能，列车的当前位置和车次号用于为相应的列车分配所要排列的相应的进路。列车通过系统定义的进路触发轨，触发自动进路排列。系统可以排列单条进路，也可以排列一系列进路。本地 ARS 同样可以触发换端和自动折返进路指令。

3) 时刻表处理器

本地时刻表模块负责在每列车进入车站时对计划到发时间和实际到发时间进行比较，从而计算列车的运行偏离时间。该偏离时间发送到 LOW/CLOW，并可以通过点击 LOW/CLOW 上显示车次号的地方来查看。

本地时刻表模块的另一个功能是计算每列车在每个站的停站时间。当列车到达车站，TRC 通过本地 FEP 发送停站时间到相应的 DTI 显示倒计时，TRC 会自动在折返站或终端站根据当前有效的计划时刻表更改车次号(目的地码)，并在适当的时候发送给 TRC 工作站的 TMT 组件。

3. 差异化对比

1) OC501 系统与 MOCS 系统的对比

本地 ATS 模式下，OC501 系统和 MOCS 系统是一样的。本地 ATS 设备提供进路设置、列车运行管理和列车追踪等功能。在 OC501 系统，本地 ATS 设备包括 LOW、C-LOW、TTP、TRC 和本地 FEP。LOW 和 C-LOW 提供本地 ATS 子系统的操作；TTP 提供时刻表处理；TRC 提供自动进路排列功能；FEP 用于把 LATS 系统和中央 FEP 以及车站级别外围设备相连。

2) OC501 系统与 Urbalis888 系统的对比

OC501 系统的 TTP/TRC 在作用上相当于卡斯柯系统的 LATS。TRC 提供了本地的列车监视与追踪功能和本地自动进路排列功能；TTP 提供本地时刻表功能，并且一般一条线路只设置一套 TTP/TRC。Urbalis888 系统在全线每个设备集中站设置了 LATS，每个站的 LATS 管辖所在设备集中站区域的所有 ATS 设备，并且负责控制中心与车站联锁系统之间的数据传输。在中心故障的情况下，LATS 作为后备模式提供 ATS 功能。

任务二 西门子 ATS 子系统的功能

【工作任务】

(1) 掌握西门子 ATS 子系统有哪些功能。
(2) 能说出西门子 ATS 子系统各功能项的内容。
(3) 熟悉西门子 ATS 的中央接口和本地接口。

【知识准备】

ATS 系统汇集诸如列车位置、进路状态、列车状态、车次号、信号设备故障等信息，基于这些信息和实施时刻表，ATS 能够自动排列进路，还能通过调整停站时间和站间运行时间来自动调整列车运行。在必要的时候，ATS 系统可以进行人工操作。

一、列车监视和追踪

列车监视和追踪的任务是确定每列车在系统中的位置，这是由跟踪列车运行实现的。列车一旦进入系统，就可以通过人工分配车次号或通过车次号读取器自动分配车次号。随后，ATS 根据列车的移动不断地修改列车的位置数据，直到列车离开系统或进入一个不受 ATS 监督的区域。点式列车继续进行车次号自动追踪，在车次号不丢失的情况下实现折返进路自动排列。

从一个区段到相邻区段的列车移动追踪也称为“步进”。在线路布置图的每个区段都有可能定义几个步进标准。这些步进标准也取决于列车的方向。

以下一些来自联锁和轨旁 ATP 系统的消息可能触发一个步进操作：

(1) 一个信号机从“开放”到“关闭”；

(2) 一个区段状态从“出清”到“占用”；

(3) 一个区段状态从“占用”到“出清”；

(4) 一个描述某列车在线路上绝对位置的报文。

1. 基于轨旁 ATP 信息的列车监视和追踪

因为轨道区段的数量减少，车次号的步进需要依赖轨旁 ATP 提供的信息。轨旁 ATP 系统以极短的区段(逻辑区间，即图 4-2 中 Logical Section 处)为单位提供列车位置信息，从而使列车的运行可以连续地显示在 HMI 上，如图 4-2 所示。

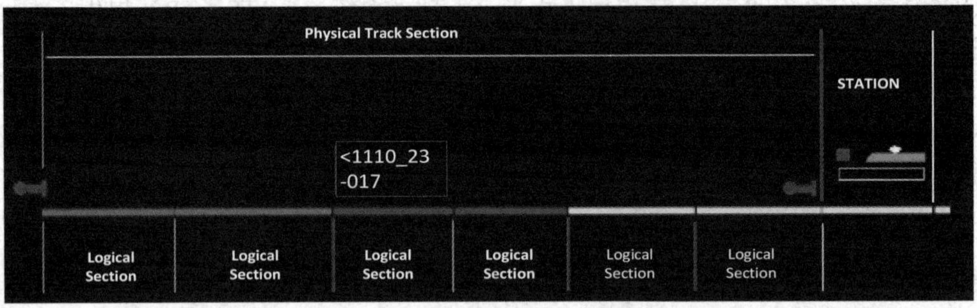

图 4-2　基于 Trainguard MT 位置信息的车次号步进

如果轨旁 ATP 系统发生故障，不能再提供位置信息，车次号的步进就只能依赖于物理轨道区段(图 4-2 中两信号机间的 Physical Track Section 处)和读入点信息。这样，在一个车次号窗口可能需显示多个车次号。列车监视和追踪功能将确保车次号正确向前步进。

若在故障恢复后，Trainguard MT 系统开始重新提供位置信息，则列车监视和追踪功能立即把车次号的步进标准变为实际位置信息。

2. 车站 ATS 后备模式的列车监视和追踪

如果 OCC 的通信中断或中央 TMT 功能失效等情况发生，本地列车排路计算机将实现本地列车监视和追踪(TMT)功能。此时，本地 ATS 工作站借助本地 TMT 功能得知系统中列车的位置。系统从读取点或通过人工输入获得车次号信息(如目的地号、表号、服务号等)，并跟随列车的运行步进车次号。

二、进路操作

1. 自动进路排列

自动进路排列(ARS)可以让操作员从标准的日常操作中解脱出来。其功能是根据列车当前位置，生成并向联锁发出进路排列命令。

列车位置信息可以启动 ARS。另外，为了处理运营中的不正常现象，也要考虑设置一些额外的标准，如运行触发点。在某些情况下，只有到了时刻表中发车时间时，ARS 才能排列进路。排列的进路是由受控列车的目的地号和位置决定的。

在“排列进路”命令发送给联锁之前，需检查以下条件：

(1) 该列车是最早到达进路始端信号机的列车吗？

(2) 进路是否已由操作员排列？

(3) 操作员关闭 ARS 了吗?

(4) 还有没有其他原因需要操作员干预?

(5) 有临时故障阻碍立即排列进路吗?

根据这些条件检查的结果，ARS 决定是否继续处理、终止处理或等待。一旦排列进路没有障碍，相应的命令就会发向联锁。命令发出后，联锁将核实进路是否已经排列。如果没有，进路命令必须重发。如果不想使用 ARS，则操作员可以关闭某架信号机或全部信号机或某一列车的 ARS 功能。

控制中心和站级 ATS 都可以根据时刻表处理自动站间闭塞。此外，根据时刻表中的车次号，故障车辆的进路也可以被自动排出。

2. 车站 ATS 后备模式下的自动进路排列

当到 OCC 的通信发生故障或中央 ARS 失效等事件发生时，本地列车排路计算机的本地自动进路排列功能将被激活。

列车的当前位置和车次号决定了应为其排列的进路。当列车通过一个被预定为运行触发点的轨道区段时，自动排列进路功能就会被激活，并为该列车排列进路。系统可以排列单条进路和多列车进路。列车换端和自动折返都会由本地 ARS 触发。

三、列车自动调整

列车自动调整(ATR)的主要任务是调整列车运行，确保列车运行遵照时刻表。它还向车站乘客信息系统(PIS)输出预计到达时间，同时处理 HMI 或 IBP 上的操作。ATR 还给其他系统(如自动进路排列)提供数据，负责检查信号系统设置的停车点并在必要的时候命令取消停车点。

只有当某列车的 ATR 功能开启时，系统才会对该列车进行调整。当列车进入被“跳停”或“扣车”的车站时，不论列车是自动控制还是人工控制，上述“跳停”或“扣车”命令都会立即执行。如果没有执行车站相关的操作，系统就会判断该列车的 ATR 功能有没有开启，以便决定下一步的动作。

列车自动调整(ATR)功能根据时刻表比较器输出结果来调整停站时间和站间运行时间。当列车停在某站，时刻表比较器把算出的偏差发送到 ATR，ATR 从时刻表读取计划的停站时间和运行时间，并且和收到的偏差作比较，发送新的停站时间和运行时间来调整列车运行，报文执行时间也将被考虑在内。ATO 车载设备负责及时地以最节能的方案到达下一站。

较小的偏差将通过改变列车计划站间运行时间来调整，运行时间的调整受限于最大和最小运行时间。这样的调整对于乘客来说是感觉很自然的，但对于列车准点没有特别大的效果。较大的偏差将通过改变计划停站时间来调整，停站时间的调整受限于最大和最小停站时间。这样的调整对于乘客来说感觉就没有那么舒服自然了，但是对于列车准点效果很好。

在连续通信下，列车自动调整(ATR)功能可以在沿线的任何位置调整列车的运行，在固定闭塞下，只有当列车在车站时才可以实施调整。

1. 自动调整

系统对列车运行有两种调整手段:

ATO 从 ATR 获得到下一站的预计运行时间，并据此计算所需速度。基于时刻表偏移量，这个预计的运行时间将会被调整。

如果一列车未按计划进站，ATR 会相应地调整其停站时间。列车到站后，ATR 将计算后的停站时间发送到发车指示器。当列车发车后，ATR 会再发送预计的运行时间给 ATO。

2. 人工调整

当 ATR 关闭时，只要操作员没有在 HMI 或 IBP 上实施任何针对列车或车站的人工调整，车站停站时间和站间运行时间将从时刻表获得。这些值是不会随着时刻表偏移而改变的。

如果之前的针对列车或车站命令有效，那么列车调整将基于已有的值。如果单列车或全部列车的 ATR 禁用，那么操作员可以在对话框中输入列车的停站时间和预计运行时间，也可以取消在某个车站的停车点。无论 ATR 开启与否，根据目前情形计算出的下一个站的预计到达时间都会发送给 PIS。

1) 指定停站时间

通过减少停站时间可以弥补晚点；反之，如果列车到达太早，可以延长停站时间。这个调整的范围决定于各站每个方向上的最小停站时间和最长停站时间。列车在无时刻表时的运行采用标准停站时间。

2) 指定运行时间

ATR 基于列车的到站时间，计算为使列车正点到达下一个站所需的必要运行时间。计算的运行时间要受到最大运行时间和最小运行时间的限制。只有对计划列车有可能计算运行时间，而对于相关区段的非计划车将采用标准运行时间。因此，可以通过操作员输入指定运行时间。

3) 扣车和跳停

如果已经给某个车站发出了跳停或扣车命令，或者操作员已经关闭了某列车或所有列车的 ATR 功能，那么“人工调整”就会处于开放的状态。

“人工调整”中运行时间和停站时间的设定值会传输到 ATO 和 FEP，时刻表的偏离不会改变这些数值。预定的数值是基于时刻表而来的，一旦操作员人工输入运行时间或停站时间，则会取代这些预先设定值。

对于非计划列车，系统将采用标准时间值。操作员人工输入的时间值会取代标准时间。

四、时刻表系统

时刻表系统分为一个执行时刻表的在线运行系统和一个创建时刻表的生成系统。这是 ATS 中最终用户可以进行修改的部分。

在线运行系统是中央 ATS 的一部分。操作员通过从时刻表数据库中加载日常时刻表来启动日常运行。时刻表数据库冗余存放在两个 COM 服务器上，并存有由时刻表生成系统产生的几个日常时刻表。完成时刻表加载后，新的时刻表数据会分发到中央 ATS 的控制任务(如 ATR、ARS 等)。

FALKO 为时刻表的生成系统，也是时刻表创建和验证的工具。在将时刻表加载到 ATS 系统用以运行前，可以用 FALKO 进行创建、修改和验证等操作，包括车次号有效性的检查，以保证系统中没有重复的车次号。FALKO 不仅可以用于离线时刻表的创建，还可以用于在线时刻表的修改，并且该功能目前已经得到广泛应用。

位于 OCC 的 FALKO 用以创建、验证时刻表，而 COM 服务器下载并执行验证过的时刻表。对时刻表的任何修改都在 FALKO 上执行。

本地 ATS 系统的本地时刻表处理器(TTP)从中央 ATS 接受时刻表数据。如果 OCC 故障，则本地时刻表处理器(TTP)会激活并接管操作。

时刻表/运行图定义了在整个运营日内正常运行条件下列车的运营计划。系统提供了在数据库内保存至少 256 种以上基本时刻表/运行图的空间，基本运行图数据可安全存储或复制，并易于长期保存。用户可根据需要，任选其一作为当日时刻表/运行图。操作人员可用时刻表编辑工具以在线或离线的方式管理时刻表/运行图。

(1) 离线管理：通过一个有图形用户界面的时刻表/运行图编辑工具建立和修改基本时刻表/运行图。

(2) 在线管理：通过一个有图形用户界面的时刻表/运行图编辑工具建立和修改当日时刻表/运行图。

基本时刻表运行图编制完成后能在时刻表编辑器上进行列车运行的模拟和仿真。时刻表编制过程中有冲突或问题时，要有清晰直观的文字提示，并且在编图过程中具备撤销的功能。

ATS 子系统中主要对时刻表/运行图编辑和管理提供在线运行图编辑和离线运行图编辑功能。运行图/时刻表定义了一个运营日的所有运行计划，按不同运营时间，如平日、节假日、不同季节、每天不同运营时段、临时事件等使用不同的运行图/时刻表。列车运行图/时刻表按照用途可分为三种：基本运行图/时刻表、计划运行图/时刻表、实际运行图/时刻表。这三类运行图/时刻表可同时在运行图界面上显示。

1. 运行图离线编辑

在计算机辅助下，计划员可在运行图编辑工作站上完成基本列车运行图/时刻表的编制。在基本运行图/时刻表编制时，能对以下参数进行设置：

(1) 有多个站台的车站，站停时分能够分别设置不同时间。

(2) 正线与车辆段/停车场联络线的运行时分可进行人工设置。

(3) 两站间有多条运行径路时，可分为正向运行与侧向运行，并分别设置运行时分。

(4) 自动编图软件中默认的区间运行时分及站停时分能够按照实际情况设置。

(5) 列车服务号及折返信息能够分别设置。

(6) 不同时段的追踪间隔能够分别设置。

(7) 首末车时间能够设置。

在运行图/时刻表编制过程中，编图软件能自动地对最小运行间隔、站台占用和折返线占用等冲突进行检查，在报警信息栏给出明确的冲突原因和位置，并给出修改建议，以便编图人员修改。

若运行上有要求，可结合线路布置编制局部区段的基本运行图，计算机能自动合成为全线的基本运行图。基本运行图/时刻表编制完毕后，应能在运行图编辑工作站上以实际时间 1～10 倍的速度进行列车运行的模拟和仿真，以检测基本运行图/时刻表编制的可行性和合理性。针对运营的特殊要求，可编制 24 小时运行图以实现全天不间断的列车运营。

基本运行图编制完成后存入数据库内，以备调度员随时调用。系统数据库服务器中提供储存 256 套以上基本运行图的容量，也可将基本运行图导出至文件保存。基本运行图可整张图或选择时段打印输出。

2. 运行图在线管理

每天运行开始前中心调度员可从数据库中调用一个基本运行图，经修改或确认后，即成为当日的计划运行图，并在控制中心各工作站上显示，也可配置一个运行图使用的周计划，由 ATS 在指定时刻自动加载运行图，创建当日的计划运行图。运营期间中心调度员可对当日的计划运行图进行在线修改(主要包括加车、删车、修改、平移和更名等功能)。

在调度员工作站显示器的同一画面上能以图形的方式同时显示当天的计划运行图和实迹运行图(对非计划列车也可绘制出实迹运行图)，并以不同的颜色和线条加以区分，以现时的时间为分界线，并且随着时间进行推移。对非计划列车也应绘制实迹运行图，操作人员可按指定的时间段或指定列车等方式通过绘图仪打印输出实迹运行图/时刻表和计划/实迹比较运行图/时刻表。

实迹运行图实时自动存储在数据库服务器中，该实迹运行图 360 天后被自动删除。如有必要可通过 ATS 的备份工具自动备份到其他磁盘或光盘中。存储的数据可随时从服务器中调出来进行打印和显示。

所有在工作站上显示的运行图能进行放大、缩小及平移，以方便查看。

五、事件列表

ATS 系统提供若干报警和消息列表，用以向操作员通知故障、发出的命令或常规的状态信息。所有的报警和消息列表都以英文或中文显示。

原则上，HMI 当前的窗口是不会改变的，以保证操作员可以完成相应的操作。操作员将得到报警信息(包括声音报警)，并且决定是将窗口转到主窗口或者报警列表。报警列表将会在主窗口中显示，然后操作员可以通过单击相应的区域获得详细的信息。操作员也可以通过报警列表框获得故障信息。

1. 报警列表

通常报警列表根据优先级提供三类消息列表(A、B 和 C)。那些描述故障的消息和需要操作员干预的消息都会插入到消息和报警列表框。A 类消息和报警有最高优先级，B 类其次，C 类最低。所有的报警都可定义相应的报警声音，以提醒操作员确认或给出反应。

系统中有三种报警状态：第一种是报警出现并伴随视觉和听觉的提示；第二种是对报警确认；第三种是系统发出的“返回正常状态”消息，表示报警状态已经解除。这三种报警状态在报警列表框中以不同的颜色来显示。除了轨旁设备(联锁、ATP、道岔、信号机等)的状态、报警和诊断信息，列车的状态和诊断信息(紧急制动、车门故障等)也都可以显示在 ATS 的报警列表框中。

2. 已发命令列表

所有由操作员发出的到联锁的命令，包括登录和注销操作，都按时间排序显示在“已发命令列表”中。

3. 运营日志

全部的报警、事件和发出命令都存储在运营日志当中。所有由列车提供的状态和诊断信息(如驾驶模式、紧急制动、车门故障等)也会存储在运营日志中。如果需要，运营日志可以用打印机连续地打印出来。

4. 报告

在运行当中，COM 服务器产生的与列车行程相关的数据存储到 ADM 和备用 ADM 服务器的 ORACLE 数据库中。该数据库保持一个循环刷新的 30 天的存储空间，该容量是可以配置的。报表对话框是用 ORACLE Forms 和 ORACLE Reports 开发的，这些工具可以在必要时调整报告。生成报告的所有信息都存储在 ORACLE 数据库中，有经验的系统管理员和维护员可以使用上述标准工具生成他们自己的报告。

中央 ATS 报告系统提供多种不同的报告。典型的报告有运营日志报告(日报)、列车行程报告(包括所有列车的到发时间)、车站报告(包括所有列车的到发时间)、乘务组报告和里程报告。

所有存储在 ORACLE 数据库中的信息也可以直接通过 SQL 语言来查询。查询结果可以存储在存档介质上，也可以转移到其他计算机做进一步的处理。报告系统可以通过各种格式方式存储数据，如 html、pdf、xls 等。

六、接口

1. 中央接口

1) 到控制中心大屏的接口

作为 ATS 系统一部分的 HMI 接口工作站是到显示屏系统的接口。操作中心显示屏系统通过该接口计算机连接到 ATS 系统。控制中心显示屏接口 HMI 与 OCC 中的其他 HMI 原则上是一样的。其功能可以根据需要而做一定的削减。

2) 到时钟的接口

ATS 系统提供到中央 GPS 主时钟的接口。通过此连接接收的时间信号可以调整 ATS 系统的 SICLOCK。SICLOCK 是整个信号系统的主时钟。来自 GPS 主时钟的时间同步信号用 2 线 RS-485 或 RS-422 接口发送到 SICLOCK。GPS 主时钟须每秒钟发出一个时间数据串到 SICLOCK。

主时钟给 COM 服务器发送同步信息以同步所有的时钟。SICLOCK 发送循环的时间同步报文给 OCC LAN，这个报文被 OCC 的 COM 工作站用来校准系统的内部时间。ATS 的时钟信息会有规律地发送给各个车载单元以校准时间。ATS 与各个车载单元的双向通信可以通过无线通道实现。

3) 到列车无线的接口

ATS 列车无线接口(TEL)传输目的地号、服务号、表号和班组号以及列车位置、列车折返信息到通信系统。这些信息使无线系统用户可以通过车次号联系车辆。列车进入系统或离开系统的信息也会传送给无线系统。FEP 和无线系统之间的数据传输通过 RS-422 接口实现。

4) 到通信的接口

车站设备室和中央 ATS 之间的连接通过冗余的专用光纤连接，这在信号系统配置图中可以看出。中央 ATS 与车辆段、停车场 HMI 工作站间用通信网络提供的 10 Mb 以太网口连接。

5) 到综合监控的接口

ATS 系统提供一个到综合监控系统 ISCS 的接口以便其接收来自全线信号系统轨旁设备的状态信息(包括设备运行状态、轨旁信号机、转辙机状态等)，以及在线列车运行计划(包括列车目的地、到发、跳停等)。

信号 ATS 系统到 ISCS 系统的接口信息包含 PIS 系统、PA 系统、BAS 系统、SCADA 系统和 FAS 系统所需的信息。提供给 ISCS 的信息由 COM 机经过 FEP 中央接口分发给 ISCS 子系统。ISCS 子系统可以通过以太网接口连接。

6) 到车辆段联锁的接口

车辆段联锁可以接入到 ATS 系统。车辆段联锁传送的数据用于 ATS 显示车辆段轨道电路、道岔和信号机的状态。车辆段与中央 FEP 之间的数据传输采用 RS-422 串行接口。车辆段联锁与控制中心的接口 FEP 进行连接，当然车辆段联锁也可以选择与一个本地 FEP 进行连接。

2. 本地接口

1) 到 IBP 盘的接口

系统在每个车站都会提供一个到综合按钮盘(IBP)的接口。综合按钮盘上的指示灯和开关通过铜线连接到一个接口模块的 I/O 端口(位于 SIC 接口箱)上。

2) 到发车表示器的接口

ATS 系统 DTI 接口向 DTI 提供信息以显示离站时间。以下信息通过位于每个站的 SIC 柜内的 DTI 接口提供给 DTI 子系统：给司机的发车时间信息、给司机的其他特殊信息(包括扣车、晚点信息)。DTI 信息由 COM 机经过本地 FEP 接口分发到位于每个车站的 SIC 接口箱。DTI 显示器通过以太网或其他标准接口连接。

任务三　西门子 LOW 的显示与操作

【工作任务】

(1) 掌握西门子本地操作员工作站(LOW)显示器屏幕的组成。

(2) 掌握 LOW 对联锁、进路、区段、道岔、信号机、车次号框、车站等的各项操作方法。

【知识准备】

一、本地操作员工作站(LOW)的简介

LOW 的全称是：Local Operator Workstation(本地操作员工作站)。LOW 是信号系统网络的区域终端设备，每个联锁站和设备站都有一套 LOW 设备。SICAS 联锁系统的本地操

作和表示是通过 LOW 工作站来完成的。联锁等设备和行车状况(轨道占用、道岔位置和信号显示等)在彩色显示器上以站场图形式显示。使用鼠标和键盘，在命令对话窗口上可以实现常规命令及安全相关命令的联锁操作。在 LOW 上所有的操作及设备故障报警等信息将被记录存档。

如图 4-3 所示，显示器屏幕上由三个窗口组成，分别为基础窗口、主窗口和对话窗口。每个窗口的排列是固定的。

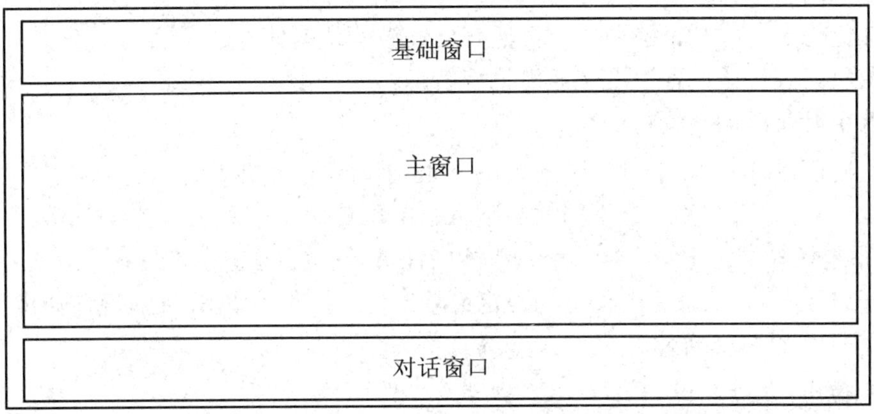

图 4-3　LOW 显示器屏幕

1. 基础窗口

基础窗口用于“登录/退出按钮”“图像按钮”和“48 小时记录调档按钮”等基础菜单的显示，如图 4-4 所示。

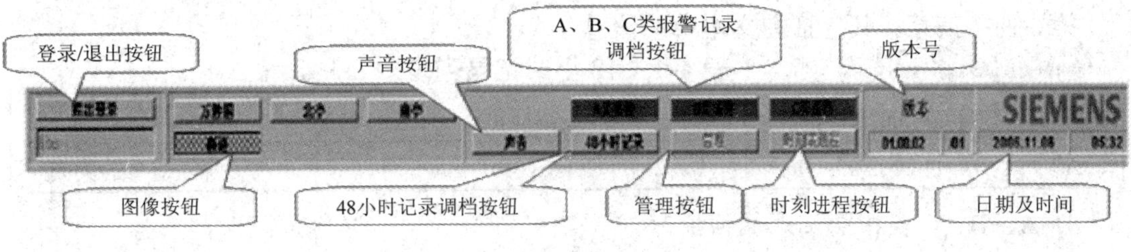

图 4-4　基础窗口

1) 登录/退出

(1) 需登录 LOW 时，用鼠标左键点击“登录”按钮。

(2) “登录”按钮变为姓名显示，并在下面出现一个输入框，将光标移到输入框，通过键盘输入正确的姓名后，按压回车键“Enter”确认。

(3) 姓名显示改为口令显示，并在下面出现一个输入框，将光标移到输入框，通过键盘输入正确的口令后，按压回车键确认。

(4) 系统将检查姓名及口令，如果正确，“登录”按钮将改为“退出”按钮，并且下面的输入框将使用者的姓名灰显。这时，说明已成功登录 LOW，可以根据权限对 LOW 进行操作。

(5) 当输入的姓名或口令不被系统认识时，系统将仍然处于登录状态。在已成功登录

LOW 后，可以通过点击“退出”按钮来退出 LOW 操作系统，系统回到登录状态。

2) 图像按钮

图像按钮位于登录/退出按钮的右端，用于在主窗口中显示联锁区的站场图，根据操作员的需要选择不同的站场图将其显示在主窗口中。若需要选择另外一个联锁的站场图显示时，需要先选择联锁区。颜色及状态：红色闪烁、红色稳定、灰色。

(1) 红色闪烁：表示该站对应的 A～C 类报警列表中有信息未确认。

(2) 红色稳定：表示报警列表中仍然有已经被确认的信息。

(3) 灰色：表示该设备站没有任何报警信息。

3) 48 小时记录调档按钮

(1) 点击可以打开 48 小时记录清单以及 48 小时调档对话。

(2) 48 小时记录按照三个不同的级别 A、B 和 C 将电子联锁装置 48 小时内发生的特别情况及系统操作情况记录存档。48 小时以后，记录被自动删除。

(3) 开启 48 小时记录后出现下列自定义功能键：打印、输出。打印和输出功能需要管理员密码登录才会显示实体。

(4) 如表 4-1 所示，48 小时记录列表由 6 列构成。

第 1 列：类别。其包括值范围为 A、B 或 C 的类别。

第 2 列：日期/时间。其包括构成 48 小时记录条目的日期和时间。

第 3 列：操作员。其包括通知的操作员。当出现条目时没有操作员登录，则为空。

第 4 列：联锁/元件。其显示带有元件名的联锁名。

第 5 列：CR 计数器。其包括安全相关操作的递增计数器。

第 6 列：信息。其包括纯文本中的信息。

表 4-1　48 小时记录列表

A	14-09-2002 06：06	ibs	XIZ/W1401	CR 00001	强行转换道岔
A	14-09-2002 05：06	ibs	XIZ/S1401		解除信号的关闭

4) A、B、C 类报警记录调档按钮

(1) 详细轨道图按钮的右侧是报警列表按钮。这三个报警列表按钮用于开启具有相应优先级的报警列表。

(2) A 类报警列表具有最高的优先级，C 类报警列表则具有最低的优先级。

(3) 当出现带有一定优先级的报警时，相应的报警列表按钮就开始闪烁。只要还有需要确认的信息，闪烁就不会停止。

(4) 列表中仍然有已经被确认的信息，则按钮闪红光，但不闪烁。如果对于一条信息有来自联锁的“已消失信息”，并且如果该信息已被确认，则从报警列表中将其删除。

(5) C 类优先级信息不需确认。当出现“已消失信息”时，未确认的信息/报警(该信息/报警需要确认)不删除，除非进行了另外确认。

(6) 报警列表如表 4-2 所示，由 6 列构成。

第 1 列：包括值范围为 A、B 或 C 的类别。

第 2 列：包括日期和时间。

第 3 列：包括字母“Q”，且其后紧跟着有“*****”。如果到当前为止有人确认的话，则该单元格将显示“Q 操作员”，其中操作员为对具体报警进行确认的操作员的登录名。对于已经清除的故障，确认将删除该条目。

第 4 列：显示联锁名。

第 5 列：显示元件名。

第 6 列：包括纯文本的信息和实施的组件。

表 4-2　报警列表

A	14.05. 06：06	Q Chang	XIZ	W1401	S0：连接受干扰
A	14.05. 05：06	Q *****	XIZ	W1403	

5) *声音按钮*

声音按钮位于 48 小时记录调档按钮的左边，只要单击“声音”按钮，就可以关闭报警声音，直到下一次报警出现。

6) *日期及时间*

日期及时间位于声音按钮的右边，必须对日期和时间进行检查，因为所有的记录都以这日期和时间加以说明。如果经过一段时间后，时间误差很大，必须通知维修人员进行维修。

7) *版本号*

版本号位于基础窗口的最右边，在 SIMENS 标号下端显示现用的版本，在故障信息报告中必须注明版本。

2. 主窗口

主窗口如图 4-5 所示，用于显示站场图，把本联锁区管辖的主要设备显示出来，还用于显示 A、B、C 类报警单或 48 小时记录。

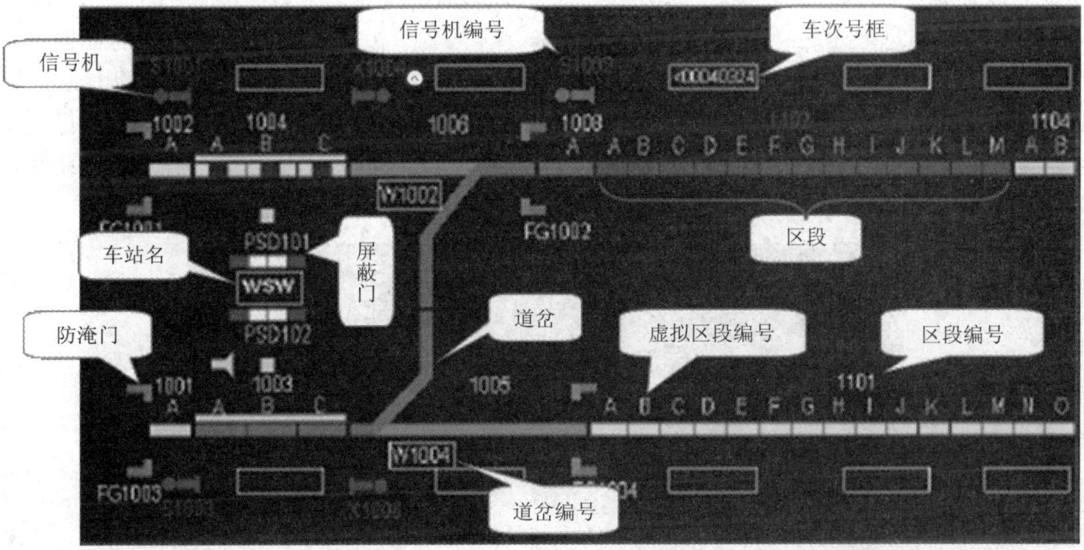

图 4-5　主窗口

3. 对话窗口

对话窗口如图 4-6 所示，主要由命令按钮栏、执行按钮、取消按钮、当前操作信息反馈以及综合信息显示栏组成。

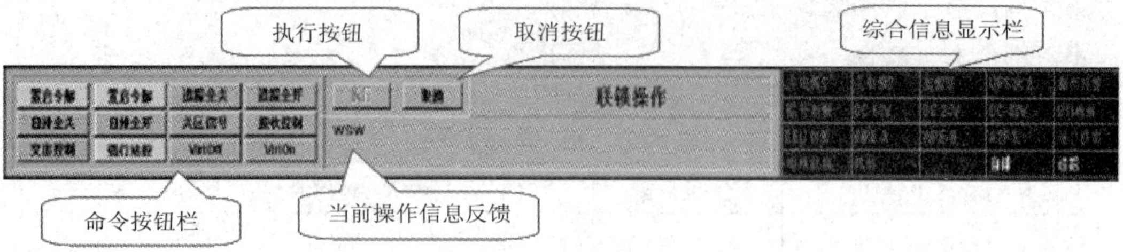

图 4-6　对话窗口

(1) 命令按钮栏：显示当前在主窗口中选择的元件对象可提供选择的命令，包括常规命令和安全相关命令。浅蓝色底色的命令为安全相关命令。

注意：安全相关命令是指该命令执行后可能会影响行车安全或设备安全的命令；常规命令是指该命令执行后对行车安全或设备安全不会造成影响的命令。

(2) 执行、取消按钮：在选定点击“命令”按钮需执行的命令后，“执行”按钮变成实体可以操作，点击后选定的命令才会被实际执行。单击“取消”按钮可以取消“命令”按钮的选定。

(3) 右键菜单：除了提供在命令显示栏选择命令执行的方法外，对所有的元件还另外提供了一个快捷的右键命令菜单供操作员选择使用。在已选定的元件上用鼠标右键点击即会出现右键菜单，它可选的命令内容与命令栏的可选命令一致，但在选中命令后，不需要再次按“执行”按钮而是直接执行。安全相关命令依然要按规定进行“CR1”“CR2”的确认操作。

(4) 当前操作信息反馈：在主窗口选中元件后，会在此处显示被选中的元件名称；在点击“命令”按钮后显示元件名称及将要执行的命令；点击“执行”按钮后会反馈执行成功或者联锁拒绝的信息。

(5) 综合信息显示栏：如图 4-7 所示，综合信息显示栏用于显示信号系统的各种供电情况以及自排、追踪情况。如果供电正常，则相应的显示为绿色字体；如果供电出现故障，则相应的显示红色字体。如果没有打开自排功能，则自排全开的字体为白色；一旦打开了自排功能，则自排全开字体为绿色。对于追踪进路，如果打开追踪功能，则追踪进路字体为黄色；如果没有打开追踪功能，则追踪进路字体为白色。

图 4-7　综合信息显示栏

二、LOW 对联锁的操作

1. 如何调出联锁控制命令菜单

在 LOW 显示屏空白处点击左键或刚登录后出现在命令栏内的所有命令，均为对联锁的操作命令。联锁的命令菜单由重启令解(SICAS)、重启令解(ATP)、追踪全关、追踪全开、自排全关、自排全开、关区信号、接收控制、交出控制、强行站控、减活标记(VirtOff)、激活标记(VirtOn)等命令组成，如图 4-8 所示。

图 4-8　联锁命令

2. 接收控制、交出控制、强行站控的功能

1) LOW 的控制权描述

除“减活标记”“激活标记”的操作外，其余 LOW 命令的执行必须先要取得相应的控制权。OCC、联锁站、设备站间同一时间只能有一方可以拥有对系统的操作权。OCC、联锁站、设备站之间可以采用接收控制权、交出控制权以及强行站控等命令进行控制权的交接。接收控制权、交出控制权以及强行站控均属于联锁命令。

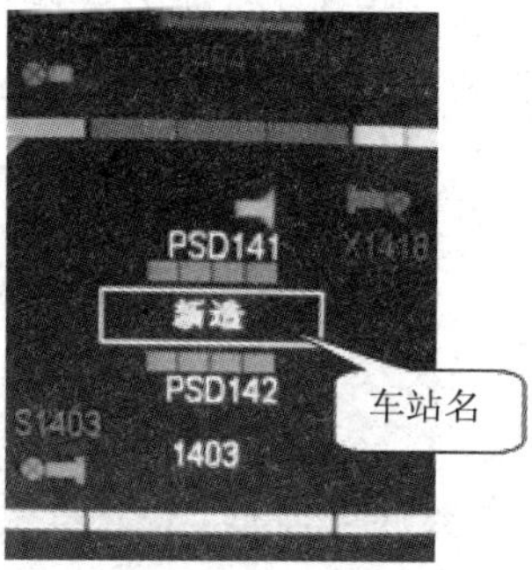

图 4-9　车站名

控制权的所属情况主要通过车站名不同的颜色和状态表示，如图 4-9 所示。绿色表示本地控制(局控)；白色表示控制权不在本地；灰色表示控制权没有被接收(OCC、联锁站、设备站均没有控制权)；绿色闪烁表示车站交出控制、对方未接收(控制权仍在车站)；白色闪烁表示控制权不在本地，等待接收(控制权仍在原使用者)。

2) 交出控制、接收控制、强行站控的操作说明

(1) 交出控制：站名处在绿色稳定状态下“交出控制”命令执行有效，执行后站名处于绿色闪烁状态，此时需要等待对方接收，待对方接收后站名处于白色稳定状态，此时本地失去控制权。但在 LOW 故障的情况下，不需要在 LOW 执行“交出控制”操作，LOW 的控制权可以自动切换到控制中心(ATS)操作。

(2) 接收控制：站名处于灰色或者闪烁状态下“接收控制”命令执行有效，执行成功后站名处于绿色稳定状态，本地拥有控制权。若拥有控制权方在基础窗口执行退出操作，则站名显示为灰色，此时所有使用者(OCC、联锁站、设备站)操作“接收控制”有效。当中央 ATS 故障时，车站不需要操作“接收控制”命令即可自动完成控制权的交换。

(3) 强行站控：“强行站控”站名不显示绿色的时候均可执行有效，执行成功后本地拥有控制权，此命令为安全相关命令，使用前必须要先获得行调授权。以下为“强行站控”命令的功能描述：

① 无论控制权在联锁站或者设备站，OCC 都可以通过强行站控获得全线任一控制区的控制权。

② 无论控制权在 OCC 或者设备站，联锁站都可以通过强行站控获得本联锁区内任一控制区的控制权。

③ 无论控制权在 OCC 或者联锁站，设备站都可以通过强行站控获得本站控制权。

3. 追踪全开、追踪全关、自排全开、自排全关的功能

1) 自排功能和追踪功能的作用与区别

开启了自排或追踪功能的信号在有列车占用接近区段后均会按照一定的条件自动设置列车的行车进路(接近区段指信号机前一计轴区段)。在同一个联锁区内不能同时开启追踪和自排功能。自排是指根据占用接近区段列车的目的地码，自动排列进路。追踪是指根据列车接近区段的占用检测，自动排列预设的固定进路。追踪进路的特点：追踪功能通常是正常运营的方向；追踪通常可设置始点站、终点站的折返进路，一般不能设置中间站的折返进路(除非是特殊设计要求)。

2) 追踪全开、追踪全关、自排全开、自排全关命令的操作说明

追踪全开：把本联锁区全部的信号机设置为自动排列追踪进路状态。

追踪全关：为所有信号机关闭自动排列追踪进路状态。

自排全开：把本联锁区全部的信号机设置为自动排列进路状态。

自排全关：为所有信号机关闭进路自动排列。

追踪和自排的信号机颜色与对应综合信息栏的显示分别如图 4-10 和图 4-11 所示。

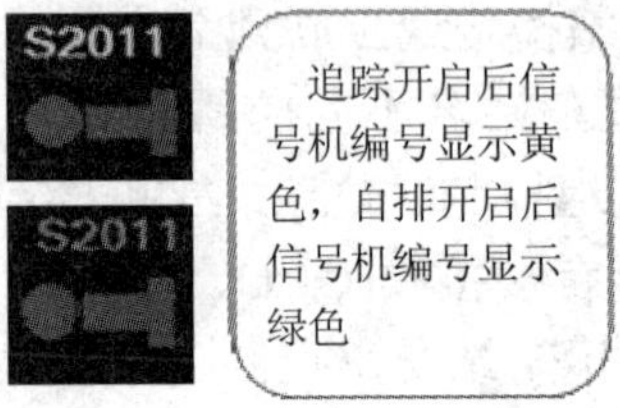

图 4-10　追踪和自排的信号机颜色

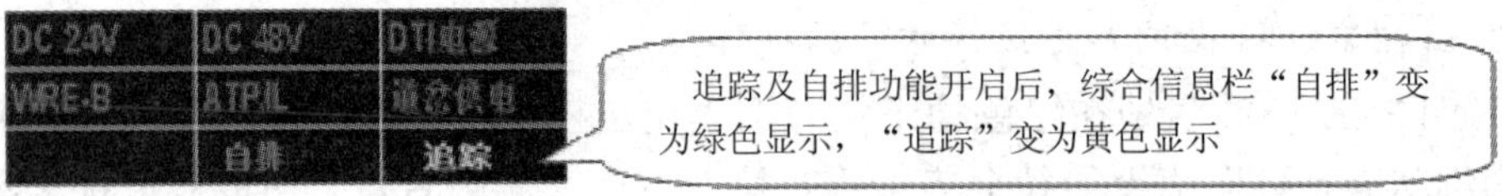

图 4-11　综合信息栏追踪和自排的显示

4. 激活标记、减活标记命令的功能

激活标记：打开虚拟区段编号显示。

减活标记：关闭虚拟区段编号显示。

5. 重启令解命令的功能

LOW 联锁命令中设有两个重启令解命令。按照从左至右的顺序，第一个重启令解按钮是用于 SICAS 系统的重启令解，第二个重启令解按钮是用于 ATP 系统的重启令解。

三、LOW 上对进路的操作

1. 进路的组成

进路的基本元素是：信号机、道岔及轨道区段。进路一般由三部分组成：主进路、保护区段及侧面防护(侧防)，如图 4-12 所示。主进路是列车位移过程中必须经过的路径，是

进路的最基础部分，由始端信号机、终端信号机、区段(含道岔区段)组成。保护区段指终端信号机后方的一个轨道区段。设置保护区段的目的是为了避免列车由于某种原因不能在信号机前方停车而冲出信号机导致危及列车安全的事故的发生。保护区段不是列车位移的必要部分，是为了对列车提供高进路的安全性而被征用的。

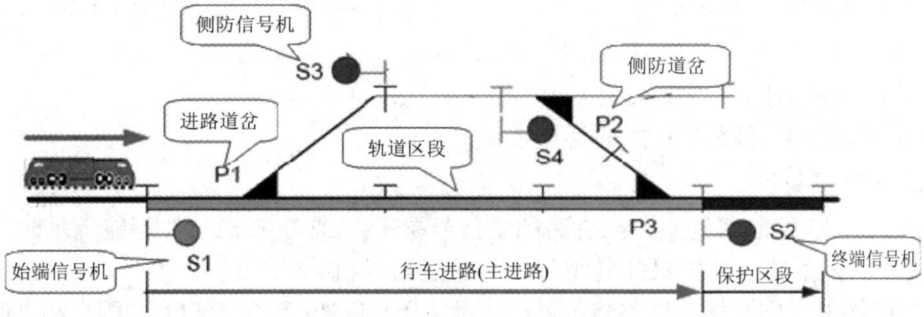

图 4-12 进路的组成

当排列进路后，为了防止其他列车进入该进路，联锁系统设置了侧防。侧防是进路侧面防护的简称。进路可能有多个防护点，侧防的任务就是要切断所有通向已排进路的路径，即切断企图排列其他进路(敌对进路)进入该进路的所有路径。侧防不是列车位移的必要部分，是为了对运行列车进行保护，以提高进路的安全性而被征用的联锁元件。进路的侧防元素可由道岔、信号机及轨道区段的单个元素或组合元素组成。

2. 进路的监控及开放信号

当进路已排列，且满足了进路建立的前提条件后，信号将进入监控层，联锁系统将持续对进路中的元素进行监督。进路的信号根据达到的监控条件可分为三种监控层次：主信号层、移动闭塞层和引导层。主信号层一旦达到，只要始端信号机正常，信号机将自动开放。移动闭塞层、引导层则不能自动开放信号，必须人工执行“开放引导”这个命令才能开放引导信号。LOW 以信号机机脚不同的显示来表示信号处于不同的监控层。

1) 非监控层

当信号处在非监控层时，在 LOW 上显示信号机机脚为红色。信号处在非监控层有以下两种情况：

(1) 不在进路状态，即进路还未排列。

(2) 在进路排列前或进路排列后，因主进路的道岔有挤岔、转不到位或连接中断的故障，从而不满足进路的建立条件。

信号处在非监控层时，为保证列车运行安全，联锁系统不允许开放信号(含引导信号)。

2) 主信号层

在 IXL、ITC 控制级别下排列进路时优先建立主信号层进路。在 CTC 控制级别下且在非装备列车接近的时候，若满足主信号层的建立条件，则进路达到主信号层。当信号处在主信号层时，在 LOW 上显示始端信号机机脚为绿色；当信号处在主信号层时，可以开放主信号或引导信号。满足进路主信号层的条件如下：

(1) 主进路的道岔位于正确的位置且被进路锁闭(此处道岔征用的条件与保护区段征用道岔的条件相同)；

(2) 主进路中所有轨道区段被进路征用(此处区段的征用条件与保护区段的区段征用条件相同)；

(3) 防淹门打开且不请求关闭(只适用于排列通过防淹门的进路)；

(4) 与车厂照查功能正常(只适用于排列回厂的进路)；

(5) 进路的侧防条件已满足；

(6) 终端信号机的红灯信号能正确显示；

(7) 进路的所有区段(含道岔区段)空闲；

(8) 保护区段被进路锁闭，并指示空闲。

3) 移动闭塞层

在 IXL、ITC 控制级别下，当进路的主信号层第(7)或者第(8)条件不能满足时，信号将自动建立移动闭塞层。列车只能凭引导信号越过信号机。

在 CTC 控制级别下排列进路将不考虑“进路所有区段(含道岔区段)空闲”和“保护区段被征用”这两个条件，而是优先建立移动闭塞层的进路，以满足装备列车的运行需求，提高线路的通行效率。当信号处在移动闭塞层时，在 LOW 上显示始端信号机机脚为深绿色。

CTC 控制级别下装备列车，在满足移动闭塞运行模式的安全条件下可凭车载信号直接进入移动闭塞层进路。当有非装备列车接近始端信号机约 800 m 时，ATP 系统会要求联锁系统对进路的联锁条件进行检测。若主信号层第(7)和第(8)这两个条件满足，则进路到达主信号层，给列车显示主信号；若条件不能满足，则进路维持在移动闭塞层，现场信号机显示红灯。当进路处于移动闭塞层时，若满足引导信号的开放条件，则可人工开放引导信号。

满足进路移动闭塞层的条件如下：

(1) 主进路的道岔位于正确的位置且被进路锁闭；

(2) 主进路中所有轨道区段被进路征用；

(3) 防淹门打开且不请求关闭(只适用于排列通过防淹门的进路)；

(4) 与车厂照查功能正常(只适用于排列回厂的进路)；

(5) 进路的侧防条件已满足；

(6) 终端信号机的红灯信号能正确显示。

满足上述六个条件前提下，当发生下列任何情况时，建立的进路将达到移动闭塞层：进路区段有占用(含保护区段、道岔区段)；保护区段不能被进路征用；系统处于 CTC 控制级别，且进路始端信号机无非装备列车接近。

4) 引导层

引导层是主信号层及移动闭塞层的后备，当进路的移动闭塞层的第(5)或第(6)条件不能满足时，信号将自动降为引导层；当引导层也不能满足时，信号将自动降为非监控层。当信号处在引导层时，在 LOW 上显示始端信号机机脚为黄色。当进路处于引导层时，若满足引导信号的开放条件，则可人工开放引导信号。列车只能凭 RM 或 URM 通过进路。进路满足引导层的条件如下：

(1) 主进路的道岔位于正确的位置且被进路锁闭；

(2) 主进路中所有轨道区段被进路征用；

(3) 防淹门打开且不请求关闭(只适用于排列通过防淹门的进路)；

(4) 与车厂照查功能正常(只适用于排列回厂的进路)。

满足上述四个条件前提下，当发生下列任何情况时，建立的进路将达到引导层：进路的侧防条件不满足；终端信号机的红灯信号不能正确显示。

3. 排列基本进路

1) 排列进路的条件

(1) 进路中的道岔没有被征用在相反的位置上。

(2) 进路中的道岔没有被人工锁定在相反的位置上。

(3) 进路中的道岔区段、轨道区段没有被封锁。

(4) 进路中的信号机没有被反方向进路征用。

(5) 进路中的监控区段没有被进路征用。例如：列车正在通过进路的监控区段或列车通过进路后，监控区段不能正常解锁，出现绿光带现象，则进路不能排列。

(6) 进路的非监控区段没有被其他方向进路征用。例如：要排列进路的轨道区段(含保护区段)被其他方向的进路征用，或其他方向进路的轨道区段在解锁时出现非正常解锁，且这些区段刚好属于要排列的进路的某些区段，则进路不能排列。

注意：如果进路的非监控区段是被同方向的进路征用，则可以再次征用。

2) 排列进路的操作方法

在 LOW 上要排列一条基本进路，只要点击 LOW 主窗口上要排列进路的始端信号机，再点击要排列进路的终端信号机，此时所选始端信号机和终端信号机都会被打上灰色底色，然后在对话窗口中的命令显示栏(在 LOW 的左下角)用鼠标的左键点击“排列进路”命令，最后用鼠标的左键点击对话窗口中的“执行”按钮即可，分别如图 4-13 和图 4-14 所示。

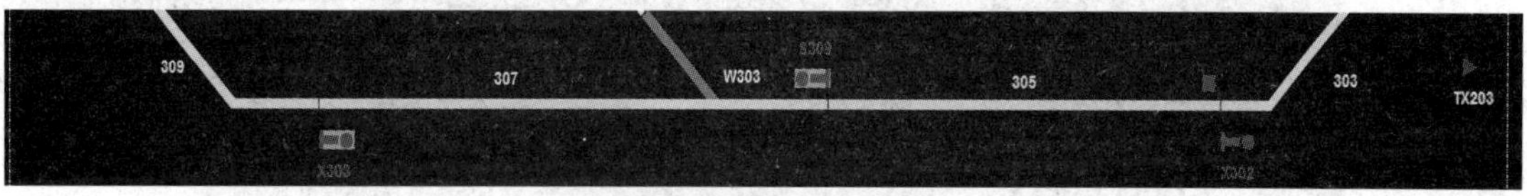

图 4-13　鼠标点击信号机

图 4-14　鼠标点击“执行”按钮

此时，联锁计算机就会自动检查该进路的进路建立条件，如果满足进路的建立条件，则相应的进路会自动建立，如图 4-15 所示，并进入相应的监控层。如果达到了主信号层且始端信号机正常，则始端信号机就会自动开放；但如果只达到了引导层，则始端信号机不会自动开放，只能在满足开放引导信号的条件下人工开放引导信号。

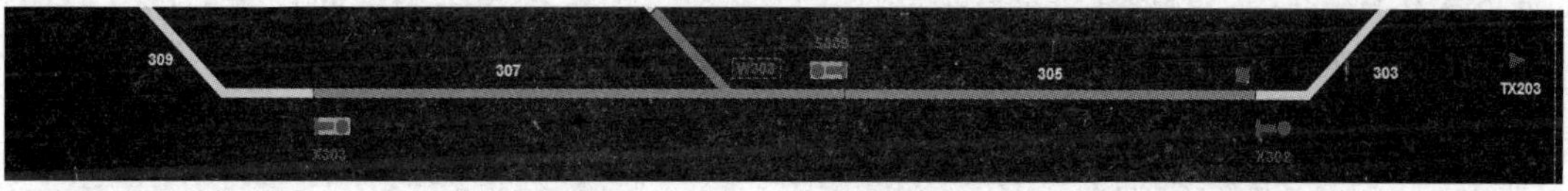

图 4-15　排列基本进路

4. 取消基本进路

在 LOW 上要取消一条已排好的进路，只要点击 LOW 主窗口上该进路的始端信号机，再点击该进路的终端信号机，此时所选始端信号机和终端信号机都会被打上灰色底色，然后在对话窗口中的命令显示栏(在 LOW 的左下角)用鼠标的左键点击“取消进路”命令，最后用鼠标的左键点击对话窗口中的“执行”按钮即可。

四、LOW 对区段的操作

1. 区段的基本介绍

区段在 LOW 上是一个显示线路空闲/占用的基本单位，按照其检查占用空闲的方式可分为计轴区段和虚拟区段两种。LOW 会以不同的颜色显示标明区段的当前状态。

1) 计轴区段

计轴区段是基于计轴系统，以计轴器的布置点划分的物理区段。一旦列车轮对压过其驶入端的计轴器，该区段则会马上被指示为占用。一般对于装备列车以虚拟区段的占用指示优先。

2) 虚拟区段

虚拟区段如图 4-16 所示，是基于无线通信系统实现对线路上的区段进行空闲/占用检测时，在 LOW 上显示占用和空闲的单位。虚拟区段根据移动闭塞运行需要划分，比计轴区段对列车在线路上的占用检测定位更为精确，但只对具备连续式通信且处于连续式 ATP 保护下的装备列车有效。

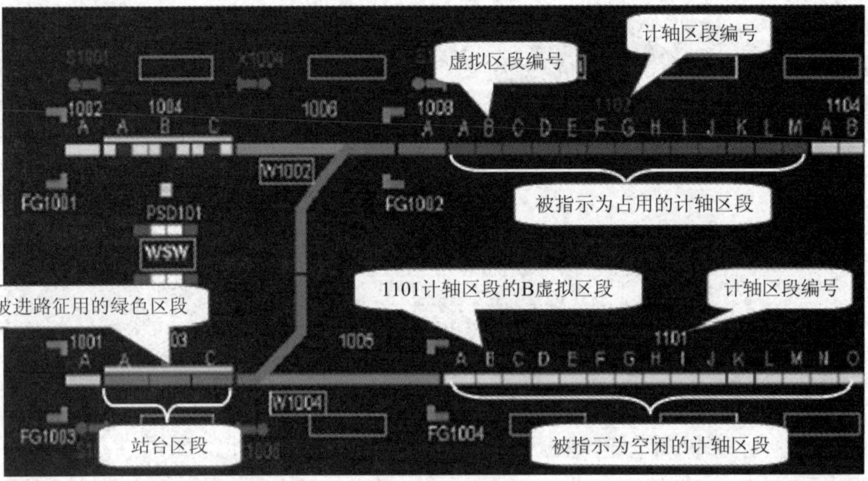

图 4-16　虚拟区段

虚拟区段的划分原则是：所有站台区段均被划分为三个虚拟区段；道岔区段不分割；其他区段根据实际长度被划分为若干区段。在此情况下，若列车与地面设备的连续通信中断，则列车的占用会马上转为整个计轴区段的占用。

3) 区段的显示

轨道区段体部(含道岔区段)的颜色显示：

(1) 黄色：空闲。

(2) 绿色：被进路征用。

(3) 淡绿色：被保护区段征用。

(4) 红色(IXL)：被物理占用。

(5) 紫色：ATP 有效状态下被非装备列车占用。

(6) 红色(CTC)：ATP 有效状态下被装备列车占用。

(7) 轨道中部深蓝色：表示区段被封锁。若在有进路的情况下被封锁，则区段中部蓝色闪烁。

(8) 轨道中部淡粉色：表示区段处于计轴预复位状态。若此时实施封锁，则区段中部淡粉色闪烁。

(9) 灰色：无数据。

轨道区段的颜色显示有一定的优先顺序，共分六个级别，从高到低分别为灰色、深蓝色、红色(紫色、淡粉色)、绿色、淡绿色、黄色。例如：通过某一轨道区段排列进路后，此区段发生计轴故障，则此区段优先显示紫色，同时覆盖绿色和黄色。

4) 计轴区段编号的显示

(1) 白色：正常。

(2) 灰色：无数据。

(3) 红色：计轴干扰，CTC 列车可以正常通过。此干扰会影响非装备车的正常运行，需要进行预复位操作恢复。

出现编号闪烁时，表示与 ATP 连接中断。编号稳定时表示正常。

2. LOW 对区段的命令

1) 封锁区段、解封区段

(1) 封锁区段：命令执行后，不能通过该轨道区段排列进路。如果该轨道区段已存在进路，只对下一条进路生效。该命令执行对单个虚拟区段有效，执行成功后如图 4-17 所示。若在有进路的情况下执行封锁，则区段中部蓝色闪烁。

图 4-17　封锁区段

(2) 解封区段：取消对该区段的封锁，允许通过该轨道区段排列进路。(此命令为安全相关命令)

2) 计轴预复位

(1) 计轴系统用于检测轨道空闲情况。“计轴预复位”命令用于在计轴过程中出现问题时，以及列车已经完全离开计轴区段，但是计轴的驶入数和驶出数仍不同时，将一段计轴区间的状态设置为“零轴”。

(2) 执行该命令后，计轴器仍会为这个区间提供一个特殊的占用指示，在原有占用颜色的基础上在虚拟区段中部显示淡粉色，如图 4-18 所示。当沿着此计轴区间行驶的首列车按正确的计轴顺序行驶时，计轴系统就会提供区间空闲指示。

图 4-18　IXL 控制级别下预复位显示

3) 强解区段

对进路的解锁可以分为自动解锁和操作员人为干预解锁两种。自动解锁一般是根据列车的运行情况，对经过的区段(含道岔区段)进行逐段解锁。操作员干预解锁是指操作员执行“取消进路”和“强解区段”命令，对进路发出一个解锁的指示。取消进路是对一条完整的进路发出一个解锁指示；而强解区段则是对单独一个区段(含道岔区段)发出一个解锁指示，解锁进路中的轨道区段，此命令为安全相关命令。执行强解区段命令后：

(1) 该进路的始端信号机会马上关闭。

(2) 如果接近区段及进路无车，则区段立即解锁。

(3) 任何在保护区段中的轨道区段要强解时，均延时(30 s)解锁。

(4) 有车时将会延时解锁(30 s)。在延时解锁的过程中，区段会处于闪烁状态。

(5) 进路元素强解后，相应的侧防元素也立即解锁。

(6) 在延时解锁的过程中可以对其他轨道区段进行强解。

4) 设置限速区和取消限速区

设置限速只在 CTC 控制级别下对装备列车有效。对区段设置限速后，装备列车在通过该区段对应的线路的时候按照限速要求行使；非装备列车只能凭引导信号进入含有限速区段的进路(进路只能维持在移动闭塞层)。如果区段设置了限速，那么限速的列车最高速度会以红色的字体在相应的区段下方显示出来。此时，列车通过该区段的最高速度不能大于此限制速度。限速设置成功后会在轨道区段下方以红色数字的形式显示允许通过该区段的最高速度，如图 4-19 所示。

图 4-19　限速设置

取消限速区指取消已设置的限速区，操作成功后区段下方的红色数字将消失。

五、LOW 对道岔的操作

1. 道岔的基本介绍

道岔是一种使机车车辆从一股道转入另一股道的线路连接设备，由转辙机控制其开通方向。在 LOW 上会以不同的颜色显示表示出道岔不同的状态。

1) 道岔在 LOW 上的显示

道岔在 LOW 上的显示分别如图 4-20 和图 4-21 所示。

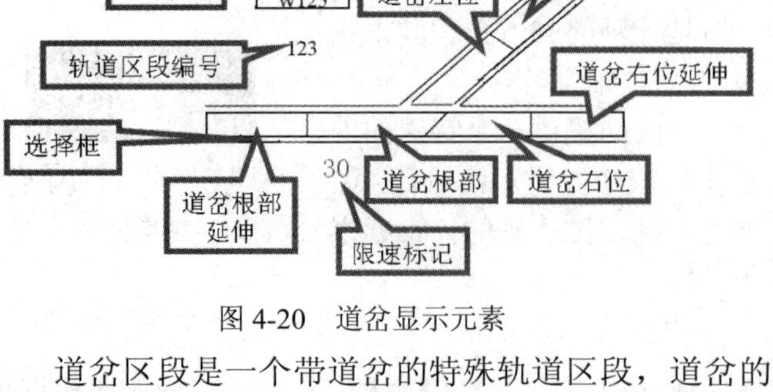

图 4-20　道岔显示元素

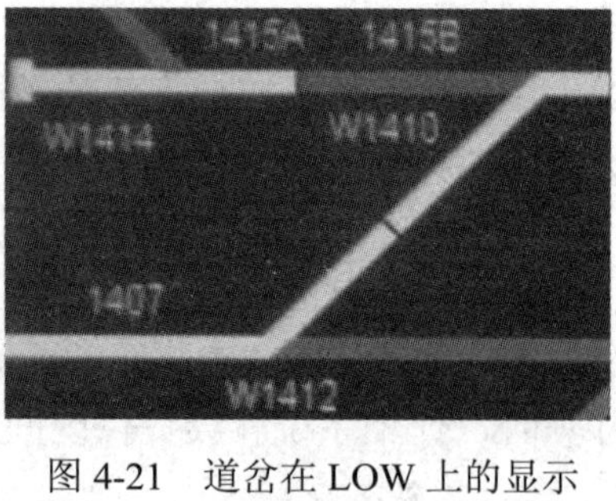

图 4-21　道岔在 LOW 上的显示

道岔区段是一个带道岔的特殊轨道区段，道岔的颜色显示与区段的颜色显示一致(封锁、预复位、限速等的表现形式均和普通区段的表示方式一致)，详细介绍请参看区段的颜色部分。道岔的开通位置表述如下：

(1) 以道岔的锐角为参照点，右边为道岔的右位。当道岔的“道岔右位”及“道岔右位延伸”部分有颜色稳定显示(非灰色，可以是绿色、紫色、红色、黄色)，“道岔左位”及“道岔左位延伸”部分显示灰色稳定的时候表示道岔开通右位，尖轨密贴。图 4-22 中的道岔显示为开通右位。

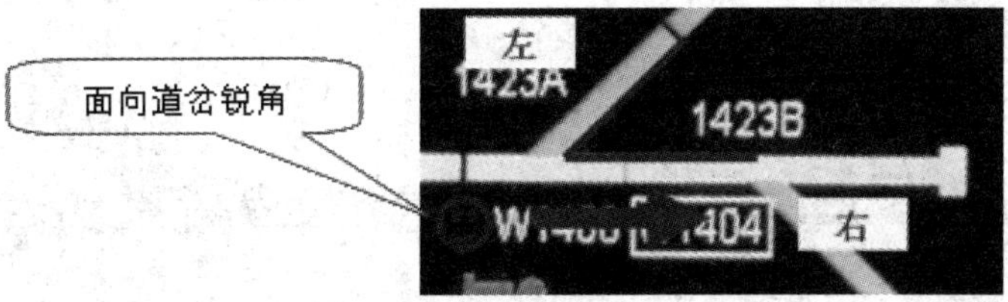

图 4-22　道岔开通右位

(2) 以道岔的锐角为参照点，左边为道岔的左位。当道岔的“道岔左位”及“道岔左位延伸”部分有颜色稳定显示(非灰色，可以是绿色、紫色、红色、黄色)，“道岔右位”及“道岔右位延伸”部分显示灰色稳定的时候表示道岔开通左位，尖轨密贴。图 4-23 中的道岔显示为开通左位。

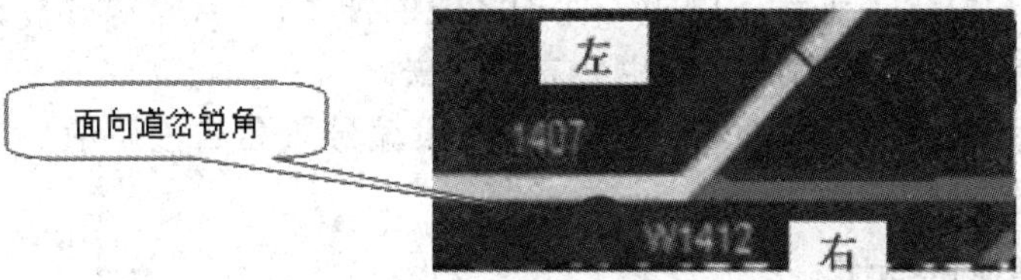

图 4-23　道岔开通左位

(3) 道岔短闪及长闪故障的显示：道岔短闪即表示道岔转不到位，指的是道岔在转换后，并没有位置信息反馈。联锁系统不能监测到道岔现场实际开通位置、尖轨是否密贴的情况。道岔长闪即表示道岔挤岔显示，表示道岔不在转换过程中，突然失去位置表示。联锁系统不能监测到道岔现场实际开通位置、尖轨是否密贴的情况。

若道岔发生短闪或长闪故障，则该道岔不能被进路征用为进路道岔、侧防道岔和保护区段道岔。若道岔故障是发生在进路排列好后，则进路会因为联锁条件不能维持而降到相应的监控层或非监控层，但道岔仍处在进路锁闭的征用状态(编号被框框住)。

道岔短闪可分为道岔左位转不到位和右位转不到位两种情况。道岔左位转不到位如图 4-24 所示，“道岔左位”部分闪烁，道岔其余各部分显示稳定，则表示为道岔左位转不到。在选择框包围的道岔腿部一半在闪烁，则可判定为道岔短闪。

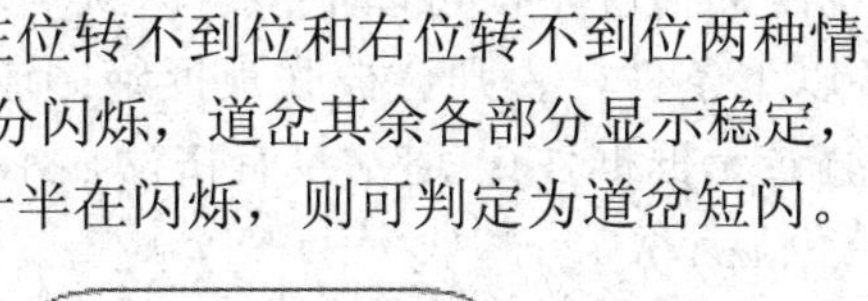

图 4-24　道岔左位转不到位

道岔右位转不到位如图 4-25 所示，“道岔右位”部分闪烁，道岔其余各部分显示稳定，则表示为道岔右位转不到。在选择框包围的道岔腿部一半在闪烁，则可判定为道岔短闪。

若“道岔左位”“道岔左位延伸”“道岔右位”“道岔右位延伸”四部分同时闪烁，道岔其余部分显示稳定，则表示为道岔挤岔。在选择框包围的道岔腿部均在闪烁，则可判定为道岔长闪，如图 4-26 所示。

图 4-25　道岔右位转不到位

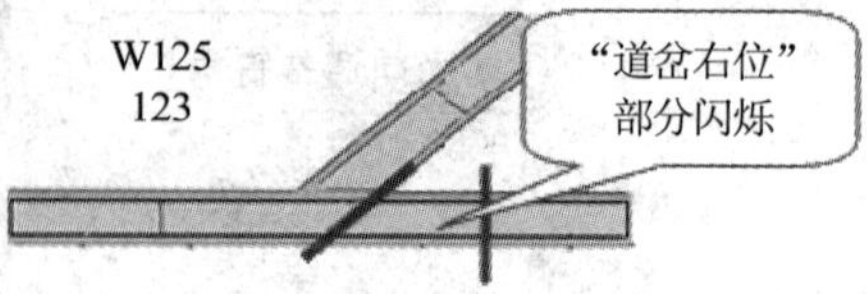

图 4-26　道岔长闪

2) 道岔编号及道岔轨道编号在 LOW 上的显示

(1) 道岔编号：白色表示正常、无锁定；红色表示道岔被单独锁定，不能通过 LOW 的任何操作转动该道岔。

(2) 道岔编号框：道岔被进路锁闭的标记。当道岔被进路征用的时候该道岔的编号会被道岔的编号框框住(含主进路、侧防、保护区段的征用)。当道岔没有被征用的时候道岔编号框不显示，当进路解锁后编号框也会立即消失。

(3) 轨道区段编号：在道岔区段中，轨道区段编号只会灰色显示，道岔区段是一个带道岔的特殊轨道区段。

2. LOW 对道岔的操作

1) 单独锁定、取消锁定命令的功能

(1) 单独锁定：锁定该道岔(电子锁定)，阻止该道岔通过电操作转换。执行该命令成功之后，道岔的编号会变为红色显示，对该道岔执行转换道岔、强行转岔、挤岔恢复等命令无效，且不能通过该道岔排列需要改变其原开通方向的进路。

(2) 取消独锁：取消对该道岔的(电子)锁定，道岔可通过执行转换道岔命令自由转动。该命令对处于单独锁定状态的道岔有效，执行该命令成功之后，道岔编号会变为白色。

2) 转换道岔、强行转岔、挤岔恢复命令的功能

(1) 转换道岔：在道岔空闲的情况下，可以把该道岔从一个位置转换到另一个位置。执行该命令前道岔必须具备以下条件，否则会被联锁拒绝：道岔无单独锁定(编号显示白色)；道岔没有被进路征用(编号无框框住)；道岔没有挤岔显示(可以有转不到位显示)；道岔处于空闲状态(道岔岔体黄色显示)。

(2) 强行转岔：在道岔占用的情况下，可以强行把该道岔从一个位置转换到另外一个位置。执行该命令前道岔必须具备以下条件，否则会被联锁拒绝：道岔无单独锁定；道岔没有被进路征用；道岔没有挤岔显示；道岔处于占用状态。

(3) 挤岔恢复：可以取消挤岔逻辑标记，并且道岔转换一个位置。执行该命令前道岔必须具备以下条件，否则会被联锁拒绝：道岔无单独锁定；道岔没有被进路征用；道岔有挤岔显示。

3) 封锁道岔、解封道岔、计轴预复位、设置限速区、取消限速区命令的功能

道岔区段作为一个特殊的轨道区段，它拥有区段的所有命令，而且其操作方式、显示方式和功能均和区段对应的命令一致(被封锁的道岔可以正常转换)。

六、LOW 对信号机的操作

信号机是指挥列车运行的设备，它会自动根据进路不同的联锁条件给出一个指挥信号。地面信号机由绿灯、黄灯、红灯三种颜色的信号灯组成。“主信号”表示绿灯或黄灯；“信号机关闭”表示信号机在红灯状态。

地面信号机各灯位显示的含义是：红灯表示禁止越过；绿灯表示开通直股，允许越过；黄灯表示进路道岔中至少一个开通弯股，允许越过；黄灯+红灯表示引导信号，允许越过；灭灯表示信号机没有显示，列车运行处于移动闭塞有效状态。列车根据车载信号显示行车。

1. 信号机在 LOW 上的显示

LOW 一般将信号机分为机脚、机柱、灯头三个部分，用不同的颜色显示和状态显示来表示信号机的状态，分别如图 4-27 和图 4-28 所示。

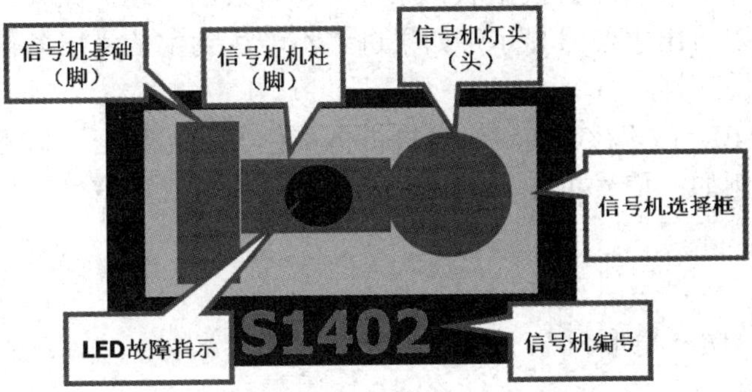

图 4-27 信号机显示元素

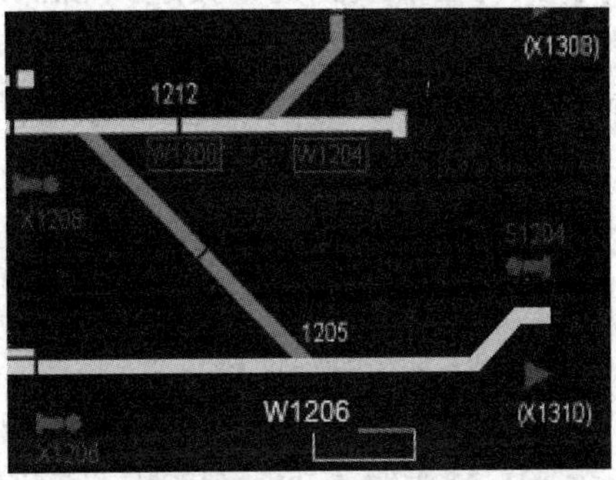

图 4-28 信号机在 LOW 上的显示

1) 信号机编号

(1) 颜色。红色：处于人工排列进路状态；绿色：处于自动排列进路状态；黄色：处于追踪进路状态。

(2) 状态。稳定：正常；闪烁：信号机 LED 故障。如果信号机红灯为灭灯故障，则信号机机柱及信号机灯头同时闪烁。

2) 机脚的显示

信号机机脚可以显示出信号处于监控层还是非监控层。信号机与进路是联锁的互相制约关系，只有该信号机防护的进路建立了相应的监控级别状态后，该信号机才能开放。进路是否能符合信号显示的条件则在于信号机的机脚反应。

(1) 颜色。绿色：主信号控制层(处于监控层：在进路状态)，表示可开放主信号，主信号可自动开放。深绿色：移动闭塞控制层(处于监控层：在进路状态)。装备列车可直接凭车载信号越过，对于非装备列车可开放引导信号允许越过。黄色：引导信号控制层(处于监控层：在进路状态)，表示可开放引导信号。红色：非监控层(无进路状态或进路未建立)，

表示不可开放信号。

(2) 状态。稳定：正常；闪烁：在延时中，进路延时取消，进路延时建立或保护区段延时解锁。

3) 信号机机柱

信号机机柱用以记录信号机的开放及关闭情况。

(1) 颜色。绿色：信号机开放，且开放主信号；黄色：信号机开放引导信号；红色；信号机关闭，且未开放过；蓝色：信号机关闭，但曾经开放过。

(2) 状态。稳定：正常；闪烁：LED 故障(红闪)，如图 4-29 所示。

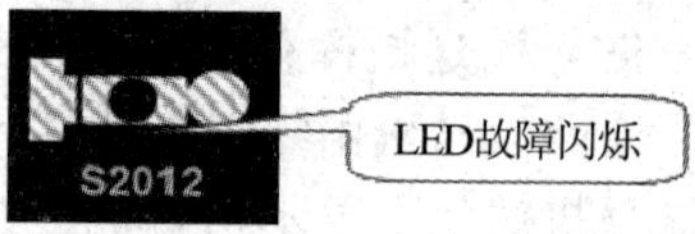

图 4-29　LED 故障闪烁

4) 信号机灯头

信号机灯头可以用来显示信号机主信号显示处于开放还是关闭状态。

(1) 颜色。绿色：信号机处于开放主信号状态；红色：信号机主信号处于关闭状态；蓝色：信号机主信号处于关闭状态，且被封锁(但可以开放引导信号)。信号机灯头打叉：信号机灭灯(移动闭塞模式，无非装备列车接近)。在 CTC 控制级别下，现场信号机常态灭灯，只有在非装备列车接近约 800 m 时信号机才会根据联锁条件给出有效的显示。如果进路可以满足主信号层的条件时，则可以给出主信号显示；如果进路不能达到主信号层条件时，则会给出红灯显示(含移动闭塞层、引导层)。

(2) 状态。稳定：正常；闪烁：LED 故障(红闪)。信号机机体灰色表示无数据。信号机在 LOW 上的显示从脚柱头表示，例如：信号机在 LOW 上显示黄蓝红，代表信号机灯脚为黄色、灯柱为蓝色、灯头为红色。

5) 替代信号机标识

(1) 替代信号机标识的主体为红色横三角形。

(2) 替代信号机标识的编号为白色。

注意：在 LOW 上设置替代信号机标识，只是为了排列跨设备站站场图的进路而设置的，并不反映实际信号机的开放及关闭状态，不具备信号机操作的命令。

6) CTC 控制级别下的信号显示

在 CTC 控制级别下，信号机常态显示灭灯，只有在非装备列车接近始端信号机约 800 m 时信号机才会给出有效的显示。CTC 控制级别下的信号显示含义如下：

(1) 红红红(打叉)：处于非监控层，现场信号机灭灯。

(2) 深绿红红(打叉)：处于移动闭塞层，信号机关闭，现场信号灭灯。

(3) 深绿绿绿(打叉)：处于移动闭塞层，允许装备列车通过，现场信号机灭灯。

(4) 深绿红蓝(打叉)：处于移动闭塞层，信号机被封锁，现场信号机灭灯。

(5) 红红蓝(打叉)：处于非监控层，在关闭状态且被封锁，现场信号机灭灯。

2. LOW 对信号机的操作

1) 关单信号、开放信号、封锁信号、解封信号、开放引导命令的功能

(1) 关单信号：在信号机处于开放状态的情况下，关闭信号显示(含引导信号)。

(2) 开放信号：在信号机达到主信号层、信号处于关闭状态、信号没有被封锁且信号机正常的情况下，可把信号机设置为开放状态。

(3) 封锁信号：把信号机关闭并封锁。封锁的信号机灯头显示蓝色，不能开放主信号，且在人工解封后，即使在信号没有开放过的情况下，信号都不会自动开放，只可以人工再次开放信号，可以通过被封锁的信号机排列进路和开放引导信号。

(4) 解封信号：取消信号机的封锁状态，允许开放主信号。

(5) 开放引导：开放引导信号的显示(黄灯+红灯)。

执行“开放引导”命令需要具备以下条件：引导层的条件已满足(含移动闭塞层、主信号层)；信号未开放；列车已占用始端信号机的接近区段(接近区段：始端信号机前方的轨道区段)；始端信号机红灯和黄灯正常。

当满足以上四个条件时，可人工开放引导信号。

注意： 当引导信号开放后，列车只能以 RM 或 URM 模式通过本次进路。若列车在信号开放 30 s 后未能越过信号机占用进路的第一个区段，则信号将自动关闭。

2) 自排单开、自排单关、追踪单开、追踪单关命令的功能

(1) 自排单开：开启单个信号机的自排功能。信号机编号显示绿色，根据目的地码排列进路。

(2) 自排单关：关闭单个信号机的自排功能。信号机编号显示红色，变为人工排列进路状态。

(3) 追踪单开：开启单个信号机的追踪功能。信号机编号显示黄色，自动排列预设进路。

(4) 追踪单关：关闭单个信号机的追踪功能。信号机编号显示红色，变为人工排列进路状态。

七、LOW 对车次号框的操作

1. 车次号在 LOW 上的显示

车次号框的组成如图 4-30 所示，前面的箭头表示列车运行方向，前三位(1～3 位)数字表示目的地号，中间三位(4～6 位)表示列车服务号，后两位(7、8 位)表示序列号。

图 4-30　车次号框的组成

在时刻表功能能实现的时候，列车号可以显示于 LOW 上的轨道图下的框中。根据当前偏差，车次号的背景颜色有 5 级变化。不同的颜色显示偏差的状态，如图 4-31 所示，蓝色和绿色表示提前，黄色表示准时，粉红色和红色表示延误。

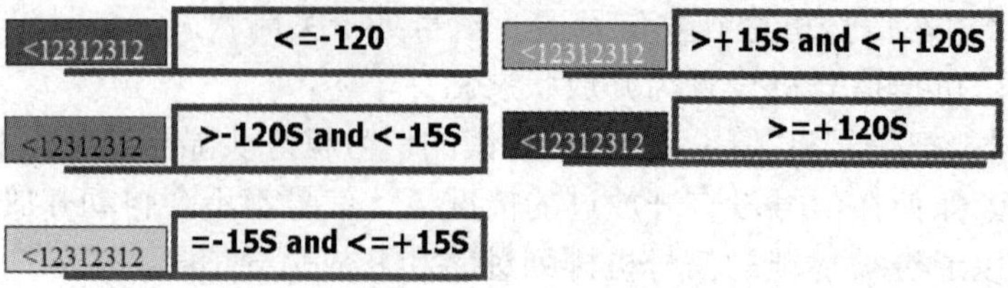

图 4-31　车次号背景颜色

2. LOW 对车次号框的操作

1) 插入车次号

插入车次号如图 4-32 所示，指在没有车次号的车次号框输入车次号，不能输入已经存在的车次号。步骤如下：

(1) 选择列车车次号显示字段，命令区显示命令，点击“插入”按钮。

(2) 从车次号组合框选择需要的车次号。如果没有需要的车次号，操作员可人工输入它。

(3) 点击“执行”按钮实行操作。

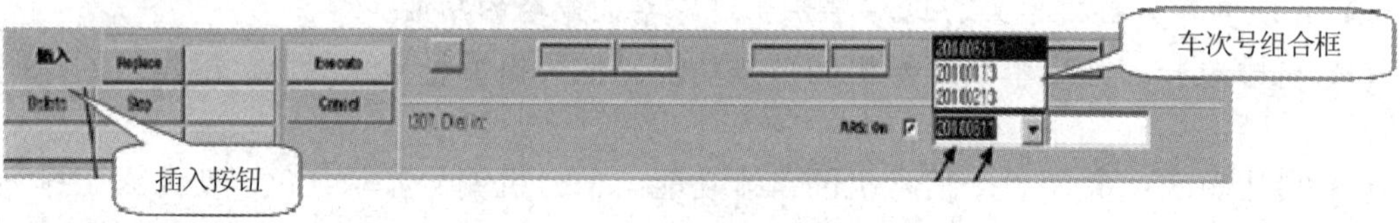

图 4-32　插入车次号

2) 替换车次号

替换车次号指修改一个已经存在的车次号，不能输入已经存在的车次号。步骤如下：

(1) 选择带有一个车次号的显示框。如果有不止一个车次号，那么从车次号组合框中选择列车车次号。

(2) 单击“替换”按钮，接着车次号组合框将出现。

(3) 从组合框中选择想要替代的车次号。如果没有想要的车次号，操作员可人工输入它。

(4) 单击“执行”按钮。

3) 删除车次号

删除车次号指清除一个车次号框记录的车次号。具体步骤如下：

(1) 选择列车车次号显示字段，接着命令字段将显示命令按钮。

(2) 从车次号组合框中选择想要删除的列车车次号。

(3) 单击“删除”按钮，接着车次号组合框将出现。

(4) 然后单击“执行”按钮。

4) 步进车次号

步进车次号指当列车已经运动到下区段，但车次号依然遗留在上一区段的时候，操作此命令可以令车次号向前运动一个区段。步骤如下：

(1) 选择列车车次号显示字段输入想要步进到车次号组合框中的车次号。

(2) 单击“步进”按钮。

(3) 然后单击“执行“按钮。

八、LOW 对车站的操作

1. 车站及其周边元素在 LOW 上的显示

1) 紧急停车标记

当在 IBP 盘或站台按压了紧急停车按钮时，LOW 上相应的站台区段会出现一个红色闪烁的小蘑菇，表示紧急停车生效，如图 4-33 所示。

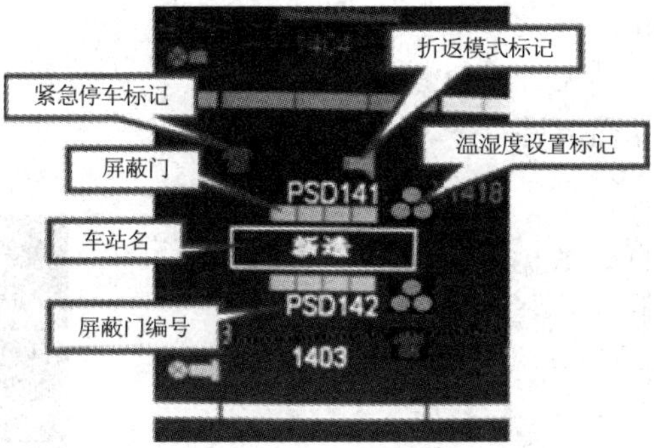

图 4-33　紧急停车标记

2) 温湿度设置标记

(1) 只有地面站的两侧或与地面线路相邻的车站靠近地面线路一侧的虚拟区段可以进行温湿度设置。

(2) 进行了温湿度设置后，CTC 列车会根据此参数进行速度调整。

(3) 点选相应的虚拟区段调出命令菜单，按照行调要求设置。

(4) 温湿度设置标记的显示含义：灰色表示 TGMT 数据无效，天蓝色表示已设置，黑色表示无设置。

温湿度设置分别如图 4-34 和图 4-35 所示。

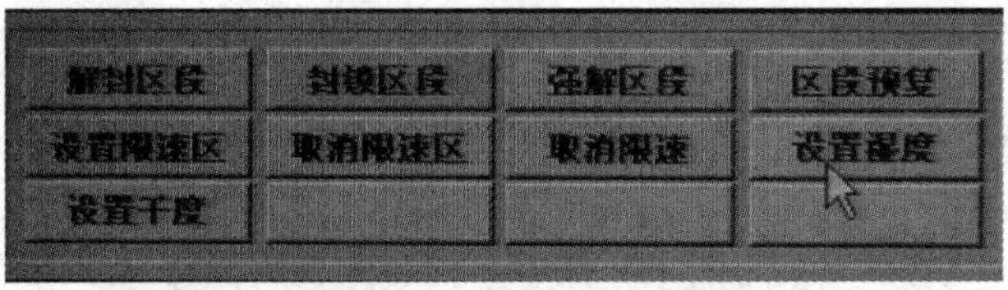

图 4-34　设置湿度

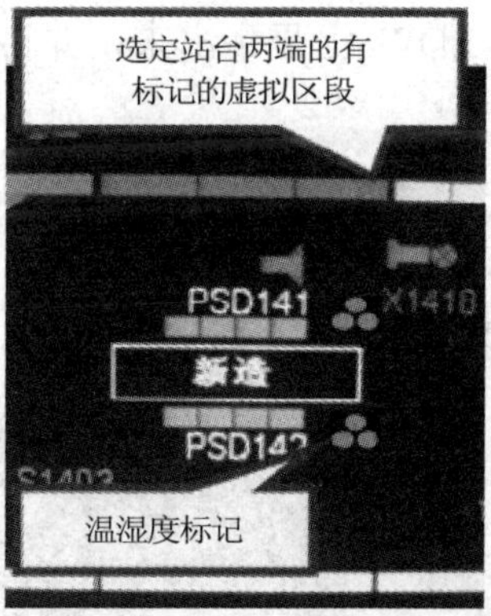

图 4-35　温湿度标记

3) 折返模式标记

只有设计上有自动折返的车站才会有该项操作，该设置命令在对应的站台虚拟区段调出。绿色代表 TGMT 有效；蓝色代表 TGMT 有效，已设置无人折返。

2. LOW 对车站的操作

关站信号：关闭并封锁车站所属的所有信号机。

九、屏蔽门在 LOW 上的显示

1. 屏蔽门两端颜色

(1) 灰色：TGMT 无有效数据，列车会站外停车。

(2) 红色：无允许开放，且无开启互锁解除。

(3) 绿色：允许开放，且无开启互锁解除。

(4) 红色闪烁：打开互锁解除。

2. 中间颜色

(1) 灰色：TGMT 无有效数据，列车会站外停车。

(2) 红色：屏蔽门关上。

(3) 黑色：屏蔽门打开。

3. 站台名称

(1) 灰色：联锁输入数据无效。

(2) 红色：请求关门。

(3) 绿色：请求开门。

(4) 白色：既无请求关门也无请求开门。

(5) 红色闪烁：联锁输入数据受干扰。

屏蔽门在 LOW 上的显示如图 4-36 所示。

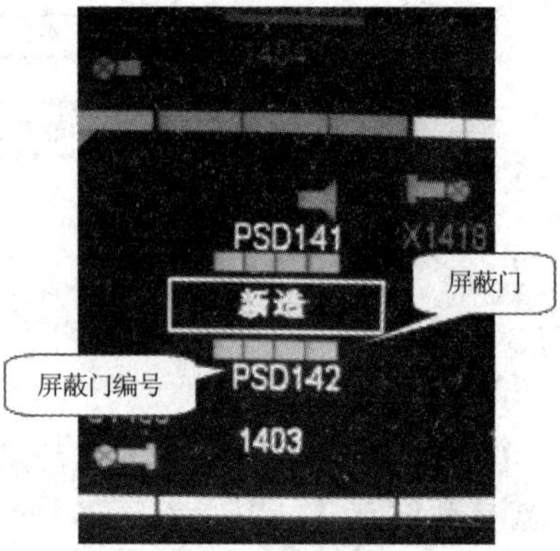

图 4-36　屏蔽门在 LOW 上的显示

十、防淹门在 LOW 上的显示

关于防淹门，信号系统在 LOW 上并没有提供对其进行操作的命令，只是把它的状态在 LOW 上显示出来，并将相关联锁信息(如：允许关门和不允许关门)传递给防淹门设备系统。

1. 防淹门在 LOW 上的显示

防淹门在 LOW 上的显示分别如图 4-37 和图 4-38 所示。其中：1 表示墙；2 表示门关；3 表示门开；4 表示标号。

图 4-37　防淹门在 LOW 上的显示

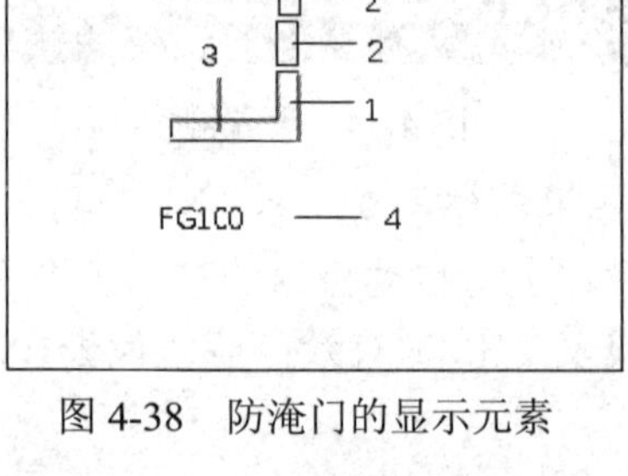

图 4-38　防淹门的显示元素

1) 墙的显示

灰色：无数据。

棕色：有数据。

2) 门关的显示含义

灰色：无数据。

红色：未打开。

黑色：打开。

黄色(闪烁)：请求关门。

红色(闪烁)：确认关门。

3) 门开的显示含义

灰色：无数据。

黑色：未打开。

绿色：打开。

4) 标号的显示含义

白色：无故障。

白色(闪烁)：有故障。

2. 关门请求

当联锁系统接收到(操作员的)“关门请求”信号时，联锁系统会立即关闭并封锁通过其设计区段的进路的信号机。

1) “允许关闭”信号的发出条件

(1) 当未排列通过防淹门的进路且所有设计的轨道区段无列车占用时。

(2) 在已排列通过防淹门的进路中所有设计的轨道区段无列车占用、进路的接近区段无列车占用、防淹门在进路的保护区段中及保护区段的接近区段无列车占用或保护区段还未开始延时解锁时。

(3) 进路的接近区段有列车占用、防淹门在进路的保护区段中及保护区段的接近区段有列车占用或保护区段已开始延时解锁时，同时在延时 30 s 后列车仍没有越过防护信号机占用进路的区段时。

2) “不允许关闭”信号的发出条件

在已排列通过防淹门的进路中所有设计的轨道区段中，只要有一个以上的区段出现列车占用现象或接近区段的列车在联锁系统延时 30 s 期间越过了防护信号机占用了进路的区段，就发出“不允许关闭”信号。

注意：“所有设计的轨道区段”通常是指从一端防淹门的防护信号机前方第一区段至另一端防淹门所在区段的下一区段为止。

十一、IBP 盘对信号系统的操作

主控系统实现对车站设备的集中控制，IBP 盘可以对信号系统发出紧急停车和扣车的指令，如图 4-39 所示。

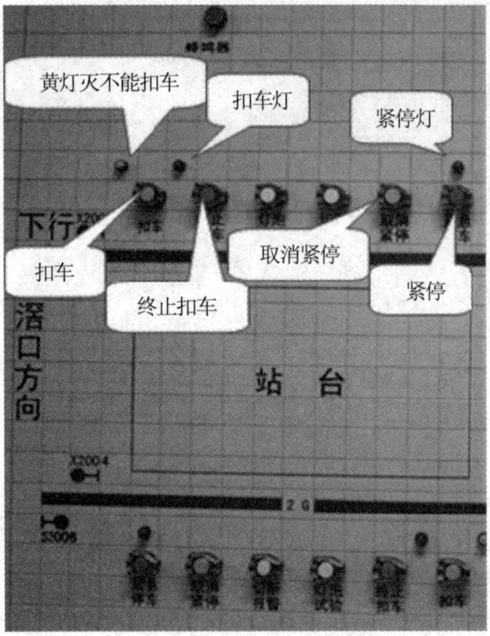

图 4-39 IBP 盘上的紧急停车按钮

1. 紧急停车功能

1) 紧急停车的操作

(1) 操作紧急停车按钮后对列车有效的前提条件：列车处在 CTC 控制级别，并受连续式 ATP 保护。

(2) 紧急停车有效的区段范围：相应的站台区段。

(3) 紧急停车功能的激活：按压站台的紧急停车箱里的按钮或 IBP 盘上的紧急停车按钮，来激活紧急停车功能。

(4) 在 IBP 盘上对紧急停车的操作步骤：

① 在 IBP 盘上按压相应的紧急停车按钮。

② IBP 盘上相应的紧急停车指示灯亮红灯，并发出电铃报警声音，同时在 LOW 上相应的站台区段出现红色蘑菇闪烁。

③ 进站进路及出站进路的进路防护信号机会关闭。

④ CTC 车在相应的保护范围内因 ATP 作用停车。

⑤ 执行切除报警操作，按压相应的切除报警按钮，消除报警声音。

2) ATP 对紧急停车按钮状态的监控

对于 ITC 车，当列车头部已经越过进站进路的防护信号机时，列车运行不受影响。当列车停在车站时，速度码不能释放，列车不能动车。当列车离站，车头已越过出站进路的防护信号机时，列车运行不受影响。

对于 CTC 车，列车正在进站时，停车点将前移至站台区段前 100 m。若已经越过此停车点，列车则产生紧急制动。列车在站台时，速度码不能释放，列车不能动车。列车离站时，若列车尾部已经出清站台区段则运行不受影响，若列车尾部未出清站台区段则会产生紧急制动。

3) 在 IBP 盘上切除紧急停车功能的操作步骤

(1) 在 IBP 盘上按压相应的取消紧急停车按钮。

(2) IBP 盘上相应的紧急停车指示灯灭，并发出电铃报警声音，同时在 LOW 上相应的站台区段的红色蘑菇消失。

(3) 执行切除报警操作，并按压相应的切除报警按钮，消除报警声音。

(4) 信号机可以重新点亮，CTC 车的速度码可以释放。

2. 扣车功能

1) 在 IBP 盘上进行扣车的操作

操作扣车按钮后对列车有效的前提条件：ATS 系统正常，列车以 SM、ATO 及 AR 模式下驾驶；IBP 盘上黄灯亮(黄灯灭不能扣车)。扣车的有效区段：站台区段。

“扣车”操作的步骤及现象：在 IBP 盘上按压相应的“扣车”按钮，此时在 IBP 盘上相应的扣车指示灯红灯闪烁(注意：如果是 OCC 扣车，IBP 盘上相应的扣车指示灯为稳定红灯)，同时在 LOW 上发生 B 类报警，记录了对应的站台区段的扣车提示内容，并发出报警声音。

2) 在 IBP 盘上对扣车进行“放行”的操作步骤

(1) 在 IBP 盘上按压相应的“终止扣车”按钮，在 IBP 盘上相应的扣车指示灯灭。

(2) 按压相应的“扣车”按钮一次(复位)。

(3) 按压相应的“终止扣车”按钮一次(复位)。

(4) 在 LOW 上对应的 B 类报警的第三栏有“扣车恢复”的提示信息。

任务四　西门子 ATS 子系统的检修

【项目描述】

(1) 掌握西门子 ATS 系统服务器的检修周期、内容及工艺标准。

(2) 熟悉 LOW、FALKO、车辆段工作站的检修周期、内容及工艺标准。

(3) 了解 TRC、FEP 的检修周期、内容及工艺标准。

【知识准备】

一、服务器的检修

1. 服务器的检修周期与工作内容

服务器的检修周期与工作内容如表 4-3 所示。

表 4-3 服务器的检修周期与工作内容

修程	检修工作内容	周期
日常保养	检查设备运行状态	每日
	访问用户	
二级保养	清洁设备外部	每月
	检查显示器显示是否正常	
	检查音箱是否正常工作	
	检查键盘、鼠标是否正常	
	检查散热风扇是否正常	
	检查电源	
	整理硬盘和检查运行参数(如遇软件升级后应在检修时进行备份)	
小修	紧固各部件螺丝	每年
	进行系统级备份(指 OCC 和车厂的 HMI 等工作站)	
	清洁设备部件级主机内部	
中修	更换硬盘	每五年
大修	更换系统	根据系统生命周期而定

2. 服务器检修工艺标准

服务器检修工艺标准如表 4-4 所示。

表 4-4 服务器检修工艺标准

修程	周期	维修内容	维修方法	维修标准
日常保养	每日	检查运行状态	操作员在日常使用过程中记录设备的异常现象	了解设备状态，以便及时排除硬件故障或更换软件
		访问用户	记录设备的异常现象	详细记录设备的异常现象
二级保养	每月	清洁设备外部	用屏幕清洁剂清洁显示屏、键盘、鼠标表面	设备表面洁净，无灰尘
		检查显示器显示是否正常	观察显示器的图像显示效果	显示图像清晰、色彩鲜艳、明暗度对比度适中
		检查音箱是否正常工作	检查音箱发音	音箱发音清晰、无噪音、音量适中
		检查键盘、鼠标是否正常	检查键盘的指示灯和按键，以及检查鼠标按键	键盘上的 LED 指示灯显示正常，所有按键的功能正常，鼠标的移动及按键的功能正常
		检查散热风扇是否正常	检查风扇转动是否正常	风扇转动时没有噪音，保持一定风量以起到散热作用

续表

修程	周期	维修内容	维修方法	维修标准
二级保养	每月	检查电源	检查电源插座	插座紧固
		整理 HMI 硬盘和检查运行参数(如遇软件升级后应在检修时进行备份)	删除无用的文件和图片，如日常的归档数据采用存储介质进行归档后删除	保证硬盘有足够空间运行程序
		进行时刻表数据备份	将时刻表数据复制到其他工作站或存储介质	保证时刻表数据安全
小修	每年	检查插接件是否牢固	紧固各部件螺丝	插接板插接牢固且密贴性良好；各接口的螺丝应紧固，连接线应连接牢固、无断线、无接触不良；表皮无破损
		进行系统级备份(指 OCC 和车厂的 HMI 等工作站)	采用存储介质进行备份	保证复制必须有明确的日期，简短说明和格式，方便日后数据恢复
		清洁设备部件级主机内部(注意：车厂 HMI 每半年一次)	采用吸尘器清洁主板、内存条、处理器等部件	设备内部洁净，无灰尘
中修	每年	更换硬盘	按操作程序更换硬盘	启动正常
大修	根据系统生命周期而定	更换系统	按技术发展要求及新系统设计更换系统	性能不低于原设计标准

二、LOW、FALKO、车辆段工作站检修

1. LOW、FALKO、车辆段工作站检修周期与工作内容

LOW、FALKO、车辆段工作站检修周期与工作内容如表 4-5 所示。

表 4-5 LOW、FALKO、车辆段工作站检修周期与工作内容

修程	检修工作内容	周期
日常保养	访问用户	每周(LOW、FALKO 为每日)
	检查设备运行状态	
二级保养	清洁设备表面	每月
	检查主机外设插接件是否紧固	
	检查键盘及鼠标功能	
	检查显示器	
	检查打印机	

续表

修程	检修工作内容	周期
二级保养	检查音响功能	每月
	检查散热风扇是否正常	
	检查电源及光缆(特别是地板下电源)	
	检查主机	
小修	清洁设备内部板件	每年
	紧固设备内部部件	
	检查系统数据安全	
	进行系统数据、用户密码备份及更新	
	测试功能	
中修	更换 BIOS 电池	每三年
	更换硬盘	每五年
	更换 CPU 散热风扇	必要时
	对整机部件性能老化度进行评估，根据评估结果更换老化部件	必要时
大修	更换系统	根据系统生命周期而定

2. LOW、FALKO、车辆段工作站检修工艺标准

LOW、FALKO、车辆段工作站检修工艺标准如表 4-6 所示。

表 4-6 LOW、FALKO、车辆段工作站检修工艺标准

修程	周期	维修内容	维修方法	维修标准
日常保养	每日	访问用户	访问操作员日常使用设备情况，详细记录异常现象	了解设备状态，以便及时排除故障
		检查设备运行状态	检查计算机状态	电源指示灯处于稳定亮状态，显示器显示正常，鼠标及键盘各键的使用正常
二级保养	每月	清洁设备表面	用屏幕清洁剂清洁显示屏、键盘、鼠标表面；用抹布清洁主机，主机进、出风口；将各类线归整、清洁，设备摆放稳固	设备表面、台面干净，无灰尘；各类线整洁，设备摆放稳固
		检查插接件是否牢固	紧固部件螺丝	各接口的螺丝应紧固；连接线应连接牢固，无断线、无接触不良；表皮无破损

续表

修程	周期	维修内容	维修方法	维修标准
二级保养	每月	检查键盘及鼠标功能是否正常	检查键盘及鼠标	键盘上各键及 LED 指示灯的功能正常，鼠标的移动灵活及各键的功能正常
		检查显示器	观察显示器的图像显示效果及调整功能	显示图像清晰、色彩鲜艳、明暗度对比度适中，显示窗口大小合适、方正，调整功能正常
		检查散热风扇是否正常	检查风扇转动情况	风扇转动时没有噪音，保持一定风量以起到散热作用
		检查电源及光缆	检查电源线及光缆，检查其他接线	各接线应连接牢固，无断线、无接触不良；表皮无破损
		进行数据备份	采用光盘备份	将用户数据刻录在光盘上
小修	每年	清洁设备内部部件	关闭显示器及主机电源，清洁内部风扇、键盘内部卫生，清洁主板、内存条、处理器等部件	设备内部干净，无灰尘
		检查插接件是否牢固	紧固设备内部部件	插接板插接牢固且密贴性良好；各接口的螺丝应紧固，连接线应连接牢固，无断线、无接触不良；表皮无破损
		进行功能测试	实现各工作站固有功能	根据相关操作手册，功能实现正常，无异常错误
中修	每三年	更换 BIOS 电池	换下旧的 BIOS 电池	可保存设置
	每五年	更换硬盘	按操作程序更换硬盘	启动正常
		更换 CPU 散热风扇	针对有风扇的 CPU	风扇转速正常
大修	十五年	更换系统(根据系统生命周期而定)	按技术发展要求及新系统设计更换系统	性能不低于原设计标准

三、TRC 与 FEP 检修

1. TRC 与 FEP 检修周期及工作内容

TRC 与 FEP 检修周期及工作内容如表 4-7 所示。

表 4-7 TRC 与 FEP 检修周期及工作内容

修程	检修工作内容	周期	修程	检修工作内容	周期
日常保养	检查设备运行状态	每日	小修	清洁设备主机内部板级	每年
	检查登录			紧固设备内部部件	
	检查设备外表			整理硬盘	
	清洁设备表面	每周		进行功能测试	
二级保养	检查插接件是否牢固	每月		检查系统数据安全	
	清洁过滤棉			更新密码(用户)	
	检查键盘功能			进行系统、用户数据备份	
	检查鼠标功能		中修	进行模块老化测试	每五年
	检查显示器			进行电源模块后台老化测试	
	检查 KVM 工作状态		大修	更换系统	十五年

2. TRC 与 FEP 检修工艺标准

TRC 与 FEP 检修工艺标准如表 4-8 所示。

表 4-8 TRC 与 FEP 检修工艺标准

修程	周期	维修内容	维修方法	维修标准
日常保养	每周	检查设备运行状态	打开显示器及主机与交换机电源，检查电源指示灯、显示器显示；检查同步时间发送器的显示；检查键盘及鼠标；检查风扇转动是否正常	电源指示灯处于稳定亮状态，显示器显示正常；鼠标的移动及键盘各键的使用正常；风扇转动时没有噪音，保持一定风量以起到散热作用；同步时间发送器的显示正常，时间能同步
		检查登录	登录本机；检查文件系统及系统资源；检查各分区使用情况；查阅报警信息、轨道图、系统图显示；注销登录、关闭远程登录窗口	可以成功登录，并在操作日记中有登录记录；检查工作站的程序运行状态、分区情况及硬盘剩余空间；轨道图显示内容正确，记录故障代码及信息；可以成功注销登录，并在操作日记中有登录记录
		检查设备外表	检查设备外表	检查设备外表是否有裂纹、刮花或破损等现象，如果有，应根据损坏程度做出适当的处理
		清洁设备表面	用抹布清洁机柜外部；用屏幕清洁剂清洁显示屏、键盘、鼠标表面；用抹布清洁主机，主机进、出风口，交换机，音箱，音箱电源，打印机和电源插座；将各类线归整、清洁，设备摆放稳固	机柜外部、主机表面干净，无灰尘；各类线整洁，设备摆放稳固

续表一

修程	周期	维修内容	维修方法	维修标准
二级保养	每月	检查插接件是否牢固	紧固部件螺丝	插接板插接牢固且密贴性良好；各接口的螺丝应紧固，连接线应连接牢固，无断线、无接触不良；表皮无破损
		清洁过滤棉	清洁主机前面板过滤棉和机柜防尘过滤棉，更换破损的过滤棉	过滤棉干净，无破损
		检查键盘功能	检查键盘的指示灯和按键	键盘上的 LED 指示灯显示正常，所有按键的功能正常
		检查鼠标功能	检查鼠标按键	鼠标的移动及按键的功能正常
		检查显示器	观察显示器的图像显示效果及调整功能	显示图像清晰、色彩鲜艳、明暗度对比度适中，调整功能正常
		检查 KVM 工作状态(主备)	检查 KVM 指示灯显示及切换功能	指示灯显示正常，切换功能正常
小修	每年	清洁设备主机内部板级	关闭显示器及主机电源，清洁键盘内部卫生，清洁内部风扇，清洁主板、内存条、处理器等部件	设备内部干净，无灰尘
		检查插接件是否牢固	设备内部部件紧固	插接板插接牢固且密贴性良好；各接口的螺丝应紧固，连接线应连接牢固，无断线、无接触不良；表皮无破损
		整理硬盘	删除无用的文件和图片	保证硬盘有足够空间运行程序
		进行功能测试	FEP、TRC 进行功能测试	降级模式下，在 LOW 上输入正确的车次号，LOW 能根据车次号自动排列进路。在只中断 FEP1 或 FEP2 的情况下，车站 ATS 系统与中央 ATS 系统也能正常通信，车站 DTI 与 FEP1 或 FEP2 连接都能正常显示
		检查系统数据安全	扫描系统硬盘，检查系统缺陷	系统扫描和自检均正常
		更新密码(用户)	更新设备用户密码	更改成功
		进行系统、用户数据备份	安装备份硬盘，打开备份软件进行系统、用户数据备份	均可成功备份

续表二

修程	周期	维修内容	维修方法	维修标准
中修	每五年	进行模块老化测试	进行模块老化测试	有条件的情况下进行测试，也可返厂进行测试
		进行电源模块后台老化测试	进行模块老化测试	有条件的情况下进行测试，也可返厂进行测试
大修	十五年	更换系统(根据系统生命周期而定)	按技术发展要求及新系统设计更换系统	性能不低于原设计标准

习　题

1. 控制中心 ATS 子系统主要包括哪些设备？
2. COM 服务器和 ADM 服务器的功能分别是什么？
3. HMI 包括哪些对话框？在 HMI 上可以查看到哪些信息？
4. 简述 FEP 的任务。
5. LOW 操作控制系统提供哪些功能？
6. OC501 系统与 MCOS 系统的区别是什么？OC501 系统与 Urbalis888 系统的区别是什么？
7. 什么消息可能触发一个步进操作？
8. 在“排列进路”命令发送给联锁之前，需检查哪些条件？
9. 简述列车自动调整功能的原理。
10. 在基本运行图/时刻表编制时，能对哪些参数进行设置？
11. 简述西门子 ATS 系统的三种报警状态。
12. 西门子 ATS 系统的接口有哪些？
13. 满足进路主信号层的条件有哪些？
14. 满足进路移动闭塞层的条件有哪些？
15. 排列进路的条件有哪些？如何进行排列进路的操作？
16. 什么是虚拟区段？划分虚拟区段的原则是什么？
17. 画出信号机的显示元素。
18. LOW、FALKO、车辆段工作站二级保养的检修工作内容包括哪些？

项目五　西门子 DCS 子系统

【项目描述】

本项目从中央、轨旁、车载三个方面介绍西门子数据通信(DCS)子系统——Airlink pulz8 的构成、工作原理及检修周期、内容和工艺标准。

任务一　西门子 DCS 子系统的构成及工作原理

【工作任务】

(1) 掌握西门子 Airlink pulz8 中央、轨旁、车载设备的构成。
(2) 理解西门子 Airlink pulz8 中央、轨旁、车载设备的工作原理。

【知识准备】

一、Airlink pulz8 的构成

数据通信子系统 Airlink pulz8 在 TGMT 的轨旁和车载子系统之间提供连续、双向、基于无线电的数据传输，如图 5-1 所示。Airlink pulz8 适合隧道环境和开放空间内以常见速度运行的城市轨道交通列车。

Airlink pulz8 是一套可用性极高的模块化和可扩展系统，为以后延长或增加新线路轨段以及升级到新传输技术或标准提供了可能。模块化设计也反映出面向高等级的可维护性和可升级性的需求。Airlink pulz8 无线电系统提供一个透明数据通道来发送基于 IP 的连续通信，以保证 TGMT 列车控制应用系统在轨道交通系统中的通畅运行。为了保护列车控制数据传输不被操纵，Airlink pulz8 无线电系统提供了加密和防火墙功能。按照 EN 50159-2 绘制的 Airlink pulz8 无线电系统安全视图如图 5-2 所示。

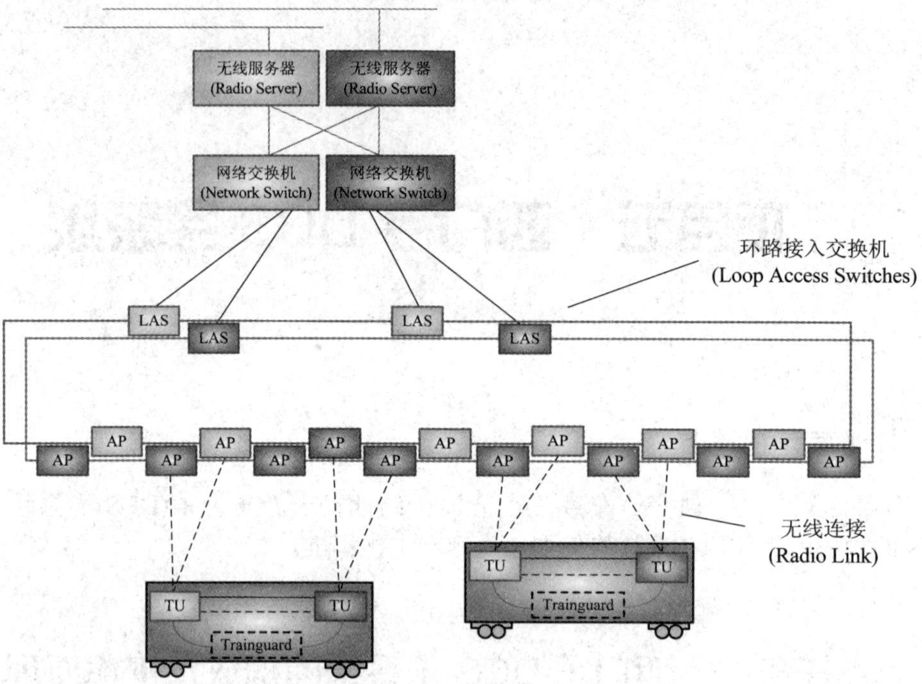

图 5-1　Airlink pulz8 系统构成

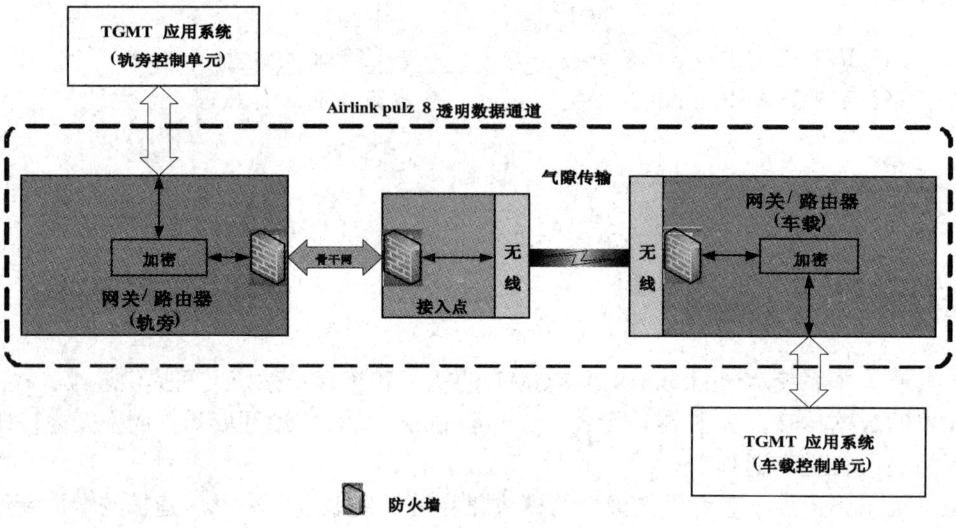

图 5-2　Airlink pulz8 安全视图(适用于 TGMT)

1. 中央设备

Airlink pulz8 中央设备包含下列部件：冗余中央系统路由器(CSR)，如图 5-3 所示；网络管理系统(NMS)，采用了和 CSR 相同的硬件。

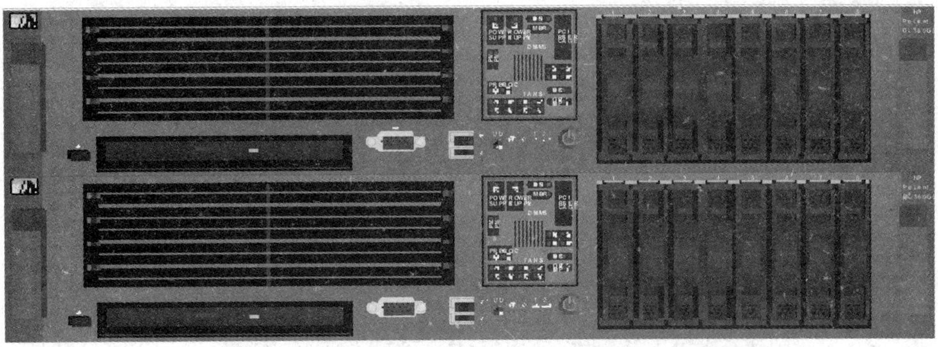

图 5-3　冗余中央系统路由器

2. 轨旁设备

Airlink pulz8 轨旁设备包含下列部件：

(1) 接入点，如图 5-4 所示。

①—TGMT CPU module(CPU主板)；

②—TGMT RS20 Switch(RS20交换机)；

③—Splice box(光缆熔纤盒)；

④—Overvoltage protection(过压保护)；

⑤—Primary power input fuse 220 V(一级电源输入保险丝220 V)；

⑥—Power supply unit(电源单元)；

⑦—Secondary power input fuses(次级电源输入保险丝)；

⑧—CPU module relay(CPU模块继电器)；

⑨—Coaxial lightning surge protectors(同轴雷电冲击防护模块)

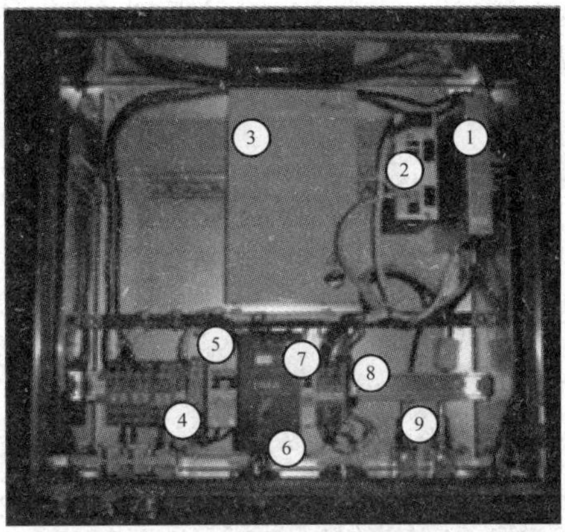

图 5-4　接入点

(2) 轨旁天线，如图 5-5 所示。

(3) 网络交换机，如图 5-6 所示。

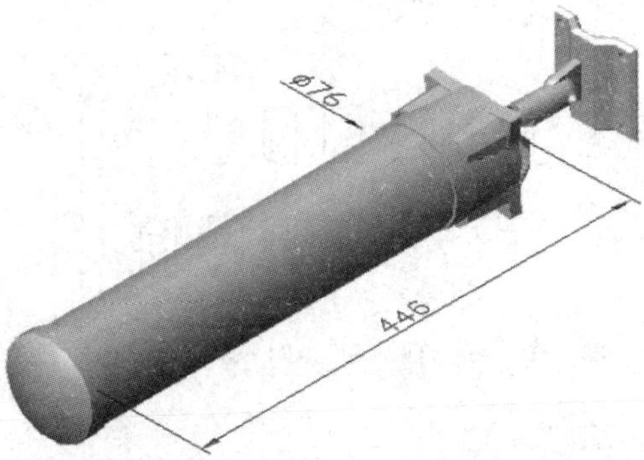

图 5-5　轨旁天线

图 5-6　赫斯曼 RS20 环网交换机

3. 车载设备

车载 TGMT 子系统采用头尾编组，Airlink 列车单元安装在接近头车厢和尾车厢的位置，与 TGMT 子系统相应的车载控制单元和无线天线相邻，如图 5-7 所示。

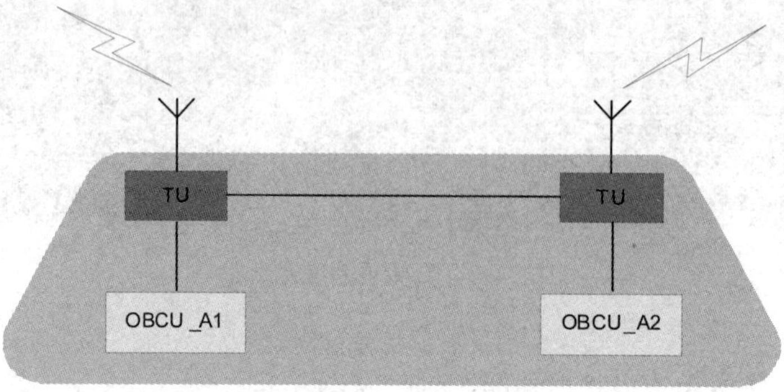

图 5-7　头尾编组中的车载 TGMT 子系统

中间编组中的车载 TGMT 子系统如图 5-8 所示。列车单元被安装在接近头车厢和尾车厢的地方，通过交换机连接 TGMT 系统的列车控制单元。车载天线直接连接每个列车单元。

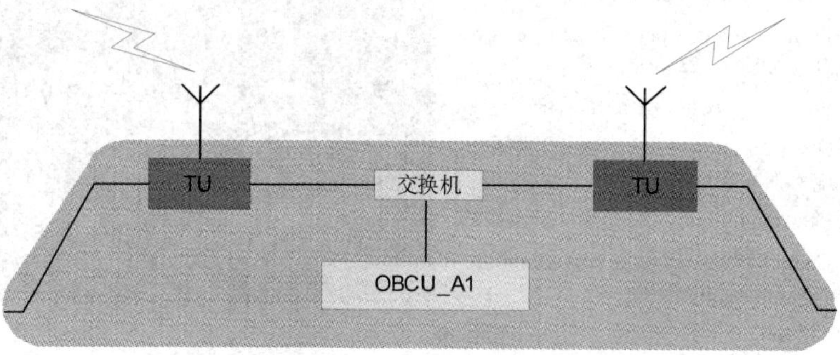

图 5-8　中间编组中的车载 TGMT 子系统

Airlink pulz8 车载设备包含下列部件：

(1) 列车单元(TU)，如图 5-9 所示。

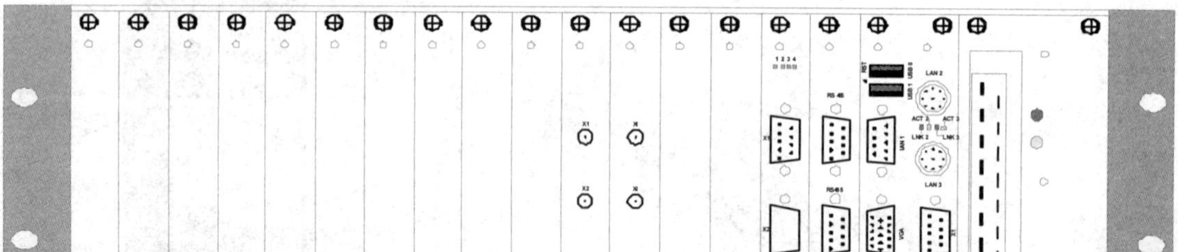

图 5-9　列车单元

(2) 包含无线交换机的 OBCU，如图 5-10 所示。

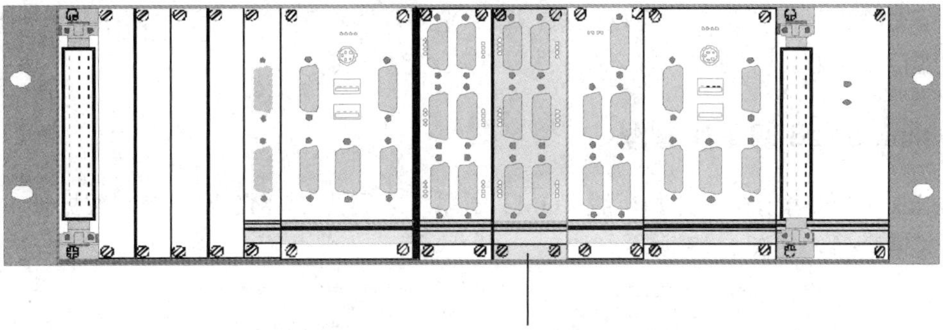

图 5-10　包含无线交换机的 OBCU

(3) 车载天线，如图 5-11 所示。

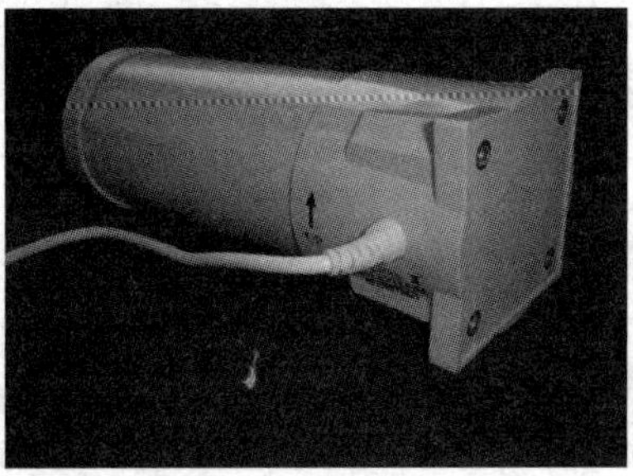

图 5-11　车载天线

4. 无线骨干网

无线骨干网(RB)一般采用环状拓扑结构，如图 5-12 所示。

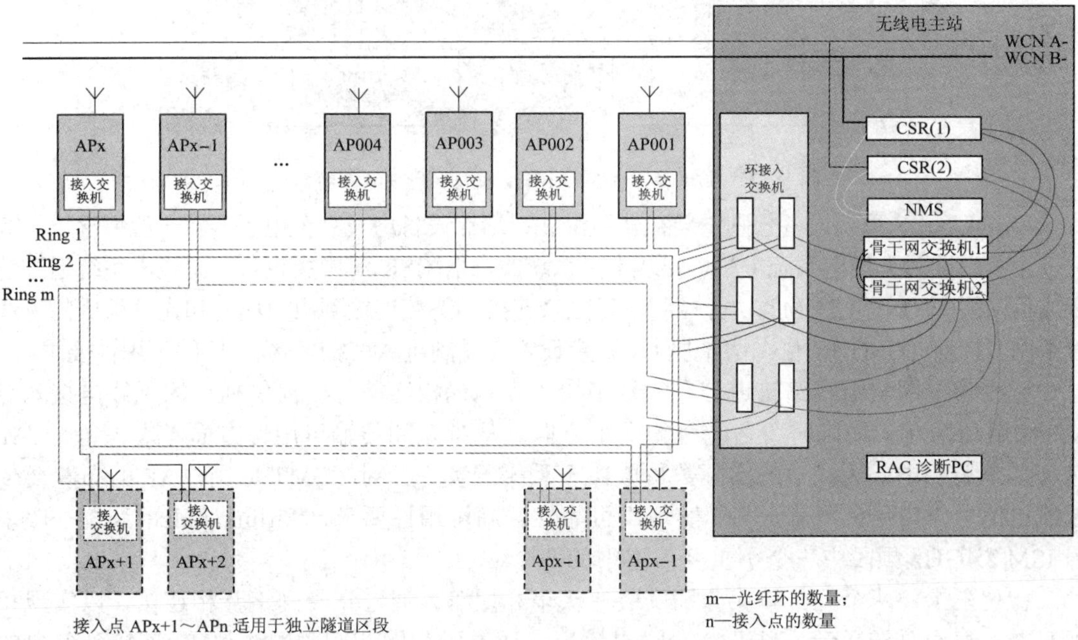

图 5-12　Airlink 无线骨干网的结构理念(环状拓扑)

冗余无线骨干网基于光纤环网结构，每个光纤环网在无线电主站与两个独立的环接入交换机连接在一起，并通过环接入交换机与核心交换机连接。

二、Airlink pulz8 的工作原理

Airlink pulz8 用于在轨旁和车载 TGMT 子系统之间为 TGMT 列车控制数据提供连续、双向的数据交换，如图 5-13 所示。

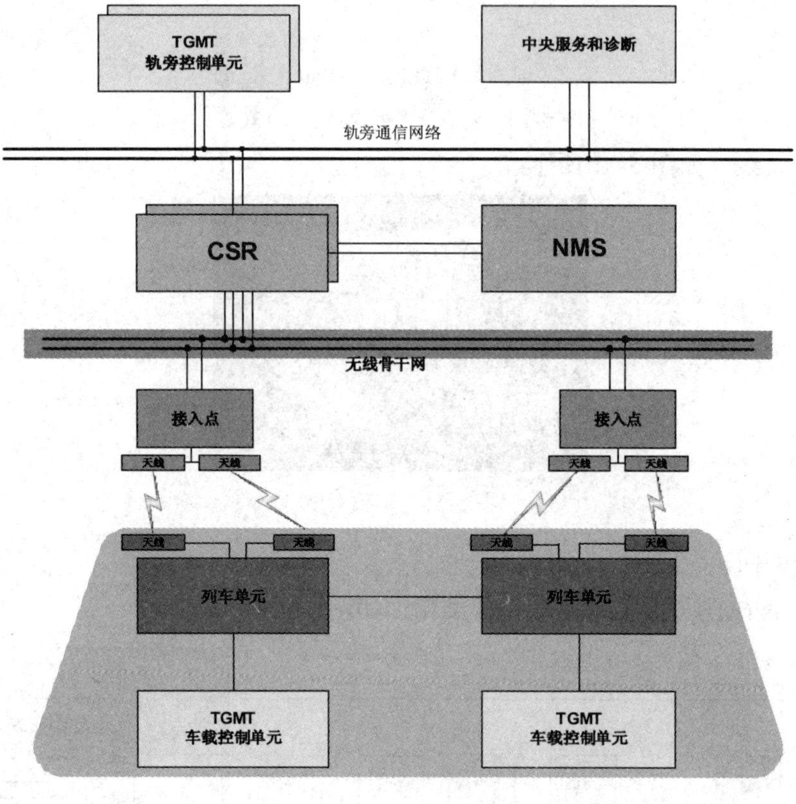

图 5-13　头尾编组中的 Airlink pulz8 无线电系统总览

Airlink pulz8 系统设备分别安装在轨道沿线、站点设备房及列车电子架。一般情况下，其中一个车站选为无线电系统主站，安装中央系统路由器(CSR)等中央设备。无线电系统通过轨旁通信网络(WCN)与 TGMT 轨旁控制单元冗余连接。CSR 连接到由交换机和光纤组成的无线骨干网。针对 TGMT 应用，网络进行了冗余设置，以满足 ATC 子系统严格的可用性要求。

无线骨干网与沿线路轨道分布的众多接入点(AP)相连接，以提供列车的无线电接入。AP 利用高增益天线同时覆盖隧道的两个方向。从带宽和传输可用性方面考虑，每个 AP 包含多个无线电，无线电的实际数量取决于系统配置。针对 TGMT 应用，AP 的布置要使无线电信号(RF)冗余覆盖。为了实现高可靠性、高可用性要求，Airlink pulz8 系统一般采用 ISM 2.4GHz 频段中三个不重叠信道中的两个信道。

在列车上，两个列车单元分别安装在头车和尾车，通过宽带网络互相连接，以实现相互冗余。每个列车单元安装两个无线电模块，通过以太网和互联网协议(IP)连接到各自的应用系统，通过射频电缆连接两根车载天线。

1. 中央设备

1) 中央系统路由器

中央系统路由器(CSR)是 Airlink pulz8 无线电系统的中央接口。TGMT 列车控制系统或公共数据应用系统与 CSR 连接。系统中的数据流均通过 CSR 传输，其功能包括：

(1) 处理所有轨旁到列车的通信连接，把信息从轨旁“传递”到列车；反之亦然，包括所有必要的路由。

(2) 维护系统的安全性和完整性。

(3) 处理软件更新，分配系统中各单元的配置文件。

(4) 提供网络管理系统(NMS)接收系统状况信息的接口。

(5) CSR 是其他 Airlink pulz8 部件管理数据流的网关。

2) 网络管理系统

网络管理系统(NMS)服务器包含 Airlink pulz8 无线电系统部件所用的网络配置数据和系统软件，它有一个用于系统管理的网络接口。Airlink pulz8 所有部件的软件更新和配置变更都通过这台服务器完成。同步后，中央系统路由器将为 Airlink pulz8 的其他部件提供在 NMS 上进行的软件更新和配置变更。

2. 轨旁设备

1) 无线骨干网

无线骨干网 RB 将 CSR 与接入点连接起来，如图 5-14 所示。冗余无线骨干网基于光纤环结构。每个接入点包含一个网络交换机，向接入点提供相关数据包，并在环内传输数据包。

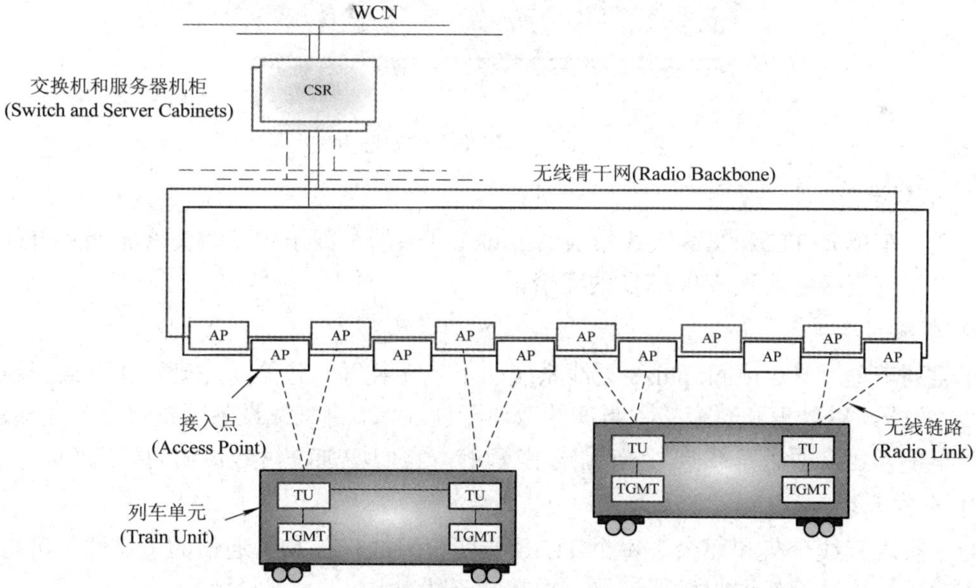

图 5-14　网络设计原理

2) 接入点

接入点负责处理与车载列车单元(TU)的无线通信，在车载设备和中央设备之间提供无线双向通信。接入点包含与轨旁天线相连的无线电收发单元，用于轨道和列车之间的双向无线数据传输。

接入点沿轨道分布，每个接入点根据轨道的具体情况通常相距 250～350 m。通过使用定向高增益天线，实际沿轨道的覆盖面可以达到至少两个接入点的距离，这就实现了无线信号冗余的“双重覆盖”。因此，只要不是轨旁相邻的两个接入点同时失效，就不会对列车控制产生直接影响。

3) 轨旁天线

根据轨道具体情况，每个接入点使用二根或四根定向天线，面朝相反方向，在一个特定距离内提供无线服务，这个特定距离称为覆盖区域。轨旁天线采用的安装方案如图 5-15 所示。

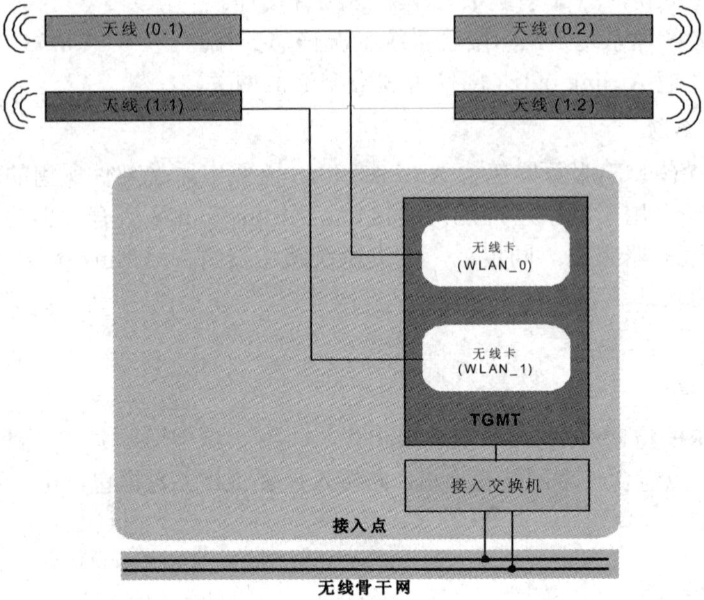

图 5-15　轨旁天线采用的安装方案

3. 车载设备

车载列车单元(TU)和车载天线组成 Airlink pulz8 的车载子系统。头/尾配置的 TU 通过车载网络系统连接，实现头/尾 TU 的冗余。

1) 车载列车单元

车载列车单元是 Airlink pulz8 无线系统的车载端装置，包含了一套连接车载天线的车载无线收发器，以处理和轨旁接入点间的双向无线通信，将车载设备同轨旁设备连接起来。一个列车单元包含两个车载收发器(无线电模块)，它们增强了信号传输的稳定性。

2) 车载天线

为了实现天线分集和冗余，每个 TU 连接两根天线，提高了通信的可靠性与可用性。每个车载单元上的无线电收发器连接一根车载天线。

3) 车载网络

车载网络连接两个车载列车单元和车载控制单元(OBCU)。标准的无线车载网络是为车长 90 m 以内的单辆列车设计的。如果单辆列车的车长超过 90 m，则需增加一个网络中继器。

任务二　西门子 DCS 子系统的检修

【工作任务】

(1) 熟悉西门子 Airlink pulz8 轨旁设备的检修周期、内容及工艺标准。
(2) 熟悉西门子 Airlink pulz8 车载设备的检修周期、内容及工艺标准。

【知识准备】

一、轨旁无线设备检修

1. 轨旁无线设备检修周期与工作内容

轨旁无线设备检修周期与工作内容如表 5-1 所示。

表 5-1　轨旁无线设备检修周期与工作内容

设备	修程	维修工作内容	周期
轨旁无线交换机	日常保养	检查设备运行状态	每日
		检查外观	
		清洁交换机机柜内、外积尘	每周
	二级保养	同日常保养内容	每季
		检查安装装置，紧固螺丝	
		检查地线	每季
		检查接线端子、连接件的紧固情况	
		检查登录情况	
	小修	同二级保养内容	每年
		检查交换机光缆、线缆的状态及整治情况	
	中修	对整机部件性能老化度进行评估，根据评估结果更换老化部件	每五年
	大修	更换系统(根据系统生命周期而定)	十五年
轨旁无线 AP	二级保养	清洁 AP 箱的卫生	每半年
		检查 AP 箱是否紧固	
		检查尾纤插头是否紧固	
		检查 AP 箱线缆及防雷端子	
		测试天线功能	
	中修	对整机部件性能老化度进行评估，根据评估结果更换老化部件	每五年
	大修	更换系统(根据系统生命周期而定)	十五年

续表

设备	修程	维修工作内容	周期
轨旁无线控制器	日常维护	检查外观	每日
		清洁维护设备	每周
	二级保养	同日常保养内容	每季
		紧固部件螺丝	
		检查安装装置，紧固螺丝	
		检查地线	
		紧固连接件	
		检查控制器、PC 等设备的运行状态	
	小修	同二级保养内容	每年
		清洁设备表面	
		清洁设备内部板级	
		清洁过滤棉	
		测试功能	
	中修	更换部件	每两年
		更换部件及测试	每五年
	大修	更换系统(根据系统生命周期而定)	十五年

2. 轨旁无线设备检修工艺标准

轨旁无线设备检修工艺标准如表 5-2 所示。

表 5-2　轨旁无线设备检修工艺标准

设备	修程	周期	维护内容	维护方法	维护标准
轨旁无线交换机	日常保养	每日	检查设备运行状态	检查设备各运行指示灯是否正常	设备运行指示灯正常
			检查外观	检查外表有无损坏、安装是否牢固	牢固可靠，无破损
		每周	紧固交换机	检查设备紧固件是否牢固	设备紧固件牢固
				检查交换机的接头是否紧固	交换机光缆、电缆紧固
				检查交换机机架内光纤终端盒是否牢固	交换机机架内光纤终端盒牢固
				检查地线连接是否牢固	地线连接牢固
	二级保养	每季	检查交换机线缆	同日常保养内容	
				检查机柜标牌是否完整	机柜标牌完整
				检查机柜线缆是否完好，无破损	机柜线缆完好，无破损

续表一

设备	修程	周期	维护内容	维护方法	维护标准
轨旁无线交换机	二级保养	每季	检查交换机线缆	检查交换机机柜内尾纤是否完好，无破损	交换机机柜内尾纤完好，无破损
				检查线缆标识是否完整	线缆标识完整
				检查尾纤插头是否紧固	插头紧固
				用维护 PC 读取信息	能读取信息
				同二级保养内容	
				检查线缆是否老化	线缆完好，无老化现象
			检查登录情况	更换线缆(需要时)	线缆完好，无老化现象
	小修	每年	整治交换机线缆	检查地线固定螺丝是否牢固，必要时重新紧固，检查螺丝是否生锈	各地线螺丝固定，无生锈
				清除地线连接头的污渍和锈渍	地线连接头无污渍和锈渍
				使用 PC 进行内部维护	机箱洁净，并由管理员登录 PC 对系统进行维护
	中修	每五年	对整机部件性能老化度进行评估，根据评估结果更换老化部件	可返厂或按厂家技术说明操作	按厂家技术说明操作或返厂
	大修	十五年	更换系统(根据系统生命周期而定)	按技术发展及新系统设计更换系统	性能不低于原设备标准
轨旁无线AP	二级保养	每半年	清洁 AP 箱和天线线缆接口的卫生	检查 AP 箱上是否堆积有泥土或其他凝结物，如果有，把它清除掉	AP 箱表面洁净
				用软毛刷子和白毛巾清除所有天线线缆接口的凝结物或灰尘	天线线缆接口洁净
			检查天线、AP 箱是否紧固	检查天线、AP 箱紧固情况，确定所有固定架都紧固，如有松动，重新紧固	天线、AP 箱固定架紧固，无松动
				检查 AP 箱是否密封完好	AP 箱密封完好

续表二

设备	修程	周期	维护内容	维护方法	维护标准
轨旁无线AP	二级保养	每半年	检查尾纤插头及光纤盒是否紧固	检查尾纤插头是否紧固	尾纤插头紧固
			整治AP箱线缆及防雷端子	检查天线连接头和电缆、光缆的接头是否损坏和松脱，线缆是否有老化现象，把损坏部分进行修理或更换	连接头无损坏及松脱，线缆无老化
				检查地线固定螺丝是否牢固，必要时重新紧固；检查螺丝是否生锈	各地线螺丝固定，无生锈
				检查防雷单元	防雷端子完好
			电气测试	测试AP箱24 V电源输出的电压	输出的电压在设计范围内
				测试AP箱输入的电压	输入的电压在设计范围内
			测试天线功能	测试天线的安装角度是否正确	天线安装成水平方向
				测试各处的无线信号场强，确定所有区域场强均符合要求	所有区域场强均符合要求
				记录检查和测试的日期、结果，包括所有有关部件的检查	记录结果详细、准确
	中修	每五年	对整机部件性能老化度进行评估，根据评估结果更换老化部件	按厂家技术说明进行操作	按需要更换部件
	大修	十五年	更换系统(根据系统生命周期而定)	按技术发展及新系统设计更换	性能不低于原设备标准
轨旁无线控制器	日常保养	每日	检查设备的运行状态	检查散热风扇	风扇转动时没有噪音，保持一定风量以起到散热作用，并且没有积尘
				查看系统信息	显示正常无告警；系统各设备之间的通信正常

续表三

设备	修程	周期	维护内容	维护方法	维护标准
轨旁无线控制器	日常保养	每日	检查设备的运行状态	检查模块指示灯	各模块的指示灯正常显示(特别注意闪烁状态的指示灯的显示)。 IC：处理器板上 PB、ID 亮绿灯，SY、VO、EA 亮黄灯；通信板上 PROFIBUS 接口卡亮绿灯；其余板卡按其控制的设备亮相应的黄灯或绿灯；显示正常无告警
			检查设备外表	检查设备外表	设备外表无裂纹、刮花或破损等现象，如果有，应根据损坏程度做出适当的处理；机柜门开启灵活，并能灵活锁上
		每周	清洁外表卫生	检查外表卫生	设备外表干净，无灰尘，无污迹
				清洁防尘网、过滤组件	防尘网、过滤组件无积尘，通气良好(每月至少清洗一次)
	二级保养	每季	进行内部检查	检查电缆入口的密封性	电缆入口的密封性良好
				检查机柜	机柜门开关灵活，锁闭灵活，机柜密封性良好
				检查各插卡板插接是否松动	各插卡板插接牢固且密贴性良好
			进行内部检查	检查各接口接头(包括屏蔽线、地线、接线端子)是否松动	各接口的螺丝紧固；连接线连接牢固，无断线，无接触不良；表皮无破损
			检查电气特性	检查电源模块输出	电源电压输出稳定并在允许范围内
			清洁卫生	拆卸并清扫散热风扇模块	风扇无积尘
				清洁设备表面卫生	设备表面洁净，无灰尘，无污迹
			设备运行检查、冗余试验	排列跨联锁区进路，关闭 ECC 任一个通道	系统运行正常，进路信号机仍处于开放状态，LOW 显示正常，无异常故障报警，OLM 显示正常；能排列跨联锁区进路

续表四

设备	修程	周期	维护内容	维护方法	维护标准
轨旁无线控制器	二级保养	每季	设备运行检查、冗余试验	只启动ECC其中两个通道	系统运行正常，LOW显示正常，无异常故障报警，OLM显示正常；能排列跨联锁区进路
				排列跨联锁区进路，关闭ICC两个单元(共四种组合)，硬启动	系统运行正常，进路信号机仍处于开放状态，LOW显示正常，无异常故障报警，OLM显示正常；能排列跨联锁区进路
				只启动IC其中两个通道(共四种组合)，硬启动	系统运行正常，LOW显示正常，无异常故障报警，OLM显示正常；能排列跨联锁区进路
	小修	每年	清洁内部部件	彻底清除内部积尘，电源模块需分解清洁	对设备进行彻底的清洁，吸尘。电路板外观无变形、烧黑等不良现象；电容外观完整，无发胀、爆裂、漏液；磁性元件外观完整，无发黑；各类保险安装牢固，接触良好；各接点接触良好，无虚焊、无锈蚀和接触不良现象
			检查硬件状态	利用系统硬件扫描检查功能	扫描硬盘、内存，进行系统信息、硬件信息检查，无异常报警
	中修	每两年	更换部件	更换防尘网	根据运用周期更换新防尘网
			更换部件	更换BIOS电池	根据运用周期更换BIOS电池
	中修	每五年	更换部件及测试	更换硬盘	根据运用周期更换硬盘
				更换CPU散热风扇	根据运用周期更换散热风扇
				OLM后台老化测试	有条件情况下进行操作
	大修	十五年	更换系统(根据系统生命周期而定)	根据技术发展及新系统设计更换系统	性能不低于原设计标准

二、车载无线天线检修

1. 车载无线天线检修周期与工作内容

车载无线天线检修周期与工作内容如表 5-3 所示。

表 5-3　车载无线天线检修周期与工作内容

修程	检修工作内容	周期
日常保养	询问调度员，了解设备使用情况并记录	每日
	检查设备运转状态有无异状	
	做好日检测并记录	
二级保养	同日常保养内容	每季
	清洁机柜	
	检查地线	
	检查标识及设备铭牌	
	检查无线天线	
	检查所有插接件是否牢固	
	检查所有的螺丝是否紧固	
小修	同二级保养内容	每年
	清洁设备	
	测试功能	

2. 车载无线天线检修工艺标准

车载无线天线检修工艺标准如表 5-4 所示。

表 5-4　车载无线天线检修工艺标准

修程	周期	维修内容	维修方法	维修标准
日常保养	每日	访问用户	询问检修调度设备的使用情况	询问时要详细，不放过出现的任何有关问题
			记录设备使用时出现的问题	问题要有时间、地点、设备详细情况(驾驶室、显示屏显示、驾驶模式、司机的有关操作)
二级保养	每季	清洁机柜	清洁机柜外部	洁净，无灰尘
			清洁机柜内部	洁净，无灰尘
		检查地线	查地线	地线连接良好，安装牢固，无锈蚀
		检查标识及设备铭牌	检查标识及设备铭牌	标识齐全、清楚，设备铭牌安装良好、洁净

续表

<table>
<tr><th>修程</th><th>周期</th><th>维修内容</th><th>维修方法</th><th>维修标准</th></tr>
<tr><td rowspan="2">二级保养</td><td rowspan="2">每季</td><td>检查插接件</td><td>检查设备插接件</td><td>设备插接件插接牢固，不易晃动</td></tr>
<tr><td>检查螺丝</td><td>检查设备所有的螺丝</td><td>各部件螺丝紧固(无松动、锈蚀、滑丝、缺损等现象)</td></tr>
<tr><td rowspan="5">小修</td><td rowspan="5">每年</td><td rowspan="4">清洁机柜</td><td>断开电源(ATCB1、ATCB2、ATCB3、ATCB4、ATCB5)</td><td rowspan="3">各部件的面板、印刷电路板、插槽、插匙、端口(接口)洁净，无灰尘。清洁完毕，所有部件保证能正确恢复原位且连接紧固，端口(接口)洁净，无灰尘</td></tr>
<tr><td>使用静电毛扫和酒精棉球进行设备部件清洁。整个机架的部件按从上至下的顺序进行，同层的部件按从左到右的顺序进行</td></tr>
<tr><td>恢复已清洁的部件，合上电源，开机检查</td></tr>
<tr><td>重复以上三个步骤，直至所有的部件都清洁完毕</td><td></td></tr>
<tr><td>测试功能</td><td>无线设备功能测试内容在试车线对设备进行测试</td><td>测试项目顺利完成</td></tr>
<tr><td>中修</td><td>每五年</td><td>对整机部件性能老化度进行评估，根据评估结果更换老化部件</td><td>根据厂家技术说明文件进行操作</td><td>需要时更换老化部件</td></tr>
<tr><td>大修</td><td>十五年</td><td>更换系统(根据系统生命周期而定)</td><td>根据技术发展及新系统设计更换</td><td>性能不低于原设计标准</td></tr>
</table>

习　题

1. Airlink pulz8 中央设备包含哪些部件？
2. Airlink pulz8 轨旁设备包含哪些部件？
3. Airlink pulz8 车载设备包含哪些部件？
4. 简述中央系统路由器的功能。
5. 轨旁无线交换机的维修工作内容有哪些？检修工艺标准有哪些？
6. 简述车载无线天线检修周期与工作内容。
7. 图示头尾编组中的 Airlink pulz8 无线电系统。

项目六　卡斯柯 CBTC 系统

【项目描述】

Urbalis888 是卡斯柯信号有限公司与阿尔斯通(Alstom)公司联合开发的 CBTC 信号系统，已覆盖国内 24 个城市 60 多条 CBTC 线路。Urbalis888 包括 ATS、ATP、ATO、CI、DCS 等多个子系统。本项目介绍了 Urbalis888 系统的构成、功能、工作原理、运行模式等。

任务一　卡斯柯 CBTC 系统概述

【工作任务】

(1) 掌握 Urbalis888 系统的构成及功能。
(2) 熟悉 Urbalis888 系统的信号方式。
(3) 熟悉 Urbalis888 系统的接口。
(4) 了解 Urbalis888 系统的特点及优势。

【知识准备】

一、名词定义

卡斯柯 CBTC 系统相关名词定义如表 6-1 所示。

表 6-1　卡斯柯 CBTC 系统相关名词定义

名 词	定　义
列车自动控制	自动控制列车运行、保证列车安全并对列车运行进行监控的系统
列车自动运行	ATC 的一个子系统，向列车发出驱动、减速运行、制动及速度调整等命令。同时为实现车站内精确停车提供控制策略
列车自动防护	ATC 的一个子系统，从安全列车间隔和超速保护等方面对列车安全运行进行控制
列车自动监控	位于 OCC 内的子系统，发出必要命令对列车运行进行指示且对其进行监控，以保持预定的行车模式，并将因列车延迟造成的对运行计划的影响最小化

续表一

名 词	定 义
ATO 驾驶模式	在本运行模式下，ATO 系统对列车进行自动驾驶。ATP 系统提供超速保护
自动折返：ATB 驾驶模式	在本运行模式下，ATO 系统自动管理列车从终点站折返运行。ATP 系统提供超速保护
正常运行模式	列车在基于无线通信的列车控制(CBTC)系统控制下的运行模式
降级及后备运行模式	由于车辆或地面信号设备故障，列车在后备点式信号系统或联锁系统控制下的运行模式
出清	在相关闭塞区间内未检测到列车，同时该闭塞区间无故障
占用	在相关闭塞区间至少检测到一辆列车在运行，或该闭塞区间发生故障
惰行	列车在牵引/制动不起作用情况下的运行状态
超速防护	ATP 子系统保证列车在安全限速范围内运行
保护区段	在设定的停车位置之外的一段轨道区段，不授权列车进入，但需要为接近的列车进行锁闭征用，以确保列车运行安全
安全防护距离	列车超速防护实施停车控制时，为防止停车位置离散性可能造成的危险而设置的自预定停车位置至目标地点的距离
安全制动距离	保证列车从制动开始到停止的最小距离
紧急制动	未经调整控制(开环控制)的非常制动方式，施加后直至列车完全停止
紧急停车	通过紧急制动使列车停下来
停站时间	指从列车进站停稳至列车启动出发离站时的这段时间，即从车轮停止转动至再次启动时所需要的时间
行车间隔	指在线路上任意一点，连续运行的列车间的最小时间间隔，后续列车的运行速度不受前方列车的任何正常服务影响而减慢。设计行车间隔是基于无惰行和包含司机及信号设备的反应时间的信号间隔。行车间隔是实际列车服务需求的最小间隔
连续控制	一种使车载设备与轨旁相关设备连续相互作用，并对列车前方的条件变化产生检测回应的控制方式
列车检测装置	安装在列车走行的钢轨或轨道上，用于检测列车是否占用线路区段的设备
列车识别	通过给列车赋予相应的车组编号、服务号、序列号、乘务组号、目的地号、运行方向符等信息来识别列车的方法
防护进路	进路起点前的一节轨道区段，当列车越过进路起点时，可锁定
故障	系统失去完成规定功能的状态
失效	系统失去完成规定功能的能力
故障率	一个部件的故障率是指独立的部件故障总量与所有设备运行小时数的比率
平均无故障时间	不影响任何安全系统的任意类型的相邻两次故障发生的间隔时间

续表二

名　词	定　义
平均无导向安全侧的故障时间	相邻两次发生的导向安全侧的故障间隔时间
平均无导向危险侧的故障时间	相邻两次发生的导向危险侧的故障间隔时间
限制人工模式：RM 驾驶模式	在此模式下，司机可以以最大 25 km/h 的速度驾驶列车。ATP 系统将提供超速防护
理论行车间隔	按列车和信号系统性能和进路特征计算出的最小的行车间隔
旅行时间	旅行时间指在两个位置之间的行车时间，即通过正常运行情况下的正常列车在正常供电情况下计算得到的封闭行程时间。同时，也可按照严格的运行驾驶策略进行计算，即无信号系统造成的扰动情况下的惰行模式
旅行速度	列车从起点站发车至终点站停车的运行速度
平均旅行速度	列车从起始站发车至终点站折返后停车，列车在整个行进过程中所经过的路程与所耗用的时间(包括所有停站时间)的比值
永久限速	由线路土建结构的物理限制或其他标准所决定的在线路特殊区段的最大允许安全速度
目标速度	人工驾驶或自动驾驶时列车将达到的最终速度
目标距离	列车运行至前方目标地点的走行距离
初步恢复时间	介于故障报告到消除故障设备的影响并临时恢复设备功能所用去的时间。故障设备的维修工作仍未完成并将在稍晚的时间进行处理(故障设备临时恢复)
故障完全修复时间	介于故障报告到故障设备完全恢复其设计的使用功能所经过的时间(维修工作已经全部完成)
一级维修	一种维修程序，当设备发生故障后，通过使用替代模块和配件的方法，使系统在最短时间内恢复至有效运营
二级维修	包括在一线维修中拆除下来可替代模块和配件的修理及维修程序
三级维修	包括对从二线维修中得到的模块和配件的修理及维修程序
有效性检查	对模块、子系统、系统在指定的环境和条件下进行测试，以检查其是否完全满足设计功能
安全性	保证行车和人身以及设备安全的能力，以在给定时刻系统维持安全功能完善的概率指标
可靠性	系统在规定的条件下和规定的时间区间内完成规定功能的能力
可用性	可修复系统在某一特定瞬间维持其功能的概率或在某一期间内维持其功能的时间比率。可用性是系统可靠性、维修性和维修保证性的综合指标
可维护性	系统在规定的使用条件下并按规定的程序和手段实施维修时，为保持系统处于正常使用状态或为修复系统的故障、缺陷，使之恢复执行功能状态的能力
生命周期	在一般维护条件下，保证系统正常使用的最低时段
安全评估	评判系统的风险是否被降低到可以接受的程度的过程

二、Urbalis888 系统特点及优势

Urbalis888 系统是一套基于无线通信的移动闭塞系统(CBTC)。它采用移动闭塞原则，由 ATP/ATO 子系统、联锁子系统、ATS 子系统、DCS 子系统和信号维护监测子系统等构成，并以计轴设备作为列车次级检测设备实现系统的降级及后备功能。各子系统均采用模块化设计，子系统接口之间可以完美匹配，以确保系统的可靠性、安全性、可用性、可维护性、行车间隔、停车精度以及可扩展性。

Urbalis888 系统具有以下主要特点和优势：

(1) 信号系统具有高安全性、高稳定性和高可靠性，能够保证线路 24 h 不间断安全运营。

(2) 真正的移动闭塞：通过连续的车地无线双向通信，后车的移动授权终点可以连续追踪到前车的尾部，不存在虚拟区段，缩短了列车安全运行间隔，极大地提高了运营效率，从而满足了“小编组，高密度”的当前最先进的城市轨道交通信号系统设计理念。

(3) 混合运营模式：系统具有灵活的控制模式，具有降级及后备运营模式。系统可安全高效地管理 CBTC 列车和非 CBTC 列车在线路上自动混跑运营。

(4) 稳定可靠的波导管无线传输方式：保证无线传输不受外界环境影响(如狭窄隧道、开阔区域、车体遮挡等)，抗干扰能力强，且不会产生对其他通信的电磁污染；现场调试内容相比自由无线简单，免维护。

(5) 骨干网传输系统：带宽大，具有双向自愈功能，组网方式灵活，便于系统扩展，可根据应用需要划分多种逻辑独立的网络。

(6) CI 子系统的联锁机：采用“二取二”双 CPU 作为核心控制器，应用通过国际上第三方安全认证的“数字集成安全保障逻辑(NISAL)”技术进行系统设计，保证了系统的高安全性。

(7) 强大的 ATS 系统功能：提供自动和人工在线时刻表调整功能，以满足不同时间段的运营要求；提供更贴近中国用户习惯的友好操作界面。

(8) 信号维护监测系统：对整个信号系统所有设备工作状态运行在线监测，维修中心提供全系统设备的运营维护支持及报警信息，从而降低系统运营维护成本。

(9) 采用必要的冗余措施：系统设计为内置冗余。该设计基于两个主要原则：第一，冗余应用于设备级，ATC 子系统采用三取二冗余技术(区域控制器、线路控制器和车载控制器的输入/输出模块)和首尾热备冗余(车载控制器)、二乘二取二冗余方式(计算机联锁)、热备方式(DCS、ATS 子系统)；第二，冗余应用于所有的通信系统，系统信息通过不同的独立的网络传输，光纤采用电信级的自愈环保护，其切换时间小于 50 ms，不会导致任何传输应用业务受到干扰。

(10) 模块化设计：系统硬件和软件采用模块化设计，便于在线路等发生变化时进行系统扩展。

(11) 极高的国产化率：Urbalis888 系统除核心部分 ATP/ATO 控制系统硬件及底层软件由法国 ALSTOM 提供外，其他所有子系统均由卡斯柯信号有限公司开发或完全国产化。

三、安全冗余结构

Urbalis888 系统采用安全冗余结构，按照故障-安全原则设计，其冗余原则基于设备级冗余和通信级冗余两个主要概念。

1. 设备级冗余

(1) ZC 和 LC 采用三取二平台技术。

(2) CC 是基于单编码处理器技术和三取二技术的车载系统，每列车首尾各设有一套完整的 CC 系统，首尾热备冗余，其中输入/输出模块采用三取二结构。

(3) CI 采用二乘二取二冗余结构，这样单个设备故障不会影响到整个系统的运行。

(4) 控制中心 ATS 采取冗余配置的服务器，各调度工作站互为备用。确保当热备冗余的主机发生故障时，主备切换具备连续的显示及控制功能。

(5) 所有设备集中站采用冗余的 LATS 服务器及现地操作工作站。

2. 通信级冗余

(1) 双重通信网络：各子系统复制它们的输出信息，所有信息都通过红网和蓝网两条路径传送，核心 SDH 网络具有足够的带宽支持双重信息。

(2) 网络接入设备：两台光交换机作为子系统连接 SDH 节点的网络接入设备，一个连到红网，另一个连到蓝网。

(3) 核心 SDH 网络：由 SDH 节点和光纤组成核心 SDH 网络，为环路结构。这种网络结构对光纤或设备的物理损坏具有防护功能，若光纤发生物理损坏，该环在 50 ms 内会自动重新配置确保通信质量不受影响，同时报警信号传送到网管系统以提醒维护人员光纤已断开。

图 6-1 描述了 CBTC 的冗余蓝、红网络。对两个网络中的任一个，环形的链路结构和轨旁的无线接入点提供了通信功能的冗余。

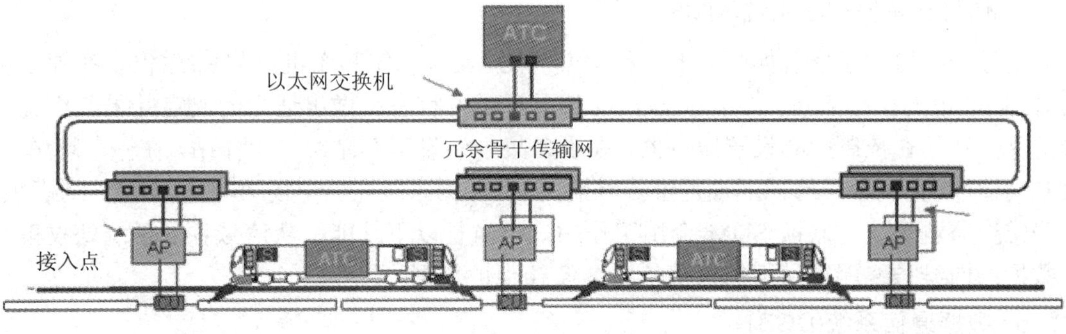

图 6-1　冗余网络传输

四、子系统描述

1. ATP/ATO 子系统

ATP/ATO 子系统由以下设备组成：包含车载控制器和 I/O 模块的 CC、实现区域控制功能的 ZC、实现线路管理功能的线路控制器 LC、实现车载数据更新功能的 DSU。

ATP/ATO 子系统实现以下功能：

(1) 获得最佳行车间隔。由于使用无线系统进行车地的双向连续通信，因此列车通过实际位置进行分隔。

(2) 正常模式下与轨道检测系统(计轴器)完全独立，计轴检测仅用于降级模式。

(3) 自动或由司机协助运行管理各种车辆以确保乘客的舒适度，从而实现精确停车。

(4) 防护下的人工驾驶模式使用先进的屏幕显示，提供优良的驾驶员协助功能。

(5) 执行连续的列车监控，包括告警和事件的管理，告警和事件信息能定期上传到 OCC。

2. 计算机联锁(CI)子系统

CI 子系统与轨旁信号设备通过安全型继电器接口，并通过采用 FSFB2 协议的安全传输网络实现与 ZC 的通信。联锁所需的列车定位信息来自于两个通道：通过骨干网传送来自 ZC 的信息，该信息被认为是初级的检测数据；通过安全继电器传送来自计轴系统的信息，该信息被认为是次级的检测数据。联锁系统接收上述两个信息后经过逻辑处理，得出轨道占用的相关信息，用于进路办理、锁闭、解锁等。CI 子系统还提供热备冗余的现地操作工作站(与车站 ATS 操作员工作站共用)和 SDM 设备。每个 CI 柜均采用双系统并行控制的热备冗余配置，这样单个设备故障不会影响到整个系统的运行。CI 通过信号骨干传输网与相邻的 CI 直接进行通信。

3. 列车自动监控(ATS)子系统

列车自动监控(ATS)子系统是监控系统的核心，它实时采集和处理来自轨旁、车站和车载设备的信息。ATS 提供通用的硬件和软件结构，这些结构都是模块化的，以适应给定项目的不同子系统需求。ATS 还提供人机接口，采用图形化的模型图；它也提供一套报警管理系统，以便为在线分析和事后调查建立相关事件的历史记录。

4. 信号维护监测子系统(MMS)

信号维护监测子系统如图 6-2 所示，包含维护支持系统和微机监测系统(仅设在停车场/车辆段)，可向操作人员提供信息，帮助其了解设备状态以做出适当的决定并采取措施。维护支持系统在控制中心设置服务器，在设备集中站设置车站维护工作站，在停车场/车辆段及列检库、正线各维修工区设置维护终端。微机监测系统在停车场/车辆段设置监测模块。正线维护监测系统与联锁 SDM 合用工作站，可执行以下功能：从信号各子系统处收集维护数据；向维护终端提供维护报警信息；储存维护数据。

5. 数据通信系统(DCS)

数据通信系统用来传输大流量信号数据和其他外部信息，可分为地地通信及车地无线通信两个层面，为整个信号系统的信息传输提供通道。系统主要特征如下：

(1) 独立于信号系统，实现完全透明传输。

(2) 采用波导管的无线传输，确保车(CC)到地(轨旁子系统)之间端到端的通信。

(3) 无线通信采用 802.11a/g 标准协议。

(4) 为所有 CBTC 单元提供 802.3 以太网接口。

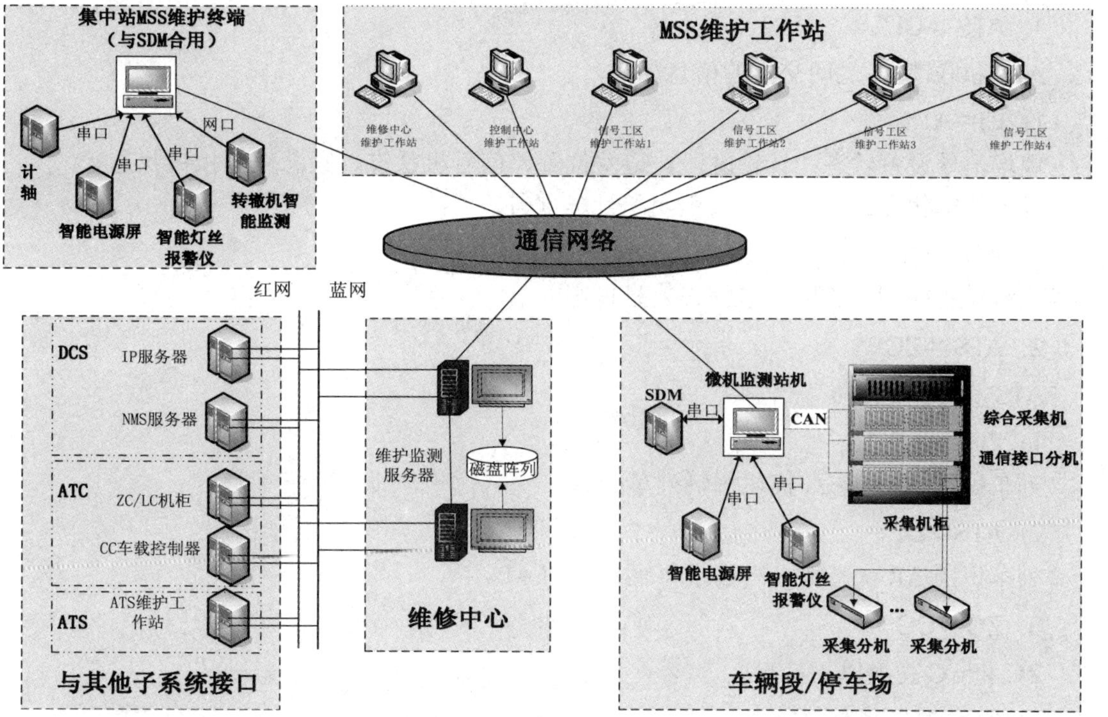

图 6-2　信号维护监测子系统

五、接口描述

所有连接到骨干网的子系统设备相互之间都可以直接进行通信，这样可以优化通信响应时间。系统各子系统的接口如图 6-3 所示。

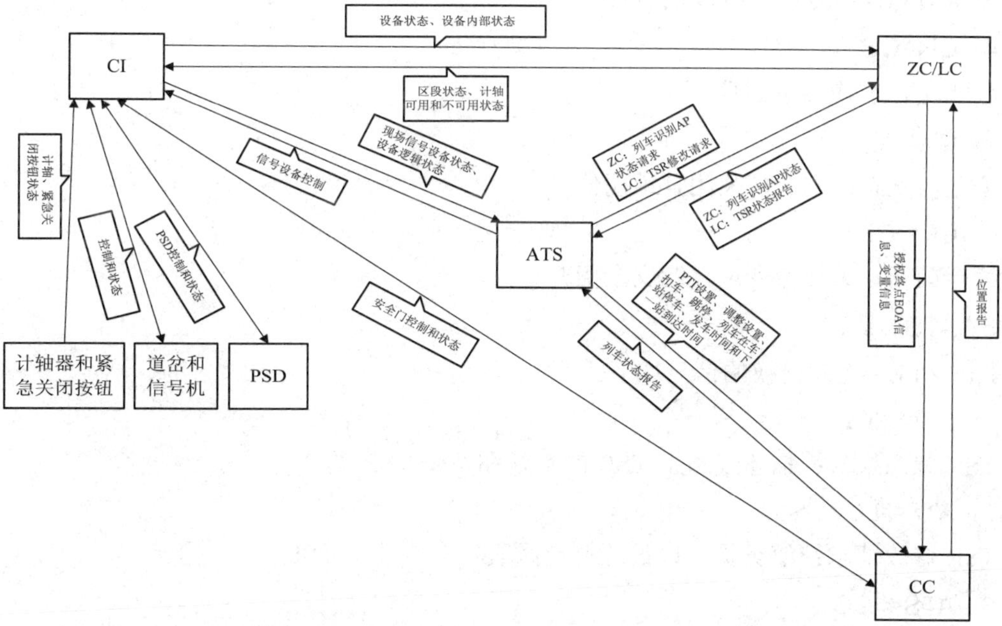

图 6-3　子系统接口图

1. ATS⇔CI

ATS 和联锁 CI 之间交换的信息如下。

1) CI⇨ATS

现场信号设备状态：计轴区段、道岔位置、信号机状态、紧急停车按钮状态等。

设备逻辑状态：进路、区段锁闭和行车方向。

2) ATS⇨CI

信号设备控制：进路、道岔、信号机等。

2. ATS⇔ZC

ATS 和 ZC 交换以下信息。

1) ZC⇨ATS

列车识别 AP 状态：描述每辆列车的 AP。

2) ATS⇨ZC

列车识别 AP 状态请求：请求每辆列车的 AP。

3. ZC⇔CC

ZC 和 CC 交换以下信息。

1) CC⇨ZC

位置报告：发送列车所有移动相关信息(列车识别号、列车尾部位置、列车头部位置、列车速度等)。

2) ZC⇨CC

授权终点 EOA 信息：发送移动授权限制。

变量信息：前方线路区段动态描述。

4. CI⇔CC

CI 和 CC 交换以下信息。

1) CI⇨CC

安全门状态：安全门关闭且锁闭信息。

2) CC⇨CI

安全门开、关门命令：控制安全门开、关。

5. ATS⇔LC

ATS 和 LC 之间交换的信息如下。

1) LC⇨ATS

TSR 状态报告：描述线路上 TSR 的数量和每个 TSR 的状态。

2) ATS⇨LC

TSR 修改请求：值班员可以设置特定区段一个或几个 TSR。

6. ATS⇔CC

ATS 和 CC 之间交换的信息如下。

1) ATS⇨CC

PTI(列车主动识别)设置：值班员可以设定列车识别号。

调整设置：ATS 子系统根据时刻表给出某站的发车时间和到达时间。

扣车：值班员可以在某个车站扣车。

跳停：值班员可以要求列车跳停一定车站。

列车在车站停车：值班员可以请求列车在下一个车站停车(如果列车原计划下一站跳停)。

此外还有发车时间和下一站到达时间。

2) CC⇨ATS

列车状态报告：发送所有列车相关状态信息(列车识别号、驾驶模式、默认状态、车门开/关状态、跳停状态、CC 可用性、报警信息等)。

7. CI⇔ZC

CI 和 ZC 交换的信息如下。

1) CI⇨ZC

设备状态：道岔位置、信号机显示状态、计轴占用、紧急停车按钮、安全门状态等。

设备内部状态：进路、区段锁闭和行车方向。

2) ZC⇨CI

信息包括 ATP 区段状态、计轴可用和不可用状态。

六、信号方式

1. 正线信号机

正常情况下，正线区段列车以车载设备显示作为行车凭证。ATP 故障车、工程车等无车载信号列车及地面 ATP 故障情况下，降级运行的列车按地面信号机的指示人工驾驶运行。非 CBTC 模式下，正线室外信号机按进路的联锁关系点灯；CBTC 模式下，正线信号机点蓝灯(蓝灯的意义为指示 CBTC 状态)。当列车正常运行模式下转到非正常运行模式时，该列车的前方第一架信号机自动由点蓝灯切换到点其他灯，当列车从非 CBTC 模式转到 CBTC 模式时，列车前方的第一架信号机自动切换为点蓝灯状态。控制中心及车站 ATS 终端上的信号机复示器的显示应与列车的移动授权显示对应，即应有绿、黄、红的相应显示。正线信号机根据信号系统的制式和特点设置如下：

(1) 信号机原则上设置于列车运行方向的右侧，特殊情况可设置于列车运行方向的左侧或其他位置。

(2) 车站正向出站方向列车停车位置前方适当地点设置出站信号机，出站信号机外方若有道岔，则出站信号机兼作道岔防护信号机，出站兼道岔防护的信号机不设引导信号。

(3) 根据道岔设置和进路需要设置道岔折返信号机，道岔折返信号机设置引导信号。

(4) 反向道岔折返进路终端设置阻挡信号机。

(5) 线路尽头、折返进路终端设置阻挡信号机。

(6) 当信号机显示距离不能满足要求时，设置复示信号机。复示信号机采用绿、黄两种显示，绿灯定位表示主体信号处于开放状态，黄灯定位表示主体信号处于关闭状态。

(7) 正线及出入段线均采用黄、绿、红、蓝四种显示机构信号机，信号机以禁止信号为定位。

(8) 在保证后备模式运行能力的前提下，为提高区间通过能力、减少运行间隔，将在某些较长区间上设置一架区间通过信号机。

信号机的显示及含义如下：绿色灯光表示进路开通道岔直向位置，准许列车按规定速度越过该架信号机；黄色灯光表示进路开通道岔侧向位置，准许列车按规定的限制速度越过该架信号机；红色灯光表示禁止列车越过该架信号机；红色灯光＋黄色灯光为引导信号显示，准许列车以不大于 25 km/h 速度越过该架信号机继续运行，并随时准备停车；蓝色灯光表示列车在 CBTC 状态运行。

2. 车辆段/停车场信号机

入段信号机采用半高柱三显示机构信号机，其中绿灯封闭，红灯代表停止，白灯代表允许调车进段。出段及其他信号机采用矮型两显示调车机构信号机，蓝灯代表停止，白灯代表允许调车。尽头线阻挡信号机采用单显矮型机构信号机。

七、系统主要功能

整个系统由 ATP/ATO、ATS、CI、信号维护监测和 DCS 等多个子系统组成，系统功能的实现分别由各个子系统完成。主要系统功能的划分情况如表 6-2 所示。

表 6-2 系统功能划分

序号	功能描述	ATP/ATO	ATS	CI	信号集中监测	DCS
1	提供列车自动保护					
1.1	执行进路操作		√	√		
1.2	提供列车移动测量	√		√		
1.3	控制速度限制	√	√			
1.4	提供安全列车间隔	√		√		
1.5	执行倒溜保护	√				
1.6	车门管理	√				
1.7	监控列车	√				
2	提供列车自动驾驶					
2.1	命令列车制动和牵引	√				
2.2	执行正线存车和不存车	√	√	√		
2.3	执行列车自动折返	√	√	√		
2.4	执行紧急制动	√				
2.5	站台精确停车	√				

续表

序号	功能描述	ATP/ATO	ATS	CI	信号集中监测	DCS
3	确保人员安全					
3.1	提供安全紧急疏散	√	√			
3.2	提供乘客安全上下车	√	√	√		
3.3	提供工作人员和乘客下车保护	√	√	√		
4	提供联锁控制					
4.1	道岔控制			√		
4.2	进路控制			√		
4.3	信号机控制			√		
4.4	建立保护区段			√		
5	提供运营调整					
5.1	提供列车识别号和追踪	√	√	√		
5.2	实施调整策略	√	√	√		
5.3	实施调整指令	√	√	√		
5.4	在线时刻表的编辑		√			
6	运营前列车综合测试	√				
7	历史数据的记录和回放		√			
8	时刻表/运行图离线编辑		√			
9	确保端对端数据通信					√
10	提供维护监测					
10.1	监测信号设备和收集报警	√	√	√	√	√
10.2	计划维护活动	√	√	√	√	√
10.3	提供维护统计数据	√	√	√	√	√
11	提供培训功能	√	√	√	√	√

注：“√”表示此系统参与该功能的实现。

任务二　卡斯柯 CBTC 系统的构成

【工作任务】

(1) 掌握 Urbalis888 系统的网络结构及车载结构。

(2) 熟悉 Urbalis888 系统的硬件构成。

(3) 了解 Urbalis888 各子系统的连接方式。

【知识准备】

一、系统结构

Urbalis888 系统的整体结构具体如图 6-4 所示。

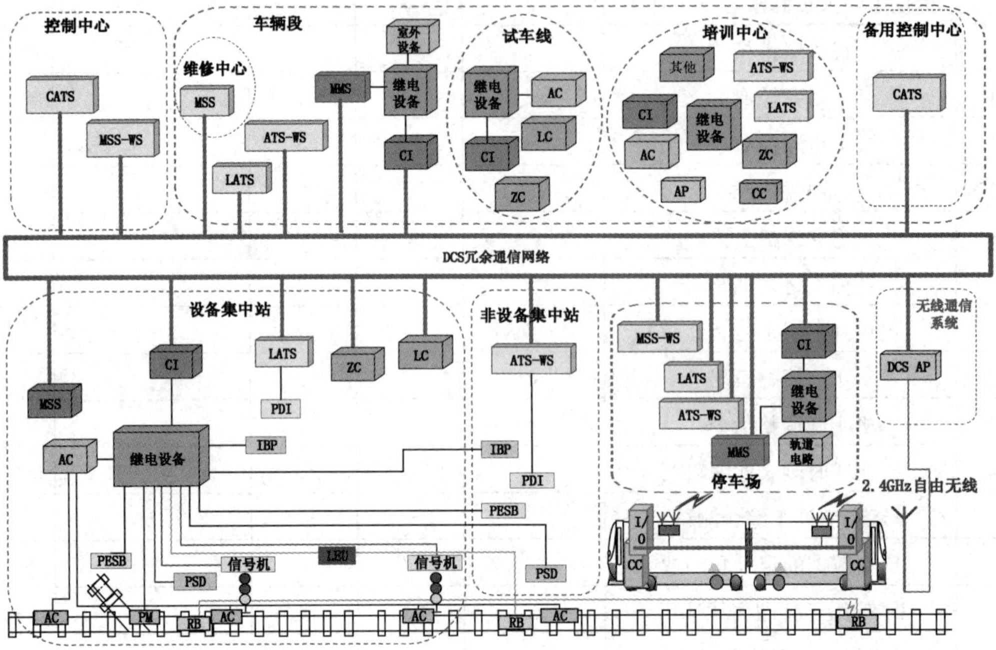

图 6-4　Urbalis888 系统的整体结构

1. 网络结构

DCS 子系统作为整个信号系统的通信网络，由基于 SDH 技术的有线网络和基于波导管的无线网络构成。如图 6-5 所示，整个 Urbalis888 系统中各信号设备之间通过三种不同的网络实现双向通信。

(1) 信号网络：红、蓝网互为冗余，提供 ATP/ATO、联锁设备之间的冗余通信通道。

(2) ATS 网络：深灰、浅灰网互为冗余，提供 ATS 子系统设备之间的冗余通信通道。

(3) 维护网络：绿网无冗余，提供维护子系统设备之间的通信通道。

作为 CBTC 信号系统的通信基础，DCS 有线网络通过 SDH 节点、以太网交换机和光电转换器接入所有车站信号设备室、控制中心设备室和停车场/车辆段(含试车线)。其中，设备集中站、控制中心、停车场/车辆段配有 SDH 节点和以太网交换机，非集中站配有光电转换器，通过专用光纤连接至邻近车站的 SDH 节点。

DCS 无线网络由两个相互独立和冗余的红色及蓝色网络组成，用于轨旁和车载设备之间 CBTC 数据的传输。红、蓝无线网络分别由独立的轨旁和车载设备构成。轨旁无线网络由分布在线路沿线的波导管和与骨干网相连接的无线接入点组成；车载设备由安装在车头、车尾的无线接入点和相应的波导管天线组成。

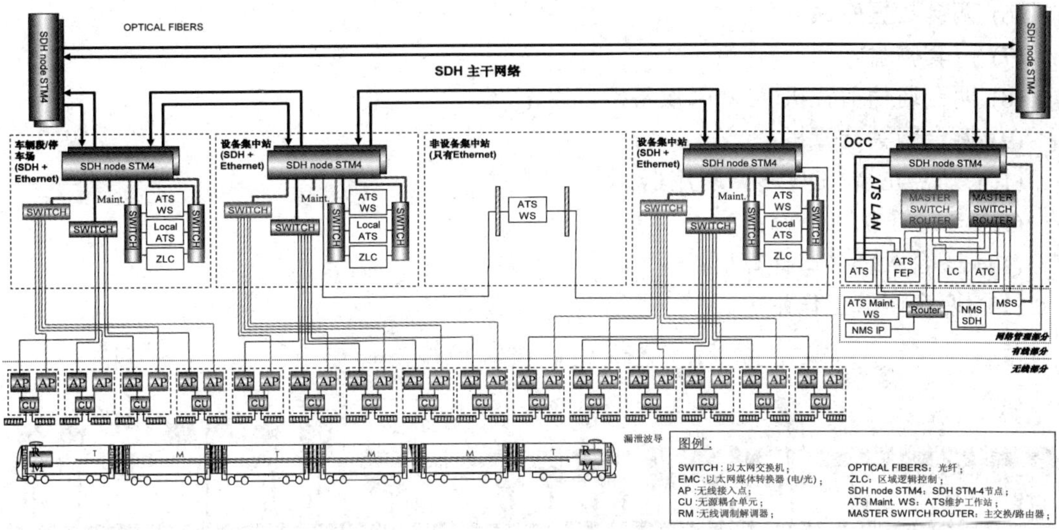

图 6-5　通信网络结构

2. 车载结构

如图 6-6 所示，车载的 CBTC 网络是冗余的，分别用蓝色和红色画出。它由两个车载控制器、两个司机显示单元、两个调制解调器(每端安装两个天线)、两套编码里程计、两个信标天线以及信号相关按钮和指示灯等组成。

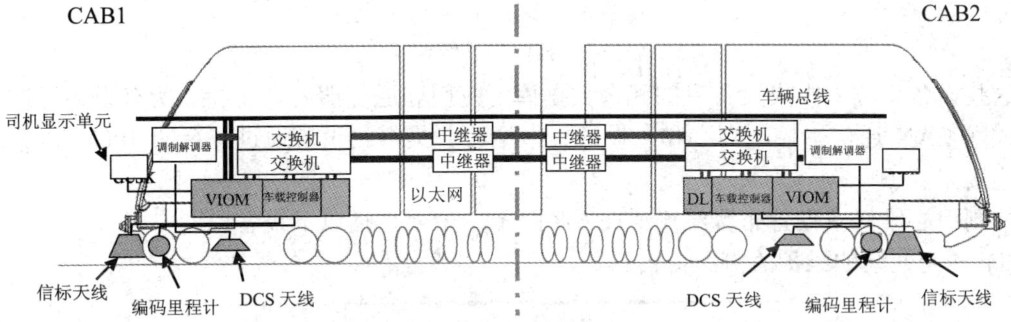

图 6-6　车载结构

二、硬件组成及各子系统间连接方式

1. 控制中心 OCC

控制中心位于车辆段信号楼内，负责全线调度监控功能。控制中心结构如图 6-7 所示。设备主要包括：

(1) 四台调度员工作站用于行车监督，其中一台设于总调度台，另三台设于行车调度台；

(2) 若干打印设备；

(3) 一套时刻表编辑工作站；

(4) 一套 ATS 培训设备，包括培训服务器、模拟器及模拟工作站等；

(5) 两台应用服务器；

(6) 两台数据库服务器；

(7) 一套磁盘阵列；

(8) 两台通信前置机(与外部设备接口用)；

(9) 两台网关计算机；

(10) 一台冗余 SDH 多路复用器；

(11) 一台维护工作站；

(12) 一台大屏接口计算机；

(13) 两台网管工作站等。

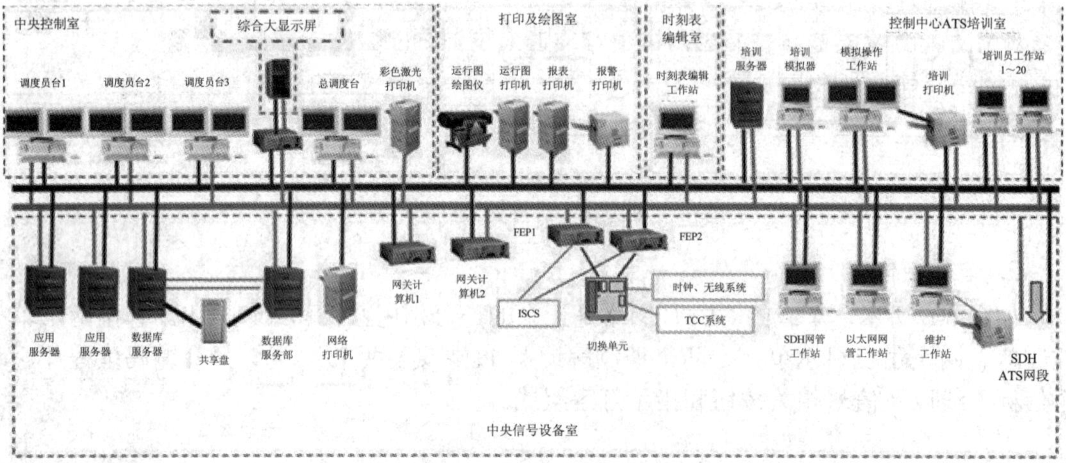

图 6-7 控制中心结构

这些设备由位于中央设备室的冗余数据库、应用和通信服务器支持。所有设备通过冗余以太网 LAN 通信。控制中心和各设备集中站、非集中站设备通过冗余的 100M 以太网接口连接。

控制中心维修室设备布置结构如图 6-8 所示，主要包括以下设备：

(1) 一套冗余的维护监测服务器；

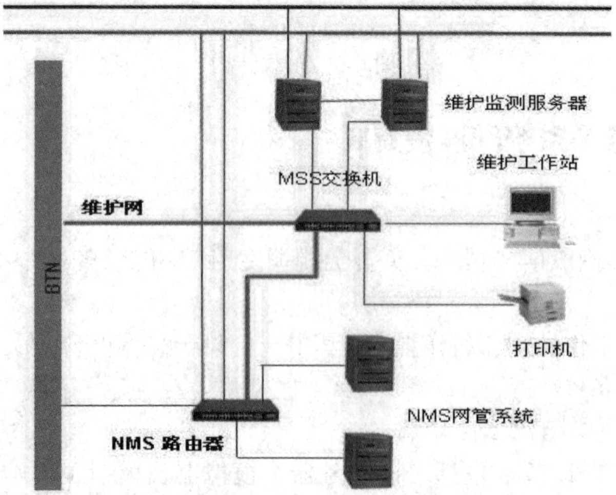

图 6-8 控制中心维修室设备布置结构

(2) 一套维护工作站及打印机；

(3) 一套 NMS 网管系统；

(4) 若干交换机。

2. 设备集中站

设备集中站包括以下信号设备：

(1) 一台冗余 SDH 多路复用器；

(2) 两台用于连接无线接入点的光口交换机(OP SW)；

(3) 两台用于与本地网络连接的电口交换机(EL SW)；

(4) 一套冗余联锁(CBI)；

(5) 一台本地系统维护终端(SDM)；

(6) 一套冗余的车站 ATS 分机(LATS1 和 LATS2)和切换单元；

(7) 两套现地工作站；

(8) 若干套发车计时器(TDT)；

(9) 一台 ATS 运行图显示终端；

(10) 一个计轴机柜；

(11) 一套与现场设备接口的继电器架；

(12) 维护工作站(仅在有维修工区的集中站)。

典型设备集中站的结构如图 6-9 所示。

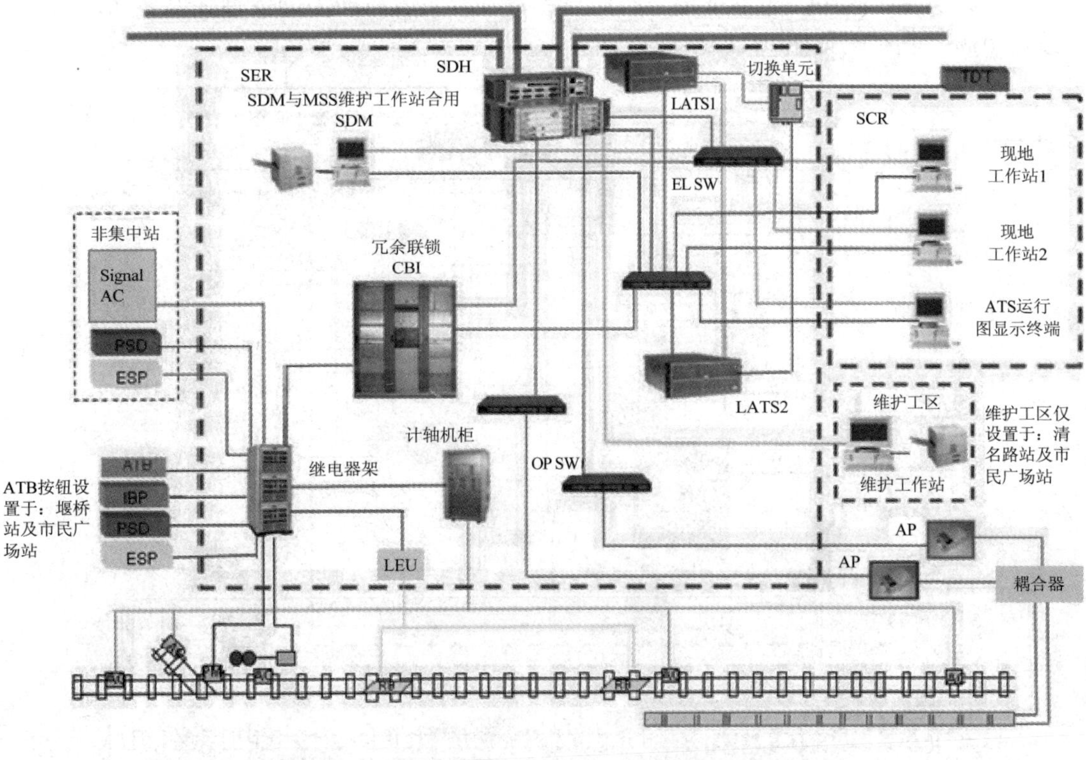

图 6-9　典型设备集中站的结构

除以上典型设备集中站设备外，具有 ZC 的设备集中站的结构如图 6-10 所示。

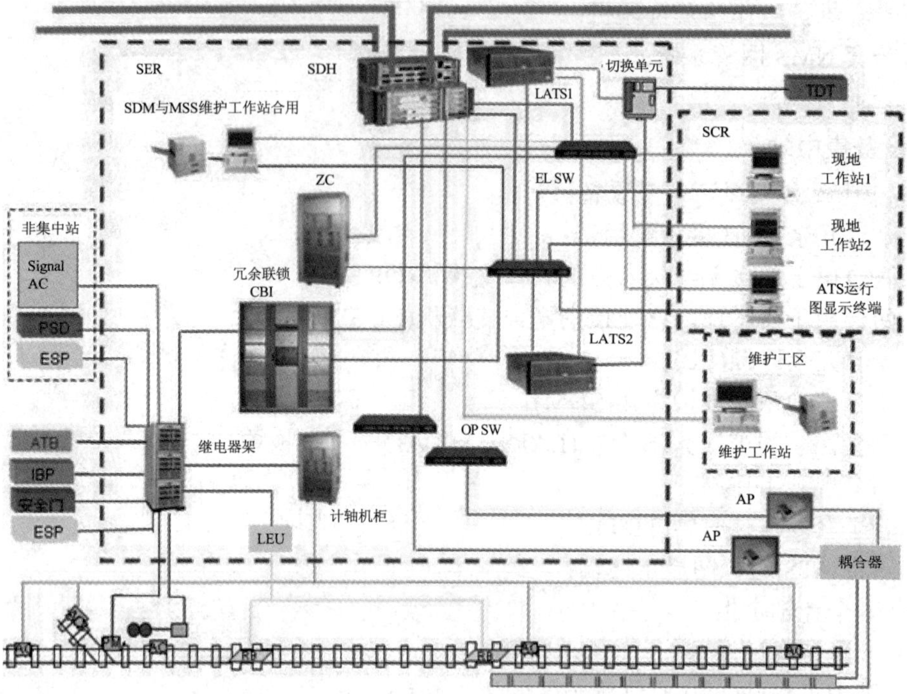

图 6-10　具有 ZC 的设备集中站的结构

同时具有 ZC 和 LC 的设备集中站还有一台存储全线线路图的数据存储单元，用于定期数据更新。其结构如图 6-11 所示。

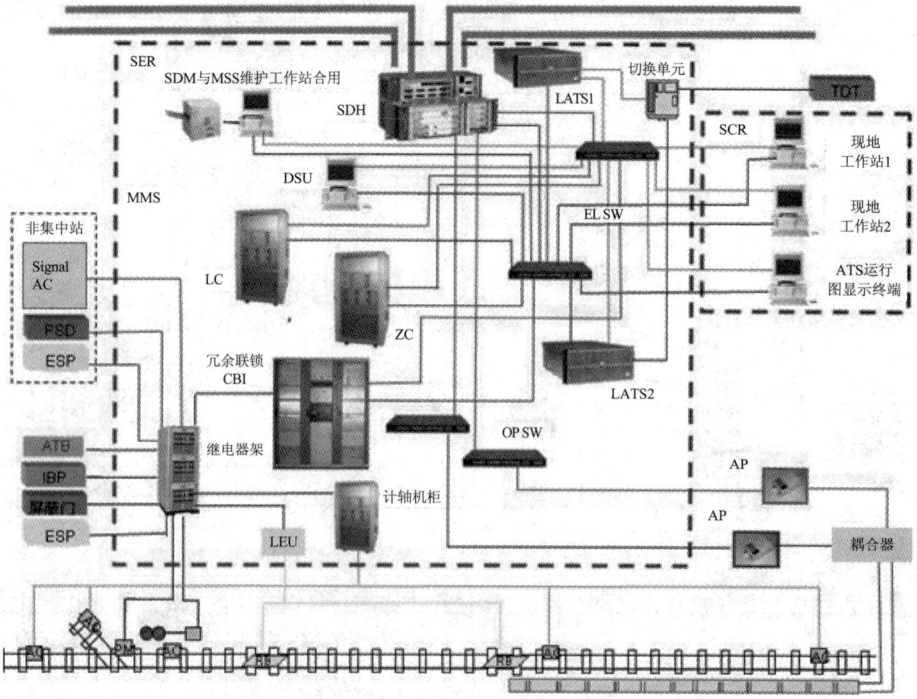

图 6-11　同时具有 ZC 和 LC 的设备集中站结构

各设备集中站的所有信号设备通过车站局域网连接在一起，对于距离设备机房较远处的设备则通过单模光纤连接到设备机房。

3. 非设备集中站

非设备集中站结构如图 6-12 所示，包括以下信号设备：

(1) 一套 ATS 显示工作站；

(2) 两套发车计时器；

(3) 两台光电转换器。

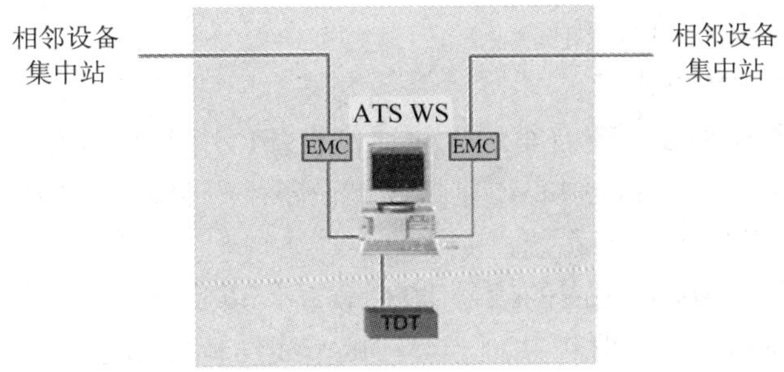

图 6-12　非设备集中站结构

4. 停车场/车辆段

停车场/车辆段结构如图 6-13 所示，包括以下信号设备：

(1) 一台冗余 SDH 多路复用器；

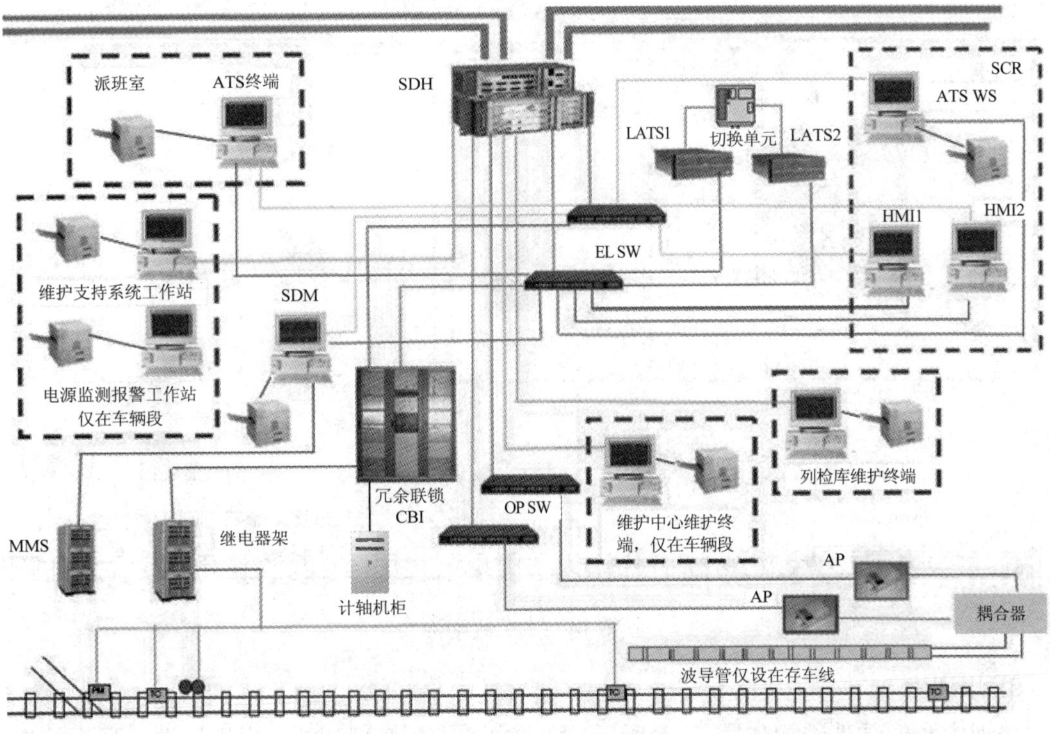

图 6-13　停车场/车辆段结构

(2) 两台连接车站网络的以太网交换机(EL SW)；
(3) 两台用于连接 AP 的光交换机(OP SW)；
(4) 一套冗余车站 ATS(LATS1 和 LATS2)；
(5) 两套 ATS 终端及打印机；
(6) 一套冗余联锁设备(CBI)；
(7) 一台本地系统维护终端(SDM)；
(8) 一个计轴机柜；
(9) 一套与现场设备接口的继电器架；
(10) 一个微机监测(MMS)机柜；
(11) 一台列检库维护终端等。

在停车场/车辆段存车线配置有车地无线通信设备，用于列车出库前车载 ATC 设备的可用性检测。在车辆段综合维修中心还包括以下设备：一台系统维护终端、一套维护支持系统工作站、一套电源监测报警系统。

另外还专门为试车线配置相应的信号 ATC 设备，以实现试车功能(列车静态测试和动态测试)。试车线联锁和车辆段联锁共用一套。试车线结构如图 6-14 所示，包括以下设备：一套 ZC、一套计轴机柜、试车终端、轨旁 DCS 设备等。

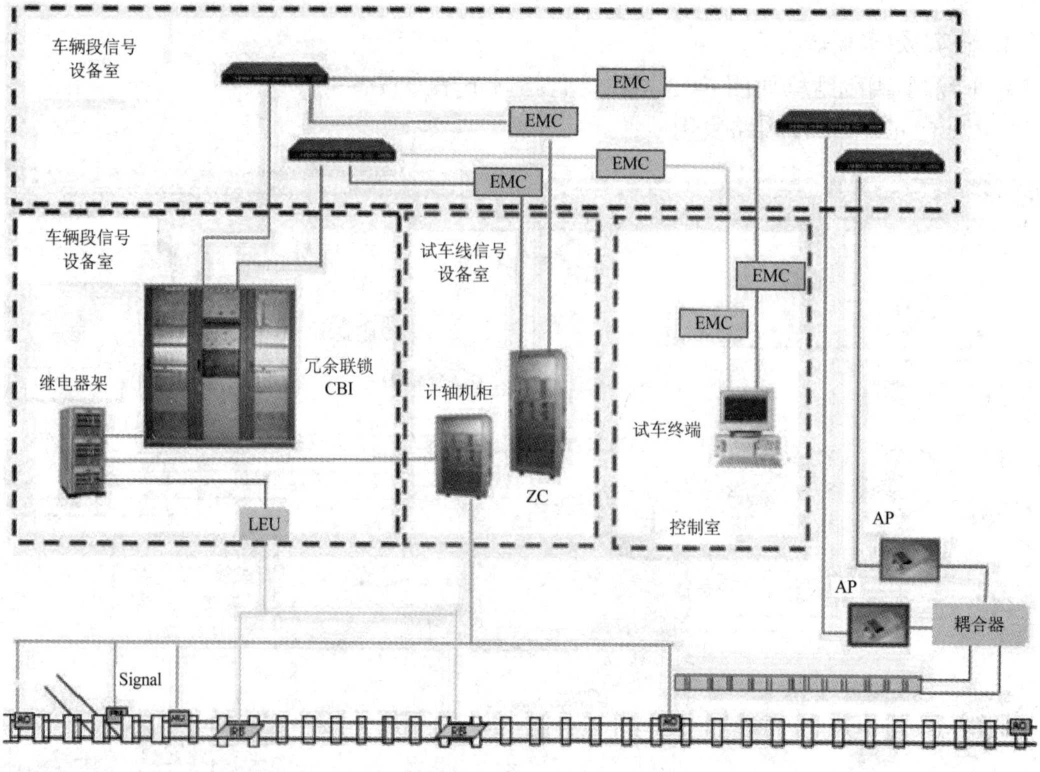

图 6-14 试车线结构

5. 培训中心

培训中心的硬件结构如图 6-15 所示。培训中心设于车辆段内，用于培训信号系统操作人员和维护人员，可以进行各子系统功能、操作以及它们与其他系统间互动的教学。培训中心由通过冗余本地网络连接在一起的若干子系统构成，其中 ATS EPLAN 通过光纤连接到骨干网络。其装备有：

(1) 一套培训模拟器；

(2) 一套培训服务器；

(3) 两套培训工作站；

(4) 若干打印设备；

(5) 一套区域控制器 ZC；

(6) 一套 ATP/ATO 轨旁设备(信标 RB)；

(7) 两套正线列车位置检测设备(2 区段)：计轴机柜；

(8) 一套正线转辙机(PM)、紧急关闭按钮(ESB)、发车计时器(TDT)、自动折返按钮(ATB)、信号机；

(9) 一套轨旁 DCS 设备(OP SW、AP、耦合器)和天线；

(10) 一套车载 DCS 设备(MRE)和天线；

(11) 一套车载 ATP/ATO 设备(CC 机架)和天线；

(12) 一套培训驾驶台；

(13) 一套 SDM 工作站及打印机；

(14) 一套现地工作站(ATS WS)；

(15) 一套冗余联锁(CBI)；

(16) 一个继电器架；

(17) 若干以太网交换机(SW)等网络设备；

(18) 一套列车运营信号模拟设备模型。

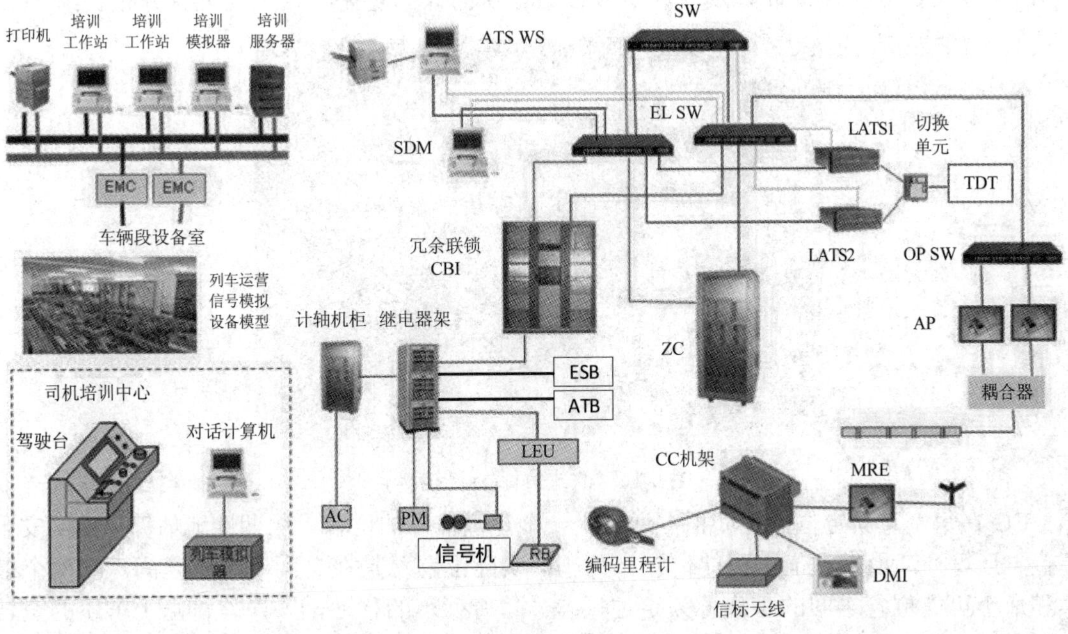

图 6-15　培训中心的硬件结构

任务三 卡斯柯 CBTC 系统的工作原理

【工作任务】

(1) 掌握 Urbalis888 系统的列车定位、列车控制、降级或后备的原理。

(2) 理解 Urbalis888 系统的车地通信、闭塞原理。

(3) 了解 Urbalis888 系统的辅助列车监测设备。

【知识准备】

一、列车定位原理

为了保证运营安全和运营能力，需要在任何时刻知道线路上所有列车的位置。为此，系统主要使用以下方式定位列车：

(1) 主动列车检测：根据每个列车发送的位置信息计算列车位置实现列车自动定位，主要用于移动闭塞模式。

(2) 辅助列车检测：根据轨旁计轴设备检测列车位置，主要用于降级情况下的后备模式。

1. 列车在轨道上的定位

CC 通过读取沿线分布的信标(如图 6-16 所示)来精确计算自己的位置。当 CC 通过一个信标时，CC 捕获该信标识别号和位置参数，从而计算它在线路上的位置并报告给 ZC。

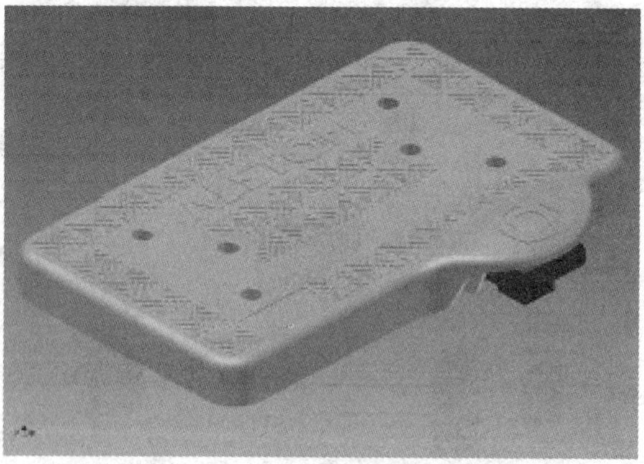

图 6-16 欧式信标(标准信标)

CC 在每个重新定位点之间根据通过上一个定位信标的位置，周期性地估算自己的安全位置，计算列车最大和最小可能位置。列车的实际位置总是在这两个位置之间。这两个最大和最小可能位置之间的距离称为定位误差。随着列车的移动，该误差将由于车轮的空转/打滑效应而增加。最大和最小位置将被发送给轨旁 ATC 用于自动防护(AP)的计算。

2. 位移测量

如图 6-17 所示，编码里程计连接到车轴，用于检测列车的移动。由于受到多个传感器组合的防护，产生的数据是安全的。编码里程计发送计齿器计数信息和传感器信息组合，计齿设备用于测量位移。若传感器组合的信息不正确，传感器将被检测为故障，此时车载控制器将立即切换到备用 ATP/ATO 以便安全平稳地控制列车运行。

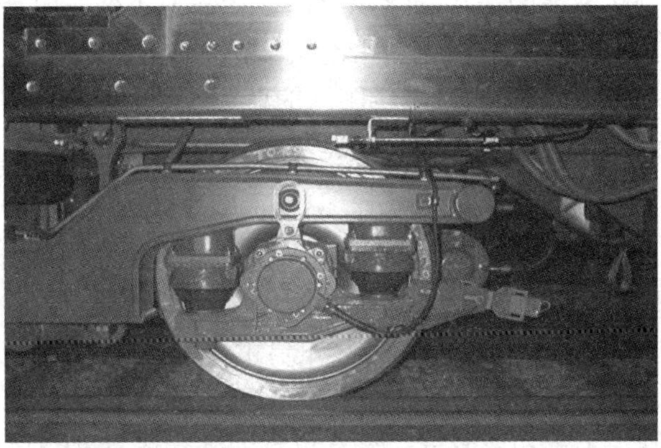

图 6-17　安装在车轴上的编码里程计

由于编码里程计安装在车轴上，位移测量直接与车轮直径相关。编码里程计通过 MTIB(移动列车初始化信标)来校核轮径，这一过程由两个固定间隔距离的信标组成。每天当列车从车辆段进入正线时，CC 都将校准它的编码里程计。

二、车地通信原理

无线系统的每个无线网络可以在轨道沿线构成一套重叠的无线电单元。每个无线电单元由每个接入点及其每个基站的轨旁波导管组成，如图 6-18 所示。

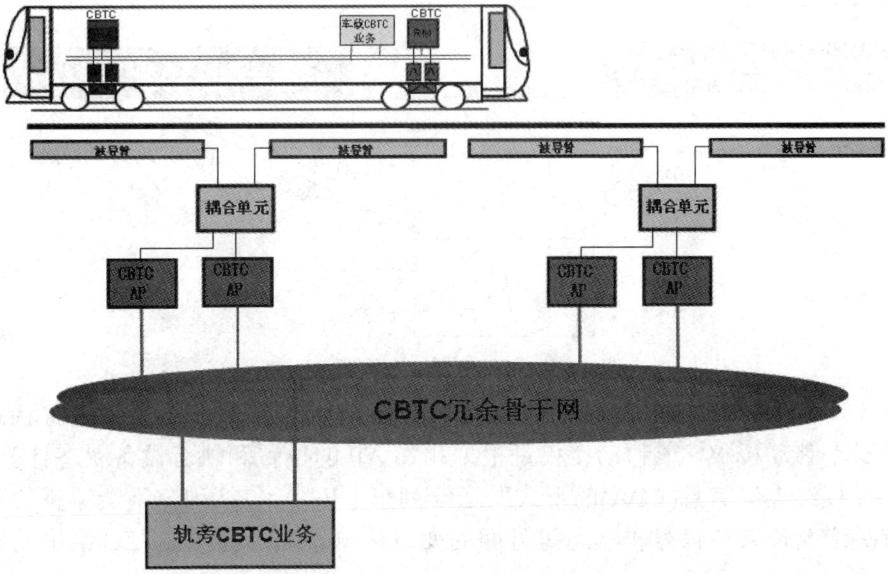

图 6-18　连续车地双向通信原理

对于 CBTC 业务，红色(蓝色)车载无线调制解调器总是与对应的红色(蓝色)接入点相关联。每个红色或蓝色无线调制解调器都有一个授权序列的无线网络相连接。该授权序列由两个部分组成：初级无线网络和次级无线网络。红色车载无线调制解调器的无线网络序列如下：

(1) 初级无线网络 = 红色无线网络；

(2) 次级无线网络 = 蓝色无线网络。

蓝色车载无线调制解调器的无线网络序列与上述情况类似，但是，初级无线网络是蓝色无线网络，次级无线网络则是红色无线网络。当红色(或蓝色)接入点出现故障时，红色(或蓝色)车载无线调制解调器可与其次级无线网络的蓝色(或红色)接入点部分建立连接。当车载无线调制解调器到达两个无线单元的交叉区域时，将进行接入点之间的交接。

三、闭塞原理

Urbalis888 移动闭塞原理如图 6-19 所示，基于以下设计理念：

(1) 主动列车检测：列车通过使用传感器(如车轮传感器)的车载编码里程计和点式信息的传输实现定位，并通过位置报告信息定时将其位置传输至 ZC，为列车定位的信息进行初始化、重新定位或精确停车等功能服务。位置报告的主要信息为列车的最大和最小定位、速度、列车编号及其相应的时间校验和时效性等。

(2) 移动闭塞防护：如图 6-20 所示，ZC 根据列车发送的位置报告在列车位置信息的基础上为控制范围内的每列车配置了一个安全包络(也称自动防护，AP)。AP 实际上是列车周围的屏蔽，其他列车或轨道车辆不能进入另一个移动或静态列车的 AP。同时，AP 表示为列车占用的区域，如果列车驶出其自身的自动防护范围之外，ATP 将实施紧急制动。AP 与预先定义的地理位置无关，其计算考虑最大车头位置和最小车尾位置两项因素。CC 与 ZC 间的无线通信所引起的时延已在最大车头位置与最小车尾位置中考虑。

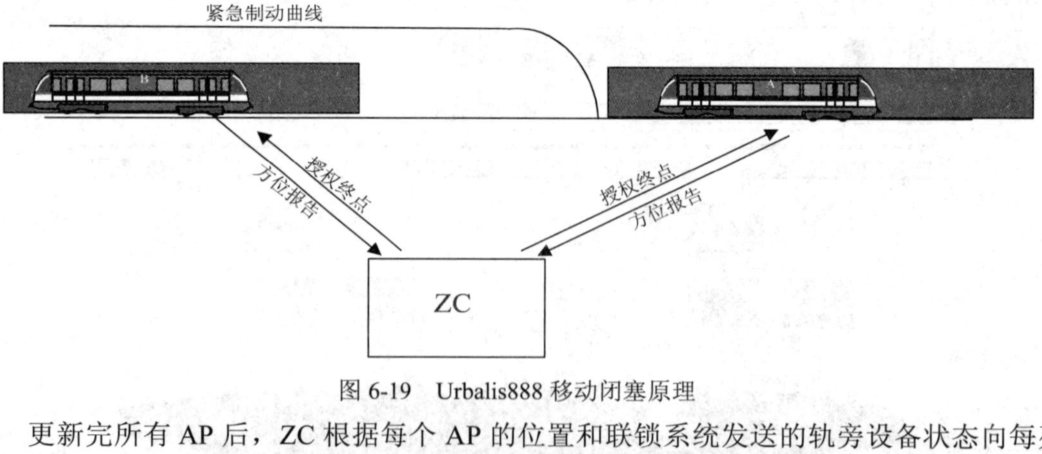

图 6-19　Urbalis888 移动闭塞原理

更新完所有 AP 后，ZC 根据每个 AP 的位置和联锁系统发送的轨旁设备状态向每列列车提供一个移动授权，该移动授权是根据相邻 AP 的位置和轨旁设备状态计算出来的，并通过“授权终点”信息(EOA)的形式发送给列车。EOA 包括列车不能穿越的限制点，还包括有关道岔位置或信号机状态等方面的变量消息。CC 负责根据 ZC 给出的安全限制驾驶列车。

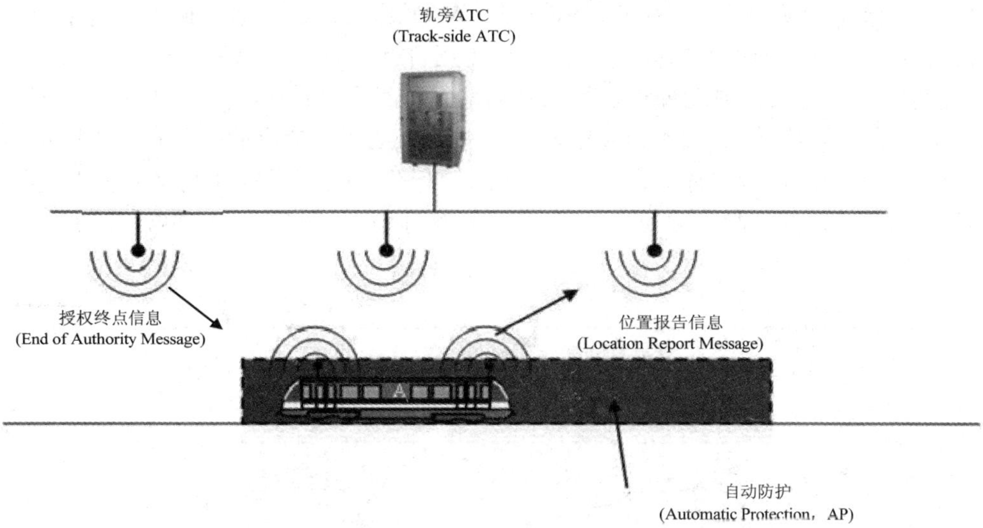

图 6-20 自动防护(AP)

在正常情况下，AP 的更新与列车次级检测系统无关；后备运行情况下(列车通信故障或 DCS 故障)，或对于无装备的列车，ZC 通过计轴的占用情况对列车进行追踪；当 ZC 也发生故障时，联锁通过检测计轴的占用和空闲状态实现进路闭塞，司机根据轨旁信号机的显示来控制列车运行。如图 6-21 所示，列车 A 发送一个位置报告(称为 Loc report)，并收到一个授权终点消息(称为 EOA)。因此，CC 知道其授权终点在列车 B 车尾的 AP 处。列车 B 授权终点是作为进路终端的红灯信号。

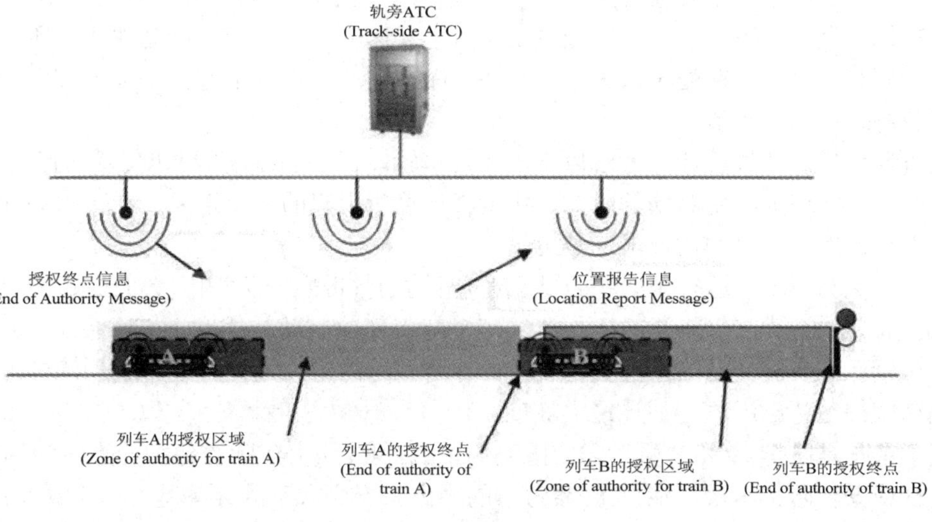

图 6-21 计算授权终点

四、列车控制原理

CBTC 下，车载控制器 CC 根据从 ZC 接收到的 EOA 信息和从轨旁信标获取的线路上的约束条件(停车点、速度限制等)计算出 ATP 紧急制动曲线。车载控制器根据列车目标请求、牵引和制动性能及其他相关列车特性计算 ATO 速度曲线，通过速度控制来避免列车超速和超能(列车势能和动能的总和)，使列车在距目标点安全距离处停车。

速度控制曲线由紧急制动曲线、紧急制动触发曲线和 ATO 停车(速度)曲线组成，如图 6-22 所示。其中，防护点是线路上列车不能越过的、ATP 需考虑的位置点，否则可能造成安全事故。防护点的位置通过实际的事物(前面的列车、限制信号机或安全防护区段末端)和安全余量来计算。紧急制动曲线由车载 ATP 监控，以确保列车在任何时候都遵守防护点。

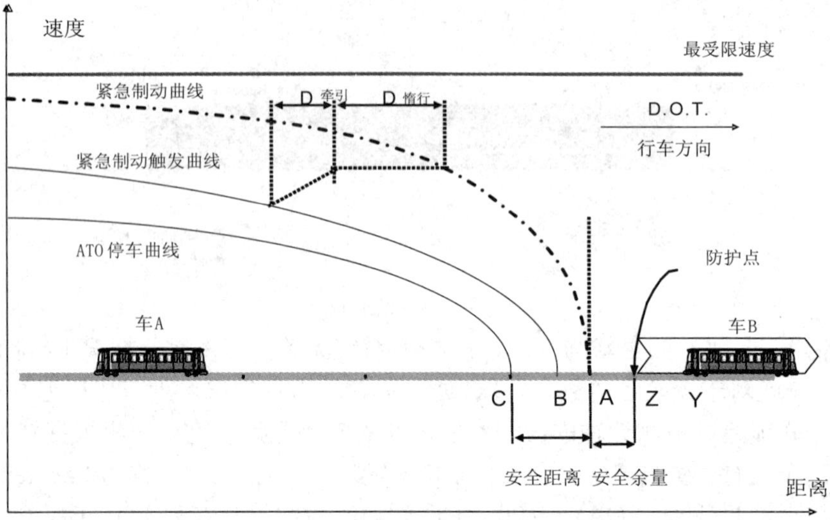

图 6-22　速度曲线图

列车运行过程中只要碰撞到紧急制动触发曲线，就会实施紧急制动。紧急制动触发曲线保证在最不利情况下，在列车实施过 EB 后，其速度仍低于紧急制动曲线。所谓最不利情况是指列车在制动之前处于最大牵引状态，而在制动过程中正好处于最大坡度的下坡路面，紧急制动率为最小值。

列车速度控制曲线的计算考虑以下因素：车辆能保证的制动减速度、车辆保证切断牵引的时间、车辆保证实施制动的时间、由 CC 计算所引起的定位误差、在牵引切除的时间内的最大加速度、区段的估计最大坡度。

安全距离为 ATO 运行至防护点或信号机防护点(带安全防护区段)的最短距离。它由 ATO 常用制动曲线监控，考虑以下因素：车辆能保证的制动减速度、车辆保证切断牵引的时间、车辆保证实施制动的时间、由 CC 计算所引起的定位误差、在牵引切除的时间内的最大加速度、在考虑区段的估计最大坡度。

安全余量是防护点(ATP 所考虑的限制约束点)和线路上实际需保护的点(前车尾部、限制信号机或安全防护区段末端)之间需考虑的距离。安全余量的计算基于以下误差：

(1) 在 ATC 数据准备中，由 ATP 制动距离估计算法(影响制动性能)中的坡度预测所引起的误差。

(2) 信号设备(信号机、道岔)位置误差。如果车头与前方实际信号设备间的距离小于车头至预计的前方信号机位置间的距离，则有危险。

(3) 实际列车转动惯量(影响制动性能)的近似值所引起的误差。

(4) 信标位置的允许误差。

五、系统降级或后备工作原理

系统的主要设备都采用冗余配置，因此出现冗余故障情况的可能性微乎其微。为了保证在任何情况下系统可用，当信号系统的 ATS、轨旁 ATP/ATO、DCS、车载 DCS 或车载 ATP/ATO 设备发生故障时，将启动降级或后备运行模式组织列车运营。系统提供的降级模式主要包括两种：点式 ATP/ATO 模式和联锁控制级模式。这两种模式同时也可作为系统的后备模式。

1. 轨旁设备的布置原则

在点式 ATP/ATO 模式下为了满足不大于 4 min 的运营间隔要求，轨旁设备将根据站间距离来布置，分别如图 6-23 和图 6-24 所示。布置原则如下：

(1) 车站进、出站口设置计轴设备；

(2) 在每个出站信号机后方设置一个计轴点作为保护区段；

(3) 在站间距离过长的区间设置一个间隔信号机和相应计轴点；

(4) 出站信号机、折返信号机和区间间隔信号机前方设置有源信标，根据线路需要设置预告信标。

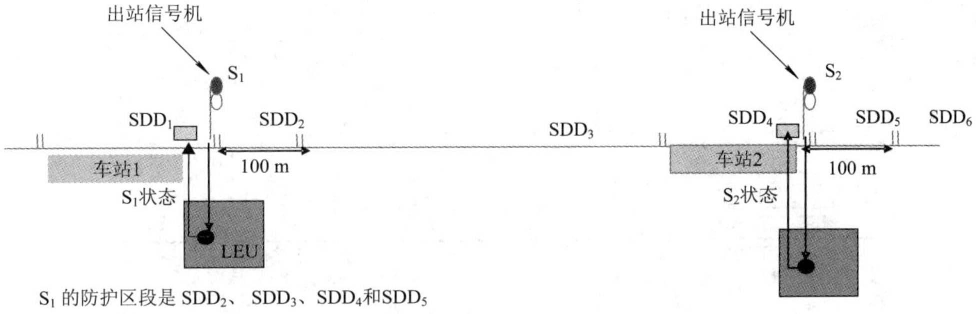

图 6-23　点式 ATP/ATO 模式下轨旁设备布置原则 1

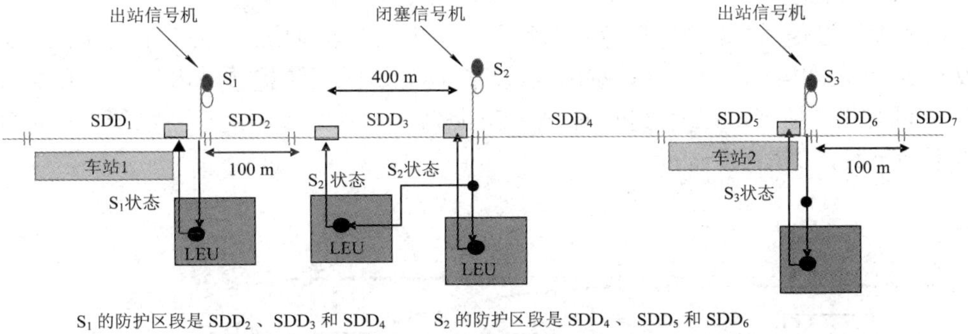

图 6-24　点式 ATP/ATO 模式下轨旁设备布置原则 2

2. 点式 ATP/ATO 控制原理

点式 ATP/ATO 模式在轨旁控制器 ZC 故障或一个特定区域的无线传输故障时用作后备模式。其主要特点如下：

(1) 带 ATP/ATO 的列车在红色信号机前方自动停车，防止冒进该信号机；

(2) 可持续监控永久限速；

(3) 列车能在 ATO 自动驾驶模式下运行；

(4) 可缩短行车间隔。

点式 ATP/ATO 模式运行原理如图 6-25 所示。

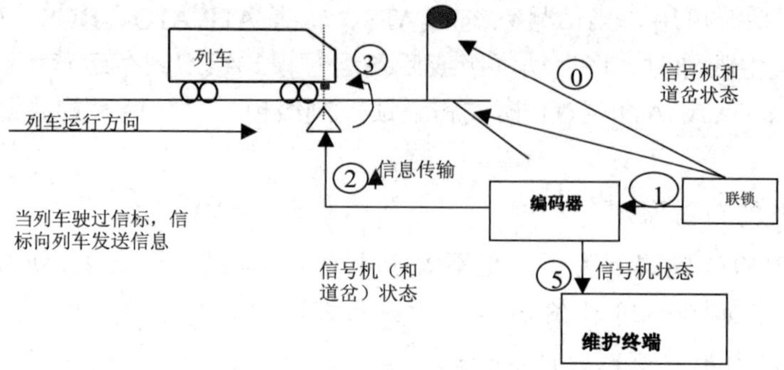

图 6-25　点式 ATP/ATO 模式运行原理

点式 ATP/ATO 模式下，系统根据有源信标的变量信息来控制列车的运行与安全间隔防护。若站间不设通过信号机，则如图 6-26 所示。当列车在 B2 信标处收到 S_2 是允许信号而 S_1 是禁止信号，列车则将防护点设置在 S_1 后面的防护区域内，ATO 则将停车点设置在 S_1 的前面，使列车在信号机前停车。

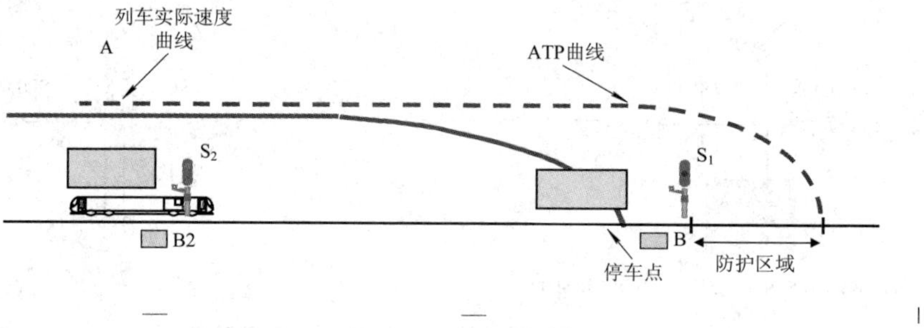

图 6-26　超速防护曲线 1

若站间设通过信号机，则如图 6-27 所示。当 S_2 为区间通过信号机时，列车在 S_3 信号机处收到 S_2 是允许信号，列车则将防护点设置在 S_1 后面的防护区域内，ATO 则将停车点设置在 S_1 的前面，使列车在信号机前停车。有源信标设置必须满足后备系统下运行间隔要求，当不满足时，需增设预告信标。

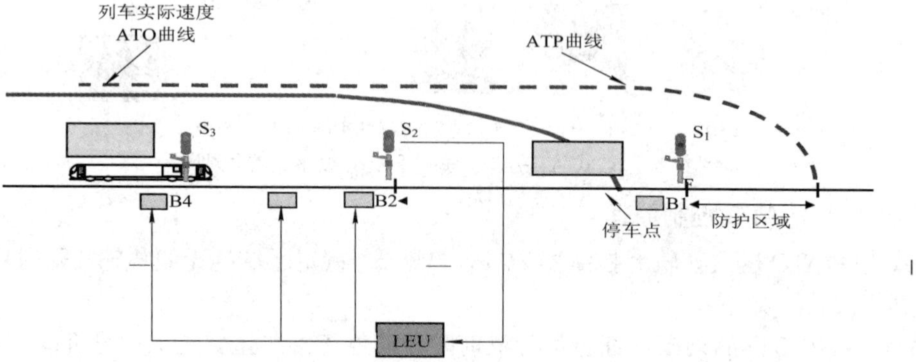

图 6-27　超速防护曲线 2

3. 联锁控制模式

在信号系统不具备点式 ATP/ATO 功能或者 ATP/ATO 完全故障的情况下，线路值班员可以选择以纯联锁控制模式作为后备模式指挥列车运行。

联锁控制模式下，所有的列车进路前方均设置保护区段，排列进路时相应的保护区段必须空闲和锁闭，保护区段的设置满足运营使用要求，必要时能对应设置多条保护区段。所有列车进路的保护区段均固定设置。在后续进路与保护区段的道岔位置不一致或者后续进路有多条可能的情况下，由联锁系统根据不同的后续进路产生不同的保护区段。

当系统采用联锁控制模式运行时，由调度员、司机和联锁子系统共同管理运营安全，ATS 子系统通过调整列车的停站时间并在 TDT 上显示，司机则根据该显示控制列车运行。

六、辅助列车检测设备

系统中，计轴系统可以采用北京泰雷兹交通自动化控制系统有限公司的二取二型 AzLM 计轴系统、西门子信号有限公司的 AzS(M) 350U 型计轴系统或深圳科安达电子科技股份有限公司的 TAZ Ⅱ电子计轴系统。下面以 AzLM 计轴系统为例进行说明。

1. 计轴设备原理

AzLM 计轴系统如图 6-28 所示。作为辅助列车检测设备，AzLM 计轴系统对通过它所在位置的列车轮轴进行计数。该系统由室内主机(ACE)和室外轨旁计轴点设备组成。

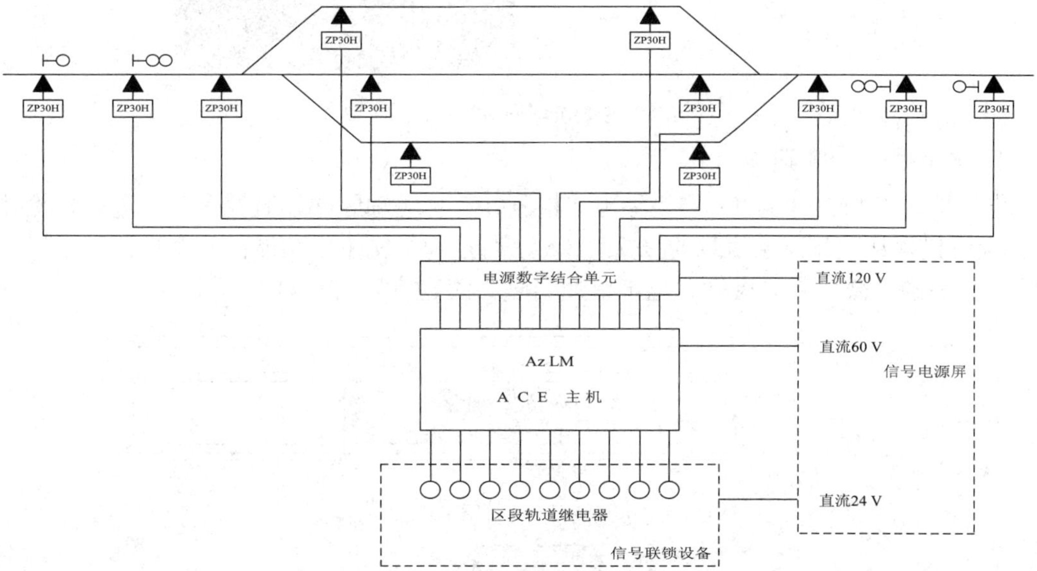

图 6-28　AzLM 计轴系统

1) 轨道磁头(车轮传感器)

轨道磁头由两个物理偏移线圈装置 Sk1 和 Sk2 组成，它们安装在同一根轨道上。轨道外侧是两个 Tx 线圈，轨道内侧为两个 Rx 线圈，产生约为 30 kHz 的不同频率的两种信号，在轨道附近形成电磁场。这些装置提供了两个时间偏移的感应电压，利用这些装置就可以在电子单元中确定是否通过轮轴以及轮轴的行驶方向。基于可靠性原因，磁头中除线圈外不存在其他电子部件。SK30H 轨道磁头工作原理分别如图 6-29 和图 6-30 所示。

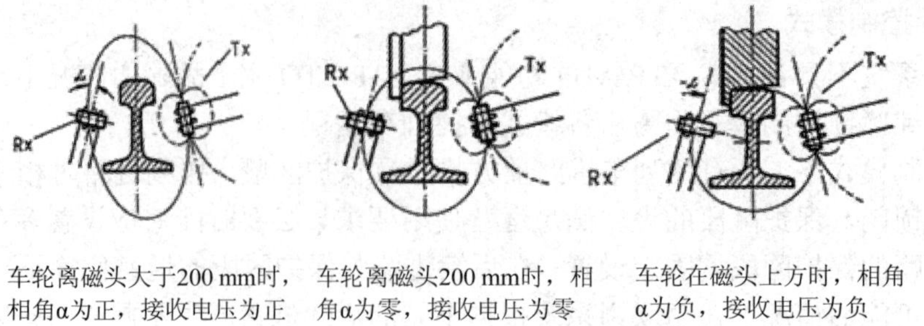

图 6-29　SK30H 轨道磁头工作原理 1

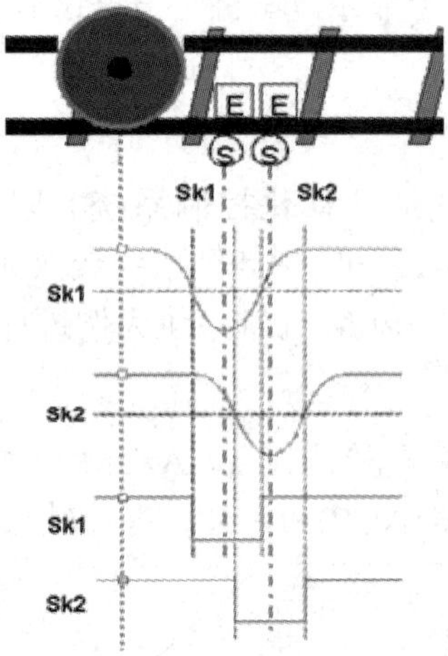

图 6-30　SK30H 轨道磁头工作原理 2

2) 车轮电子检测盒(EAK)

电子单元 E-Es30H 为 Tx 磁头供电，检测并计算轮轴脉冲、监控磁头、进行自检并向 ACE 发送包含计数和监控信息的报文。计数、监控和报文生成功能由两个受计轴主机安全模块监控的独立微控制器执行。电子单元和磁头的连接如图 6-31 所示。

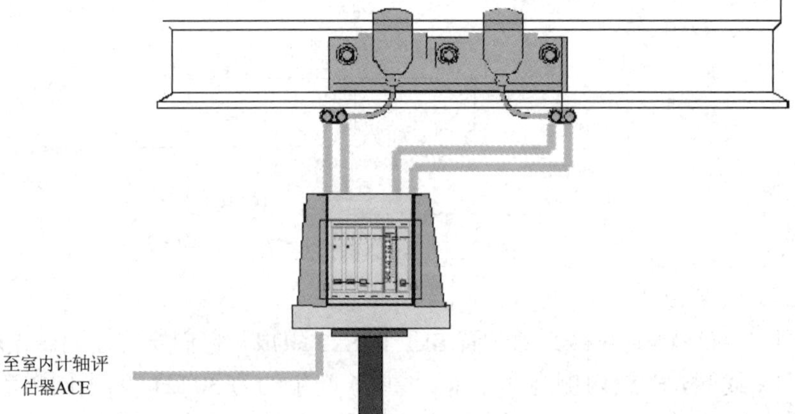

图 6-31　轨旁电子单元 E-Es30H 和 SK30H 轨道磁头的连接

3) 计轴评估单元(ACE)

室内计轴评估单元通过评估室外计轴区段计入及计出的轴数来判断此区段是否空闲。其工作原理如图 6-32 所示。

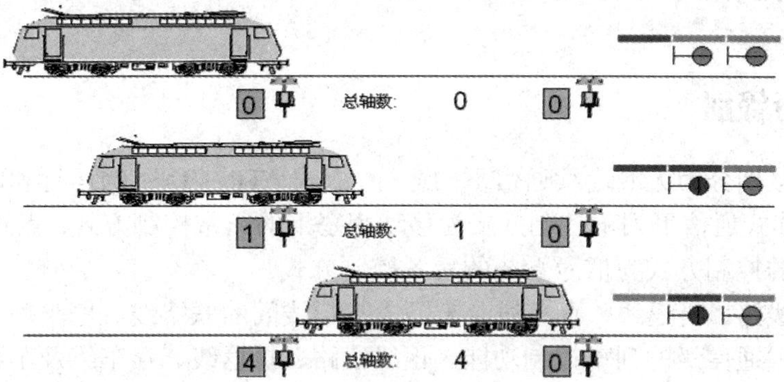

图 6-32　计轴评估单元工作原理

2. 计轴和 CBTC 列车

计轴一直工作。联锁将读取计轴(计轴评估单元)对于轨道占用的输出，并将计轴区段状态传递给 ZC。在少数情况下，区段在没有列车时会突然为占用状态(即计轴区段发生故障)，该占用的区段不会成为 CBTC 列车的障碍物。

3. 计轴和非装备列车(含 CC 故障列车)

此情形下计轴将正常工作。联锁基于计轴状态建立进路，开放/关闭信号，司机根据轨旁信号机的显示行车。

4. 计轴区段系统故障对运行的影响和恢复

对于 CBTC 列车，计轴区段的占用和故障将不会干扰列车自动运行。对于非装备列车(包含 CC 故障列车)，计轴区段的占用或故障会影响非装备列车的行驶。

5. 计轴复位方式

(1) 直接复零：系统收到复零命令后直接复零(人工保证)。

(2) 条件复零：系统收到复零命令后会检查区段最后进出轴状态。如果区段最后一轴是进轴，那么系统不允许复位；如果区段最后一轴是出轴，那么系统允许复位(人工+系统保证)。

(3) 预复零：系统收到复零命令，区段需要过一遍车后，系统才让之复位(车辆物理保证)。

(4) 带确认的预复零：系统收到复零命令，区段需要过一遍车，并且人工给出确认条件后，系统才让之复位(车辆 + 人工保证)。

任务四　卡斯柯 CBTC 系统的运行模式

【工作任务】

(1) 掌握 Urbalis888 系统的列车运行级别、运行模式及系统运营模式的转换。

(2) 熟悉 Urbalis888 系统驾驶模式。

(3) 了解工程车运行模式。

【知识准备】

一、列车运行级别

列车运行级别分为无线连续通信下的运行、点式 ATP 控制下的运行和联锁控制级下的运行。无线连续式通信下列车控制方式为移动闭塞下的正常控制方式；点式 ATP 控制方式和联锁控制级的控制方式为信号系统的后备控制方式。

所有正线线路、折返线、存车线及车辆段与正线间的联络线、停车场与正线间的联络线均具备连续式通信级的列车控制功能。正线线路、折返线、存车线及车辆段与正线间的联络线、停车场与正线间的联络线等上的所有进路均具备点式 ATP 控制功能。

二、正常运行模式

系统正常运行模式定义为所有子系统都能够与其他系统进行正常通信，并能以全能力和全功能进行运行的最优情况。此时，ATS 根据预定的时刻表自动调整列车，ATP 保证行车安全，ATO 在有司机监督的情况下自动驾驶列车，联锁设置进路并控制轨旁设备，DCS 通过骨干网和无线接入点确保所有子系统之间不间断地交换数据。

对正线、折返线、渡线、存车线、出入段线及试车线、与其他线路的联络线均按双方向运行设计，正向具备 ATO 功能，当列车反向运行时(联络线除外)，系统具备 ATP 防护功能。在 CBTC 模式下，ATO 模式(常用驾驶模式)和 ATP 模式两种驾驶模式为正常运行模式，RMF 或 RMR 模式可用；在点式 ATP/ATO 模式下，ATO 模式和 ATP 模式两种驾驶模式为正常运行模式，RMF 或 RMR 模式可用。

三、运营模式的转换

轨旁设备在 CBTC 模式与点式 ATP/ATO 模式间的切换是自动的。车载的运营模式切换如表 6-3 所示。

表 6-3　车载的运营模式切换

运营模式	方 式
CBTC 转为 BM	使用按钮切换
BM 转为 CBTC	自动切换或人工确认

下面通过两个不同的运营模式转换场景来介绍系统运营模式的转换。

1. 预知故障

如图 6-33 所示，当列车在第一站台停靠时，如果司机接到监控中心关于前方站间通信故障的通知，司机可以通过驾驶台上的 BM 按钮选择后备运营模式，使列车可以不停车顺利通过站间故障区。司机还可以选择以 RM 模式驾驶列车通过故障区。当列车在第二站台停靠时，司机取消点式 ATP/ATO 模式，当 CC 收到“允许”状态的 CBTC 运行授权终点后，可以自动切换到 CBTC 下的 ATP 模式。

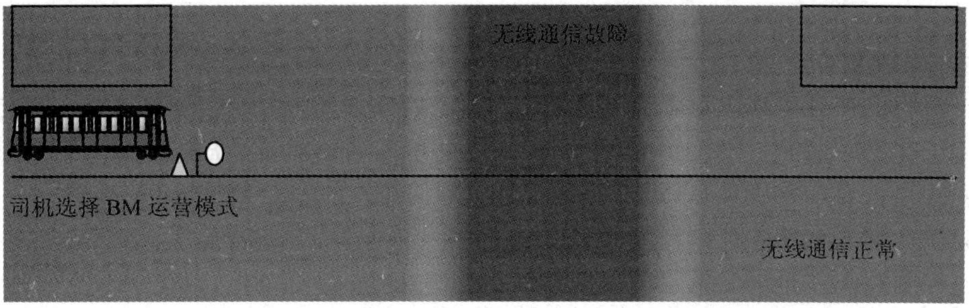

图 6-33　预知故障

2. 未知故障

如图 6-34 所示，当列车在站间行驶时，前方无线通信突然发生故障，此时 CC 立即启动紧急制动，直至列车停稳。系统转为点式 ATP/ATO 模式，司机只能选择以 RM 模式人工驾驶前行，直到列车通过点式 ATP/ATO 模式初始化信标或无线恢复区域。CC 接收到移动授权，可以自动从 RM 切换到 ATP 模式。当列车收到“允许”状态的 CBTC 运行授权终点后，可以自动切换到 CBTC 下的 ATP 模式。后方的列车将收到监控中心的通知，因此对于后方的列车，这次故障为未知故障。

图 6-34　未知故障

四、列车驾驶模式

Ubralis888 系统主要提供以下列车驾驶模式：

(1) 列车自动驾驶模式：ATO 模式。

(2) ATP 防护下的人工驾驶模式：ATP 模式。

(3) 限制人工驾驶模式(前进/后退)：RM(RMF/RMR)。

(4) 非限制人工驾驶模式：NRM 模式。

正常情况下，系统常态模式为 CBTC，自动驾驶模式 ATO 是系统的常用模式。发生故障后，根据故障类型采用不同的降级处理模式。自动折返为 ATO 的一种控制功能模式，列车在自动折返区域，通过该功能实现无人自动折返。

1. 列车自动驾驶模式

在 CBTC 模式和点式 ATP/ATO 模式下均可使用 ATO 模式。在 CBTC 模式下，ATO 按照 ATS 速度调整要求、站台精确停车要求和车站停车管理(自动车门打开/关闭、停站时间过后出站)驾驶列车，并确保平稳驾驶。ATO 模式只能在 ATP 的监控下工作，依然由 ATP 管理列车安全。在 CBTC 模式下，由 ATO 驾驶列车，ATS 给出的调整命令由 ATO 直接处理，车载 ATP/ATO 在人工协助下执行以下功能：

(1) 由司机在存车线上启动列车的车载 ATP/ATO 设备；

(2) 进行出库前的日检测试(车载设备自检、车地通信测试、EB 测试和车门测试)；

(3) 接收、显示并确认 ATS 的主动列车识别信息；

(4) 在考虑安全相关的限制和调整要求的情况下自动驾驶列车；

(5) 控制列车在正线上的运行及折返；

(6) 自动、安全、合理地运行，并在车站安全精确停车，安全管理列车车门和安全门(开门和关门次序)，确定停站及出站时间；

(7) 不间断记录并向监控系统报告操作和维护数据；

(8) 接收和回应远程控制与请求；

(9) 自动完成系统调整的要求；

(10) 管理列车退出正线运营。

ATP 系统处理和发送所有安全相关授权，并确定在没有发送时，这些授权未被滥用，并且在冒进限制点时触发紧急制动。通过 ATP/ATO 产生的功能和维护信息，OCC 操作员能定期收到列车运行信息，在正常情况下不需要干预。

CBTC 下的 ATO 模式为列车正常运行模式。在此模式下，ATO 通过 ATS 的指令顺畅地驾驶列车，因此能获得最佳的调整性能和舒适性。当使用 CBTC 下的 ATO 模式时，要求 ATS、CI、DCS、ZC、LC 和 CC 都完全可用。同时，在此模式可用前，ATP/ATO 必须顺利通过自检。

当使用点式 ATP/ATO 模式下的 ATO 模式时，要求 CI 和 CC 都完全可用。在此模式可用前，车载 ATP/ATO 必须完成自检。

2. ATP 防护下的人工驾驶模式

在 CBTC 模式和点式 ATP/ATO 模式下均可使用 ATP 模式。当 CBTC 下的 ATP 模式可用时，系统自动设置该模式。在 CBTC 下的 ATP 模式下，司机负责驾驶列车、停站及车门控制，列车仍然受到全部 ATP 功能的保护。因此，车载 ATP 可通过下列功能辅助司机：

(1) 显示当前速度、目标速度(前方限速)和目标距离；

(2) 提供有关驾驶模式、可用模式、车载设备健康状态和 ATS 调整命令方面的信息；

(3) 当列车速度接近限速时，系统将对司机给出声光报警信号，提醒司机减速；

(4) 当列车停在站内时，提示司机正确开关车门；

(5) 列车出站前，处理从 ATS 接收到的列车出站信息。

根据上述信息，为了安全，司机知道是否必须减慢列车速度或在信号机前停车。同样，显示的信息将提示司机根据 ATS 调整要求行车。ATP 确保完全的安全级别，根据线路参数、配置和速度限制，ATP 将设置最大限速和目标距离，从而确定安全包络。其主要安全功能为：当列车速度超过限速或接近防护点时超过限速值，将触发紧急制动，防护点为前方列车、进路信号机(如果为禁止信号)、轨道终点等；进行日常综合测试(包括紧急制动测试)；协助司机在考虑安全相关限制和调整要求的前提下人工驾驶列车；协助司机折返；列车进站停在停车窗内，授权打开车门，显示来自车站的停站和发车指令。

ATP 中的其他非安全功能为：接收并确认 ATS 发送的主动列车识别信息；向司机实时更新调整信息；不间断记录用于监督系统的运行和维护数据；接收和回应远程控制与请求；向司机显示信息。

点式 ATP/ATO 模式下的 ATP 模式为列车运营的一种降级模式。当设备出现故障，如 ZC 故障或无线传输故障时可用作点式 ATP/ATO 模式，也可在其他可能的情况下将运营模式转换成点式 ATP/ATO 模式。其主要特点为：列车可在点式 ATP/ATO 模式下运行；可防止装备 ATP/ATO，并以点式 ATP/ATO 模式运行的列车越过限制约束点；始终监控永久限速。

在 CBTC 下的 ATP 模式时，要求 CI、DCS、ZC、LC 和 CC 全部可用。在此模式可用前，车载 ATP 必须完成自检。当需要司机手动驾驶列车(例如，通过工作区)或 ATO 模式不可用时，才使用 ATP 模式。

3. 限制人工驾驶模式

在该模式下，车载 ATP 将限制列车在某一指定的低速(如 25 km/h)下运行。司机可以在需要时选择使用该模式。但由于是限制人工驾驶模式，司机负责根据调度命令和地面信号显示驾驶列车，且确保在禁止信号前停车。

反向 RM 模式(RMR)还允许列车在有限距离内限速退行，ATP 判断是否满足退行条件，并在必要时触发紧急制动。对于诸如人工驾驶时列车越过停车点需要后退等情况，这种模式是非常有用的。

配置轨旁 ATC 设备的区域和未配置轨旁 ATC 设备的区域都可授权 RM 模式。然而，ATP 和 ATO 模式不能在未配置轨旁 ATC 设备的区域内获得授权。在正常情况下，当列车到达其适当位置时，由 CC 自动控制安全门的开/关。在 RM 模式下，列车到站后为了方便乘客上下车，司机应在列车到达其适当位置后人工开/关安全门。这种模式应在以下情况下使用：

(1) 在特定降级模式中；

(2) 当两个车载 ATP/ATO 设备均失去列车定位信息时；

(3) 在车辆段/停车场人工驾驶列车的时候。

一旦车载设备进入运行状态，此模式即可使用。

4. 非限制人工驾驶模式

NRM 模式为完全人工驾驶模式。司机用 ATC 切除选择开关切除 ATC，此旁路开关阻断了 ATC 紧急制动输出以及其他阻止列车运行的输出，因此车载设备不监控列车的运行。列车的行车安全完全由联锁设备、调度人员及司机共同负责，司机必须严格按照调度命令和地面信号的显示驾驶列车。

5. 驾驶模式之间的转换

驾驶模式间的转换符合安全、高效、操作简单的原则，确保驾驶模式转换时列车运行的安全。在 ATC 控制区内转换为限制人工驾驶模式和非限制人工驾驶模式的过程中，车载信号设备具有相应的安全保证措施。各驾驶模式之间可采用人工转换，在某种情况下也可自动转换，如表 6-4 所示。

表 6-4 驾驶模式的转换

原驾驶模式	转换后驾驶模式			
	列车自动驾驶模式	ATP 防护下的人工驾驶模式	限制人工驾驶模式	非限制人工驾驶模式
列车自动驾驶模式		无论列车处于运行或停车状态，司机都可使列车立刻处于该模式	正线需停车后人工转换；在出入段/场线转换轨，当速度低于 25 km/h 时可根据用户需要配置成停车或不停车转换	司机确认列车停车后，使用 ATC 切除开关切除 ATC
ATP 防护下的人工驾驶模式	列车处于运行或停车状态，司机均可使列车处于该模式		正线需停车后人工转换；在出入段/场线转换轨，当速度低于 25 km/h 时可根据用户需要配置成停车或不停车转换	司机确认列车停车后，使用 ATC 切除开关切除 ATC
限制人工驾驶模式		列车获得定位并接收到正确的移动授权后，自动转换为该模式		司机确认列车停车后，使用 ATC 切除开关切除 ATC
非限制人工驾驶模式			车载 ATP 设备可用时，列车停车后，司机将 ATC 切除开关恢复至 ATC 正常位	

1) ATP 与 ATO 模式之间的转换

ATP 与 ATO 模式之间的转换可在不停车的情况下完成。当列车以 ATP 模式运行，司机将操控手柄放到惰行位置并按压 ATO 启动按钮，列车驾驶模式可以在不停车的情况下自动升级到 ATO 模式。当列车以 ATO 模式运行，司机将操控手柄从惰行位置移到牵引或制动位置，列车驾驶模式在不停车的情况下自动转换为 ATP 模式。

2) RMF 与 ATP 模式之间的转换

RMF 与 ATP 模式之间的转换可在停车或不停车的情况下完成。

列车以 RMF 模式运行，在完成定位后，当列车进入到 CBTC 区域时，一旦车地双向通信建立，列车将从 ZC 接收到 CBTC 下的移动授权，此时列车驾驶模式自动升级到 ATP 模式。当 CBTC 模式不可用时，如果系统具备点式 ATP/ATO 功能，列车完成点式 ATP/ATO 模式初始化后，可由 RMF 模式自动转换到点式下的 ATP 模式运行。在正常情况下，整个模式转换过程中，列车不必减速或停车。

当列车以 ATP 模式运行时，如果列车离开 CBTC 区域或者 CBTC 及点式 ATP/ATO 模式不可用时，列车可以在停车的情况下由司机按压 RM 按钮，从而使列车驾驶模式转换为 RMF 模式。在转换轨处也可以配置成不停车转换，这种情况下，如果司机将驾驶速度降到 RMF 模式允许的最大速度以内并且按压 RM 按钮后，列车也可以不停车转换到 RMF 模式。

3) RM 与 NRM 模式之间的转换

RM 与 NRM 模式之间的转换需要停车，司机人工请求由 RM 模式转至 NRM 模式时，可使用 ATC 切除选择开关切除 ATC 以阻断其紧急制动输出，并且需要经过特殊授权才能完成(如破铅封等)。

6. 折返模式

所有具备折返条件的车站都能进行折返，包括有人自动折返和无人驾驶自动折返。

1) 有人折返

(1) ATO 有人监督自动折返模式。当列车在折返站规定的停车时间结束及旅客下车完毕，车门和屏蔽门/安全门将自动或人工关闭；由司机按压车上相关的“折返”按钮后，列车将自动驾驶进入和折出折返线并返回到发车站台，随后自动打开车门和屏蔽门/安全门。

(2) ATP 监督下的人工折返模式。司机采用“控制手柄”控制列车运行时采用此模式。在此模式下，司机人工驾驶列车运行到折返线并停车，人工关闭本驾驶端驾驶盘和启动反向端驾驶盘，在 ATP 监督下人工驾驶列车进入发车股道并定位停车。司机可按压开门按钮打开车门和屏蔽门/安全门。

(3) 限制人工折返模式。在此模式下，司机采用“控制手柄”控制列车运行，司机人工驾驶列车运行到折返线并停车，人工关闭本端驾驶盘并开启反向端驾驶盘，之后人工驾驶列车进入发车股道并定位停车，司机按压开门按钮打开车门和站台屏蔽门/安全门，车门/屏蔽门/安全门保持开启直至停站时间终止。整个折返过程中，车载 ATP 限制列车在某一固定的低速(如 25 km/h)之下运行。

(4) 非限制人工折返模式。在此模式下，司机根据调度命令和地面信号的显示，人工驾驶列车运行到折返线并停车，再人工驾驶列车进入发车股道并定位停车。司机可按压开门按钮打开车门和站台屏蔽门/安全门。

2) 无人自动折返

自动折返是列车在非人工驾驶情况下，在正线上特定区域实现换端。自动折返是在完全 CBTC 控制(ATB 模式)下无乘客时进行的。

当列车在折返站规定的停车时间结束及乘客下车完毕，车门和屏蔽门/安全门将关闭。经过必要的操作确认司机下车，由司机按压站台“无人自动折返”按钮后采用此模式。列车可在无人驾驶的情况下，从到达站台自动驾驶进入和折出折返线，最后进入发车股道自动打开车门和屏蔽门/安全门。在整个折返过程中无需司机在车上对列车进行操作。列车到达出发站台停稳，在确保司机进入另一端驾驶室后方可启动列车。

7. 开关门管理

当列车在车站精确停车时，并在 ATO 模式下可以通过以下三种开关门模式实现乘客换乘。

1) 全自动

当检测到列车精确停车时，ATO 自动打开列车车门和安全门；当乘客上下车时间到时，

ATO 自动关闭列车车门和安全门；当调整时间过去时，司机按压 ATO 启动按钮，列车驶向下一车站。

2) 半自动

当检测到列车精确停车时，ATO 自动打开列车车门和安全门；当乘客上下车时间到时，ATP 通知司机可以关闭列车车门和安全门；当调整时间过去时，司机按压 ATO 启动按钮，列车驶向下一车站。

3) 人工

当检测到列车精确停车时，ATP 授权司机打开列车车门和安全门；当乘客上下车时间到时，ATP 通知司机可以关闭列车车门和安全门；当调整时间过去时，司机按压 ATO 启动按钮，列车驶向下一车站。

在 ATP 模式下，司机人工控制列车车门和安全门：当检测到列车精确停车时，ATP 授权司机打开列车门和安全门；当乘客上下车时间到时，ATP 通知司机可以关闭列车门和安全门；根据驾驶台或 TDT 指示，当调整时间过去时，司机控制列车启动，列车驶向下一车站。

在限制人工驾驶模式和非限制人工驾驶模式下，站台停车、列车车门开关、安全门的开关均由司机人工控制。

五、降级运行模式

本节描述在双设备故障(每个设备都是冗余的)情况下，Urbalis888 系统的运行模式和恢复到正常模式的过程。

1. 非通信列车

非通信列车不向 ZC 发送信息，也不接收来自 ZC 的信息。如果列车在自动模式下运行，失去通信一定时间后，该列车将自动通过紧急制动停车。不能通信的列车(非通信列车)说明某列车的车载无线系统完全不可用(即两个调制解调器都故障)或轨旁某个无线分区的无线设备完全不可用。

如果车载无线设备出现故障，司机可以将非通信列车转换至点式 ATP/ATO 模式运行。系统将能识别非通信列车和通信列车，实现两者在正线的混跑，并且通信列车仍然按照正常的模式运行。

当非通信列车在同一个 ZC 范围内恢复无线覆盖，将自动建立全双向通信。列车将其位置报告给 ZC，得到自动防护包络，如果列车在区间且前方计轴区段空闲，那么司机人工驾驶列车通过一个计轴点后，立即恢复 CBTC 功能。如果列车停在车站且前后区段空闲，那么可立即恢复 CBTC，即列车可以自动切换到 CBTC 运营模式下的 ATP 驾驶模式。

2. CC 故障

在两个车载 CC 计算机都故障(极不可能出现)情况下，故障告警被发送至 OCC，列车实施紧急制动。列车应切换到 NRM 模式(ATP 切除)将列车驾驶至下一站，以便使旅客撤离。当单个 CC 故障时，头尾冗余的 CC 之间能实现无隙自动切换。主控 CC 和备用 CC(即将工作)之间将在以下情况下进行切换：

(1) 失去测速单元(里程计故障)；

(2) 失去信标通信(车载信标天线故障)；

(3) 失去与车辆的通信。

实际上，每端的 CC 设备都会连续地检测其可用性指标，包括检测与其接口的可用性(如编码里程计、司机台等)。一旦主控 CC 的可用性低于备用 CC，头尾冗余车载控制器之间的切换就会立即执行。仅当原主控 CC 的可用性指标已恢复到初始状态(在日常运行开始时)时，才允许系统切换回原主控 CC。

如果进行维护操作后，CC 故障恢复并执行自检程序。当自检完成并全部通过后，CC 将建立和 ZC 的通信，司机必须驾驶列车通过两个连续的信标以恢复列车定位。只要列车将其位置(通过 LOC 报告)发送给 ZC 并接收到 ZC 发送的移动授权命令，列车立即恢复移动闭塞功能，即列车可以自动切换到 CBTC 运营模式下的 ATP 驾驶模式。

3. ATO 处理器故障

在 ATO 故障情况下，故障告警将被发送至 OCC，ATO 模式将不再可用(这种情况仅在可能性非常小的冗余 ATO-车辆接口均失效的情况下发生)。

如果 ATO 功能失效，则在 OCC 下达的无线调度指令下，司机可以在 ATP 或 RM 模式下驾驶列车。如果两套 ATO 接口板卡中只有一套故障，则列车仍可以在 ATO 模式下运行。

4. 车载信标天线故障

当两个车载信标天线都故障时，列车接收不到连续两个信标信息后，系统将触发紧急制动。列车可以以 RM 模式运行。

5. 编码里程计故障

在两个里程计均出现故障的情况下，任何 ATP 驾驶模式均不可用(无法实现列车速度控制)，系统将触发紧急制动。司机可以切除 ATC，以 NRM 模式按轨旁信号显示驾驶列车运行。

6. 列车车门关闭和锁定表示故障

在停站时间结束之时，如果车载 CC 没有收到“列车车门关闭和锁定”提示，列车将向 OCC 发送一个告警。

7. 未能实现车站精确停车

在极不可能的情况下，当列车运行未到或超过了车站停车位置，使列车在站内的位置不正确而不能安全开门，则无法得到开车门授权，系统将向 ATS 发送一个报警。

如果列车停车还未到车站的精确停车位置，司机可以通过按压 ATO 按钮启动列车行驶至停车点或人工驾驶列车至停车点。

如果列车超过了车站的精确停车位置，并且停车误差小于规定的停车误差(例如 5 m)，司机可切换到 RMR 模式，人工驾驶退行至精确停车点。如果列车超出规定的停车范围，司机将驾驶列车跳停至下一站。

8. ZC 故障

在极不可能情况下，当其中一套 ZC 发生故障时，该 ZC 所管理的区域内的列车将紧急停车并转换到点式 ATP/ATO 模式运行。

与其相邻的 ZC 控制区域内的列车仍然以 CBTC 模式运行。当故障 ZC 区域内的列车进入其相邻的正常的 ZC 控制区域时，可以在不停车的情况下自动或人工转换至 CBTC 模式下正常运行。该分散式 ZC 结构和混跑模式可以确保载客运行的连续性和系统的最大可用性。

维修人员可以关闭并重启 ZC 来修复该故障。如果 ZC 可以正常重启，ZC 和 CC 可重新建立通信，ZC 区域内的列车可由点式恢复到 CBTC 运行。

9. LC 故障

三取二的 LC 发生两个通道故障(极不可能出现的)情况下，列车无法在 CBTC 方式下以 ATO/ATP 模式继续运行，并将紧急停车。在这种情况下，操作人员可通过重启 LC 平台或按照维护系统的提示更换部件进行修复。如果在 LC 重新启动之后，系统仍不能响应，司机需将列车转换至点式 ATP/ATO 模式下运行。

10. 计算机联锁 CI 故障

在某一联锁区域的冗余 CI 计算机故障的(极不可能出现)情况下，系统无法操作该 CI 控制区域内的进路和道岔。

当 CI 故障，系统会马上将该故障报警发送给 OCC 调度通知维修人员。该 CI 控制区域的现场设备不能工作，列车只能减速以 RM 模式或 NRM 模式通过该区域。相邻区域仍然能保持全功能运营。一旦列车驶出该故障区域进入正常区段，ATO 模式将有效。CI 故障修复后，将可以设置进路和控制现场设备，该区域的 CBTC 模式恢复可用。

11. 信号骨干网故障

信号骨干网的结构是一套冗余的 SDH 网络。冗余设备中的一套设备完全不能工作时，另一套仍然可以无扰工作，并且具有相同的性能。

SDH 网络为环状网络，如果网络在某点被切断，系统将通过另一方向重新连接通信，系统运营也不受影响。如果冗余设备都完全失效，在其故障范围内的设备集中站将只能采取降级模式运营。当故障修复后，骨干网重新可用，全线双向通信可用，列车可进行初始化。一旦故障区域内列车的 CBTC 模式可用，司机可按压 ATO 发车按钮来控制列车，并以 ATO 模式运行。

12. ATS 故障

ATS 具有两种控制模式：中央控制模式和车站控制模式。ATS 是冗余系统，中央 ATS 的任何设备单个故障时，都可以由备用设备接管处理。

当控制中心所有 ATS 调度员工作站均故障时，可用调度员口令在其他工作站(如维护工作站)上登录，以监控在线列车运行。在中央 ATS 完全故障(极不可能出现)或中央 ATS 至车站 ATS 的传输通道故障的情况下，值班员可以切换至车站 ATS 控制模式，并提供一定的时刻表管理功能控制在线列车运行。当车站 ATS 设备故障时，车站联锁设备按自动进路方式或人工办理进路方式控制在线列车的运行。

13. 无线接入点故障

在一个冗余的无线接入点发生故障(红网 AP 和蓝网 AP 都发生故障)时，车地通信在该无线接入点控制的区域中无法与该无线接入点实现通信，列车将自动与该故障点另一个无线接入点进行通信。系统保证在该故障点车地通信不丢失数据包。若连续两个冗余的无线接入点发生故障(红网 AP 和蓝网 AP 都发生故障)时，将不能进行正常的车地通信，一定时间后列车将紧急制动。停车后，列车将以点式 ATP/ATO 模式或 RM 模式运行。

当列车恢复无线覆盖，连续的双向通信将自动建立，移动闭塞可用系统自动切换到 CBTC 模式。

14. 信标故障

因为 ATP 知道所有信标的确切位置，当一个定位信标发生故障时，将立即被车载 ATP 检测到并发出报警，不会影响系统的正常运行。

如果错过了两个连续的定位信标，那么列车定位信息将丢失，必须以 RM 模式或 NRM 模式驾驶。当司机驾驶列车通过任意连续的两个定位信标后，列车重新定位，CBTC 或点式 ATP/ATO 模式将有效。

15. 信号机故障

在 CBTC 模式下，信号机故障不影响 CBTC 系统中列车的正常运行。

在点式 ATP/ATO 模式下，信号机故障导致灭灯须被视为禁止信号。此时，司机可以 RM 或 NRM 模式按调度命令控制列车运行。

16. 道岔失去表示

在道岔失去表示的情况下，列车无法在 CBTC 和点式 ATP/ATO 模式下运行。在 RM 模式下经过一定规程，列车可以经过该道岔，但需要人工确认。

17. 轨道占用检测设备故障

计轴设备故障不会影响 CBTC 系统正常运行。在点式 ATP/ATO 模式下，信号机防护的计轴区段发生故障时，不得开放允许信号。计轴设备的故障信息须传送至维护支持系统。维护支持系统将得到报警信号，值班员派维护人员去现场确认设备，而不会影响线路运行。

六、后备模式

点式 ATP/ATO 模式和联锁控制模式为后备模式。当连续式 ATP 功能失效或特殊需要时，能启动后备模式组织列车运营。点式 ATP/ATO 模式能满足不大于 4 min 的运营间隔要求。点式 ATP/ATO 模式是 CBTC 模式下列车运行的一种降级模式，当轨旁 ATP/ATO 功能丢失或车地无线传输故障时，可作为信号系统后备模式。

当连续式 ATP 功能和点式 ATP 功能均丧失时，采用联锁控制模式，列车的运行安全由调度员、司机和联锁系统共同保证。

1. 点式 ATP/ATO 模式

1) 点式 ATP/ATO 模式结构

当列车驶过信号机前方的有源信标时，在点式 ATP/ATO 模式下的 CC 可获得前方信号机和道岔区段的变量信息，并作出以下响应：

(1) 如果信号机变量为限制信号且列车的驾驶模式为点式 ATP/ATO 模式，并且司机未及时实施常用制动以使列车在前方约束点前停车，那么当列车越过限制的有源信标时，CC 触发紧急制动。

(2) 如果信号机变量为允许信号，那么列车可正常运行至该进路或闭塞分区末端以获取下一个有源信标信息。

每个 LEU 最多可管理 4 个信标。但是，由于可用性的原因，两个与信号机相关联的信标不能连接到同一个欧式编码器上。在点式 ATP/ATO 模式下，CI 根据点式 ATP/ATO 模式下的行驶方向仅向 LEU 发送位于进路分支位置上的道岔信息。

2) 点式 ATP/ATO 模式功能

点式 ATP/ATO 模式的功能主要包括：

(1) 在信号机红灯前方自动停车，防止列车冒进信号。

(2) 监督列车的当前速度不超过最大的允许速度，并向司机提供当前速度、目标速度、目标距离等显示。如果列车速度超过了最大允许速度，则采用紧急制动。

(3) 如果地面信号机没有开放，而司机启动列车，当列车通过有源信标时，将检测到该信号机的禁止信号，则立即实施紧急制动，以保证列车在前方的防护区段内停车。

(4) 提供倒溜防护。

(5) 紧急制动控制。

(6) 车载信息显示，包括但不限于：列车实际速度、目标速度、目标距离、驾驶模式、应用紧急制动等停站信息。

(7) 车门防护及管理功能。

(8) 根据车载线路数据，持续监控永久限速。

(9) ATO 自动驾驶功能。

(10) 车站精确停车功能。

(11) 实现车门与屏蔽门/安全门的联动。

(12) 由联锁设备实现进路的自动和人工设置，所有列车进路前方均设置保护区段(保护区段不能占用列车进路)，排列进路时相应的保护区段必须空闲和锁闭，而且保护区段的设置满足运营使用要求，必要时应能对应设置多条保护区段。

2. 联锁控制后备模式

在连续式 ATP 功能及点式 ATP 功能均失效的情况下，采用联锁控制模式，提供以地面信号机为行车凭证，满足行车间隔要求的联锁控制功能。联锁系统设置的所有进路(包括延续进路)具有安全防护功能，包括进路锁闭、解锁、道岔侧向防护等。

在联锁控制后备模式下，联锁设备能将某一信号机或全部信号机设置为自动模式和人工模式两种状态。当信号机被设置为自动模式时，实现进路的自动排列和折返站的折返进路的自动排列；当信号机被设置为人工模式时，按基本的联锁进路方式人工排列进路。

联锁进路的车站终端防护信号机内有道岔时，该进路必须设置防护区段。防护区段的解锁基于保证行车安全和提高运行效率的原则。在联锁控制级的后备模式下，列车采用限制人工驾驶模式或非限制人工驾驶模式，而司机根据地面信号机的显示行车。

七、列车出入车辆段/停车场

如图 6-35 所示，系统在靠近车辆段/停车场侧分别设置两段转换轨。出入段/场线是正线进出车辆段/停车场的转换区域，纳入正线的控制范围，列车可按双线双方向运行进/出车辆段及停车场。

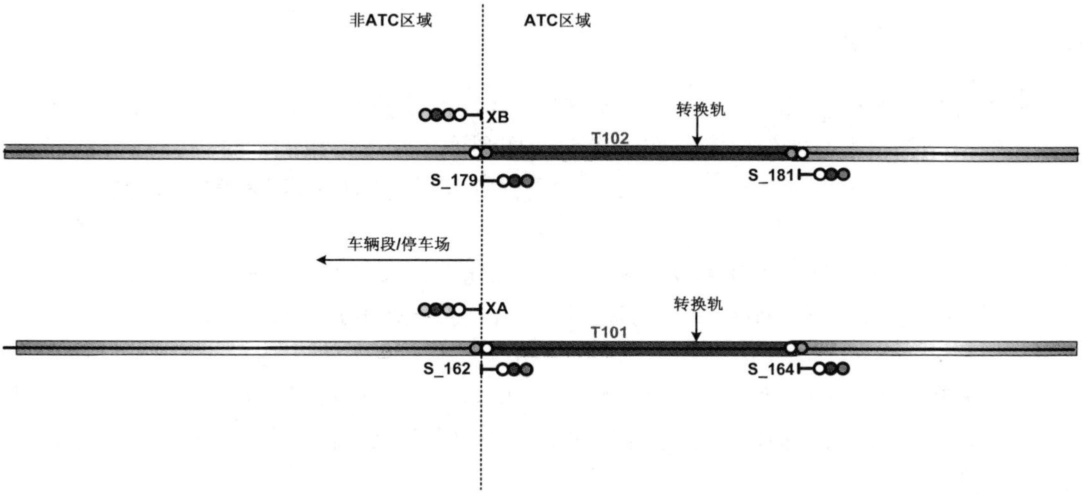

图 6-35　车辆段/停车场转换区

1. 列车出车辆段/停车场

列车出库前，自动检测车载 CBTC 设备，以确保车载 CBTC 设备的正常工作。如果校验通过，司机输入司机号后列车以 RM 模式从车辆段/停车场运行至转换轨，在转换轨完成定位、车地双向通信和 CBTC 模式初始化，列车将从 ZC 接收到 CBTC 下的移动授权，并由 RM 模式自动转换到 CBTC 下的 ATP 运行，按压 ATO 按钮后则切换到 ATO 模式。

2. 列车入车辆段/停车场

CBTC 系统精确地知道正线的边界，将在离开正线前在驾驶室的人机界面上向司机提供关于列车离开正线的距离显示。当列车离开正线时，列车以 ATP 模式运行，移动授权终点为转换轨内，系统向司机提供目标-距离速度。当速度降到 RM 模式允许最大速度以下时，司机可切换至 RM 模式运行，列车可以不停车。

3. 在车辆段/停车场内

车辆段/停车场作业主要包括列车出入场/段的列车作业和场内的调车作业及试车线的试车作业。在车辆段/停车场内(试车线除外)，列车只能采用限制人工驾驶模式或非限制人工驾驶模式运行。车辆段内的试车作业在信号楼控制室与试车线控制室完成控制权的交接后方可进行。车辆段设置有乘降站台，信号系统对 RM 模式的列车进行超速防护，司机遵守地面信号指示行车。

八、列车站间运行

列车在满足规定的安全间隔和运营间隔要求的前提下在区间自动追踪运行。列车在区间停车后，当 ATP 允许列车运行时，ATO 自动启动列车。ATC 系统可根据时刻表和列车运行的实际偏离时间在一定范围内动态调整列车的停站时间和区间运行时间。

在保证行车安全和满足运营能力要求的前提下，列车在区间以节能运行和舒适运行为目标。列车在区间正常运行的情况下，信号系统尽量按一次性的牵引、惰行和制动速度曲线运行，以减少列车的牵引及制动次数。

九、列车在站作业

列车进站停车时信号系统采取一次性制动(连续制动曲线)的方式，以确保达到规定的运行速度，并提高乘客的舒适度。在满足舒适度和停车精度要求的前提下，列车在车站规定的位置停车，当列车停稳后，车载设备才允许打开对应侧车门及屏蔽门/安全门。

列车在车站停车误差超过停车精度(大于 ±0.5 m 但小于 5 m)时，ATP 将实施保护，车门和屏蔽门/安全门不能打开，列车以低于 5 km/h 的速度在限制人工驾驶模式下后退，后退的最大距离不超过 5 m；若停到位，则可通过人工开门按钮来开启车门和安全门；若列车在车站停车误差大于 5 m，或后退后仍然超出停车精度范围，则列车只能跳停至下一站停车。

车站发车计时器指示列车的发车时机，在 ATO 人工关门模式、ATP 模式、RM 模式、NRM 模式下，均由司机根据发车计时器的显示关闭车门及屏蔽门/安全门并启动列车。

十、工程车运行模式

正常情况下，工程车在非运营时段上线运行。在运营时间上线时，系统将提供混跑模式，但为了保证载客列车的安全，工程车运行应遵从特殊的运营规则。

工程车不装设车载 ATP 设备，其运行模式为联锁控制模式。联锁子系统通过计轴系统获取轨道区段占用状态，通过控制信号机显示和道岔为工程车建立和取消进路。工程车司机以调度命令和地面信号显示为依据驾驶列车，列车运行的安全由联锁设备、司机、调度员等共同保证。

习　题

1. 什么是安全防护距离和安全制动距离？
2. 简述 Urbalis888 系统的冗余原则。
3. ATP/ATO 子系统实现哪些功能？
4. 数据通信系统有哪些特征？
5. Urbalis888 系统包括哪些接口？
6. 正线信号机根据信号系统的制式和特点，是如何设置的？
7. Urbalis888 系统中各信号设备之间通过哪三种不同的网络实现双向通信？
8. 控制中心主要包括哪些设备？
9. 设备集中站主要包括哪些设备？
10. 简述列车的定位原理。
11. 简述点式 ATP/ATO 模式的主要特点。
12. 简述计轴设备的工作原理及其复位方式。
13. 简述 Ubralis888 系统联锁控制后备模式原理。
14. 简述点式 ATP/ATO 模式的结构和功能。

项目七　卡斯柯 ATC 子系统

【项目描述】

卡斯柯 ATC 子系统包括 ATP 子系统和 ATO 子系统。本项目分别介绍卡斯柯 ATP 和 ATO 子系统的构成、功能、工作原理和维护方法。

任务一　卡斯柯 ATP 子系统的构成

【工作任务】

(1) 掌握卡斯柯 ATP 子系统的轨旁、车载设备。
(2) 熟悉卡斯柯 ATP 子系统的数据流。
(3) 了解卡斯柯 ATP 子系统的接口。

【知识准备】

如图 7-1 所示，卡斯柯 ATP 子系统包括轨旁 ATP 设备和车载 ATP 设备。安装在设备

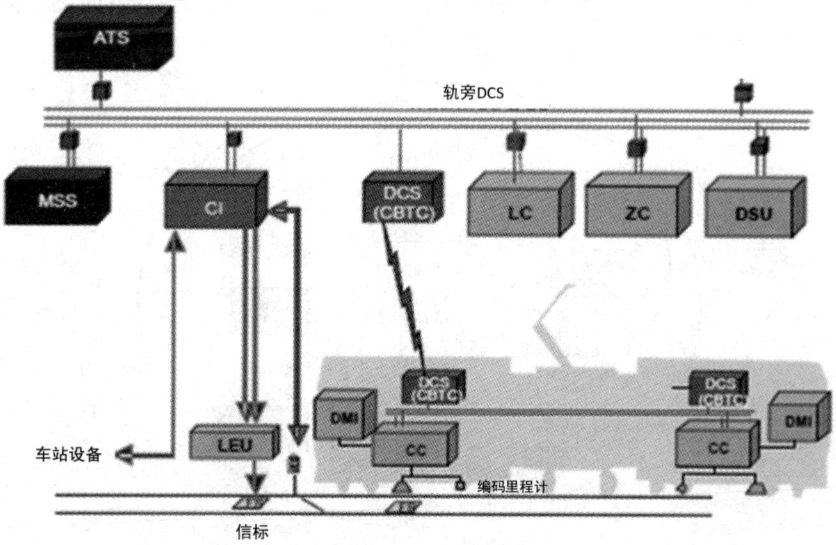

图 7-1　卡斯柯 ATC 子系统结构

室内的 ATP 设备主要包括轨旁线路控制器 LC、数据存储单元 DSU、轨旁区域控制器 ZC 和欧式编码器 LEU。安装在轨道上的轨旁 ATP 设备主要是信标。安装在列车上的车载 ATP 设备主要包括车载控制器 CC、编码里程计和信标天线。

一、轨旁 ATP 设备

轨旁 ATP 设备结构如图 7-2 所示。

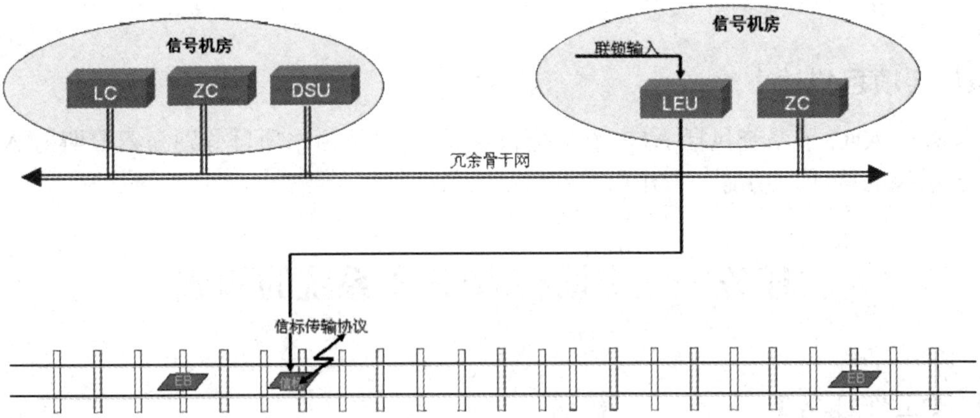

图 7-2　轨旁 ATP 设备结构

1. 轨旁控制器

轨旁控制器分为区域控制器 ZC 和线路控制器 LC，均用三取二配置。

1) 区域控制器 ZC

ZC 设备处理线路占用信息、自动防护和进路等信息。根据 CC 设备发送的列车精确位置信息，ZC 设备主要为每列列车计算保护区域，即 AP(自动防护)，并通过无线传输向每列列车发送其授权终点(EOA)。ZC 设备通过 DCS 子系统与其他子系统(内部和外部)设备的连接方式如图 7-3 所示。

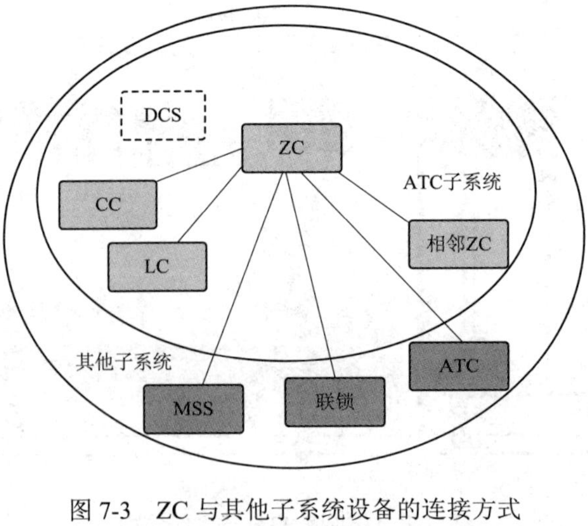

图 7-3　ZC 与其他子系统设备的连接方式

2) 线路控制器 LC

LC 设备管理整个线路的临时限速，负责存储、更新 ATS 发送的临时限速(TSR)请求。LC 还控制 ZC 和 CC 的应用软件和配置数据版本的校核。同时，在通信过程中，LC 也向 ZC 和 CC 提供内部时钟同步。LC 设备通过 DCS 子系统与其他子系统(内部和外部)设备的连接方式如图 7-4 所示。

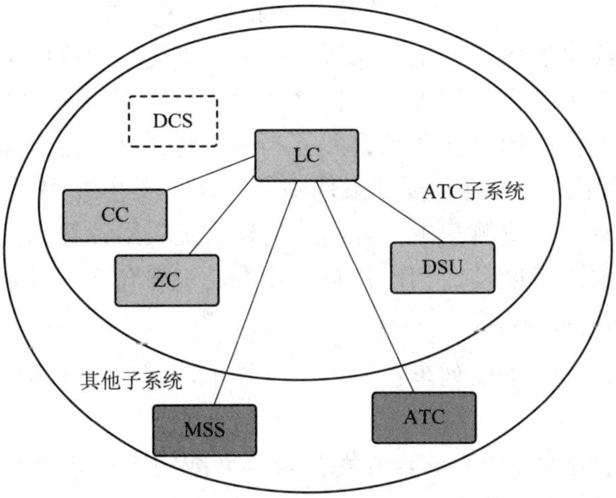

图 7-4 LC 与其他子系统设备的连接方式

2. 数据存储单元 DSU

数据存储单元 DSU 用于向 CC 设备上传新版本的应用软件和静态线路数据库(SGD)，同时也可对这些文件的升级进行管理和控制。DSU 由一个台式计算机组成，其故障不影响线路的运营。

3. 信标

信标设备与其他子系统(内部和外部)设备的交互方式如图 7-5 所示。

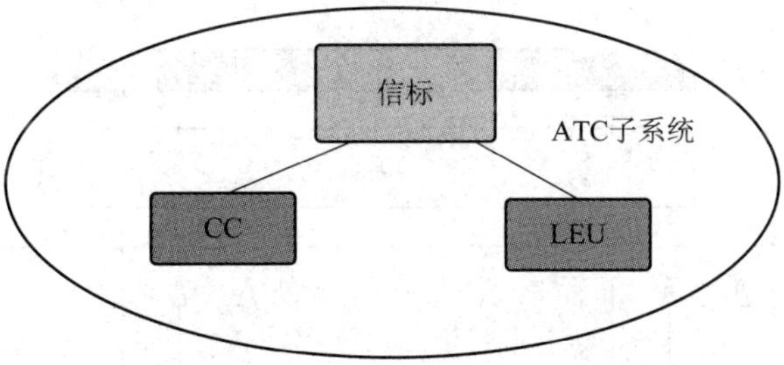

图 7-5 信标设备与其他子系统设备的连接方式

按功能划分，信标包括以下类型。

1) 重定位信标 RB

重定位信标的用途是保证经过它上面的列车可以检测并修正其位置。一般在 400 m 以内布置三个连续的重定位信标，允许在三个信标中丢失一个的情况下保证列车定位。

所有重定位信标的信息类型是一样的。其存储的信息包含信标标识，该标识对于整个线路上的每个信标都是唯一的。信标标识同样包含在储存于车载 CC 里的静态线路数据库(SGD)中，当列车经过信标时可通过 SGD 检查列车的位置。

这些信标布置主要是为了处理空转/打滑等因素所引起的列车位置测定的不确定性，以及需要在某些地方(如折返区域、信号机前方)减少列车定位误差。

2) 列车移动初始化信标 MTIB

MTIB 由两个重定位信标组成，两者之间的距离是精确的 21 m。在衔接车辆段和停车场的出入段线上及正线上的停车线上均布置 MTIB。该类型信标的典型用途是进行系统定位并校准编码里程计。列车在区间失去定位之后也可以用于列车的初始化。

车轮直径的精确度会引起位移测量误差。当列车经过 MTIB 时，CC 将测量到的距离与预设距离(21 m)进行比较。当所有校准条件满足后，CC 导出编码里程计的一个校准常数，该值将应用于后面所有的距离测量中。否则，车载系统采用计算出的速度和距离的最大值作为缺省值。与人工输入校准功能相比，自动校准功能避免了可能的人为错误。

3) 精确停车预告信标 PSBa

精确停车预告信标用于确保列车在站内精确停车，其由 RB 组成。此信标的布置原则如下：

(1) 当列车停靠在运营停车点时，在距离信标天线约 70～100 m 处设置一个精确停车预告信标(PSBa)，用于精确停车预告。

(2) 在距离信标天线约 25～30 m 处设置一个精确停车预告信标(PSBa)，用于精确定位。

(3) 当列车停靠在运营停车点时，在距离信标天线约 1 m 处设置一个精确停车预告信标(PSBa)，用于精确停车。

在 ATO 驾驶模式下，两个车载控制器 CC(车头或车尾)均用于管理列车的精确停车。因此，对应每个信标天线均需要设置以上信标。信标在车站的总体布置如图 7-6 所示。

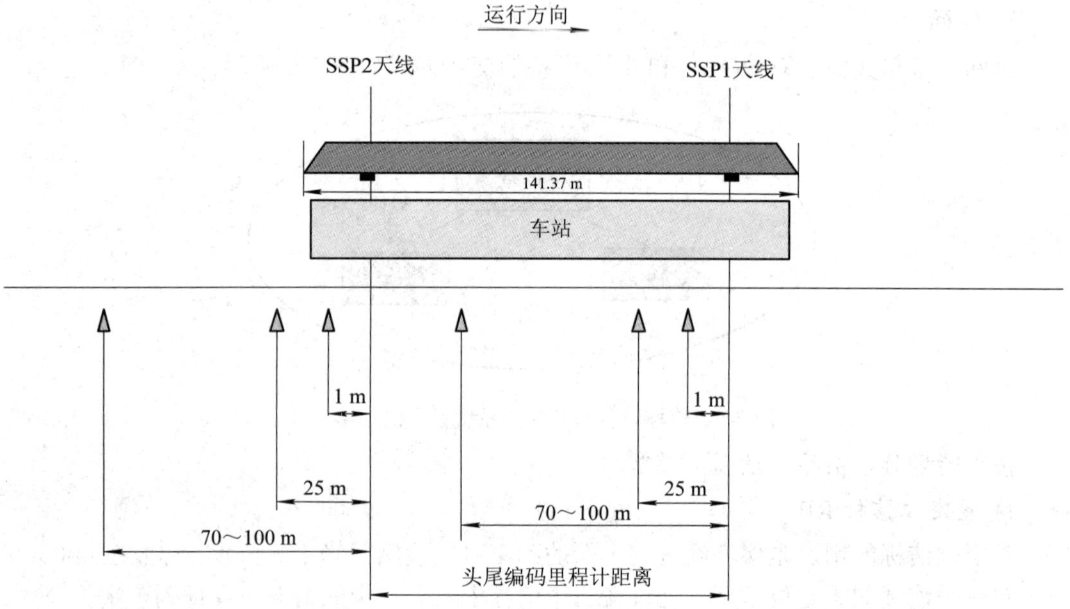

图 7-6 车站内用于停站的信标布置

4) 有源信标

有源信标如图 7-7 所示。在点式 ATP/ATO 模式下，有源信标负责将轨旁变量信息(信号机、道岔)传给车载子系统。

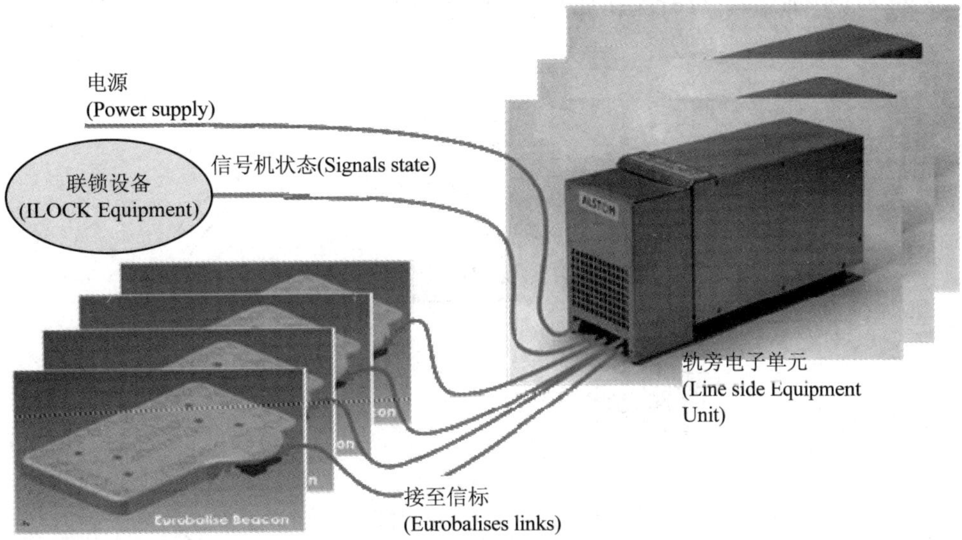

图 7-7　有源信标

4. 欧式编码器 LEU

欧式编码器 LEU 用于点式 ATP/ATO 后备模式下。LEU 从联锁设备获取各种轨旁信息，为信号机附近的有源信标提供信息，每个有源信标将从 LEU 获取的信息传送到列车。欧式编码器 LEU 设备与其他子系统设备的交互方式如图 7-8 所示。

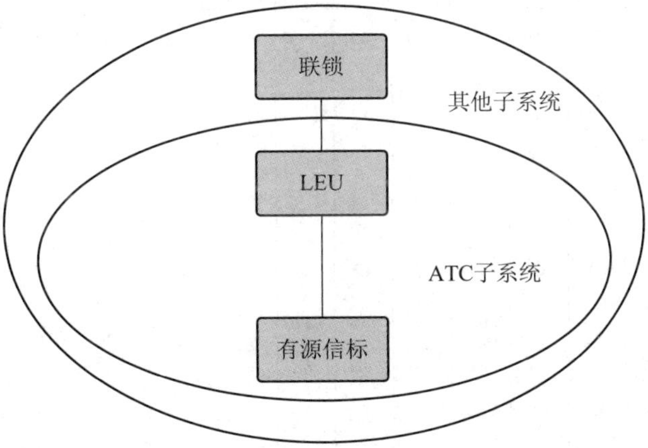

图 7-8　LEU 设备与其他子系统设备的交互方式

二、车载 ATP/ATO 设备

车载 ATP/ATO 设备包括车载控制器 CC、信标天线、编码里程计和司机显示单元

DMI(见任务四)。车载 ATP/ATO 设备实现与车辆制动装置的可靠接口，保证安全、连续地对列车实施有效的控制。

1. 车载控制器 CC

CC 设备同其他子系统(内部和外部)设备的连接方式如图 7-9 所示。

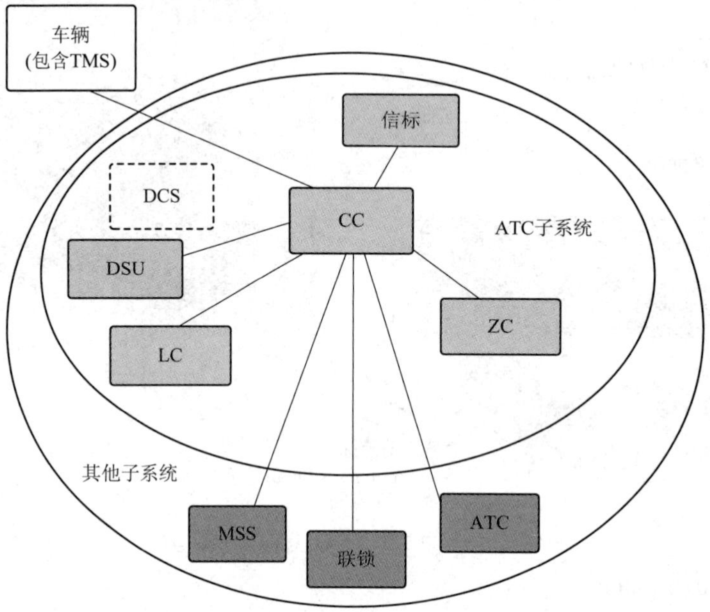

图 7-9　CC 设备与其他子系统设备的连接方式

CC 机架如图 7-10 所示，包含下列主要部件：

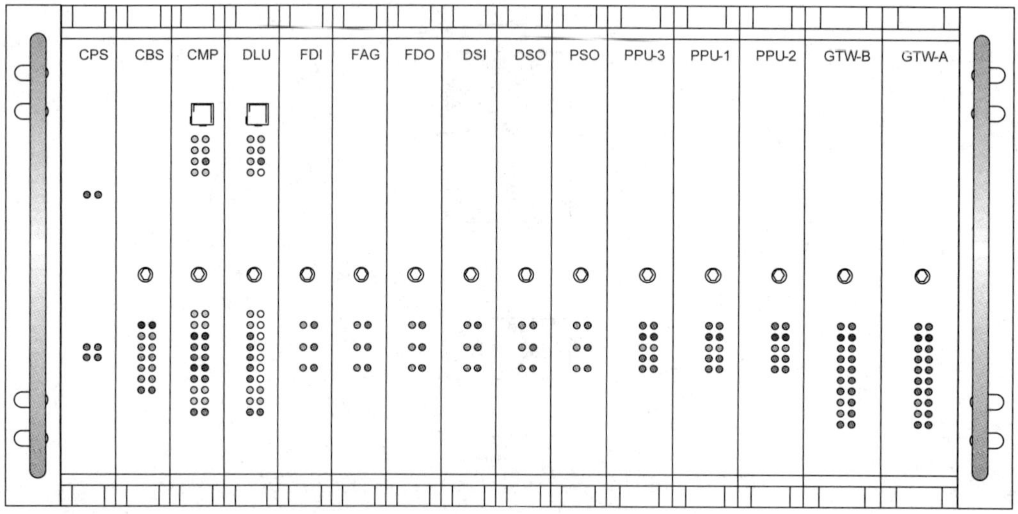

图 7-10　CC 机架

(1) CMP 板：提供非安全应用功能的核心处理器(ATO 软件)和安全应用功能的核心处理器(ATP 软件)；提供和信号车载网络的连接。

(2) CBS 板：用于信标天线和编码里程计的接口管理。

(3) CPS 板：用于机架内部、编码里程计和信标天线的供电。

(4) DLU 板：数据记录单元，用于为事件提供数据记录器存储功能，为远程软件上传数据提供缓存功能。每辆列车仅一个 DLU 板，两个 CC 机架共享。

(5) I/O 接口模块 VIOM，由下列部件组成：

① 三个 PPU 板(电源和处理器单元)，为三取二结构，用于 I/O 管理；

② 一个 PSO 板(电源安全输出)，用于两个安全输出的控制；

③ 一个 DSO 板(离散安全输出)，用于十二个安全输出的控制；

④ 一个 FDO 板(功能离散输出)，用于二十个非安全输出的控制；

⑤ 一个 DSI 板(离散安全输入)，用于十二个安全输入；

⑥ 一个 FDI 板(功能离散输入)，用于二十个非安全输入；

⑦ 一个 FAG 板(功能模拟输出)，用于两个模拟输入和两个模拟输出；

⑧ 两个 GTW 网关板(冗余)，用于与车载 IP 网络和 TMS 相连。

2. 信标天线

信标天线如图 7-11 所示，由下列部件组成：一个内置电源、一个传输模块、一个线圈模块、一个接收模块、与 CC 机架连接的接头。信标天线的电源由 CC 机柜的 CPS 板提供。信标天线和 CC 机架的 CBS 板间采用多股线连接。其可靠性指标满足 MTBF≥2.5×10^5 h 的要求。单套车载天线的故障不降低系统的控制级别。

图 7-11　信标天线

3. 编码里程计

编码里程计如图 7-12 所示，其脉冲发生器编码盘与车轴的轴颈相连接，它可以激活一个或者若干个设置在编码盘圆周上的光学传感器。这些传感器提供一个与速度成比例关系的频率信号(所计算的齿数)。其中三个传感器(C1、C2 和 C3)完成速度测量和确定走行方向，一个传感器(C4)完成编码任务。

C1、C2 和 C3 所数到的齿数用以计算车轮的转动。同时，C4 进行编码检测(该编码与车轮位置一一对应)。通过比较所有这些测量方式的一致性，ATP 可以安全地计算列车的速度。例如，如果一个齿损坏或未被任何传感器检测到，则所数到的齿数将无法与车轮的位置编码相对应，所测得的速度无效。

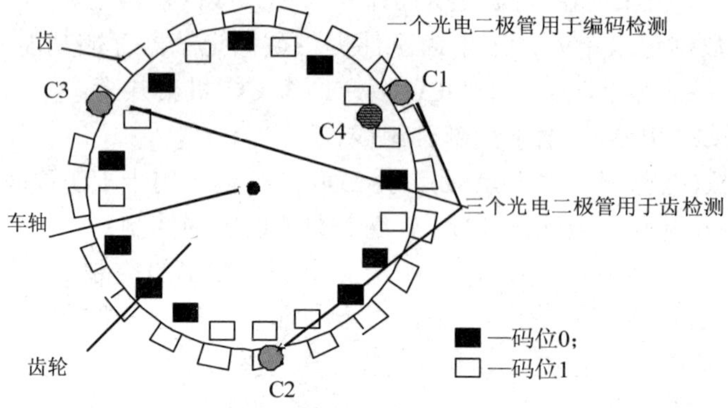

图 7-12　编码里程计

三、ATP 系统数据流

如图 7-13 所示，轨旁 ATS、ZC/LC、CI(联锁)通过骨干网和安全的数据协议交换信息。ATP 子系统数据流基于两种运营模式分为两个部分：

(1) 第一部分是 CBTC 数据流：ZC/LC 和 CI 子系统通过安全的数据协议和车地无线通信与 CC 之间进行安全 ATP 数据交换。

(2) 第二部分是点式 ATP/ATO 控制模式的数据流：联锁将道岔与信号机状态传输给 LEU，由 LEU 经过编码通过轨旁有源信标将信息传输给 CC。

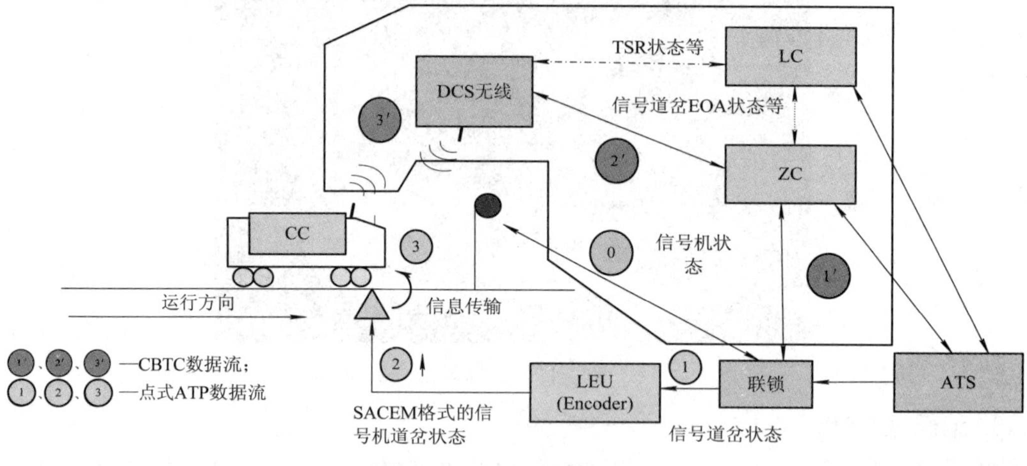

图 7-13　ATC 系统数据流

四、ATP 子系统的接口

1. 内部接口

1) ATS

(1) 轨旁 ATP 向 ATS 发送如下信息：

① 列车识别 AP 状态：描述每列车的 AP；

② ZC 可用性：三取二平台的可用性；

③ 次级列车占用检测设备：计轴设备工作状态；

④ TSR 状态报告：描述线路上 TSR 的数量和各 TSR 的状态。

(2) ATS 向轨旁 ATP 发送如下信息：

TSR 修改请求：CATS 值班员可设置对特定区段一个或几个 TSR(以一个特定的速度)进行修改。

(3) 车载 ATP 向 ATS 发送如下信息：

列车状态报告：发送所有列车相关状态信息(如驾驶模式、故障状态、车门开/关状态、屏蔽门/安全门开/关状态、CC 可用性等)。

(4) ATS 向车载 ATP 发送如下信息 ：

① PTI(主动列车识别)设置：值班员对列车指定列车识别号；

② 设置调整方式：值班员可给出某站的发车时间和到达时间；

③ 扣车：值班员可在某个车站扣车；

④ 跳停：值班员可要求列车跳停指定车站；

⑤ 列车在车站停车：值班员可请求列车在下一个车站停车(如果列车原计划下一站跳停)；

⑥ 列车换端：值班员可请求列车执行换端。

2) CI

(1) CI 向轨旁 ATP 发送如下信息：

① 信号设备状态：道岔位置、信号机显示、轨道占用；

② 设备内部状态：进路、子进路、运行方向；

③ 紧急停车按钮 ESP 状态等。

(2) 轨旁 ATP 向 CI 发送 ATP 区段状态信息。

3) ATO

ATP 可向 ATO 提供安全约束用于牵引/制动操作，实现对列车运行的安全和自动控制。

4) 维护支持系统

维护支持系统可以请求从 ATP 接收所有与设备维护相关(用于预防性维护)的告警和事件。

2. 外部接口

1) 屏蔽门/安全门 PSD

(1) 车载 ATP 向屏蔽门/安全门发送如下信息(通过联锁)：

屏蔽门/安全门打开和关闭命令：控制屏蔽门/安全门开、关。

(2) 屏蔽门/安全门 PSD 向车载 ATP 发送如下信息(通过联锁)：

屏蔽门/安全门状态：安全门的关闭且锁闭状态。

2) 车辆

CC 从车辆读取安全的二进制输入：车门状态、所选运营模式、工作的驾驶室等。

CC 向车辆提供安全的二进制输出：紧急制动、开门授权、零速度指示、禁止 ATO 牵引指令等。CC 向车辆提供非安全的二进制或模拟输出，作为 ATO 牵引/制动控制、DMI 指示、开/关门控制、列车速度等。

任务二 卡斯柯 ATP 子系统的功能

【工作任务】

(1) 掌握卡斯柯 ATP 子系统的功能。

(2) 能说出卡斯柯 ATP 子系统各功能项的内容。

【知识准备】

一、超速防护

超速防护功能旨在监督列车速度，确保列车速度不超过授权的限速。在完全 ATP 防护模式(ATP 或 ATO 模式)下，限速是指以下情况中的最低速度。

(1) 列车运行在线路的永久限速(PSR)区域。这些限速是由于弯道、道岔及桥梁等产生的。

(2) 列车通过车站时的限速。

(3) 列车在线路的临时限速(TSR)区域。

为防止司机超速引起的紧急制动，DMI 上显示的速度命令比紧急制动触发速度低 5 km/h 左右。如果司机未能遵循速度命令，那么当速度较紧急制动触发速度约低 2 km/h 时，DMI 上将显示告警并发出警报声。因超速而紧急制动后，一旦列车完全停止运行，经 ATP 授权，列车可重新正常运营(无需切换模式)。

二、临时限速管理

线路控制器 LC 管理线路的临时限速，并周期性地将临时限速信息发给车载 CC。在 LC 设备初始化时，应用最受限制的临时限速作为缺省值，直到从 ATS 接收到 ATP/ATO 管理范围内临时限速设置(或者未设临时限速)。

CC 周期性地从 LC 接收到 TSR 版本信息。如果 CC 在一定时限内未能从 LC 接收到 TSR 版本信息，那么列车将执行最严格限制的临时限速(如 25 km/h)。

三、运行方向和倒溜的监督

CC 设备连续监督列车的运行方向。CC 设备监测列车是否发生倒溜，尤其是在列车启动时，一旦发生，则实施紧急制动。

四、退行监督

在 RMR 模式下，列车允许以低于 5 km/h 的速度反向运行一定的距离。当退行达到指定距离时，会触发紧急制动，须由车辆缓解紧急制动。在 ATO 模式下如果发生了停车位置超过了运营停车点位置的情况，则采用人工退行方式至正确的停车位置。

五、停稳监督

编码里程计可以为 ATP 提供零速度信息。当主驾驶室端的编码里程计检测到列车停车时，ATP 将此零速度信息与另一端冗余的编码里程计提供的零速度信息和车辆提供的零速度信息进行比较。若这两个信息有一个与当前信息一致，则可以检测到零速度信息，即 ATP 认为列车已停稳；若这两个信息与当前信息都不一致，则检测出机械故障(轴损坏或抱死)。

六、车门监督及释放

当列车停在车站停车点(±0.5 m)且已检测到列车停稳(ZVBA)时，CC 向车辆设备发出开门允许授权，授权列车视站台配置打开一侧或两侧车门。任何其他情况下，CC 设备都不发出开门授权。

根据国际公共运输协会最新关于乘客疏散管理的建议，当列车在站间运行中检测到车门打开时，ATP 不会实施紧急制动，列车将在下一站停站。只有当报警信息清除后，列车方能获得离站授权。

隐患情况示例：

(1) 某位乘客在列车内病倒。如果列车触发了紧急制动后在站间停车，则该乘客无法得到及时的救治，然而在车站对该乘客进行救治就较容易。

(2) 当列车着火时，乘客拉下紧急手柄。火灾发生在站间是灾难性的，但消防员在车站就容易进入列车救火。

七、紧急制动激活

下列事件之一发生时，CC 设备将实施紧急制动。

(1) CC 设备发生严重故障，以致不能正常执行安全功能(对于任何驾驶模式)；

(2) 在 ATP 或 ATO 驾驶模式下，ESA 已经被激活且列车已非常接近该区域(如果制动距离足够，限制性的 ESA 将被当作普通的限速点来考虑)；

(3) 当列车停止且车门打开时探测到列车在移动，尤其是在车站停车时(RM、ATP 或 ATO 驾驶模式)；

(4) 当列车速度达到紧急制动触发曲线时(RM、ATP 或 ATO 驾驶模式)；

(5) 当列车运行时，驾驶台安装了驾驶模式选择开关且切换至未授权的驾驶模式位置，或驾驶室激活信息丢失(任何驾驶模式)；

(6) 最新描述轨道状态(信号机、道岔)的变量信息失效(ATP 或 ATO 驾驶模式)；

(7) 列车位置信息丢失；

(8) 连续式控制级(CBTC 模式)下车地通信中断(5 s)；

(9) 列车非正常移动；

(10) 常用制动率不足；

(11) 当列车在车站运行时，列车车门处于未锁闭状态；

(12) 列车完整性信息丢失。

八、站台屏蔽门/安全门开关

只有确定列车停在规定的停车窗内(±0.5 m)，车载 ATP 子系统才允许 ATO 开车门和屏蔽门/安全门。开门、关门命令由安全继电器接点经室内信号设备传送至屏蔽门/安全门控制系统。信号系统提供对应屏蔽门/安全门的开、关控制信号，屏蔽门/安全门系统向信号系统提供所有门关闭且锁闭状态信息和旁路信息。

CBTC 模式下，CC 不断地监测屏蔽门/安全门关闭且锁闭状态。当未收到该状态信息时，对列车采取常用或紧急制动，以防止列车进入站台或在站台内移动。

当列车在车站停稳时，不会因为屏蔽门/安全门正常开关操作而引起列车的紧急制动。在其他降级模式下(如一扇屏蔽门/安全门未关闭且锁定)，需要站台值班人员确认屏蔽门/安全门是否关闭。确认屏蔽门/安全门关闭后，可通过按压旁路按钮以允许列车发车。

九、紧急停车按钮

紧急停车按钮与线路上需防护的区域(电气危险区或乘客上、下车区等)相关联，其和 CI 子系统接口，CI 子系统可发送 ESB 状态至所有列车。当列车运行在 ATP 或 ATO 模式下且 ESB 被激活时，ATP 以下列两种方式进行监督：

(1) 若列车在 ESB 区域运行，则触发 EB，直到 ESB 不再被触发时才允许运行，并且只有在获得 ATS 调度员授权后，方可以 RMF 模式驶出保护区域。

(2) 若列车接近保护区域，则在保护区域前停车，且禁止进入保护区域，但 RMF 模式除外(降级模式)。

十、列车完整性监督

当车载信号设备检测到由车辆提供的列车完整性信息丢失时，应对列车实施紧急制动，并报告给中央调度员，同时信号系统对后续追踪列车进行安全防护，保证后续列车的运行安全。

十一、车辆故障

当正线上运营的列车出现故障时，后续列车可以以限制人工驾驶模式接近故障列车实施救援。救援列车连挂故障列车后的编组列车仅能运行在限制人工驾驶模式下。ATP 子系统能对后续追踪列车实施安全运行防护。

十二、其他功能

1. 协助操作车载扣车

协助操作车载扣车包括以下两种：

(1) 自动扣车：列车停在车站时，如果列车前方没有足够的距离使列车完全离开站台，那么 CC 设备将通知 ATO 软件进行扣车。

(2) ATS 扣车：当 ATS 调整功能或调度员需要将一列车扣留在车站时，ATS 系统向位于相关车站列车的 CC 设备发送扣车开始命令。当列车可离开车站时，发送扣车结束命令。扣车命令将通过特殊的图标显示在 DMI 上。

2. 协助司机在限制点制动

当处于 ATP 模式下，列车接近一个安全约束点时，司机必须对降低目标速度命令作出反应。如果司机不采取任何措施，在声光告警之后，CC 设备将实施紧急制动。

3. 协助司机完成折返操作

协助司机完成的折返操作如下：

(1) 当处于完全 ATP 防护下的人工模式时，由于小交路运营列车必须在中间站折返，因此 ATS 将向位于相关车站列车的 CC 设备发送折返指令。

(2) 当处于完全 ATP 防护下的自动模式(ATO 模式)时，ATO 软件将自动考虑此折返命令，然后将列车停在正确的停车位置进行折返操作。

任务三　卡斯柯 ATP 子系统的工作原理

【工作任务】

(1) 理解卡斯柯 ATP 子系统的列车追踪间隔控制原理。

(2) 理解卡斯柯 ATP 子系统的列车防护原理。

(3) 掌握车载控制器、编码里程计的冗余配置及转换原理。

【知识准备】

一、车载控制器的冗余配置及转换

每列 6 节编组列车的车头和车尾驾驶室分别配置一套 CC。车载信号设备采用头尾冗余配置，能实现热备切换。在 CBTC 模式下，当单个 CC 发生故障时，头尾冗余的 CC 之间能实现无缝自动切换。工作 CC 和备用 CC(即将激活)之间将在以下情况发生时进行切换：

(1) 失去速度测量信息(编码里程计故障)；

(2) 失去信标通信(车载信标天线故障)；

(3) 失去与车辆的通信；

(4) 失去与司控台的接口等。

每端的 CC 设备都会连续地计算其可用性状况，包括计算其接口的可用性(如编码里程计、司控台等)。一旦工作 CC 的可用性低于备用 CC，头尾冗余车载控制器之间的切换就会立即执行。

二、编码里程计的冗余配置及转换

车头和车尾均设有编码里程计，如果一个编码里程计失效，那么列车将启用另一端的CC 以对应另一端有效的编码里程计，从而保证了系统的可用性。编码里程计冗余设置的另一个目的是为 ATP 提供第二个零速度信息。

三、线路数据库的安全管理及升级

静态线路数据库(SGD)是对轨道的描述，存储于数据存储单元 DSU 中，其版本号存储在线路控制器 LC 中。SGD 包含线路地图和奇点两项内容。

1. 线路地图

线路地图编制的基本原则是通过连续的区段表来说明该线路。轨道上区段的位置和长度根据需要达到的间隔性能来计算，每个区段对应于线路上的一段，与辅助轨道检测设备的边界一致。线路上的设备(如信标、信号机、道岔和车站)由特定的区段识别号和它在该区段的位置来识别。

2. 奇点

对象及其相关数据的列表(奇点)用于以系统的方式描述线路的布局。CC 需使用该线路信息来执行 ATP 和 ATO 功能。

线路上定义的主要奇点有：

(1) 永久限速：定义某速度变化的位置和数值；

(2) 坡度：定义新坡度的位置和数值；

(3) 停车点：定义停车点的属性、位置及关联变量的编号；

(4) 信标：定义信标的属性、位置及其可探测窗口的大小；

(5) 车站：定义若干车站的参数，如停车点、开门侧、停站时间以及车站编号等。

当列车沿轨道运行时可通过奇点实现相应的功能，如信标可使列车重新定位，停车点告知列车在何处停车等。

四、列车追踪间隔控制原理

Urbalis888 系统采用“目标距离”的追踪间隔控制模型，如图 7-14 所示。该模型的原理是：车载 ATC 不断地监控列车位置，计算列车安全车速，使得列车可以安全地停止在最远可以到达的目标点前。这个目标点又被叫作移动授权终点(EOA)。

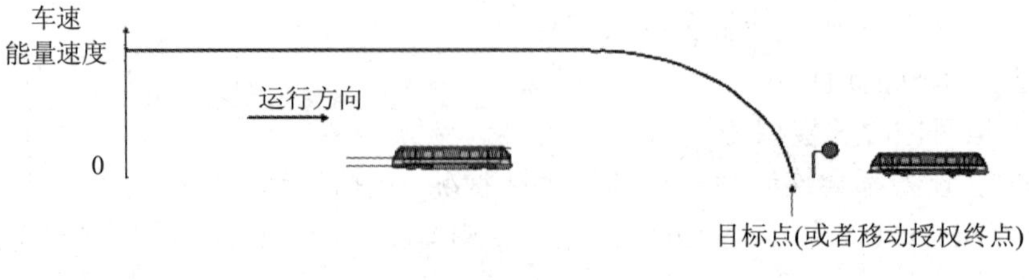

图 7-14　目标距离追踪间隔控制原理

模型的计算原则是：在点式 ATP/ATO 控制模式下，目标距离根据计轴点的位置(闭塞区段)来确定，如图 7-15 所示。

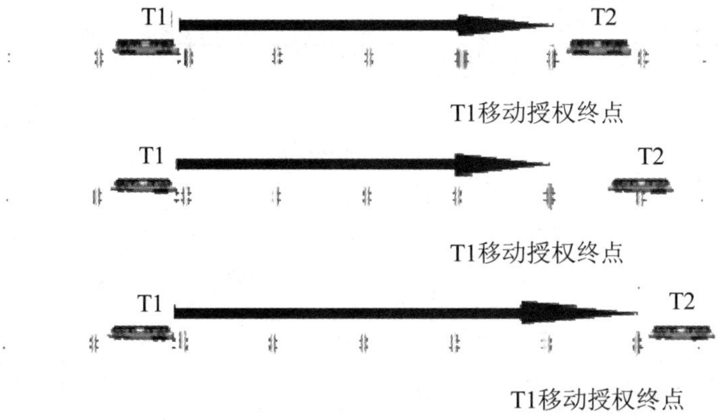

图 7-15　点式 ATP/ATO 防护下的移动授权点

在 CBTC 运行模式下，目标距离的计算是根据前车防护末端作为移动授权终点来确定的，如图 7-16 所示。

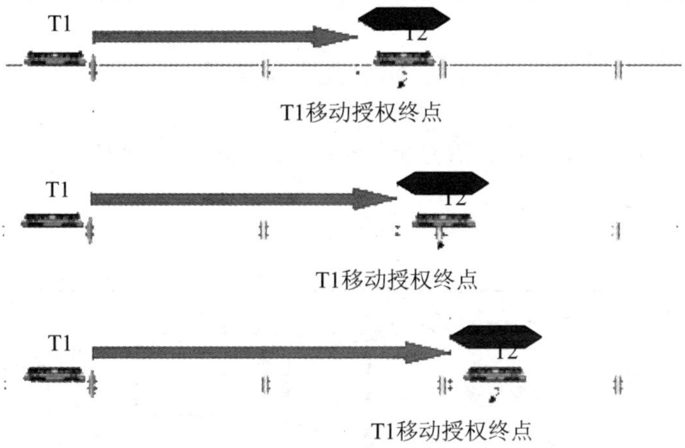

图 7-16　CBTC 的移动授权点

五、列车防护原理

列车防护基于下列原则：每辆列车由一个基于列车位置(通信列车)或轨道占用(非通信列车)的安全包络(AP)进行防护；两列车之间的最小距离由前面一辆列车的 AP 和后面一辆列车的安全余量确定；计算每辆列车的紧急制动曲线以确保列车可遵循安全停车点的限制。

下面描述了三种主要的列车防护情况。

(1) 防护点为前方列车(如图 6-22 所示)；

(2) 限制信号机(没有防护区段)的列车防护(如图 7-17 所示)；

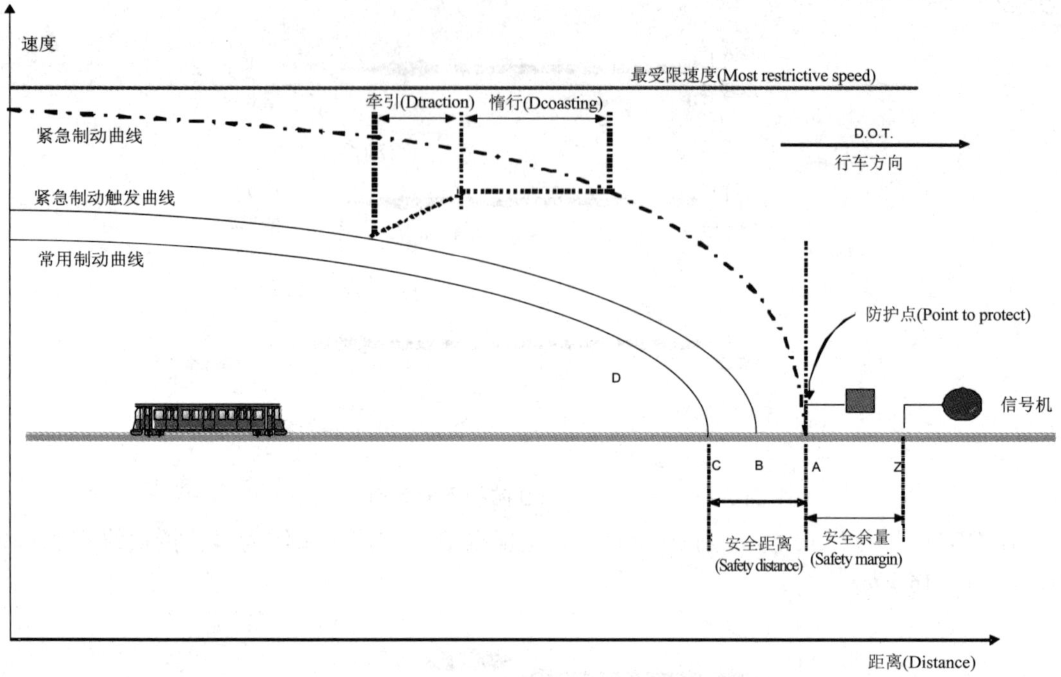

图 7-17　限制信号机的列车防护

(3) 对有安全防护区段的限制信号机的列车防护(如图 7-18 所示)。

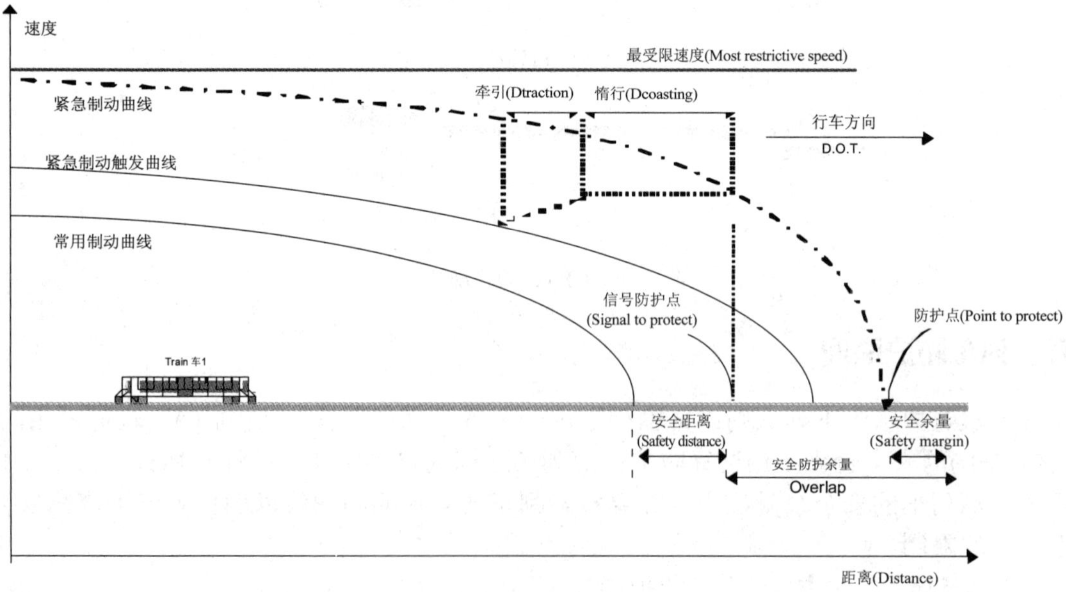

图 7-18　有安全防护区段的限制信号机的列车防护

任务四　卡斯柯 ATO 子系统的功能

【工作任务】

(1) 掌握卡斯柯 ATO 子系统车载显示器 DMI 的屏幕各区域的显示内容。

(2) 能说出卡斯柯 ATO 子系统车载显示器 DMI 上各显示符号代表的意思。

【知识准备】

列车自动驾驶(ATO)子系统可以驾驶列车，根据 OCC 的调整命令并考虑所有最严格的速度限制，向车辆发送牵引和制动命令。ATO 了系统可以平稳地驾驶列车以确保乘客的舒适度。从硬件来看，ATP/ATO 系统是一个整体，无明显的硬件划分。

一、自动驾驶功能

列车自动驾驶是 ATO 子系统的主要功能。ATO 生成速度控制命令并发送到列车的牵引和制动系统。此功能可以确保：在车站和折返线精确平稳停车；根据列车前方的安全约束点控制列车运行。

ATO 在车站进行车门管理。其原理是：当 ATP 检测到列车已停稳且位置正确后，授权 ATO 将站台侧的车门打开；ATO 随后将指令发送给车辆，然后打开站台侧的车门。根据“门模式开关”的位置，有以下三种开/关门方式：

(1) 当门模式开关在“自动”位时，ATO 向车辆发送车门开门命令并在 DMI 上向司机显示“车门开门”信息；停站时间结束后，ATO 向车辆发送关门命令并在 DMI 上向司机显示“车门关门”信息。当检测到车门关闭并锁定时，ATP 授权列车可以发车，司机按压“发车”按钮后发车。

(2) 当门模式开关在“半自动”位时，ATO 向车辆发送车门开门命令；停站时间结束后，ATO 通过 DMI 显示指示司机关闭车门，司机则按压“车门关门”按钮，向车辆发送车门关门命令。当检测到车门关闭并锁定时，ATP 授权列车可以发车，司机按压“发车”按钮后发车。

(3) 当门模式开关在“手动”位时，司机手动打开车门；停站时间结束后，ATO 通过 DMI 显示指示司机关闭车门，司机则按压“关门”按钮，向车辆发送车门关门命令。当检测到车门关闭并锁定时，ATP 授权列车可以发车，司机按压“发车”按钮后发车。

在列车上，当车辆接收到车门关闭命令时会开启提示音和提示灯以告知乘客车门即将关闭。通过 CC 与车辆参数的接口，可定义从车辆发出声光提示至车门关闭的预置时间(通常为 3 s)。

二、调整功能

在线路的任何位置，ATO 子系统通过连续的车地传输系统接收到 ATS 子系统发送过来的调整指令、至下一个控制点(如站台停车点)的期望到达时间、信号机停车点、调车进路终点等。基于这些参数，对于一个给定的区间运行时间，将仿真很多运行曲线。

为了达到期望的运营服务，在离线时已预设好几种运行曲线。这些运行曲线的计算将考虑在区间尽可能多地实施惰行(最大化节能)，另外还要考虑轨道的坡度和车辆数据参数以及乘客的舒适度。

根据线路特征、车辆特征和运行图，ATO 模式中离线定义了三种运行曲线。这三种运行曲线如下：

(1) 中间运行曲线：此曲线已考虑了所有必须遵循的约束点和站间运行时间。如果列车在运行过程中未受到干扰，那么参照这条曲线，列车将根据时刻表准点到站。

(2) 全速运行曲线：根据线路特征及车辆特征，在 ATO 所能应用的最高速度(ATO 进行速度调节时需遵循的参考速度值的上限)下定义此曲线。

(3) 非全速运行曲线：此曲线是运营时 ATO 进行速度调节时所需遵循的参考速度值的下限，其考虑了最大站间运行时间，并考虑了节能的最优化。

当列车速度位于全速运行曲线与非全速运行曲线之间时，如果列车早到达，则 ATO 向非全速运行曲线方向进行调整；如果列车晚点，则 ATO 向全速运行曲线方向进行调整。

全速运行曲线相应的站间运行时间 t_1 及非全速运行曲线相应的站间运行时间 t_2 由 ATO 仿真工具离线生成。在这两个时间形成的区间$[t_1, t_2]$中选择一个时间 t 作为站间运行时间。在此三个时间的基础上，系统将分别生成全速运行曲线、正常运行曲线和非全速运行曲线。

中心调度员必须向 ATO 子系统发送下一站到站时间。ATO 子系统将按照此到站时间选择运行曲线：当到站时间为 t_1 时，则选择全速运行曲线；当到站时间为 t_2 时，则选择非全速运行曲线；当到站时间介于 t_1 和 t_2 之间时，则选择正常运行曲线。

ATS 子系统可发送任何介于 t_1 和 t_2 之间、以 1 s 为公差的等差分布的到达时间。另外当选择了非全速运行时间时，节能为最大。ATO 子系统通过牵引及制动指令来驾驶列车，并遵循所选运行曲线以期按 ATS 子系统发送的到站时间准点到站。如果行车过程中因干扰而使列车减速，则 ATO 子系统将计算另一条运行曲线以使列车准点到站。如果未能补偿延时，则列车将晚点到站。

三、车载显示器 DMI

1. 车载显示器人机界面要求

车载显示器采用英文人机界面，如图 7-19 所示。人机界面的主要内容包括(但不限于)：列车实际速度显示，各种驾驶模式和折返模式下的允许速度显示，目标速度/距离显示，驾驶模式，牵引状态(动力、惰行、制动)，折返模式，紧急制动状态表示，列车停车精度，车门控制及车门状态表示，屏蔽门/安全门的控制及状态表示，发车及驾驶命令、紧急制动的开启和表示，空转/打滑状态表示，制动力不足、失效表示，停车场及车辆段转换区的表示，车载设备故障表示，下一站站名及目的地名，时钟信息，列车完整性信息，驾驶员有关数据的输入及修改，驾驶员身份确认，地面线路变化时数据的增加及修改，自检操作输入、自检过程及结果显示。

图 7-19　DMI 屏幕显示

每个驾驶室中均配置一个 DMI。非激活驾驶室的 DMI 使用屏保显示，不会接受司机的任何命令。DMI 的亮度可以手动和自动调整。如果是自动调整，则屏幕的亮度会根据周围环境的变化而自动调节，确保 DMI 保持可见状态。

2. 速度显示

列车速度以两种形式显示：标度盘上的指针和标度盘中心的数值。指针有三种颜色：浅灰色(正常)、橙色(需要施加制动)、红色(已施加紧急制动)。标度盘上黄色三角表示目标速度，红色三角表示紧急制动触发速度。

在显示目标速度时，也将同时显示目标距离，如图 7-20 所示。目标距离指示与目标速度指示相关联。实际上，目标距离显示的是到下一个限制点的距离，该点位置与授权速度的变化相关。

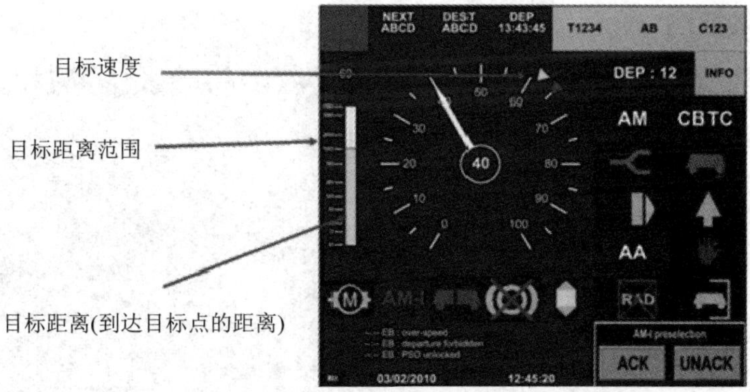

图 7-20　目标速度和目标距离显示

3. 牵引制动状态信息

牵引制动状态信息显示分别如图 7-21、图 7-22 和图 7-23 所示。

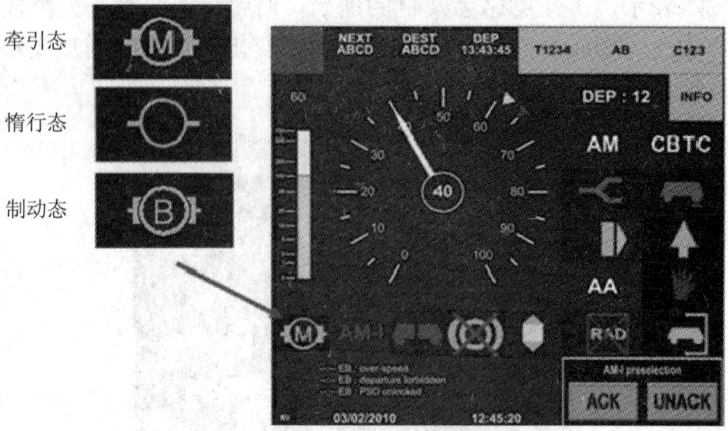

图 7-21　牵引制动状态信息显示

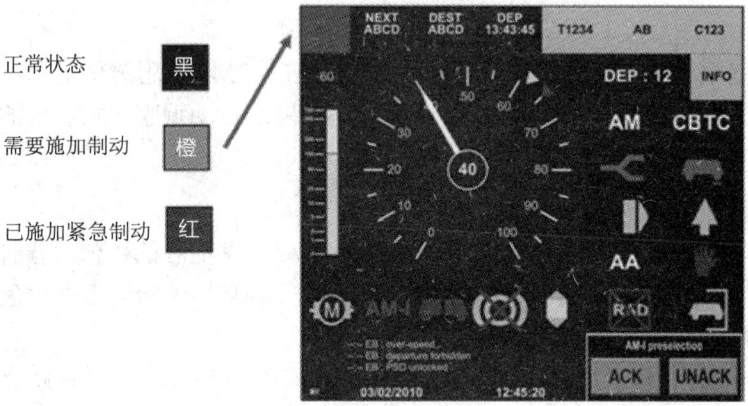

图 7-22　制动标志显示

图 7-23　制动系统状态显示

4. 驾驶模式和运营模式信息

驾驶模式信息和运营模式信息分别如图 7-24、图 7-25 所示。

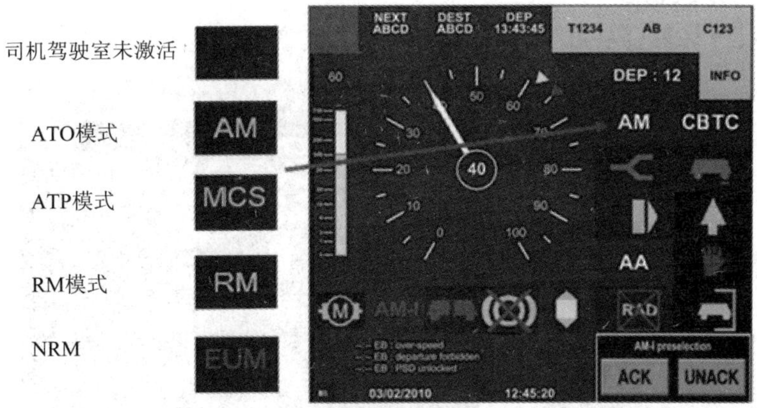

图 7-24　当前选择驾驶模式

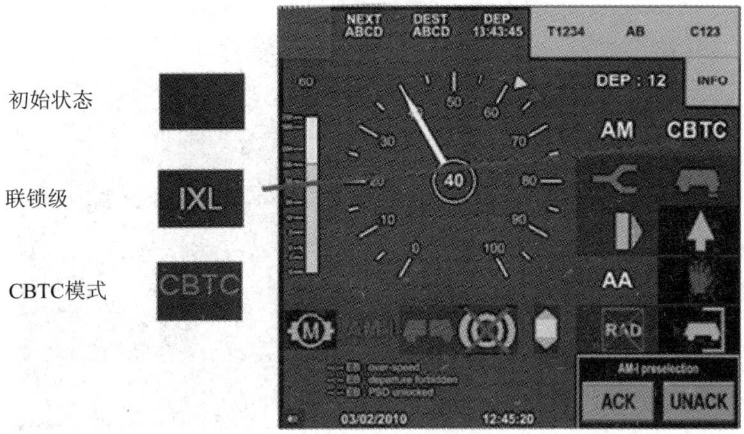

图 7-25　当前运营模式

5. 列车完整性信息

列车完整性信息显示如图 7-26 所示。

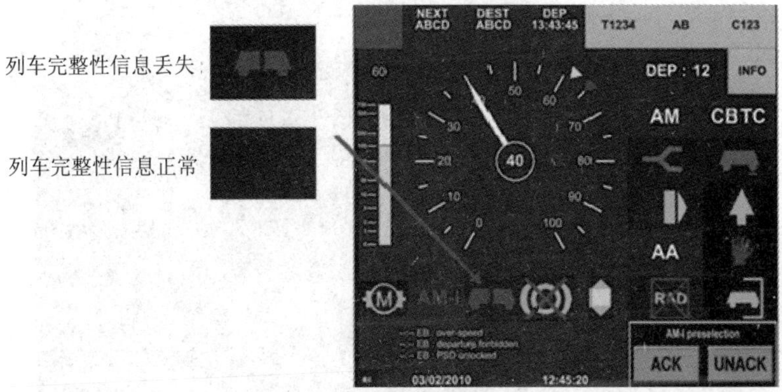

图 7-26　列车完整性信息显示

6. 车载信号系统状态

车载信号系统状态显示如图 7-27 所示；通信故障信息显示如图 7-28 所示。

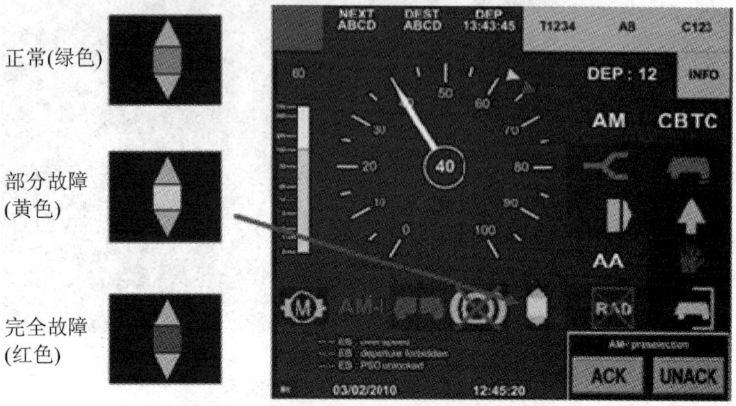

图 7-27　车载信号系统状态显示

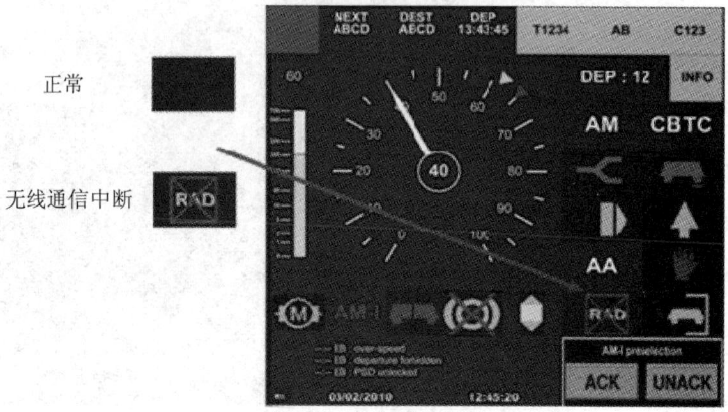

图 7-28　通信故障信息显示

7. 下一站、终点站以及发车时间

下一站、终点站以及发车时间显示如图 7-29 所示。

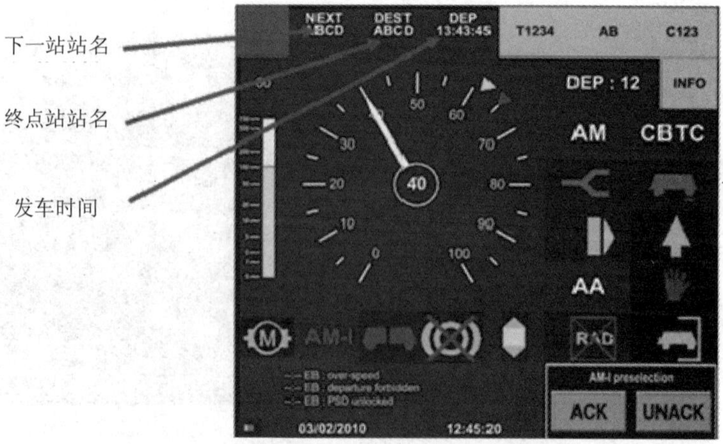

图 7-29　下一站、终点站以及发车时间显示

8. 文本信息(告警及自检信息)

文本信息显示如图 7-30 所示。

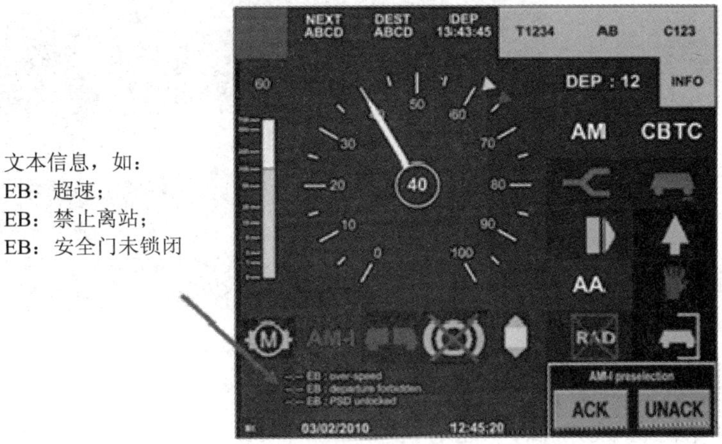

图 7-30　文本信息显示

9. 列车折返信息

列车折返信息显示如图 7-31 所示。

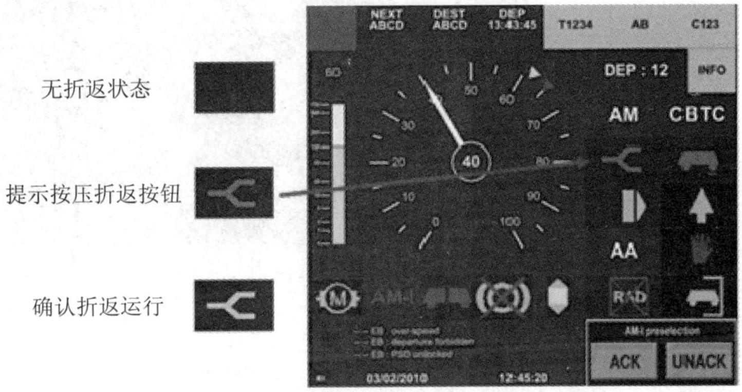

图 7-31　列车折返信息显示

10. 列车站台停车信息

列车站台停车信息显示如图 7-32 和图 7-33 所示。

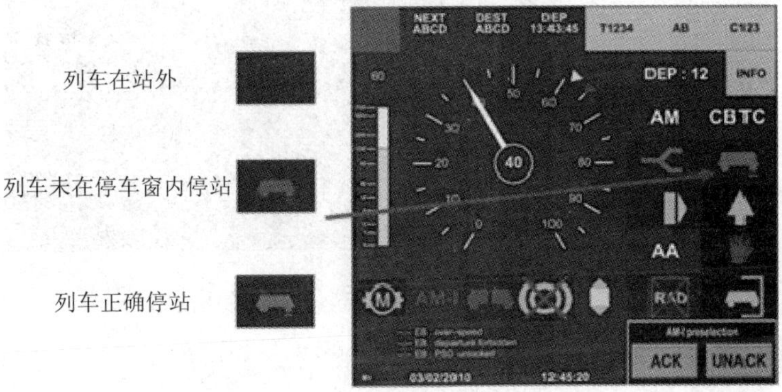

图 7-32　列车站台停车信息显示 1

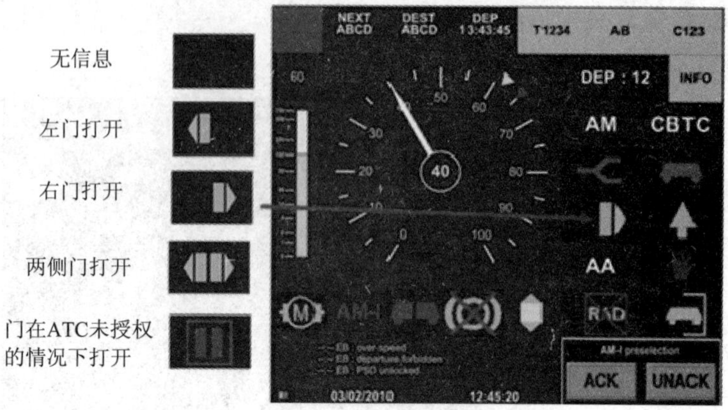

图 7-33　列车站台停车信息显示 2

11. 车门控制状态信息

车门控制状态信息显示如图 7-34 所示。

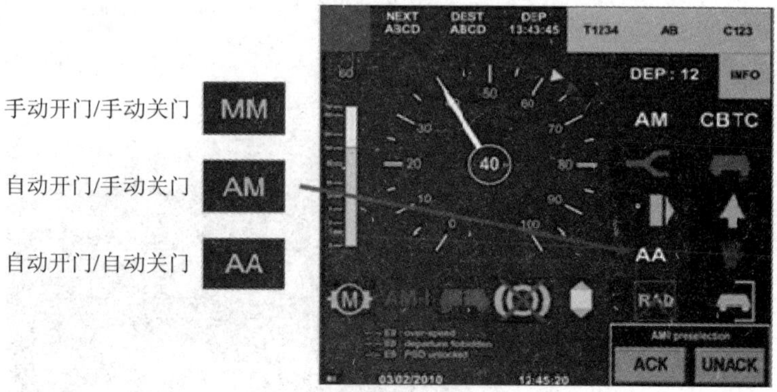

图 7-34　车门控制状态信息显示

12. 车轮打滑、EB 和屏蔽门/安全门信息

车轮打滑、EB 和屏蔽门/安全门信息显示如图 7-35 所示。

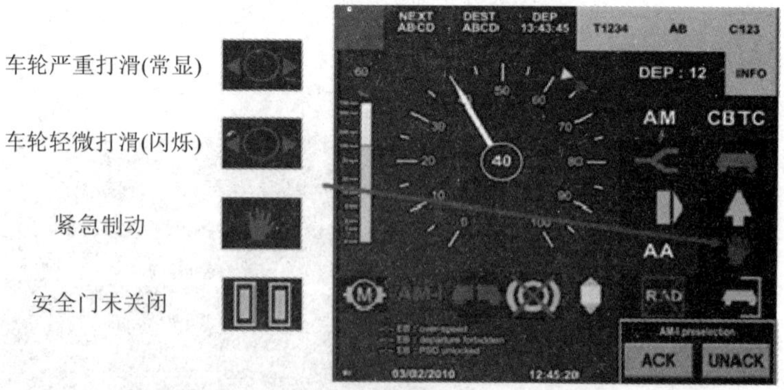

图 7-35　车轮打滑、EB 和屏蔽门/安全门信息显示

13. 输入数据信息

输入数据信息显示如图 7-36 所示。

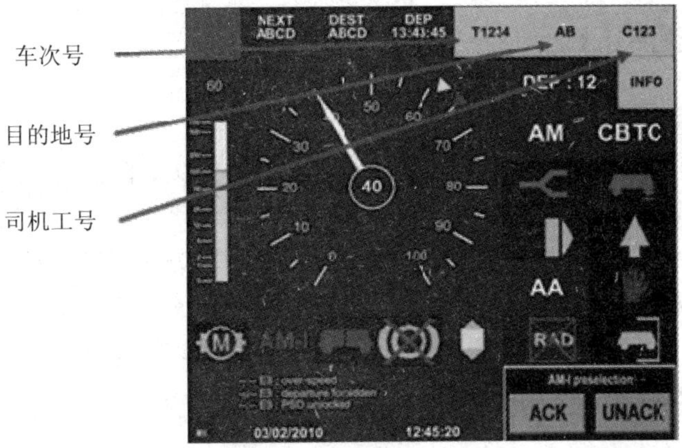

图 7-36 输入数据信息显示

14. 特殊信息

特殊信息显示如图 7-37 所示。

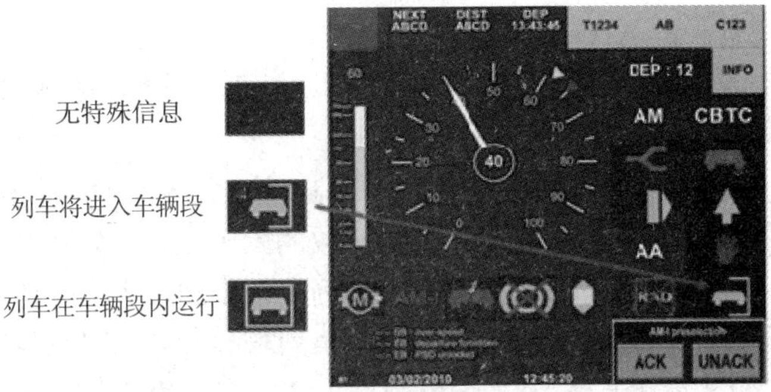

图 7-37 特殊信息显示

15. 车载驾驶室人机界面操作及表示设备

除显示器外的车载信号设备人机界面操作及表示设备如图 7-38 所示。其内容包括：门控模式选择开关(DMS)，ATO 启动按钮及按钮灯，限制人工模式按钮及按钮灯，ATB 按钮及按钮灯，BM/CBTC 模式按钮，CBTC 指示灯，ATC 切除开关，紧急制动实施表示，开左门、开右门按钮及按钮灯，关左门、关右门按钮及按钮灯等。

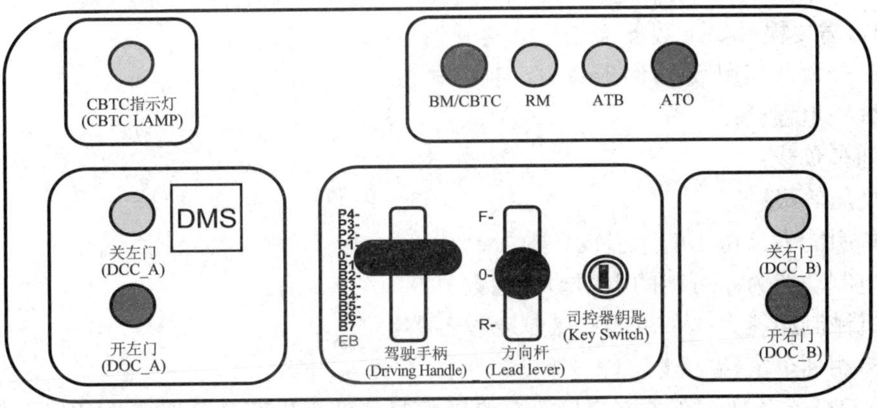

图 7-38 车载信号设备人机界面操作及表示设备

四、ATO 子系统的接口

1. ATO 与 ATS 子系统的接口

ATO 与 ATS 的链路是无线链路，ATO 从 ATS 接收以下信息：主动列车识别、到达时间、发车时间、立即发车、跳停、扣车等。

ATO 子系统也可通过无线链路与 ATS 通信，发送以下信息：计划到达时间、到达车站时间、到达时间太短、停车不准、跳停信息接收太晚等。

一些故障报警由 ATO 通过无线信息发送给 ATS(至调度员)。

2. ATO 与 ATP 子系统的接口

1) 轨旁 ATP

ATO 与轨旁 ATP 的链路是无线链路，从轨旁 ATP 接收的信息包括：

(1) 轨道的静态描述；

(2) 轨道的动态描述，例如信号和道岔状态；

(3) 与运行曲线有关的 ATO 数据。

信标可被视为轨旁 ATP 的一部分，其信息可通过车载信标天线接收。

2) 车载 ATP

驾驶列车时，ATO 子系统遵循安全要求。为此，车载 ATP 向 ATO 子系统发送下列信息使其能够驾驶列车运行且不触发紧急制动：授权的驾驶模式、发车授权(从宏观角度看，为移动授权)、授权的行驶方向、车门安全状态、列车最小和最大安全位置、最大安全速度、列车安全速度、安全目标距离、安全目标速度、前一列车的安全位置或限速点的安全位置等。

同时，ATO 向 ATP 发送其状态(是否可用)、“ATO 控制命令”信息以及车门控制命令。

3. ATO 与屏蔽门/安全门的接口

当列车在站台精确停车后，ATO 子系统通过无线链路向屏蔽门/安全门(通过联锁)发送开/关的控制信号，打开/关闭屏蔽门/安全门，以便乘客上下车。

在 ATO 模式下，自动开/关屏蔽门/安全门需始终得到 ATP 子系统的授权。

4. ATO 与车辆的接口

与车辆的接口对于 ATO 运行来说十分重要。ATO 从车辆接收列车状态，可帮助 ATO 优化驾驶。需要根据如下数据来更好地驾驶列车：

(1) 车辆软件应用版本(用于牵引、制动和乘客信息)；

(2) 编码里程计；

(3) 列车负载；

(4) 高压等级；

(5) 牵引能力：可用的牵引设备数量；

(6) 电制动能力：可用的电制动设备数量；

(7) 机械制动能力：可用的机械制动设备数量；

(8) 检测列车空转/打滑。

车载 ATO 设备通过车辆网络向车载乘客信息系统提供有关数据，包括(但不限于)发车信息，预到站信息，到站信息，目的地信息，左、右开门信息等。

任务五　卡斯柯 ATC 子系统的维护

【工作任务】

(1) 掌握车载 ATC 设备日检、季检、年检的内容及方法。

(2) 掌握轨旁 ATC 设备日检、季检、年检的内容及方法。

【知识准备】

ATC 子系统维护的注意事项如下：

(1) 车载 ATC 日巡检中存在和车辆交叉作业，需严格进行交接和沟通，并做好记录，不得漏检漏修。

(2) 车载 ATC 日巡检中不得因为下车底流程繁琐而忽视，检修期间做好安全防护，防止碰头磕伤。

(3) 车载 ATC 年检要做好对司机和列车的把控，严禁超限指挥。

(4) 车载 ATC 检修和轨旁 ATC 检修中严禁对板卡进行热插拔，严禁对使用中的设备进行断电操作，对板卡设备操作时需要携带静电手腕或做好静电防护措施。

(5) 板卡及备件需轻拿轻放。

一、车载 ATC 设备日检

1. 检查 DCS 天线

检查 DCS 天线过程如下：

(1) 目测 DCS 天线外观是否良好，无损伤、裂纹，DCS 天线盖板是否无缝隙、变形。

(2) 目测 DCS 天线连接电缆是否无损坏、断裂，电缆插头与车辆电气接线箱、DCS 天线、RF 电缆是否紧固，无松脱。

(3) 目测 DCS 天线固定装置、6 个 M6 的固定螺杆和螺母、4 个 M6 金属片固定螺杆和 4 个底板固定螺丝是否齐全紧固，无松动。

2. 检查信标天线

检查信标天线过程如下：

(1) 目测信标天线外观是否良好，无损伤、裂纹，信标天线盖板及底板是否无缝隙、变形，减震器是否无变形、裂纹、断股。

(2) 目测信标天线连接电缆是否无损坏、断裂，要求最小曲率半径不小于 150 mm，电缆与车体间隙大于 2 cm(弧度、间隙针对活动部位)，并且连接电缆不能影响天线在减震器上的运动；电缆插头与车辆电气接线箱、信标天线是否紧固，无松动；检查 6 个 M6 电缆锁扣螺杆是否齐全紧固，无脱落。

(3) 目测信标天线固定装置、U 形铁 4 × M10 固定螺杆和螺母、支撑板 12 × M8 固定螺杆、接地铜带 M10 固定螺杆、减震器上 8 × M8 固定螺杆、支架上固定减震器 8 × M8 固定螺杆、底板和盖板 32 × M4 固定螺杆是否齐全紧固，无脱落。

3. 检查编码里程计

检查编码里程计过程如下：

(1) 目测编码里程计外观是否良好，无损伤、裂纹。

(2) 目测编码里程计连接电缆是否无损坏、断裂，要求最小曲率半径静态部分不小于 75 mm，动态部分不小于 150 mm，电缆与车体间隙大于 2 cm(弧度、间隙针对活动部位)；检查连接电缆两端的连接插头与插座是否安装牢固，无脱落；检查 12 × M6 电缆锁扣螺杆、电缆接口处 4 × M5 固定螺杆是否齐全紧固，无脱落。

(3) 目测编码里程计固定装置、4 × M10 固定螺杆、6 × M6 盖板固定螺杆是否齐全紧固，无松动。

4. 检查车上部分的 ATC 车载设备

1) 检查驾驶台及 CC 电气柜设备

(1) 目测 DMI 四角上 4 个 5.5 mm 内六角固定螺丝是否齐全，并用 L 形 3 mm 内六角扳手紧固 4 个 5.5 mm 内六角螺丝。

(2) 打开 114 电气柜的前后门，目测 INT 插头、WCR(包括 CMV 和 SWP)、MRE 外形是否良好，整体固定，且相应的数据、电源插头是否已插紧无松动，固定螺丝的防松标记是否清晰无错位。

(3) 打开司机室 114、115 电气柜确认车载相关设备空开均已合上(91 系列)，在 M1、M2 车电气柜中确认中继器固定良好且对应空开已推，并确认两端 ATC 切除均在分位。

(4) 换端检查，重复本项检查的(1)~(3)。

2) 上电

(1) 由车辆检修人员配合实现列车上电过程。

(2) 占有一端驾驶室。

3) 检查车载交换机

检查交换机 A、交换机 B 的 PWR 和 POE 是否绿灯长亮，CPU 是否绿闪。1 端的 A 交换机 LINK1、LINK2、LINK3、LINK5、LINK6 应绿灯长亮(B 交换机 LINK1、LINK3、LINK5、LINK6 应绿灯长亮)，该灯右边对应的 Tx 灯应黄闪；2 端的 A 交换机 LINK1、LINK3、LINK4、LINK5、LINK6 应绿灯长亮(B 交换机 LINK1、LINK2、LINK3、LINK4、LINK5、LINK6 应绿灯长亮)，该灯右边对应的 Tx 灯应黄闪。

4) 检查 CMV 板卡状态

(1) CPS 板卡指示灯的 Vin、DIG、PWH、ANT、FAN 绿灯点亮。

(2) CBS 板卡指示灯的 AT、5V 绿灯点亮，CP 黄灯点亮。

(3) CMP 板卡指示灯的 C1 灯灭，C2 灯绿闪；F3 红灯长亮，F1、F2、F4 长灭；A1、A2、P1、P2、L1、L2、L3 绿灯长亮；T1、T2、R1、R2 黄闪，T3、R3 灯灭；U1～U6 黄灯长亮；S1、S2 黄灯长亮，S3 灯灭。

(4) DSO、DSI、FDO、FDI、FAG、PSO 板卡指示灯的 T1、T2、T3 黄闪，A1、A2、A3 绿灯点亮。

(5) PPU1、PPU2、PPU3 板卡指示灯的 C1 绿闪，P1、A1、VI 绿灯点亮。

(6) GTW 板卡指示灯的 C1、P1 绿灯亮；F1、F3 长灭；D1～D5 黄灯长亮，T1、R1 黄闪；E1～E5、L1、A1、G1、G2 绿灯长亮。

5) 检查 DMI 状态

观察 DMI 显示 CC 状态是否全部可用，确认 CC-DMI 通信是否正常。

6) 检查调制解调器(MRE)状态

检查调制解调器 POWER，Operation 应亮绿灯。

7) 车载 CC 设备自检

(1) 确认“高速断路器”分、“停放制动”合。

(2) 激活主控钥匙。

(3) 将方向手柄打至“前”位。

(4) 约 3 s 后确认自检状态，此时 DMI 显示“ATC 自检成功”。

(5) 确认自检成功后，将方向手柄打回“零”位。

8) 取消驾驶室占有

取消驾驶室占有。

9) 检查中继器状态

检查中继器 PWR 是否亮绿灯，LINK1、LINK2 是否绿闪，相对应的 Tx 是否亮黄灯。

10) 换端检查

换端检查，重复本检查项的 2)～8)。

11) 恢复列车原始状态

恢复上车时列车状态。

注意：任何情况下都不可擅自操作列车激活开关；列车激活、升降弓均由车辆人员操作。

二、车载 ATC 设备季检、年检

1～5 的内容为车载 ATC 设备季检，1～6 的内容为车载 ATC 设备年检。

1. 检查 DCS 天线

检查 DCS 天线的过程如下：

(1) 查看天线外观是否无损伤、裂纹。

(2) 用无纺清洁布清洁天线及连接电缆。

(3) 查看电缆插接器与车辆电气接线箱是否插接良好，无缝隙。

(4) 检查各螺杆是否紧固，无滑丝、断裂等情况。

(5) 用 10 mm 弯头套筒或 10 mm 棘轮扳手紧固 4 个 M6 金属片固定螺杆、6 个 M6 固定螺杆。

(6) 检查 RF 电缆紧固情况。

(7) 用十字螺丝刀紧固 4 个 10 mm 底板固定螺杆。

(8) 用红色标记笔做好防松标识。

2. 检查编码里程计

检查编码里程计的过程如下：

(1) 查看编码里程计外观是否无损伤、裂纹。

(2) 用无纺清洁布清洁编码里程计及连接电缆。

(3) 查看电缆插接器与车辆电缆座是否插接良好，无缝隙；检查连接电缆是否无损伤，与车体间隙大于 2 cm 以上，最小静态弯曲半径大于 75 mm，最小动态弯曲半径大于 150 mm；检查线缆与车体线卡部分是否连接紧固，无松动。

(4) 检查电缆插头、螺杆是否紧固，螺杆无滑丝、断裂等情况。

(5) 利用皮带扳手紧固电缆插头。

(6) 用卡尺检查插头，卡尺不能插入插头和固定插座之间的间隙内。

(7) 用 L 形(8 mm)内六角扳手紧固 4 个 M8 固定螺杆。

(8) 用 10 mm 弯头套筒和 10 mm 开口扳手紧固 6 个 M6 六角盖板固定螺杆。

(9) 用 10 mm 弯头套筒和 10 mm 开口扳手紧固 12 个 M6 电缆锁扣螺杆。

(10) 用红色标记笔做好防松标识。

3. 检查信标天线

(1) 查看信标天线外观是否无损伤、裂纹。

(2) 用无纺清洁布清洁天线及连接电缆。

(3) 检查天线底板、盖板是否密封良好，无间隙。

(4) 检查电缆插接器与车辆电缆座是否插接良好，无缝隙。

(5) 查看连接电缆是否无损伤，距车体间隙大于 2 cm 以上，最小弯曲半径不小于 150 mm。

(6) 检查各螺杆是否紧固，无滑丝、断裂等情况。

(7) 用扭力扳手(开口 13 mm，扭力 19 N · m)紧固支撑板上固定天线的 2 × 6 个 M8 六角固定螺丝。

(8) 用扭力扳手(开口 17 mm，扭力 40 N · m)紧固接地线的一个 M10 固定螺丝。

(9) 用扭力扳手(开口 13 mm，扭力 19 N · m)紧固支撑板上固定减震器的 2×8 个 M8 六角螺丝。

(10) 用 5 mm 内六角扳手紧固 32 个 5 mm 内六角底板和盖板固定螺杆，其中 4 个来自 B4 跳线 L 形插座固定板。

(11) 用红色标记笔做好防松标识。

4. 检查设备接地情况

(1) 编码里程计接地检查(用万用表电阻挡连接机械结构和相邻金属，电阻应小于 0.3 Ω)。

(2) 信标天线接地检查(用万用表电阻挡连接机械结构和相邻金属，电阻应小于 0.3 Ω)。

5. 检查车上部分的 ATC 车载设备

(1) 检查 DMI。

① 查看 DMI 外观是否无损伤、裂纹。

② 将 DMI 电源空开开关 91F107 断开(即空开向下。如已断开，则无需操作)。

③ 用无纺清洁布清洁 DMI。

④ 拆卸 DMI：用 L 形 3 mm 内六角扳手或十字螺丝刀拆下 DMI 的 4 个固定螺杆。

⑤ 检查交换机 A 和交换机 B 至 DMI 的通信连接电缆是否无损伤，插头是否紧固。

⑥ 检查 DMI 数据插头连接是否紧固。

⑦ 检查电源电缆是否无损伤，插头是否紧固。

⑧ 检查接地线是否无损伤，连接是否紧固。

⑨ 检查 DMI 至喇叭线的线缆是否紧固，DMI 处是否未出现插头松动，喇叭处接线是否紧固，未出现掉锡、脱焊等情况。

⑩ 安装 DMI：用 L 形 3 mm 内六角扳手紧固 DMI 的 4 个固定螺杆。

(2) 检查车载 CC 机柜。

① 打开车载 CC 设备机柜门查看机柜外观是否无损伤。

② 检查机架底部 4 个 M10 的固定螺杆和顶部的 2 个固定螺杆是否紧固，无滑丝、断裂，防松标志是否清晰无移位。

③ 检查机架接地辫和接地点连接是否紧固，接地线是否无折损或破皮外露现象。

④ 检查 CC 机笼里 15 块板卡螺丝是否紧固，无变形。

⑤ 检查机柜内标识是否齐全、清楚，铭牌是否安装良好。

⑥ 检查各 INT 插头插接是否良好，卡箍是否紧固。

⑦ 用 L 形(5 mm)内六角扳手拆卸散热风扇，清洁风扇灰尘后再进行安装。

⑧ 用无纺清洁布清洁柜门及车载 CC 机柜内部卫生，由上至下，由内至外。

(3) 检查交换机。

① 目测 SWP 机架外观是否良好，无变形。

② 检查交换机 8 个 M2.5 固定螺丝是否无松动，各模块在 SWP 机架上是否固定良好。

③ 检查 SWP 机架各模块间线缆是否无破损，各数据接头连接是否良好，无松脱，屏蔽层是否外露。

④ 检查接地辫是否紧固，无松脱。

(4) 检查 MRE。

① 目测调制解调器外观是否完整，无变形，散热良好。

② 用 L 形(5 mm)内六角扳手紧固调制解调器 4 个固定螺丝。

③ 检查 RF 插头(直型)是否紧固，电源线、以太网线接头是否紧固，接地线(辫)与支架、车体连接是否良好，无松脱。

(5) 检查中继器。

① 检查中继器外观是否完整，无积尘，周围环境是否通风良好。

② 检查中继器是否良好固定在定位槽内，用 T8 螺丝刀紧固正面 4 个 M2.5 固定螺丝，连接线缆是否无破损，接头是否无松脱。

③ 清洁外观。

(6) 检查设备接地。

① WCR 机架接地检查(用万用表电阻挡连接机械结构和相邻金属，电阻应小于 0.3 Ω)。

② CMV 机架接地检查(用万用表电阻挡连接机械结构和相邻金属，电阻应小于 0.3 Ω)。

③ SWP 机架接地检查(用万用表电阻挡连接机械结构和相邻金属，电阻应小于 0.3 Ω)。

④ MRE 接地检查(用万用表电阻挡连接机械结构和相邻金属，电阻应小于 0.3 Ω)。

⑤ SWR 接地检查(用万用表电阻挡连接机械结构和相邻金属，电阻应小于 0.3 Ω)。

(7) 上电。

① 打开驾驶室 114、115 电气柜确认车载相关设备空开是否均已合上(91 系列)；在 M1、M2 两车电气柜中确认中继器是否固定良好且对应空开已推上；确认两端 ATC 切除是否均在分位。

② 由车辆检修人员配合实现列车上电过程。

③ 占有一端驾驶室。

(8) 检查车载交换机。

检查交换机 A、交换机 B 的 PWR 和 POE 是否绿灯长亮，CPU 是否绿闪。1 端的 A 交换机 LINK1、LINK2、LINK3、LINK5、LINK6 应绿灯长亮(B 交换机 LINK1、LINK3、LINK5、LINK6 应绿灯长亮)，该灯右边对应的 Tx 灯应黄闪；2 端的 A 交换机 LIKN1、LINK3、LINK4、LINK5、LINK6 应绿灯长亮(B 交换机 LINK1、LINK2、LINK3、LINK4、LINK5、LINK6 应绿灯长亮)，该灯右边对应的 Tx 灯应黄闪。

(9) 检查 CMV 板卡状态。

① CPS 板卡指示灯的 Vin、DIG、PWH、ANT、FAN 绿灯点亮。

② CBS 板卡指示灯的 AT、5V 绿灯点亮，CP 黄灯点亮。

③ CMP 板卡指示灯的 C1 灯灭，C2 灯绿闪；F3 红灯长亮，F1、F2、F4 长灭；A1、A2、P1、P2、L1、L2、L3 绿灯长亮；T1、T2、R1、R2 黄闪，T3、R3 灯灭；U1～U6 黄灯长亮；S1、S2 黄灯长亮，S3 灯灭。

④ DSO、DSI、FDO、FDI、FAG、PSO 板卡指示灯的 T1、T2、T3 黄闪，A1、A2、A3 绿灯点亮。

⑤ PPU1、PPU2、PPU3 板卡指示灯的 C1 绿闪，P1、A1、VI 绿灯点亮。

⑥ GTW 板卡指示灯的 C1、P1 绿灯亮；F1、F3 长灭；D1～D5 黄灯长亮，T1、R1 黄闪；E1～E5、L1、A1、G1、G2 绿灯长亮。

(10) 检查 DMI 状态。

观察 DMI 显示 CC 状态是否全部可用，确认 CC-DMI 通信是否正常。

(11) 检查调制解调器(MRE)状态。

检查调制解调器 POWER，Operation 应亮绿灯。

(12) 车载 CC 设备自检。

① 确认“高速断路器”分、“停放制动”合。

② 激活主控钥匙。

③ 将方向手柄打至“前”位。

④ 约 3 s 后确认自检状态，此时 DMI 显示“ATC 自检成功”。

⑤ 确认自检成功后，将方向手柄打回“零”位。

(13) 取消驾驶室占有。

(14) 检查两端列车交换机通信。

① 设置 PC 的 IP 为 10.92.xx.250(其中 xx 为列车号，如 01010，xx 输入为 10)。

② 用 RJ45-M12D 数据线连接 PC 与交换机的 Ethernet7。

③ PC 进入 DOS 命令页，进行两端交换机的通信 ping 指令测试。其中，1 端交换机 A 的 IP 为 10.92.xx.73，交换机 B 的 IP 为 10.92.xx.77；2 端交换机 A 的 IP 为 10.92.xx.74，交换机 B 的 IP 为 10.92.xx.78。

④ 检查结果是否为 ping 指令执行成功且无丢包。换端检查，重复本检查项的(2)～(8)。

⑤ 设置 PC 的 IP 为 10.23.214.50，用 RJ45-RJ45 的标准网线连接 CMP 板卡。

⑥ 打开 OMAP 软件选择 ATO 记录功能(TC1 就选 CC-ATO，UNIVIC Core1)，选择 ATO 的第一页。

(15) 主控钥匙开关信号 KSON 输入检查。

(16) 车门关闭及打开信号 TDCL 输入检查。

(17) ATO 按钮 START_PB 输入检查。

(18) ATB 按钮 ATB_PB 输入检查。

(19) RM 按钮 RM_PB 输入检查。

(20) BM/CBTC 按钮 BM_PB 输入检查。

(21) 人工车门管理开关输入检查。

① “人工”挡输入检查 DMS_AM 和 DMS_AA 均为 False。

② “自动”挡 DMS_AA 输入检查。

③ “半自动”挡 DMS_AM 输入检查。

(22) ATC 切除功能及 ATC 切除继电器检查，ATC 切除打到合位，ATC 切除继电器 91-K113 绿灯亮。(注：ATC 切除打到合位后需 5～10 s 后再恢复，严禁“秒切秒合”对继电器及相关设备造成电气损伤。)

6. 功能测试

1) 编码里程计功能测试

(1) 司机在主控驾驶室选择 RMF 模式，OMAP 连接到两个驾驶室的 CMP 板，检验里程计就绪为 True。

(2) 列车在 RMF 模式以 10 km/h 动车，在 OMAP 上检验 Cog count 的值并根据车轮和运行方向的位置增加或减少。

(3) 停车检验 OMAP 和 DMI 的速度值是否一致。

2) 信标天线功能测试

(1) 列车以 RMF 模式越过信标时，检验 OMAP 上应显示此信标的正确 ID。

(2) 列车以 RMF 模式连续通过两个重定位的信标时，DMI 上显示定位标志，OMAP 上检验 Loc available 为 True。

(3) 当列车第一次通过一对 MITB 时，在 OMAP 上检验轮径 Calib process state 为 Completed。

3) RM 功能测试

(1) 列车以低于 25 km/h 的速度运行时，DMI 显示列车的实际速度，列车没有无故产生紧急制动。

(2) 列车速度大于 25 km/h 时，列车产生紧急制动。

(3) 列车速度后退距离超过 5 m 时，列车产生紧急制动。

(4) 列车后退速度大于 5 km/h 时，列车产生紧急制动。

(5) 车门控制检查：DBY 打到合位，依次按压左/右门开关按钮，左/右门车门能依次开、关。

(6) 司机在 RM 模式下驾驶列车至站台停车，关闭主控钥匙并换端重复 RM 模式功能测试。

4) BM 模式 ATPM 功能测试

(1) 按压 BM/CBTC 选择按钮，在 DMI 上选择强制后备，进入强制 BM 模式。当列车以 RMF 模式经过一个具有后备模式初始化功能的有源信标时，DMI 上显示列车定位且自动升级至 ATPM 模式，进行 ATPM 功能测试。

(2) 列车以低于推荐速度运行时，DMI 显示正确的目标速度和限制速度，并与 OMAP 上显示的一致，列车没有无故产生紧急制动。

(3) 列车速度大于推荐速度 2～5 km/h 时，列车产生紧急制动。

(4) 车门控制检查：司机在站台正确对标停车后，DMI 显示门释放，司机按压开门按钮，车门打开，屏蔽门也同步打开。

(5) 拉下任一门紧急拉手，列车在站台不能动车，检查 TDCL = 0，ZVRD = 0。

(6) 列车在 BM-ATPM 模式下原地等待时间大于 242 s，待后备变量超时后动车，因此列车无法精确对标，在停车点前停车。

(7) 关闭主控钥匙并换端重复 ATPM 模式功能测试。

5) BM 模式 ATO 功能测试

(1) 按压 BM/CBTC 选择按钮，在 DMI 上选择强制后备，进入强制 BM 模式。当 DMI 上显示列车定位且可以转换 ATO 指示时，ATO 按钮灯点亮，按压启动按钮进行 ATO 功能测试。

(2) 列车以 ATO 模式运行时没有超过最大速度，没有无故触发紧急制动。

(3) 自动停车功能：列车自动停在禁止信号机前。

(4) 列车车门只能由司机手动开关。

(5) 关闭主控钥匙并换端重复 ATO 模式功能测试。

6) CBTC 模式 ATPM 功能测试

(1) 当列车已定位并收到允许的 EOA 时，进行 ATPM 功能测试。

(2) 列车以低于推荐速度运行时，DMI 显示正确的目标速度和限制速度，并与 OMAP 上显示的一致，列车没有无故产生紧急制动。

(3) 列车速度大于推荐速度 2～5 km/h 时，列车产生紧急制动。

(4) 关闭蓝网 MRE(断开断路器或断开 MRE 和交换机的连接),列车越过 AP 点交界处，检验变量和 EOA 仍能接收并有效；连接蓝网 MRE 并断开红网 MRE，列车越过 AP 点交界处，检验变量和 EOA 仍能接收并有效。

(5) 断开主 core 端 CMP 空开，列车继续运行，无任何异常，无 EB 触发。

(6) 车门控制检查：司机在站台正确对标停车后，DMI 显示门使能，司机按压开门按钮，车门打开，屏蔽门也同步打开。

(7) 关闭主控钥匙并换端重复 ATPM 模式功能测试。

7) CBTC 模式 ATO 功能测试

(1) 当 DMI 上显示列车定位且可以转换 ATO 指示时，ATO 按钮点亮，按压启动按钮进行 ATO 功能测试。

(2) 列车以 ATO 模式运行时没有超过最大速度，没有无故触发紧急制动。

(3) 列车 ATO 模式运行时能收到 EOA。

(4) 自动停车功能：列车自动停在禁止信号机前。

(5) 列车能根据车门选择管理器的状态在站台正确开、关门。

(6) 关闭主控钥匙并换端重复 ATO 模式功能测试。

8) ATB 折返测试

(1) 在 ATB 区域断开驾驶室占有。

(2) 按压 ATB 按钮，驾驶室能被激活。

(3) 办理折返进路，收到目的地码后按压 ATO 按钮，列车自动发车。

(4) 列车收到反向目的地码后能自动激活另一端驾驶室，并自动发车。

(5) 精确停车后能根据车门选择模式进行自动开、关门。

(6) 手动激活主控钥匙，列车退出 ATB 模式。

9) 下载 DLU 数据

下载 DLU 数据，并确认 DLU 能正常储存数据。

三、轨旁 ATC 设备日检

轨旁 ATC 设备日检如下：

(1) 检查机房温度是否为 18～28℃，湿度是否为 30%～75%。

(2) 检查 ZC、LC 机柜 REDMAN 板的 LED 显示是否为“3oo3”。

(3) 检查 ZC、LC 电源模块，指示 SYSTEM 是否亮绿灯，UO 是否亮绿灯，ERROR 是否灯灭。

(4) 检查 ZC、LC 机柜风扇的工作状态，通风应良好，无异常噪声。

(5) 检查 DSU、LEU 外观是否无异常，工作灯是否点亮。

四、轨旁 ATC 设备月检

轨旁 ATC 设备月检如下：

(1) 检查机房温度是否为 18～28℃，湿度是否为 30%～75%。

(2) 检查 ZC、LC 机柜 REDMAN 板的 LED 显示是否为“3oo3”。

(3) 检查 ZC、LC 电源模块，指示 SYSTEM 是否亮绿灯，UO 是否亮绿灯，ERROR 是否灯灭。

(4) 检查 ZC、LC 机柜风扇的工作状态，通风应良好，无异常噪声。

ZC/LC 断电重启流程如下：

步骤 1：打开 2oo3 平台(ZC/LC)的前、后门；

步骤 2：把 2oo3 平台(ZC/LC)后面底部的两个断路器 CB1 和 CB2 打到 OFF 位置；

步骤 3：把 I/O A/B 的两个开关迅速拧至 OFF 位置；
步骤 4：把计算通道 A/B/C 的三个开关迅速拧至 OFF 位，并把风扇拧至 OFF 位置；
步骤 5：关上 2oo3 平台(ZC/LC)的后门和前门；
步骤 6：检查 2oo3 平台(ZC/LC)是否已断电关机；
步骤 7：打开 2oo3 平台(ZC/LC)的后门；
步骤 8：把两个断路器 CB1 和 CB2 打到 ON 位置；
步骤 9：打开机柜前面板，同时把 I/O A/B 的两个开关迅速拧至 ON 位置；
步骤 10：在机柜前面板，把计算通道 A/B/C 的三个开关迅速拧至 ON 位置；
步骤 11：在机柜后面板，把风扇的开关迅速拧至 ON 位置；
步骤 12：关上 2oo3 平台(ZC/LC)的后门并用钥匙锁上；
步骤 13：执行操作并检查后，关上 2oo3 平台(ZC/LC)的前门并用钥匙锁上；
步骤 14：计算通道 A(B 或 C)重启 3 min 后，检查各板卡 LED 状态。
(5) 检查 DSU、LEU 外观是否无异常，工作灯是否点亮。

五、轨旁 ATC 设备季检

轨旁 ATC 设备季检如下：
(1) 检查设备周围隧道壁或顶部有无漏水或积水现象。
(2) 检查支架、箱盒。
(3) 检查安装支架是否齐全。
(4) 检查信标安装螺栓是否紧固。

六、轨旁 ATC 设备年检

轨旁 ATC 设备年检如下：
(1) 检查设备周围隧道壁或顶部有无漏水或积水现象。
(2) 检查支架、箱盒。
(3) 检查安装支架是否齐全。
(4) 检查信标安装螺栓是否紧固。
(5) 检查信标功能是否正常。

习　　题

1. 按功能划分，信标包括哪些类型？
2. ZC 和 LC 的功能分别是什么？
3. 精确停车预告信标的布置原则是什么？
4. CC 机架包含哪些部件？
5. ATP 子系统的系统内部接口和外部接口分别包括哪些？
6. 简述 ATP 子系统的功能。

7. 哪些事件发生时，CC 设备将实施紧急制动？
8. 工作 CC 和备用 CC 将在哪些情况发生时进行切换？
9. 线路上定义的主要奇点有哪些？
10. 简述列车追踪间隔控制原理和列车防护原理。
11. 根据“门模式开关”的位置，开关门方式有哪几种？
12. 根据线路特征、车辆特征和运行图，ATO 模式中离线定义了哪三种运行曲线？
13. 车载显示器人机界面的主要内容包括什么？
14. 简述 ATO 子系统的各个接口。
15. 简述车载 ATC 设备日检、季检、年检的内容及方法。
16. 简述轨旁 ATC 设备日检、季检、年检的内容及方法。

项目八　卡斯柯 ATS 子系统

【项目描述】

本项目介绍了卡斯柯 ATS 子系统的构成、功能、原理、维护流程以及 HMI 的各项操作，并给出了 ATS 故障应急处理指南。

任务一　卡斯柯 ATS 子系统的构成及功能

【工作任务】

(1) 掌握 ATS 子系统的各项功能。
(2) 掌握 ATS 子系统的设备分布，能对 ATS 子系统的主要设备进行描述。
(3) 了解 ATS 子系统的接口。

【知识准备】

一、子系统设备分布

ATS 子系统是一个分布式的计算机监控系统，主要分布于控制中心、正线设备集中站、正线非设备集中站、停车场和车辆段。系统采用热备冗余的方式，保证了其有高度的可用性。

1. 控制中心(OCC)

控制中心 ATS 子系统结构如图 6-7 所示。其主要包括以下设备：

(1) 中央控制室：三台行车调度工作站、一台总调工作站、一台大屏接口计算机。

(2) 打印及绘图室：一台运行图绘图仪、一台运行图打印机、一台事件报警打印机、一台数据报表打印机。

(3) 中央信号设备室：一套冗余的 ATS 通信前置机(FEP)、一个双机切换单元、一套冗余的 CATS 数据库服务器、一套共享盘(磁盘阵列)、一套冗余的 CATS 应用服务器、一台维护工作站(与维护支持系统维护工作站合用)、一台维护打印机、一套冗余的网关计算机、一个通信机柜、两个服务器机柜。

(4) 时刻表编辑室：一台运行图编辑工作站。

(5) 控制中心 ATS 培训室：一台培训服务器、一台培训模拟器、两台模拟操作工作站、20 台培训员工作站、一台培训打印机。

2. 正线设备集中站

正线设备集中站 ATS 子系统结构如图 8-1 所示。

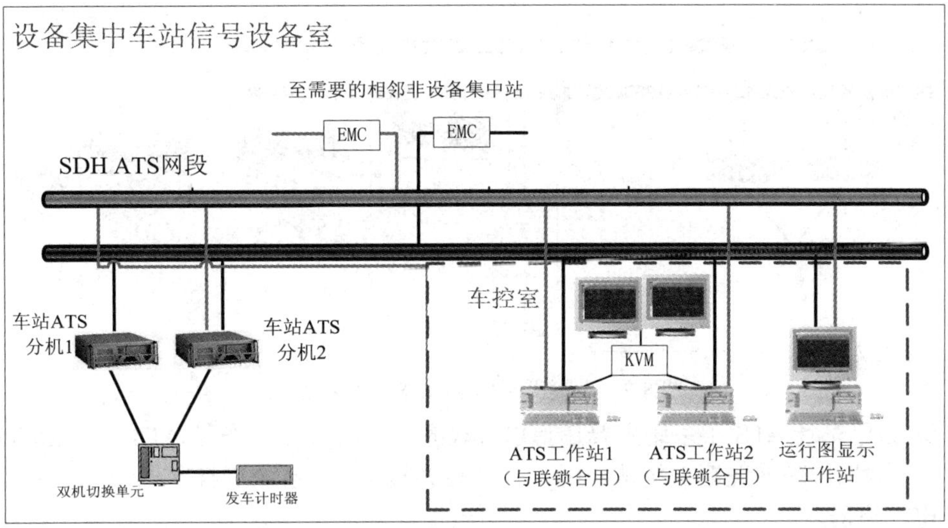

图 8-1　正线设备集中站 ATS 子系统结构

车辆段/停车场 ATS 子系统主要包括以下设备：一套冗余的车站 ATS 分机(LATS)、两台 ATS 工作站(与联锁现地工作站合用)、一台 ATS 终端打印机、两台 ATS 终端、若干光电转换器。

3. 正线非设备集中站

正线非设备集中站 ATS 子系统结构如图 8-2 所示。

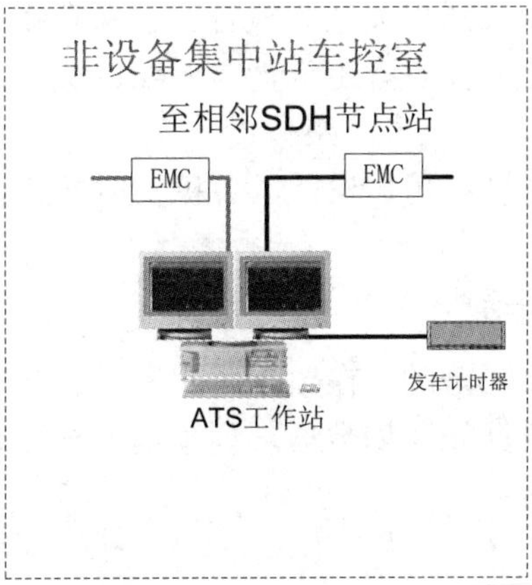

图 8-2　正线非设备集中站 ATS 子系统结构

每个正线非设备集中站 ATS 子系统主要包括以下设备：一台 ATS 工作站、若干发车计时器(TDT)、若干光纤转换器。

4. 车辆段/停车场

车辆段/停车场 ATS 子系统结构如图 8-3 所示。

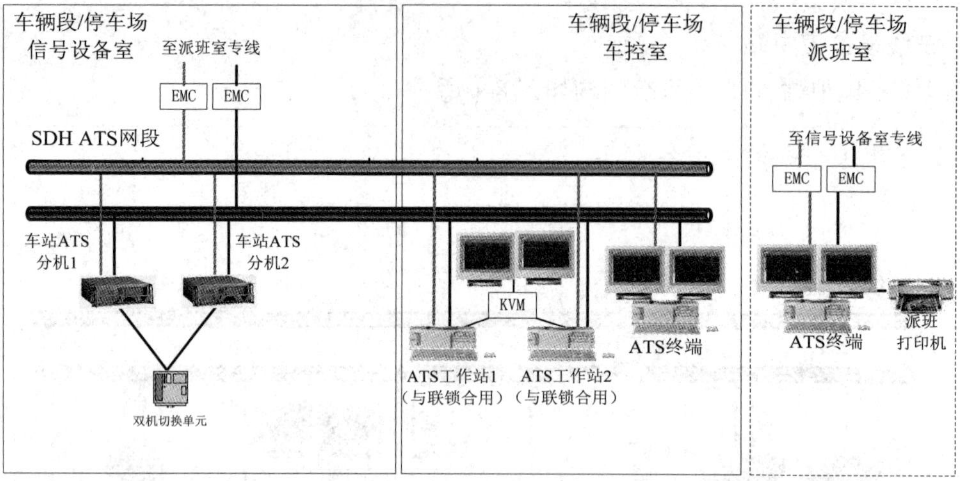

图 8-3　车辆段/停车场 ATS 子系统结构

车辆段/停车场 ATS 子系统主要包括以下设备：一套冗余的车站 ATS 分机(LATS)、两台 ATS 工作站(与联锁现地工作站合用)、一个设备机柜、一台派班打印机、两台 ATS 终端、若干光电转换器。

二、主要设备描述

1. CATS 应用服务器

CATS 应用服务器为 ATS 子系统的数据处理中枢，它获得全线车站、车辆段/停车场以及外部系统的数据后，将站场图显示、告警、列车状态等各种信息发往各 ATS 工作站和显示屏显示；它负责列车运行和计划相关事务，处理调度人员、维护人员、车辆段/停车场派班人员的各种操作请求，并发送到相关系统执行；它保存系统日常运行的各种数据，供各种事后分析和回放。CATS 应用服务器还负责向无线、综合监控系统等外部系统发送相应的信息。

CATS 应用服务器为双机热备冗余设计，备机实时从主机获得同步的各种数据，可以实现无扰切换。

2. 数据库服务器和磁盘阵列

两台数据库服务器是双机冗余的，在数据库服务器上运行并行数据库例程，数据库例程接受数据库访问。数据库数据如计划数据、列车运行数据、列车编组信息等存放在磁盘阵列上，以便系统调用和查看。

3. 总调/调度员工作站

调度工作站包括两个全屏幕的窗口：一个运行图显示窗口主要用于显示计划运行图和历史运行图，提供与运行图相关的操作，如运行图修改、打印等；另一个站场图窗口主要用于显示系统设备状态、站场设备状态、时间、报警等，提供站场图相关的操作，如联锁控制、列车运行控制、车辆管理、职责和授权、报警管理及报表等。调度工作站的两个显示器输出控制相对独立，若一个显示器故障，则可由另一台显示器完成全部的显示及控制功能。

各个调度工作站在硬件和软件上具有相同的结构，根据登录用户角色和控制区域的不同来完成不同的功能。如果一台调度员工作站故障，那么另一台调度员工作站可以接管其控制区域。

4. ATS 维护工作站

ATS 维护工作站用于显示全线站场图、系统设备状态、故障报警、重要事件等，并进行数据存储管理、ATS 系统管理和网络管理。ATS 维护工作站对告警和事件的历史数据可进行查询分析。指定的查询条件包括：查询起始时间与查询终止时间、告警与事件的级别、告警与事件的类别、是否被确认、关键字。查询结果可以显示、打印和转存为文本文件供二次分析。

5. 运行图编辑工作站

运行图编辑工作站用于基本运行图的离线管理与维护，包括基本运行图的生成、编辑、打印、上传数据库及从数据库下载等。

6. 通信前置机

通信前置机作为控制中心 ATS 子系统的通信枢纽，负责为控制中心的外部系统(无线、时钟、综合监控等系统)提供接入 ATS 的接口。

7. 网关计算机

网关计算机用于 ATS 网段和信号网段之间的数据传输。

8. 网络拓扑及网络设备

在控制中心、各正线设备集中站、正线非设备集中站、车辆段/停车场均有自己的冗余 100M 局域网；各局域网通过 100M 以太网接口连到 100M 冗余主干网，整个系统构成一个冗余可靠高速的广域网。

9. 设备集中站 ATS 分机(LATS)

设备集中站 LATS 负责控制中心与车站联锁系统之间的数据传输，能根据运行图或目的地自动触发列车进路。当列车到达站台后，设备集中站 LATS 将正确驱动发车计时器的显示。

设备集中站 LATS 是双机热备的，备机实时从主机获得同步的各种数据，可实现无扰切换。

10. 设备集中站/车辆段/停车场现地工作站(与联锁共用)

现地工作站用于显示系统设备状态、站场图，并可进行联锁控制等。相关界面操作方式与控制中心基本一致，其控制、显示范围为本集中站管辖区域，并可选择显示相邻设备集中站/车辆段/停车场的相关信息。与其他轨道交通线路接轨的集中站现地工作站还可以显示相关联络线的相关信息。

每个设备集中站的两个现地工作站在硬件和软件上具有相同的结构，根据登录用户角色和控制区域的不同来完成不同的功能。

11. 非设备集中站 ATS 工作站

非设备集中站 ATS 工作站除了提供本站发车计时器的接口外，还可以显示本站及相邻车站系统设备状态、站场图、列车运行状态信息。

非集中站 ATS 工作站正常情况下不具备控制功能，但也可在授权情况下进行该站的本地控制。

12. 车辆段/停车场 ATS 分机(LATS)

车辆段/停车场 LATS 负责控制中心与车辆段/停车场联锁系统之间的数据传输，采用双机热备，备机实时从主机获得同步的各种数据，可实现无扰切换。

13. 车辆段/停车场值班室 ATS 终端

在车辆段/停车场值班室 ATS 终端上能正确显示车辆段/停车场范围内的信号设备状态和车组号，取得有关列车和司机数据，显示当前使用的时刻表和车辆段/停车场计划列车的出入场信息等，同时也可以显示转换轨及相邻的正线车站的列车运行信息。

14. 车辆段/停车场派班室 ATS 终端

在车辆段/停车场派班室 ATS 终端上能正确显示车辆段/停车场范围内的信号设备状态和车组号，编辑有关列车和司机数据，显示当前使用的时刻表，同时也编辑车辆段/停车场计划列车的出入场信息等。

15. 发车计时器

在各车站每个站台与正向运营相关的运行车头侧的适当位置设置发车计时器(TDT)，发车计时器采用发光二极管 LED 作为光源全屏显示。ATS 子系统在各车站通过 RS-422/485 串行接口连接到 TDT，向 TDT 发送停站时间、跳停和扣车等内容显示，向司机提供发车时机早晚点提示。ATS 子系统可以正确可靠地采集发车计时器的状态信息。

三、ATS 子系统的接口

ATS 子系统接口分为内部接口和外部接口：内部接口是指 ATS 子系统与联锁子系统、ATP/ATO 子系统、维护支持系统等信号系统内部的接口；外部接口指除内部接口以外的接口，如与 ISCS 系统的接口。

1. 内部接口

ATS 子系统通过接口与其他子系统进行数据交换，使整个信号系统匹配良好地进行工作，实现规定的系统功能。

1) ATS 子系统与正线车站联锁设备接口

ATS 通过 100M 以太网接口连接到正线计算机联锁系统，联锁将站场表示信息传送到 ATS 子系统。表示信息包括道岔表示、信号显示、进路状态、扣车状态等。ATS 子系统将信号设备的控制命令传送到正线联锁子系统并执行，如进路控制命令、扣车命令等。

2) ATS 子系统与停车场/车辆段联锁设备接口

ATS 通过 100M 以太网接口连接到停车场/车辆段计算机联锁系统，联锁将站场表示信息传送到 ATS 子系统。表示信息包括道岔表示、信号显示、轨道电路表示、进路表示等。

3) ATS 子系统与 ATP/ATO 系统的接口

ATS 通过 100M 以太网接口连接到 ATP/ATO 系统，向 ATP/ATO 系统传送列车识别号设定、列车运行调整信息、扣车、跳停等信息，从 ATP/ATO 系统接收列车位置信息、列车状态报告等信息。

4) ATS 子系统与维护支持系统的接口

ATS 通过 100M 以太网接口连接到维护支持系统，基于 SNMP 协议实现与维护支持系统的连接，并向维护支持系统报告 ATS 的设备状态。

2. 外部接口

ATS 子系统通过外部接口与其他系统进行数据交换，为外部系统提供所需的信息，或从外部系统获取 ATS 需要的信息，用于信息处理或界面展示。

1) ATS 子系统与综合监控系统的接口

ATS 子系统在控制中心通过通信前置机为综合监控系统提供 2 路冗余的以太网接口。接口分界点在综合监控设备室，接口类型为 100M 以太网，接口形式为 RJ45。

ATS 向综合监控系统提供实时的监控信息，如信号设备状态信息、实际列车运行图信息、列车识别号信息(车组号、车次号、目的地等)、列车位置信息、实际列车运行信息、系统重大故障报警信息等。每天正式运营前或运营图变化时，信号系统向综合监控系统传送当天或更新的计划运营时刻表。当列车在隧道内停留超过一定时间时，ATS 子系统可将有关列车阻塞信息传送至综合监控。

中心 ATS 从综合监控接收各个供电区段的工作状态信息及相关的报警信息。该状态信息指明是正常状态还是非正常状态。ATS 子系统根据该状态信息在中心工作站和大显示屏上向行车调度人员提供简明的全线接触网、三轨带电状态。

中心 ATS 从综合监控接收 FAS 火灾报警信息、AFC 突发大客流情况下的客流分析及统计信息以及综合监控范围内的重大事故信息。

2) ATS 子系统与大屏幕系统的接口

ATS 子系统在控制中心为大屏幕控制器提供 2 路冗余的以太网接口，传送信号显示内容到大屏幕控制器，并在大屏幕上显示信号相关内容。ATS 子系统与大屏幕系统的接口界面在控制中心调度大厅大屏幕显示系统控制器通信输出端子处。

3) ATS 子系统与时钟系统的接口

ATS 子系统通过 RS-422 串行通信口连接到时钟系统，时钟系统为 ATS 子系统提供实时的标准时间信息。ATS 子系统接收时间信号，并据此校准信号系统时钟，在信号系统内部以标准的 NTP 时钟同步协议同步系统内部各个设备的时钟。ATS 子系统具备屏蔽错误时间信号的功能。ATS 子系统与时钟系统的接口界面在控制中心通信设备室综合配线架外线侧。

4) ATS 子系统与无线通信系统的接口

ATS 子系统通过 2 路冗余的 RS-422 串行通信口连接到无线通信系统，向无线通信系统传送实时变化的目的地号、列车表号、车组号、乘务员号、车次号等信息，列车的出、入场信息，列车所处的车站和线路的位置信息，列车进出车辆段/停车场信息，列车折返信息和运行方向等信息，以便调度员、车站值班员用车次号呼叫列车。ATS 子系统与无线通信系统的接口界面在控制中心 ATS 网络机柜。

5) ATS 子系统与 TCC 的接口

ATS 子系统在控制中心通过通信前置机为 TCC 系统提供 2 路以太网接口，向 TCC 系统提供实时的监控信息，如列车信息、当天计划/实际行车运营时刻表、列车位置信息等。ATS 子系统与 TCC 的接口界面在控制中心信号系统配线架外线侧，接口类型为 10/100M 以太网。

四、培训、模拟演示系统

1. 培训系统组成

控制中心培训室 ATS 子系统结构如图 8-4 所示。

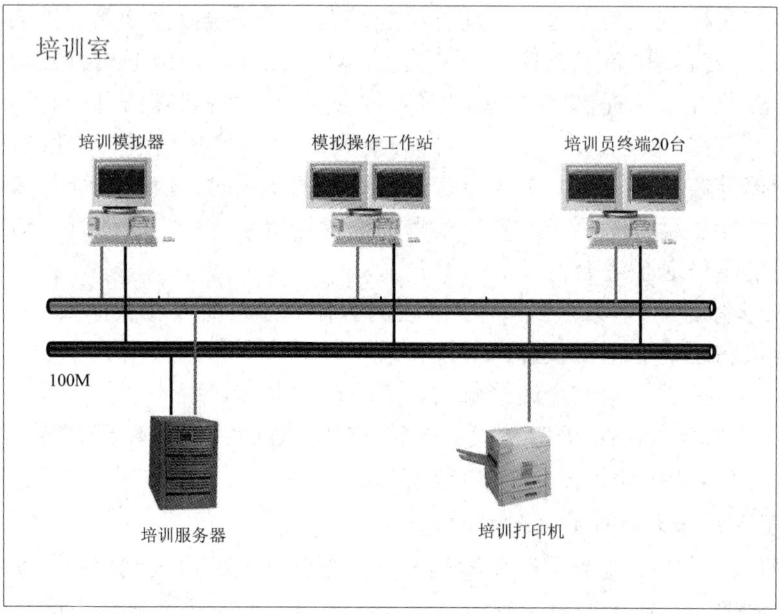

图 8-4　控制中心培训室 ATS 子系统结构

控制中心培训室 ATS 子系统主要包括以下设备：一套培训服务器、两套 ATS 培训模拟操作工作站、一套 ATS 培训模拟器、20 台 ATS 培训员终端、一台 ATS 培训打印机。

培训服务器是培训系统的核心；培训工作站为学员提供培训的人机界面；培训模拟器模拟列车运行和信号设备的工作，响应 ATS 控制指令；培训模拟操作工作站为培训教师提供人机界面；培训系统的事件、报警、报表和运行图可通过培训打印机输出。

2. 培训系统原理及性能

模拟和培训系统一方面可以用于培训 ATS 的操作人员，另一方面可以用于 ATS 子系统应用软件的功能验证及调试。系统模拟功能可以在模拟系统中模拟正式系统中的所有操作及列车运行。培训服务器与 CI、ATP/ATO 及车站的 ATS 子系统不存在数据交换，此时各种培训操作对在线的 ATS 子系统没有任何影响。培训工作站显示的数据是模拟列车移动和轨旁设备的状态变化而产生的模拟数据。控制的操作只影响模拟器，对运营的线路没有任何影响。

3. 培训系统功能

培训/模拟系统具有和 ATS 相同的人机界面，主要包括以下功能：

(1) 进行列车识别号的管理。

(2) 自动和人工调整模拟列车运行。

(3) 生成列车运行的各种数据和报表及打印。

(4) 进行用户权限管理。

(5) 信号设备模拟：可以模拟车辆段和正线信号设备的状态变化，并响应培训学员在培训工作站上对信号设备的操作。

(6) 列车模拟：可模拟线路上列车的运营。

(7) 对列车追踪运行的最小追踪间隔和折返间隔等运营能力的仿真模拟。

(8) 故障模拟：模拟轨道/计轴故障及故障恢复；模拟道岔故障及故障恢复；模拟信号故障及故障恢复；模拟外部系统故障，如联锁系统故障、ATO 系统故障、传输系统故障等。

(9) 场景保存与调用：模拟系统可以将当前的模拟场景保存到硬盘，并可以在下次模拟时快速调用恢复场景。

五、ATS 子系统的功能

1. 控制级别

对于正线车站，ATS 子系统包括集中控制和车站控制两种级别。正常运营时，ATS 子系统主要采用集中控制，根据列车运行时刻表对全线列车进行集中监控，授权的行调人员也可在控制中心相应的 ATS 调度工作站上人工设置控制命令到相应的子系统，对运营实施控制。在车站控制状态下，车站操作员可通过设备集中站 ATS 工作站发送控制命令到相应的子系统，对运营实施控制。在设备集中站和 ATS 控制中心通信正常的情况下，由车站操作员和中心调度员办理授、受权手续后完成集中控制和车站控制的转换。在紧急情况下，车站操作员可不经授权立即将控制权转到车站控制，控制联锁区范围内的进路和信号，并可办理引导接车。对于停车场/车辆段，控制中心只显示不控制。

2. 各级操作工作站权限管理

操作员必须登录工作站获得使用工作站功能的权限。在登录时，登录用户名/密码决定了本工作站的什么功能可使用。在工作站上输入按职责权限分类的系统操作人员的登录口令，实现操作人员登记进入和登记退出。

同时，操作员登录后必须选择其期望的控制区域，才能对该控制区域的设备进行控制操作，同一时间只允许一个工作站对同一目标实施控制。这一授权管理，保证了 ATS 工作站输出命令的可靠性和唯一性，避免两个功能相同的工作站同时进行操作和控制，确保控制命令能唯一、有效地执行。

3. 信号设备管理

ATS 子系统能够监控所有的正线车站信号设备并监视车辆段/停车场信号设备。它主要有以下两种控制方式：人工控制(如通过人-机界面操作)；自动控制(无需人-机界面操作，如按照运行图或列车目的地自动触发进路等)。

ATS 人工控制的主要设备及对象包括：

(1) 进路，如人工设置/取消进路。

(2) 信号机，如禁止/允许以某信号机为始端的一条进路被 ATS 自动控制、信号机重开、信号机特殊开放/关闭、引导、封锁信号等。

(3) 道岔，如单操定位或反位、单锁/解除单锁。

(4) 区域，如临时限速设置/取消。

(5) 列车，如扣车/取消扣车、跳停/取消跳停等。

(6) 轨道区段，如轨道封锁/恢复、轨道或计轴切除/激活等。轨道封锁是某一区段因某种原因限制列车进入时需对此区段执行该操作。轨道或计轴切除是当某一区段的计轴设备发生故障时，可能造成车次号追踪错误，为此需对此区段执行轨道切除操作，即标识该区段为故障状态，使 ATS 在进行车次号追踪处理时跳过该轨道区段。中心和车站均可执行这些操作。

4. 进路操作

操作人员任何时候都可对进路进行人工设置，人工操作模式优先级最高。但为了提高系统的自动化程度，ATS 子系统提供了自动进路功能。

5. 列车追踪

列车追踪功能通过处理由 ATP/ATO 子系统、计算机联锁子系统发送的数据对线路上运行的所有列车位置及识别号数据进行汇总。在移动闭塞方式下，通过车载 ATC 系统发送的列车位置信息对列车识别号进行追踪；在非 CBTC 模式下，则是用计算机联锁子系统发送的计轴占用信息追踪列车识别号。该功能通过动态刷新站场模拟图的方式，将列车运行信息以图形化的方式显示。站场模拟图在 ATS 工作站的彩色显示屏上实时显示，并在全线表示屏上显示。

6. 控制模式

在中央控制时，ATS 子系统根据不同的线路控制模式，具有不同的调整和控制功能。系统定义了四种不同的线路控制模式，适应不同的运行需要。

(1) 自动按图调整：系统按计划图调整列车停站时间和运行等级，控制列车完成自动折返、自动出入段。

(2) 自动等间隔调整：按设定的交路及间隔调整列车停站时间、运行等级，控制列车在指定交路内自动折返运行。

(3) 带 ATS 自动进路的半人工控制：系统仅提供 ATS 自动进路触发功能，无自动调整、自动出入段、自动折返功能。当调度想人工控制列车运行、折返但仍由 ATS 根据列车识别号自动触发进路时，可选择此功能。

(4) 全人工控制：无 ATS 按列车识别号自动触发进路的功能，无自动调整、自动出入段、自动折返功能。人工办理进路或使用联锁的自动通过进路和自动折返进路。

调度员选择方便的控制模式，经确认对整条线路生效。但在任何时候，调度员还可通过人工干预的手段对列车运营进行局部调整。调度员也可以通过将指定列车定义为人工车，实现对指定列车取消自动进路功能。

7. 运营调整

当列车停站时，系统将自动判断列车的早晚点状态，通过计算给出合理的发车时间和到下一站的区间运行时间，并发送给 ATO 控制列车的区间运行时间，另外把停站时间通过每个站台的列车发车计时器传达给列车司机以便控制列车停站时间。

如果列车运行状况与计划偏离在系统调整范围内，则 ATS 的自动调整功能通过调整列车的停站时间和列车的区间运行时间或只调整两者之一来纠正偏离。

当列车的实际运行图和计划运行图间发生的偏差超出一定范围时，经调度员操作确认后，能以起始站或终点站为基点对所有列车按等间隔运行原则自动调整。

如果列车运行状况与计划偏离超出调整范围时，系统将发出告警。同时，ATS 的运营调整功能也会为调度员提供人工干涉的手段，比如人工修改列车在区间的运行时间、停站时间、扣车、跳停，修改列车在线计划，以便尽快恢复列车的计划运营。

在调整策略中的计划偏离阈值是系统参数，系统管理员可自行设置。

8. 时刻表/运行图的管理与编辑

时刻表/运行图定义了在整个运营日内正常运行条件下列车的运营计划。系统提供了在数据库内保存至少 256 种以上基本时刻表/运行图的空间。用户可根据需要任选其一作为当日时刻表/运行图。操作人员可用时刻表编辑工具以在线或离线的方式管理时刻表/运行图。

(1) 离线管理：通过一个有图形用户界面的时刻表/运行图编辑工具建立和修改基本时刻表/运行图。

(2) 在线管理：通过一个有图形用户界面的时刻表/运行图编辑工具建立和修改当日时刻表/运行图。

9. 维护和报警

当列车运行或信号设备发生异常时，系统会产生不同类型的报警信息。报警信息保存在数据库服务器中，并能以文本文件方式输出。报警信息可以按类型有选择地显示和打印。

10. 运营记录和统计报表

ATS 子系统根据线路的运营情况会将系统事件记录在数据库服务器中，由系统处理和统计后，生成一系列的运营报告；它们可以以文本的方式查看，也可以打印输出。系统具有自行生成报表功能，工作人员也能对运行资料库进行访问，根据需求自行生成报表。

11. 系统管理

ATS 子系统提供对系统参数、系统用户权限的管理功能。

12. 回放

ATS 子系统支持历史数据的记录和回放功能，以便在出现问题时可以进行追溯。回放数据包括已记录的轨道、道岔、信号机等信号设备的状态信息，列车位置信息，控制中心调度员执行的各种操作命令和各种报警信息。回放过程中在回放软件上的各种操作对正在运营的线路和 ATS 的各种既有功能没有影响，该回放软件为一单机版的应用软件。

13. 调度员留言/提醒

调度员可以在 ATS 子系统工作站上设定一些留言/提醒记录。当指定的时间到后，系统弹出一个消息框，并伴随“嘟”的一声提示。调度员可以设定提醒的标题、提醒内容、指定的时间(每日的指定时间或者是指定日期的某个时间)、是否声音提示等。

任务二　卡斯柯 ATS 子系统的工作原理

【工作任务】

(1) 掌握 ATS 子系统的进路操作、列车运行调整、列车识别号的原理。

(2) 理解 ATS 子系统的临时限速、节能运营、车站发车指示的原理。

(3) 了解 ATS 子系统的其他工作原理。

【知识准备】

一、显示

显示功能用于监督整条线路的信号设备当前状态及列车运营。显示信息内容包括：全线线路、车站、停车场及车辆段的线路布局，集中站控制范围及站控/遥控状态，主要设备的工作状态，信号机、道岔和计轴(或轨道)区段状态，自动通过进路状态，自动折返状态，屏蔽门/安全门状态信息，临时限速表示，扣车及跳停表示，紧急关闭状态，列车停站表示，触发轨位置，列车位置、列车识别号、列车编组和列车状态(如车门、早晚点状态等)，挤岔表示，电力牵引站标志、接触网供电区段状态(来自 ISCS 的信息)，调显目的地码位置、轨道计轴号和道岔号，调显线路公里标、坡度、曲线、高架地面地下线路标注等，调显信标位置，其他故障告警信息等。

二、进路操作

1. 人工进路

当信号设备集中站处于遥控模式下，只能在控制中心调度工作站上进行人工排列进路、取消进路和信号重开的操作；当信号设备集中站处于站控模式下，只能在设备集中站联锁现地控制工作站上进行进路办理/取消、信号重开操作。

当进行人工取消进路操作时，如果进路被使能了 ATS 自动进路模式，ATS 先自动发送命令禁止该进路能被 ATS 自动触发，然后再发送进路取消命令，避免被取消的进路又被自动办理。

2. 自动通过进路

如果设置了自动通过进路，当列车越过始端信号机后，该信号机关闭；当列车出清相关区段后，进路不解锁，信号机由联锁重新开放。

ATS 提供设置自动通过进路的操作命令。站控时，自动通过进路的设置和取消由车站值班员操作，控制中心工作站将显示自动通过进路的设置状态；遥控时，自动通过进路的设置和取消由中心调度员操作。

3. 自动折返进路

自动折返进路一般用在线路的折返点。一个自动折返模式关联两条进路，一条为出折返线进路，另一条为进折返线进路。在自动折返设置之后，一旦进入折返线进路的触发轨道被占用而且该进路建立的联锁条件满足，由联锁自动办理该进路；在折返轨被占用之后，如果出折返线进路的联锁条件满足，则由联锁自动办理出折返线的进路。

站控时，自动折返进路的设置和取消由车站值班员操作，控制中心工作站将显示自动折返进路的设置状态；遥控时，自动折返进路的设置和取消由中心调度员操作。

4. 按运行图或目的地自动设置进路

按运行图或目的地自动设置进路是根据列车识别号在运行图中找到列车的计划运行路径，或者根据识别号中的目的地信息当列车占用触发轨时由 ATS 自动设置进路。

在正方向接近终点站、分支点、出入车场处等信号机前方均可设置这些进路，正常情况下，每一条这样的进路都可按照运行图或目的地自动触发办理。调度员可人工禁止某一条进路按运行图或按目的地自动办理。被自动触发的进路其始端信号机前方的几个轨道被当作进路的触发轨。如果列车没有识别号，就没有目的地，也不能从计划中找到列车的运行路径，进路的自动设置功能将失效。

当列车识别号变更时，列车按新定义的列车识别号运行。若进路排出后且列车识别号变更时，如原有的进路与新设置的列车识别号方向相同，那么相应进路保持不变；如原有的进路与新设置的列车识别号方向不一致，那么系统自动关闭防护信号机取消进路，并根据新的计划车次或目的码重新排列进路，此操作可能会导致列车发生紧急制动。当触发的自动进路引起两列计划车前后次序错误时，系统给出告警告知调度员。

进路的自动设置需要以下条件：被触发进路的自动设置模式未被禁止；列车识别号中带有合法的目的地或按运行图运行；触发轨占用；正方向运行；联锁条件满足。

站控时，运行图或目的地自动进路的设置和取消由车站值班员操作，控制中心工作站将显示运行图或目的地自动进路的设置状态；遥控时，运行图或目的地自动进路的设置和取消由中心调度员操作。

三、临时限速

中心调度员或车站值班员可以设置、取消同一设备集中站区域内的 CBTC 区域任一区段的临时限速，限速以 5 km/h 为等级，从 25 km/h 到线路允许的最高速度。ATS 将请求送往 LC，LC 将请求与永久限速进行比较，当请求的限速高于永久限速时，TSR 请求将被拒绝。

四、隧道内车辆数限制

同一隧道区间允许的最多列车数量受到隧道通风能力的限制。中心调度员可通过 ATS 工作站设置这一参数。当前方隧道区间内的列车数已达到这一参数值时，后方车站自动扣车并报警。

五、列车运行描述

1. 列车识别号概述

ATS 子系统中的每一列列车都对应一个列车识别号，此识别号显示于调度员工作站屏幕和表示屏的车次窗中。

(1) 列车识别号主要是由列车表号、车次号、车组号、目的地号、乘务员号、线号、运行方向符等组成。

(2) 列车表号为系统对正线列车的辨认，在一天的服务中保持不变。列车表号由两位数字组成。

(3) 车次号按列车运行顺序及方向顺序编制，上行为偶数，下行为奇数，有效范围为01～99。

(4) 车组号为某一特定列车编组的编号，一般由 4 位数字组成。

(5) 目的地号为列车运行目的地的编号，由两位字母组成。

(6) 乘务号为与乘务人员有关的编号，由 3 位数字 001～999 组成。

(7) 运行方向符为箭头符，指向目的地的方向。

2. 列车识别号跟踪

在移动闭塞情况下，列车的移动是根据 ATP/ATO 系统周期性发送的列车位置信息来计算的。在该列车位置信息中包含列车设备号、位置、速度、方向等信息。ATS 子系统通过记录并比较前后两次收到的信息，正常情况下可检测列车的出现、行进、停车和消失等基本的移动类型。

在降级模式(CBTC 故障等)的情况下，列车的移动可根据计轴占用的状态、道岔位置和进路状态来计算。当计轴故障或车站故障时，可通过计轴切除或车站切除，以保证列车识别号的正常跟踪。

正常运营过程中，当列车由车辆段/停车场进入正线，在计划起始点处时，系统根据当天运行图或派班计划自动给列车分配列车表号、车次号、运营方向和目的地号；当列车到达终端站折返作业完成后，列车跟踪系统按照实施运行图为计划车自动分配新车次号、运营方向号和目的地号。对于将退出服务的列车(回库列车)，在计划结束点处，列车识别号中的列车表号、车次号、运营方向号和目的地号将自动去除，系统继续跟踪列车的识别号，在车辆段/停车场区域内的车次窗内只显示列车的车组号。

中心调度员可定义、删除、变更列车识别号，车站值班员只有在中心故障情况下可对本集中站范围内的列车识别号进行人工管理。如果列车识别号因故丢失，系统能根据运行图、列车位置及时间和车地通信自动推算并设置列车识别号，或生成 ATS 缺省列车识别号，同时提示调度员确认。

在正线区域，ATS 通过车地通信接收到列车发送的列车识别号后，比较自己追踪的列车识别号和从列车接收的列车识别号，如果两者不一致，那么 ATS 以自己追踪的识别号为准，向列车发送自己的列车识别号以校正列车上的识别号。如果 ATS 没有列车识别号或为 ATS 缺省列车识别号，那么 ATS 采用从列车接收到的列车识别号，同时提示调度员确认。

3. 列车显示

在 ATS 子系统的显示界面上，正线车站的一个计轴区段对应若干车次窗，车辆段/停车场的一个轨道区段对应一个车次窗。

列车运行时，列车识别号显示在车头所在位置对应的车次窗中，当车头位置发生变化时，列车识别号在新车次窗中显示的同时将清除旧车次窗中识别号。在用列车位置信息进行识别号追踪且当两列列车的识别号被移入同一车次窗时，将有车次窗溢出标志显示。车次窗设置的位置与数量将根据行车密度和运行作业的需要来确定。

除列车识别号外，ATS 可通过图形和颜色显示列车的以下状态：

(1) 是否计划车，计划车的早点、准点、晚点状态；

(2) 列车 CBTC 通信正常还是故障；

(3) 列车运行模式；

(4) 列车驾驶模式；

(5) 列车运行方向及运动、静止状态；

(6) 列车扣车状态；

(7) 列车跳停状态；

(8) 列车车门是否关且锁闭；

(9) 列车是否有报警。

通过点击列车识别号并选择列车信息显示功能，可显示详细列车信息，如基本信息、编组信息、计划偏离情况、列车速度、车载 ATC 状态、车辆告警等。调度员也可以定义、移动、删除、修改列车信息。

六、节能运营

ATS 子系统能对高峰和非高峰运营时段的列车运营实施不同的能源优化运行方案，非高峰运营时段在不降低服务质量的前提下，采用节能运行等级曲线控制列车运行和保证乘客的舒适度。

ATS 子系统还可以通过控制和协调相同牵引供电区段内的列车运行数量，平衡牵引供电系统的负载，充分利用再生能源，达到节能运营的目的。

七、列车运行调整

ATS 子系统对列车运行的调整分为自动调整和人工调整。ATS 子系统具备良好的列车运行自动调整功能。

1. 自动调整

ATS 自动调整分为按运行图调整和等间隔调整。

1) 按运行图调整

该功能应用于使用运行图的自动调整模式。按运行图调整只对运行图中存在列车识别号的列车有效，且实际列车运行方向必须与图定方向相同。

当列车的实际运行和计划运行图偏差在系统调整范围(该范围是可由 ATS 子系统维护

人员调整的 ATS 子系统参数，如 5～300 s)之内时，系统自动调整列车运行并控制列车运行至正点状态；当偏差高于上限时(如大于 300 s)，给出报警，不进行调整。

除中央 ATS 能实现按运行图调整功能外，车站 ATS 也具备按照运行图进行列车运行调整的能力。

2) 等间隔调整

当列车运行发生大规模晚点，与当日的计划运行图偏离时间超过规定范围后，系统将以起始站或终点站为基点对所有列车自动按等间隔运行原则生成调整计划，经调度员确认后对全线列车进行调整。

ATS 子系统主要通过调整“停站时间”和“站间运行时间”两种方式来调整列车。停站时间和站间运行时间的调整优先级定义如下：

列车到站时，若列车有延迟，则 ATS 通过减少停站时间来弥补延迟时间，直至停站时间达到设置的最小值，剩余的延迟时间可通过缩短下一个站间运行时间来弥补；若列车提前了，则停站时间延长一段提前量，直至停站时间达到设置的最大值，剩余的提前时间可通过延长下一个站间运行时间来弥补。

2. 人工调整

中心调度员可在任何时候通过以下方式对列车运行进行人工控制：

(1) 对有关站台或车辆段/停车场出库线实施“扣车”，使已在本站台停站的列车或下一辆在本站台停站的列车到站后一直停在本站台上，直到扣车被取消。扣车命令会发给列车和联锁。扣车设置与站遥控状态无关，中心扣车由中心取消，车站扣车由车站取消，当中心故障时，车站可取消中心扣车；当扣车站不在当前画面时，调度员可以点击主画面扣车提示按钮，系统自动弹出对话框(此对话框根据扣车站的增减实时刷屏)告知调度员哪些车站的某方向站台办理扣车作业，调度员在点击相应站台名后，调度员工作站主画面立即切换至相应车站站场画面。当办理扣车作业时，所有调度员工作站扣车提示按钮均变为闪动状态，提示调度员注意扣车情况。

(2) 对有关站台实施“提前发车”使停在本站台的列车立即发车，提前发车命令只有在无扣车状态下才有效。

(3) 对有关站台实施“跳停”使指定列车或下辆列车在本站台直接通过，不停站。跳停既可实现对某一列车的控制，又可实现对站台的控制。

(4) 修改列车在区间的走行时分、站停时分。修改站停时分无论是在站控还是在遥控时均可进行。

(5) 对计划运行图进行在线修改，如进行“时间平移”、增加或删除运行计划线、改变列车的始发时间、停站时间、区间的走行时分等。

(6) 改变列车的运行径路。

(7) 控制中心调度员还可以设置列车紧急停车指令，作为紧急情况下控制列车运行的手段。该功能只有在 ATS 与车载 ATP/ATO 通信正常的情况下才有效。

八、列车运用计划及管理

当天的计划运行图/时刻表在每天运营开始前，由中央 ATS 设备传送至车辆段/停车场

ATS派班工作站上，车辆段/停车场调度员根据当天的计划运行图/时刻表完善车辆运用计划。

出入段计划管理由车辆段/停车场ATS工作站完成。调度员可创建新的出入段计划或编辑、查看已存在的出入段计划。

出入段计划分为基本出入段计划和在线出入段计划。调度员可事先创建若干套基本出入段计划，存入数据库中。在线出入段计划是以天为单位进行管理的，每一天制订一个在线出入段计划。创建在线出入段计划时可选择复制某个已存在的基本出入段计划。

每个出入段计划在被创建时都被指定一个正线计划作为基准，该出入段计划中的计划列车出入段记录和作为基准的正线计划中的上线运行任务相对应。

ATS子系统能对出入段计划进行测试，自动发现出入段计划中的错误(如被派发的车组还未下线又被派发等)并提醒派班人员及时更正。

ATS子系统提供车辆段/停车场列车出场自动预先通知功能，当规定时间内没有列车进入转换轨区段时，ATS子系统在车辆段/停车场值班员ATS终端上自动进行报警，提示值班员注意。

九、车站发车指示

发车计时器为列车运行提供列车发车指示，提示列车按计划时刻表运行。具体提示如下：

(1) 显示站停时间：当车站ATS分机(LATS)得到列车进站停稳信息后，将站停时间发送给发车计时器，发车计时器将该时间值显示在计时器显示区上并开始倒计数，告知司机在该站的站停时间。

(2) 发车指示：当站停时间值减到零时，通知司机关闭车门和启动列车。

(3) 显示晚点时间：当发车计时器站停时间值减到零后，计时器正向计数，直到接到列车离开站台信息为止。当列车未能按时发车时，正向计数可使列车司机知道当前晚点时间，在达到最大显示值时，最大值闪光显示。

(4) 扣车指示：根据ATS子系统或者操作员的操作发送的命令，发车计时器组合显示扣车表示标志。

(5) 跳停指示：根据控制中心值班员的操作发送的命令，发车计时器组合显示跳停标志。

前列车出发后至下列车到达并停稳前，站台发车计时器处于熄灭(无显示)状态。在未办理扣车作业的情况下，可允许办理提前发车。办理了提前发车作业，相应的发车计时器的显示立即置零。在后备模式下，发车计时器也具有相应提示。中心及车站的ATS工作站界面上可以同步显示发车指示器的显示状态。车站发车计时器有完善的设备诊断和故障报警功能，能够将故障信息传至控制中心和维修中心进行报警。

十、维护和报警

当列车运行或信号设备发生异常时，根据不同的报警信息，系统会自动地将有关信息在中心工作站上报警框中给出报警提示。报警信息显示包括年/月/日/时/分/秒、报警名称、报警内容、报警类型、报警地点等。所有的报警信息都会在服务器中保存365天，并能以文本文件方式输出。

工作站上显示的报警信息按其对整个运营系统的影响分为A、B、C三类：A类表示直接对列车运行及设备产生危害的报警；B 类表示将对系统运营发生影响的报警；C 类表示一般报警信息。

在工作站的报警信息框中，对于以上三种报警信息主要以以下方式显示：对于 A 类的报警信息以红色高亮显示，伴有“嘟”声报警，提示调度员确认；对于 B 类的报警信息以粉红色高亮显示，提示调度员确认；对于 C 类的报警信息以绿色高亮显示，提示调度员确认；对于调度员已确认的报警信息，以黑色显示。从报警信息框中可选择清除已确认的报警信息，也可选择全部清除已确认的报警信息，没有确认的报警信息不能被清除。所有报警信息的确认操作都可作为一个事件在报警报告中保存。

在工作站上，授权的操作人员可根据运营和维护的需求对工作站上显示的报警信息的类型进行人工设置和调整。

在调度台上可显示以下报警信息，并伴有提示功能。

(1) 中心、车站、停车场及车辆段电源设备状态信息；

(2) ATS 通道状态信息；

(3) ATS 命令超时信息；

(4) 车地通信故障报警；

(5) 车站设备状态；

(6) 车载设备状态。

十一、运营记录和统计报表

ATS 子系统对系统事件，如现场信号设备状态变化、列车状态变化以及用户操作命令等，会自动记录在数据库服务器中，可以保存 365 天，且所有的事件记录不可修改。被记录的事件如下：

(1) 所有列车的到达和出发；

(2) 每辆受控列车的状态(方向、位置、驾驶模式、紧急制动等)、告警；

(3) 信号机状态、道岔状态和计轴状态；

(4) 所有报警信息；

(5) 中心和车站级用户操作，包括进入和退出系统；

(6) 系统用户输入的文本信息。

中心调度员可以显示和打印事件记录。每个事件记录均包括事件的日期、时间(精确到秒级)、事件的文字描述、与事件相关的用户身份和工作站(如果有)。

CATS 能自动对列车、车站、车次号以及各种运行指标等进行运行统计，具有自行生成报表功能。生成的报告可有日常运营报告、时刻表报告、时刻表偏离报告、兑现率、准点率、停运列车数、加开列车数、开行列数合计、车辆运行公里数及修程、列车状态、信号设备状态、控制命令、告警、调度日志等。

十二、系统管理

1. 用户管理

在控制中心维护诊断工作站上，系统管理员可以进行用户创建、修改和删除的操作，对每个用户可指定其密码、类别和允许登录位置。类别包括管理员、主任调度员、调度员、维护员、派班员、车站值班员等；登录位置包括中心和车站的 ATS 工作站，在车站和联锁合用的 ATS 工作站为现地控制工作站。ATS 子系统按照类别和登录位置来赋予用户操作权限。

2. 参数管理

在控制中心维护诊断工作站上，维护人员可以配置 ATS 子系统的各种系统参数。

十三、通信

ATS 信息和信号安全信息分属不同的网段，并通过网关计算机进行通信。

十四、回放功能

当回放时，显示器上可看到事先记录下来的所有线路运营和控制中心的操作的情况，主要是通过以下工作原理实现的。

1. 数据采集

在 CATS 的服务器上有一个专门记录回放数据的目录，从前一天的零点到当天的零点，所有的回放数据都记录在一个以日期命名的文件内。ATS 的容量可保存至少 365 天的数据。超出 365 天的历史数据会被自动删除。在被删除之前，回放日志文件可手动保存于其他指定磁盘。在执行回放功能时，指定待回放的时间段后，回放软件可自动地从服务器中读取需回放的记录。

2. 采集数据的回放

有一个单独的回放应用软件用于回放以前存储的历史数据，该程序可安装在控制中心的任何一台工作站上，回放程序的运行对系统的正常使用没有任何影响。回放程序启动后会自动从服务器上读取回放数据，生成用于回放的临时文件，然后该应用程序再从此临时文件中读取回放数据。如果某一时间段内的数据在两台服务器上都有，回放软件将自动合并这些数据，合并操作对用户不可见。

回放包括控制命令的回放，显示在何时何工作站哪个调度员执行了何种命令，在回放的注释窗口中可查看该命令的相关信息。回放时间段内信号设备的状态变化、列车识别号追踪、列车的早晚点信息、系统设备的报警、接口设备的状态变化也可在相应的对话框中查看。

3. 回放控制

在工作站上启动回放程序，进入回放操作界面，该窗口允许用户控制回放的方式，如普通、快、最快、慢、最慢、暂停、开始、步进、秒进等。

十五、后备模式下 ATS 的主要功能

当系统处在后备模式下时，因不具备车地通信，列车识别号的追踪将根据计轴占用状态来实现。同时，因 ATS 子系统的调整信息无法直接发送到指定的列车上，相关的列车调

整功能将不能使用。此时，对列车的运营调整将主要通过控制各站的发车计时器、调节列车的停站时间来实现。在后备模式下，LC 无法将临时限速信息发至车载 CC，ATS 子系统工作站上相关的临时限速功能也将无法使用。

在后备模式下，ATS 子系统的其他功能(与 CC 通信无关的)与 CBTC 模式下相同。

十六、故障情况下的降级处理

1. 冗余设备单机故障

ATS 系统具有高度的可用性，在系统的关键部位提供了冗余保护，当单个设备故障发生时，可切换到备用设备，由备用设备接管处理。

2. 控制中心 ATS 完全故障

当控制中心 ATS 完全故障而车站 ATS 分机和联锁工作正常时，设备集中站现地控制工作站上给出中心故障表示，车站值班员可在紧急情况下切换到站控模式。车站 ATS 将根据车站当天时刻表、列车识别号、列车位置等信息自动设置进路及控制发车时机。车站值班员也可以在站控状态下并在设备集中站现地控制工作站上人工管理列车识别号，控制进路、信号机、道岔，进行扣车/取消扣车等操作。

3. 车站 ATS 故障

当车站 ATS 分机发生故障时，与联锁相关的车站控制操作仍可执行，车站值班员可以在设备集中站现地控制工作站上控制进路、信号机、道岔，进行扣车/取消扣车等操作。

任务三　ATS 工作站软件人机界面

【工作任务】

(1) 掌握 ATS 工作站软件人机界面的操作方法。
(2) 掌握 ATS 工作站软件人机界面的站场信号显示。
(3) 熟悉 ATS 工作站软件人机界面的告警/事件显示和确认方法。
(4) 了解 ATS 工作站软件人机界面的时间显示。

【知识准备】

一、主界面

1. 界面构成

菜单、标题栏、视图、输入对话框等组成整个人机交互界面。能够支持双屏幕显示，每个屏幕的分辨率为 1600 × 1200。ATS 主界面如图 8-5 所示。

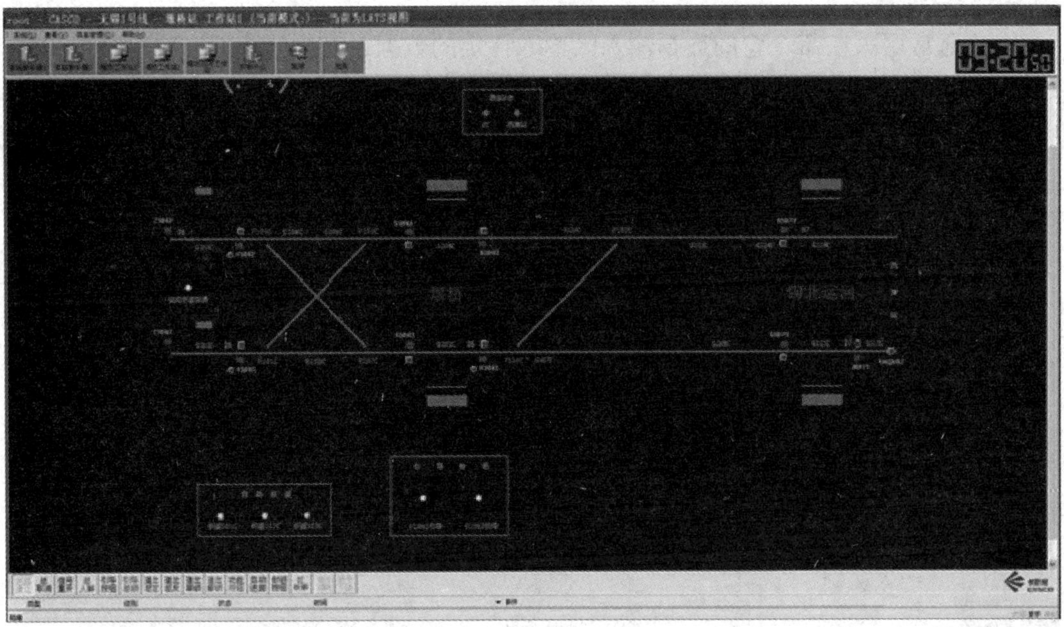

图 8-5　ATS 主界面

2. 执行命令的操作方式

在 HMI 界面上选择执行命令可以用两种方式来实现：一是可以用鼠标在站场图上选择一个可操作设备所对应的敏感区域，然后点击鼠标右键，从弹出的菜单中选择该设备可以执行的命令；二是通过点击顶部菜单项，选择相应的命令来执行。

在大多数情况之下，都可以避免使用键盘输入，而代之以鼠标在站场图上点选操作对象，以提高系统的易用性。当显示信息列表如报警信息列表或列车信息列表时，就用滚动条来显示信息列表中的任意部分。

对于比较关键的操作命令，如区间限速的设置和取消，则必须采用二次确认方式处理。即用户选择执行命令后，系统会弹出一个询问是否确认的对话框，需要用户第二次确认后发送该命令给外部设备来执行。

当操作员执行控制命令时，如果操作成功，对应的信号设备图标状态会有变化；如果命令执行失败，则会弹出报警框提示失败原因。

3. 鼠标操作

鼠标可用于点选和执行功能，也可用于从站场图中选定控制单元或列车来输入数据。用户可综合鼠标和键盘来完成特定操作。为了在站场图中选择一个控制单元(道岔、轨道名、信号机等)，可移动鼠标指针到所选单元上并单击鼠标右键，会显示对应该设备当前能够执行的命令的菜单。菜单激活的原则是只有能够执行的菜单才可以使能。用户选择所要执行的命令的菜单即可。

当移动鼠标指针到可控制的单元上时，光标的形状会变成手状。为了使用滚动条来定义一个特定的数值(如停站时间)，可移动鼠标指针到滚动条上方，按压住鼠标左键并拖动滚动条到达所需数值处，然后释放鼠标按键即可。

4. 键盘操作

键盘通常用来在命令窗的数据输入区输入特定的数据。用户可以综合使用鼠标和键盘的操作来输入所要求的参数。键盘只用来输入数字和简单字母，如输入车次号、车组号、目的地等，而选择信号设备、车站、站台则必须通过鼠标点击选择的方式。

二、告警/事件显示和确认

操作员可以在告警视图观察到所发生的报警。告警按照严重程度分为 5 个级别。级别为 0 的告警(弹出式告警)将直接在 ATS 工作站上弹出一个消息框显示，操作员点击消息框上的“确认”按钮关闭该消息框，同时确认该告警。告警窗口只显示用户通过报警过滤设置所选的需要显示的告警，并且能够确认，如图 8-6 所示。

类型	级别	状态	时间	事件
级别：B级报警				
信号状态	B级报警	未确认	2013-07-18 09:25:51	车站 西漳站 表示灯 G112D-XTDJ 黄灯灭
信号状态	B级报警	未确认	2013-07-18 09:25:51	车站 西漳站 轨道电路 G102D-1 运行方向恢复为未设置
信号状态	B级报警	未确认	2013-07-18 09:25:51	车站 西漳站 轨道电路 G102D-2 运行方向恢复为未设置
信号状态	B级报警	未确认	2013-07-18 09:25:51	车站 西漳站 轨道电路 G102D-3 运行方向恢复为未设置
信号状态	B级报警	未确认	2013-07-18 09:25:51	车站 西漳站 轨道电路 G102D-4 运行方向恢复为未设置
信号状态	B级报警	未确认	2013-07-18 09:25:51	车站 西漳站 轨道电路 G104D-1 运行方向恢复为未设置
信号状态	B级报警	未确认	2013-07-18 09:25:51	车站 西漳站 轨道电路 G106D 运行方向恢复为未设置
信号状态	B级报警	未确认	2013-07-18 09:25:51	车站 西漳站 轨道电路 G108D-1 运行方向恢复为未设置
信号状态	B级报警	未确认	2013-07-18 09:25:07	车站 西漳站 轨道电路 G108D-1 运行方向设置为下行
信号状态	B级报警	未确认	2013-07-18 09:25:51	车站 西漳站 轨道电路 G108D-2 运行方向恢复为未设置
信号状态	B级报警	未确认	2013-07-18 09:25:07	车站 西漳站 轨道电路 G108D-2 运行方向设置为下行
信号状态	B级报警	未确认	2013-07-18 09:25:51	车站 西漳站 轨道电路 G108D-3 运行方向恢复为未设置
信号状态	B级报警	未确认	2013-07-18 09:25:07	车站 西漳站 轨道电路 G108D-3 运行方向设置为下行
信号状态	B级报警	未确认	2013-07-18 09:25:51	车站 西漳站 轨道电路 G108D-4 运行方向恢复为未设置
信号状态	B级报警	未确认	2013-07-18 09:25:07	车站 西漳站 轨道电路 G108D-4 运行方向设置为下行

图 8-6　信号状态类型的记录

每条告警或事件都包含以下的内容：

1) 时间

时间：发生告警的年月日、时分秒。

2) 级别

级别：用数字定义告警和事件的重要性。

0：弹出式告警；1：A 级报警；2：B 级报警；3：C 级报警；4：事件。

3) 类型

类型：用数字描述告警和事件的类型。

1 代表操作命令：各种人工操作命令记录；

2 代表信号状态：轨道、道岔、信号机、区间限速等各种信号设备的状态变化；

3 代表列车信息：列车追踪移动、出入库、到发站、计划状态等信息；

4 代表系统事件：其他 ATS 系统运行中发生的事件，如服务器倒机、计划生成等。

4) 状态

状态：一条报警分为已确认或是未确认状态。

5) 推荐操作

推荐操作：对于该类报警，是否有默认的后续解决操作。

根据需要，以上告警和事件类型还可以细分子类型，如操作命令可以划分为以下 5 个子类型：进路控制、信号控制、列车管理、计划管理和其他操作。

三、主要设备状态显示

设备状态视图会将当前 ATS 系统中车站服务器、车站工作站、控制中心等各设备的连接情况显示出来。当鼠标移到设备上时会有 tooltip 提示当前设备的状态。其中，深绿色代表连通，灰色代表没有连通，浅绿色代表备机联通，如图 8-7 所示。

图 8-7　主要设备状态显示

四、时间显示

时钟显示(TIME)显示当前的日期和时间，以一个 24 小时制的数字显示式时钟来显示，按秒数更新，如图 8-8 所示。

图 8-8　时钟显示

五、站场信号显示

站场信号显示如图 8-9 所示。

图 8-9　站场信号显示

1. 静态显示数据

在站场图区域显示中将显示以下固定不变的静态信息：

(1) 在每个车站相应的站台上方显示该站的中文名称和车站编号(同一集中站范围内

的车站站名用同一颜色显示，而与相邻集中站内的车站站名颜色应不同以示区分)；

(2) 自动折返模式 CYCLE 名；

(3) 在相应的信号机标识符附近显示该信号机的名称(可隐藏)；

(4) 计轴名称(可隐藏)；

(5) 在相应的道岔标识符附近显示该道岔的名称(可隐藏)；

(6) 折返区域的目的地编号；

(7) ATS 自动触发进路的触发位置(线路旁三角形标志)。

2. 动态显示数据

以下信息在每一车站区域中动态显示。当现地工作站和本地服务器连接上的时候，工作站会请求服务器发送初始的设备状态、报警、列车的内容、动态列车内容、控制区域和当前的站场图。当本地服务器和现地工作站连接丢失的时候，所有这些内容都会清空，或者设置为缺省状态。

1) 站遥控模式

站遥控状态标识符如图 8-10 所示。

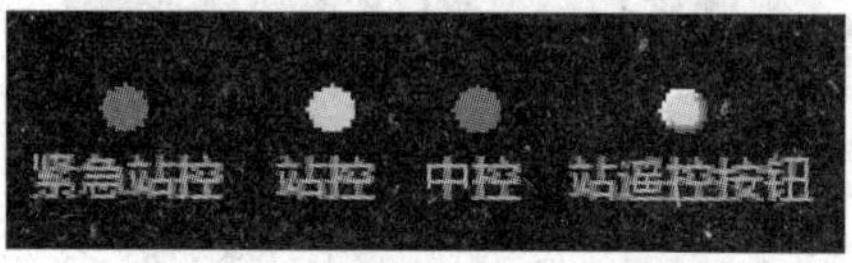

图 8-10　站遥控状态标识符

站遥控状态用实心圆点表示，每个圆点下方用“站控”或“中控”来标识。如果标识为“中控”的圆点，稳定绿色，则当前控制模式为中控；如果标识为“站控”的圆点，稳定黄色，则当前控制模式为站控；如果标识为“紧急站控”的圆点，稳定红色，则当前控制模式为紧急站控。

对于站场界面上的站遥控按钮可以进行控制模式间的切换操作，如图 8-11 所示。

图 8-11　站遥控按钮

用鼠标右键单击站遥控按钮，ATS 系统将根据当前的控制模式自动使能相对应的模式切换操作。如当前中控下，站控菜单将被使能，如图 8-12 所示；当前站控下，其余控制将被使能，如图 8-13 所示。

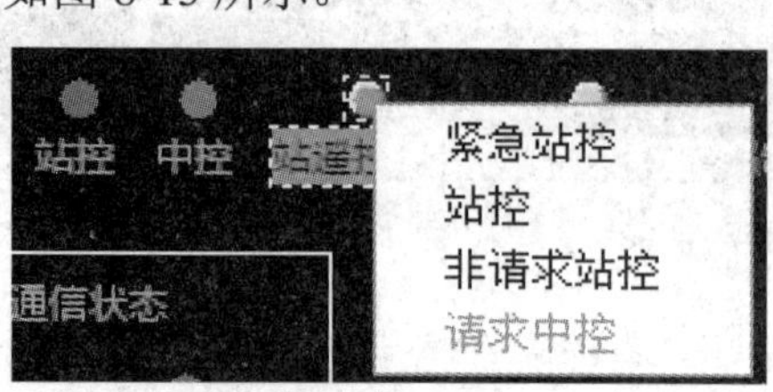

图 8-12　中控模式

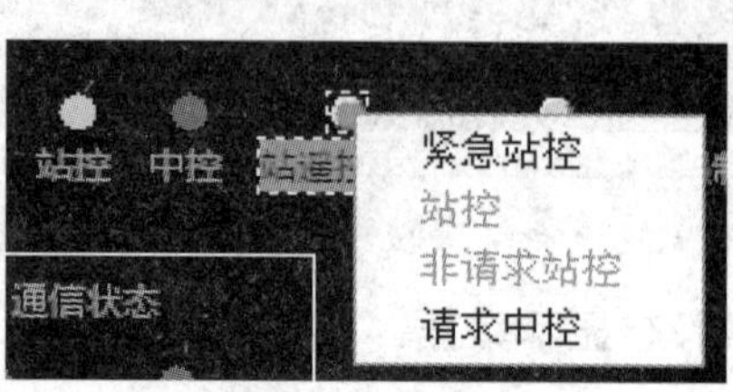

图 8-13　站控模式

站遥控使用时机：

(1) 在信号系统工作正常时，一般使用 ATS 系统的中控模式。

(2) 当个别车站有表示故障或信号设备故障时(如计轴故障等)，出问题的车站可以转为站控。

(3) 当中心故障时(如应用服务器故障)，可以全线转站控模式。

(4) 当全线大范围故障时(如全线表示不正常、不自动触发进路等)，可以全线转站控模式；出现故障时应先尝试站控，无法恢复后，立即转为紧急站控。

(5) 当车站有施工时，一般使用站控模式，由车站值班员确保施工安全。

(6) 车站值班员需注意听从中心行调人员的安排，进行站遥控转换。

站控转为中控需要检查以下条件：中心 ATS 服务器工作状态、引导总锁按钮状态、引导进路状态、站台紧急关闭状态。当这些条件有一条不满足时，则不允许将控制权交归中心控制。车站可以无条件地将控制权从中心转为车站。任何时刻，紧急站控优先于站控和中控，可直接转换。

2) 信号机显示

道岔防护信号机显示分别如图 8-14、表 8-1 所示。

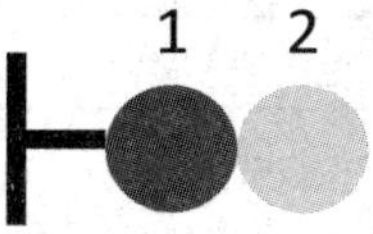

图 8-14　道岔防护信号机

表 8-1　道岔防护信号机显示

灯位 1	灯位 2	含　义
稳定红色	暗	信号关闭，不准越过该信号机
暗	稳定绿色	直向进路已经排列并锁闭，前方区间空闲
暗	稳定黄色	侧向进路已经排列并锁闭，前方区间空闲
稳定红色	稳定黄色	引导已建立。出站信号机兼作道岔防护信号机时没有引导信号

道岔防护信号机的 ATS 自动进路使能状态用信号机旁边的黄色三角图形显示，如图 8-15 所示。黄色三角显示表示以该信号机为始端的自动进路中至少一条被禁止；黄色三角隐藏表示以该信号机为始端的所有自动进路被允许。

图 8-15　自动进路使能状态

部分信号机旁的箭头图形显示信号机相关自动通过进路的建立状态：绿色箭头显示表示以该信号机为始端的进路设置了自动通过(fleet)模式；箭头隐藏表示未设置自动通过(fleet)模式。

正线复视信号机显示如表 8-2 所示。

表 8-2 正线复视信号机显示

灯位 1	含 义
稳定黄色	前方信号机关闭或开放引导信号
稳定绿色	前方信号机开放

正线出站信号机显示如表 8-3 所示。

表 8-3 正线出站信号机显示

灯位 1	含 义
稳定红色	信号关闭，不准越过该信号机
稳定绿色	信号机前方进路已经排列并锁闭(兼作道岔防护信号机时)，前方区间空闲
稳定黄色	兼作道岔防护信号机时，进路已经排列并锁闭，有道岔锁反位，前方区间空闲

正线线路中阻挡信号机显示如表 8-4 所示。

表 8-4 正线线路中阻挡信号机显示

灯位 1	含 义
稳定红色	信号关闭，不准越过该信号机
稳定绿色	允许越过该信号机

正线线路终端阻挡信号机显示如表 8-5 所示。

表 8-5 正线线路终端阻挡信号机显示

灯位 1	含 义
稳定红色	信号关闭，不准越过该信号机

CBTC 模式下当室外处于灭灯状态时，在点亮的灯位上打叉。

某些信号机旁使用“Y”文字显示延时解锁状态。

(1) 绿色 Y 显示：该信号机为始端的进路正在 CBTC 模式下延时解锁；

(2) 黄色 Y 显示：该信号机为始端的进路正在闭塞模式下延时解锁；

(3) 黄色 Y 隐藏：该信号机为始端的进路未在延时解锁。

3) 计轴

计轴区段显示颜色：稳定红色表示计轴处于占用状态；稳定绿色表示计轴处于出清状态，是一条锁闭进路的一部分；稳定白色表示计轴处于出清状态，故障锁闭；稳定蓝色表示计轴处于出清状态，不是进路的一部分；稳定棕色表示计轴被 ATC 报告失效；闪烁表示计轴被 ATS 切除跟踪，以当前颜色闪烁。

对于长度比较长的计轴可以根据显示需要分割成多个虚拟小区段，当 CBTC 模式跟踪列车时，ATS 可以根据来自 ZC 的列车位置报告信息分别显示每个虚拟小区段的占用和出清状态。

计轴内虚拟小区段单独显示颜色：稳定紫色表示小区段被 CBTC 报告列车占用；稳定红色表示小区段所属计轴被报告占用，但未被 CBTC 报告占用；稳定绿色表示小区段处于出清状态，属于一条锁闭的进路；稳定白色表示小区段处于出清状态，故障锁闭；稳定浅蓝色表示小区段处于出清状态，不是进路的一部分。

4) 道岔

道岔的定位在 ATS 的图形用户界面上表示如图 8-16 所示。

道岔的反位在 ATS 的图形用户界面上表示如图 8-17 所示。

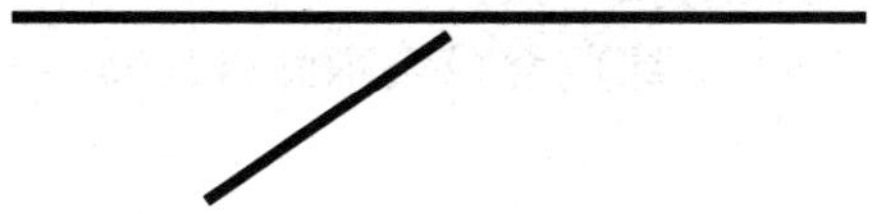

图 8-16　道岔的定位

图 8-17　道岔的反位

ATS 通过岔尖是连到道岔的定位还是反位来表示道岔的定位或反位位置。道岔线段图形的颜色表示：稳定紫色表示道岔被 CBTC 报告占用；稳定红色表示道岔区所在计轴被报告占用，但未被 CBTC 报告占用；稳定浅蓝色表示道岔未占用，道岔未锁闭；稳定绿色表示道岔未占用，道岔正常锁闭；稳定白色表示道岔未占用，道岔故障锁闭；稳定棕色表示道岔所在的计轴被 ATC 报告失效；闪烁表示道岔所在的计轴被 ATS 切除，以当前颜色闪烁。

道岔名称显示：稳定红色表示道岔单锁；稳定绿色表示道岔定位；稳定黄色表示道岔反位。

道岔圈显示：稳定红色表示逻辑锁和手动锁同时存在；稳定绿色表示手动定位锁闭；稳定黄色表示手动反位锁闭。

5) 站台显示

ATS 在站场图上显示站台状态包括：是否有列车停站、扣车、跳停、人工停站时间设置、人工站间运行等级设置、TDT 计时显示，如图 8-18 所示。

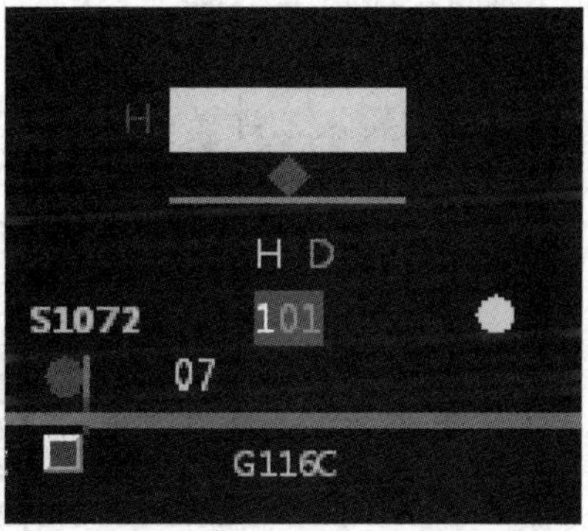

图 8-18　站台显示

站台矩形图标显示：稳定蓝色表示站台设置了跳停命令；稳定黄色表示无跳停命令，列车在站台停站；稳定浅蓝色表示无跳停命令，站台没有列车停站；稳定橙色表示站台设置了清客命令。

站台旁菱形图标：稳定红色表示站台紧急关闭；隐藏表示站台没有紧急关闭。

站台旁白色数字：显示表示站台人工设置的停站时间数值；隐藏表示站台没有被人工设置停站时间。

站台旁数字或字符 P：显示数字表示该站台只在缺省方向设置了固定运行时间；显示

字符 P 表示该站台设置了具体到秒的运行时间或者是按不同方向设置了运行时间；隐藏表示站台没有被人工设置运行时间。

站台旁 H 字符：黄色表示车站设置站台扣车；白色表示中心设置站台扣车；红色表示车站和中心同时设置站台扣车；隐藏表示站台没有被设置扣车。

站台旁 2 根横线段：绿色分开表示站台屏蔽门打开；绿色合拢表示站台屏蔽门关闭。

6) 自动折返

当车站设置自动折返模式后，在控制中心调度工作站对应站场区域显示如图 8-19 所示。

图 8-19　自动折返

稳定白色表示设定自动折返模式；隐藏表示未设定自动折返模式。

当终端车站存在多个折返轨时，对应该站有多个折返模式显示。

7) 临时限速 TSR

线路上已设置的临时限速范围和限制速度，如图 8-20 所示。

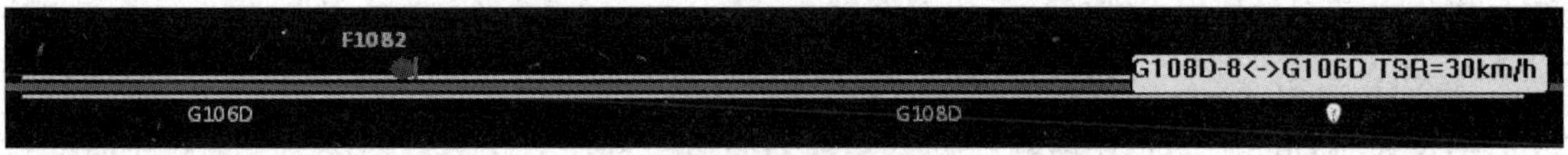

图 8-20　线路上已设置的临时限速范围和限制速度

当 LC 控制器初始启动时，将会在线路上设置一个全线的临时限速，该临时限速显示如图 8-21 所示。

当联锁邻站通信发生故障时，其告警表示灯显示如图 8-22 所示。

当信号机发生熔丝故障时，其告警表示灯显示如图 8-23 所示。

图 8-21　全线临时限速

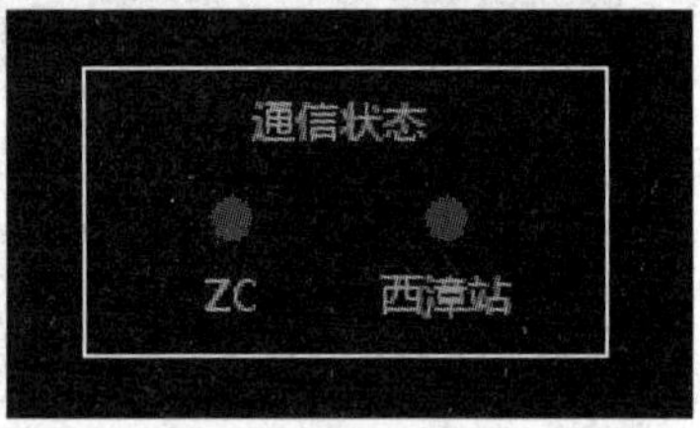

图 8-22　通信状态

图 8-23　熔丝故障

当排列进路时，进路排列状态表示灯呈现红闪，如图 8-24 所示。当进路成功建立时，该表示灯恢复正常状态。

当车站发生设备故障时(如信号机熔丝故障)，电铃告警表示灯如图 8-25 所示。

联锁 A/B 机的工作状态表示灯如图 8-26 所示，稳定绿色表示正常工作。

图 8-24　进路排列状态表示灯

图 8-25　电铃告警表示灯

图 8-26　联锁 A/B 机的工作状态表示灯

8) 其他表示信息

(1) 道岔电流表显示。在车站工作站的软件界面上设置数字化电流表，当室外道岔转辙机动作时，道岔启动电流可通过指针显示，如图 8-27 所示。电流表只在车站工作站的软件界面上显示。

(2) 隔断门/防淹门显示。当隔断门/防淹门显示为稳定红色时，表示其处于关闭状态，如图 8-28 所示。

(3) 停稳状态显示。当表示灯为稳定黄色时，表示折返轨或站台轨列车停稳，如图 8-29 所示。

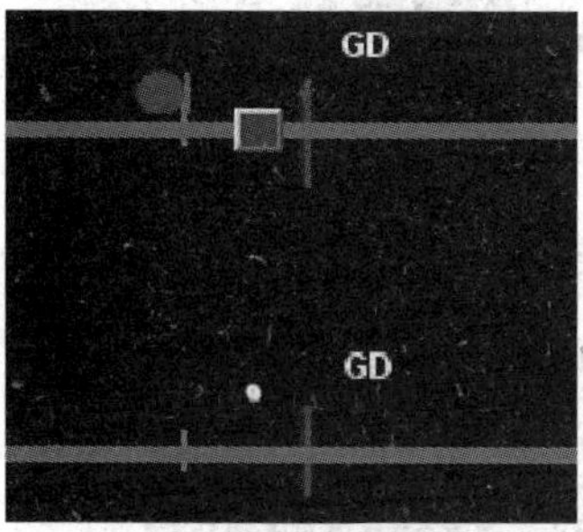

图 8-27　道岔电流表显示

图 8-28　隔断门/防淹门显示

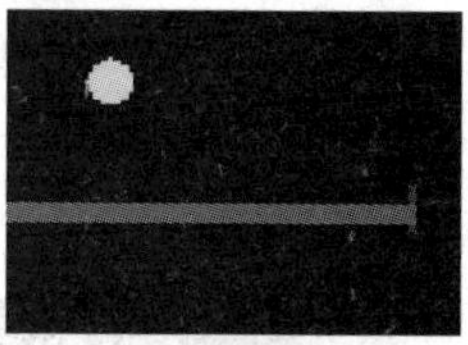

图 8-29　停稳状态显示

(4) 延时解锁倒计时显示。对人解进路进行倒计时，倒计时框中显示当前时刻距人解进路还剩余的秒数，如图 8-30 所示。

(5) 引导信号倒计时显示。如图 8-31 所示，站场图上会放置一批信号机引导按钮，在按钮上方显示 30 s 倒计时，提醒每隔 30 s 需要重新操作。

图 8-30　延时解锁倒计时显示

图 8-31　引导信号倒计时显示

(6) 操作计数显示。对所进行的操作进行计数，每进行一次该操作，计数框中的数字加 1，如图 8-32 所示。

(7) 延续防护 Overlap 状态显示。延续防护区段显示为深绿色，如图 8-33 所示。

图 8-32　操作计数显示

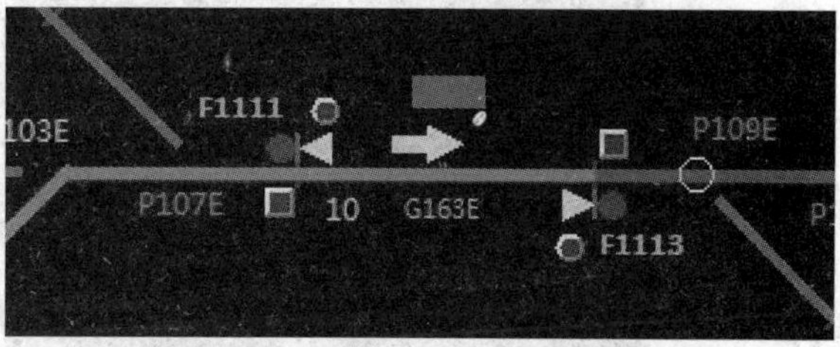

图 8-33　延续防护状态显示

(8) 延续防护 Overlap 倒计时显示。表示灯旁倒计时显示数字，倒计时框中显示当前时刻距防护解锁还剩余的秒数，如图 8-34 所示。

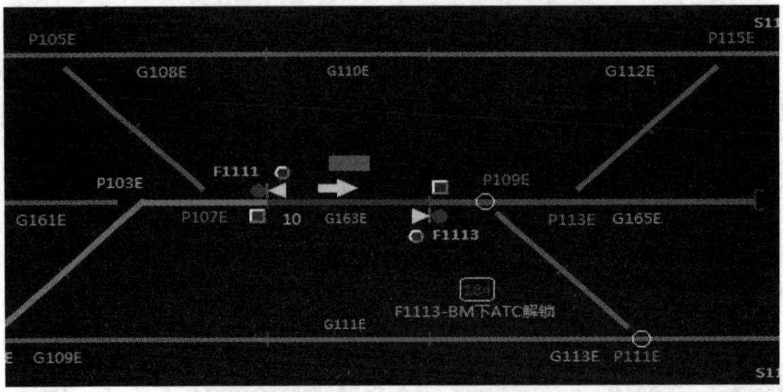

图 8-34　延续防护倒计时显示

(9) 邻站通信状态表示。圆形表示灯表示邻站通信状态，如图 8-35 所示。

(10) 信号被封锁状态显示。信号机灯位粉色闪烁表示信号被封锁状态，如图 8-36 所示。

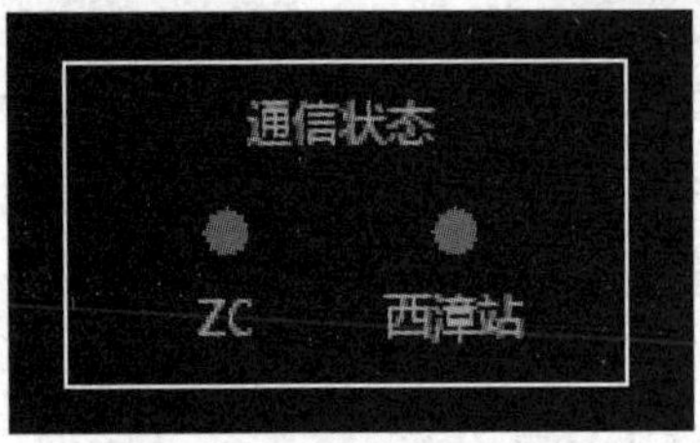

图 8-35　邻站通信状态表示

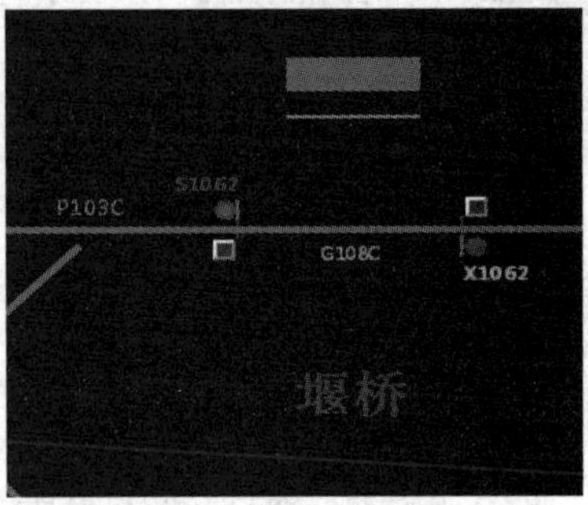

图 8-36　信号被封锁状态显示

3. 列车识别号显示

ATS 在站场图上的车次窗内显示列车识别号，车次窗所在的位置代表列车车头当前所在的位置。在正线区域，一个计轴区段可以根据需要划分为多个车次窗，ATS 根据 CBTC 报告的列车精确位置将列车识别号显示在对应的车次窗内。在车辆段，一般为一个轨道区段一个车次窗。正线区域计轴占用和列车识别号移动过程示例如图 8-37 所示。

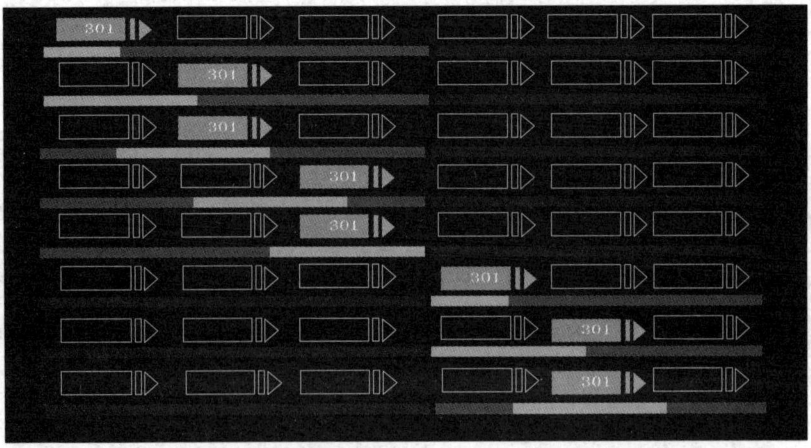

图 8-37　正线区域计轴占用和列车识别号移动过程示例

4. 图形元素的显示/隐藏

通过选择菜单功能，站场图上每根轨道/计轴、道岔、信号机附近的名称显示可以被隐藏。

任务四　信号与列车操作界面

【工作任务】

(1) 掌握信号与列车操作界面的信号与进路、站台、道岔、车次窗的操作。

(2) 熟悉信号与列车操作界面的区段、信息管理和维护的操作。

(3) 了解信号与列车操作界面的其他操作。

【知识准备】

一、设备上下文敏感菜单

为了有效地利用有限的屏幕显示面积显示更多的站场信息，在 ATS 工作站界面上不设置单独的操作命令输入区。所有对信号设备和列车的在线操作都可以直接用鼠标右键点击站场图上的设备图标，然后在弹出的上下文菜单中选择需要进行的操作。根据选择的菜单，特定的命令操作对话框会弹出，并接受操作员的进一步输入和命令确认。鼠标点击弹出的上下文菜单是状态敏感的，即系统可根据设备当前的状态选择使能或禁止某些菜单项的点击。如当一个信号机处于开放状态时，则在其点击出现的菜单中“设置进路”项是灰色的，而“取消进路”项是允许的。

二、信号与进路操作

1. 设置进路

选择这一功能允许操作排列指定的进路。该功能提供以下两种操作方式：

(1) 左键按钮方式：如图 8-38 所示，先用鼠标左键单击“进路建立”图标，此时“进路建立”图标显示白色。在站场图上用鼠标左键单击所排进路的始端按钮，如操作有效，始端按钮成蓝色凹下，所有相对于此按钮的有效的终端按钮均黄闪；用鼠标左键单击一下进路的终端按钮，用鼠标右键单击“命令下达”，如操作有效，则发出一声声响，同时此终端按钮和始端按钮恢复正常。

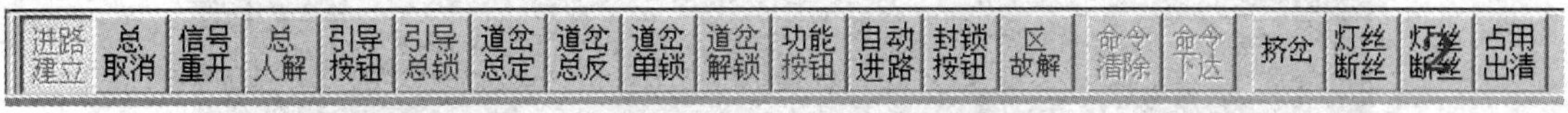

图 8-38　设置进路左键按钮方式

(2) 右键菜单方式：如图 8-39 所示，用鼠标右键点击站场图选择始端信号机并在出现的菜单中选择该操作项，在对话框中的进路列表中选择进路，然后执行这一功能。

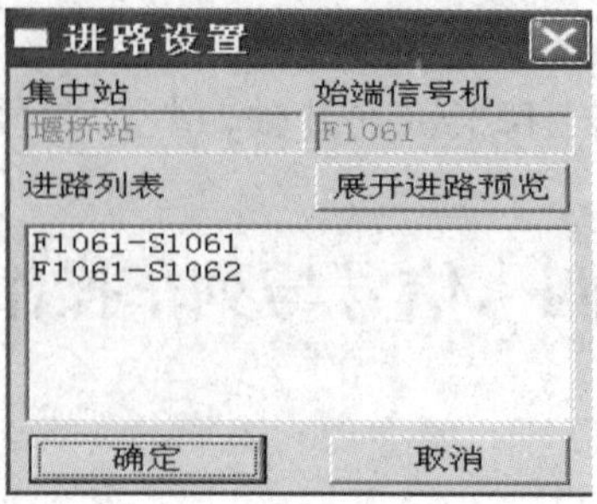

图 8-39　设置进路右键菜单方式

用户可以点击“展开进路预览”按钮展开进路预览站场图，或点击“收起进路预览”按钮来收起进路预览站场图，如图 8-40 所示。

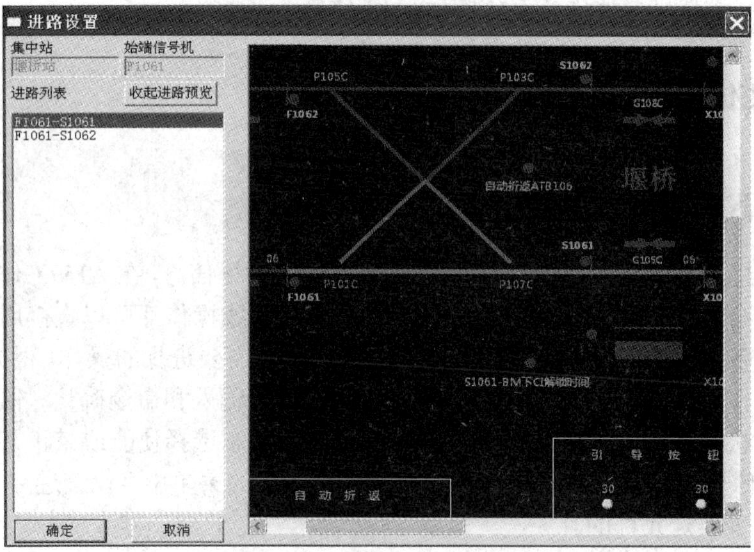

图 8-40　进路预览站场图

2. 取消进路

选择这一功能允许用户取消一条指定的进路。该功能提供以下两种操作方式：

(1) 左键按钮方式：如图 8-41 所示，用鼠标点击最下面功能按钮中的“总取消”，然后点击信号机始端按钮。

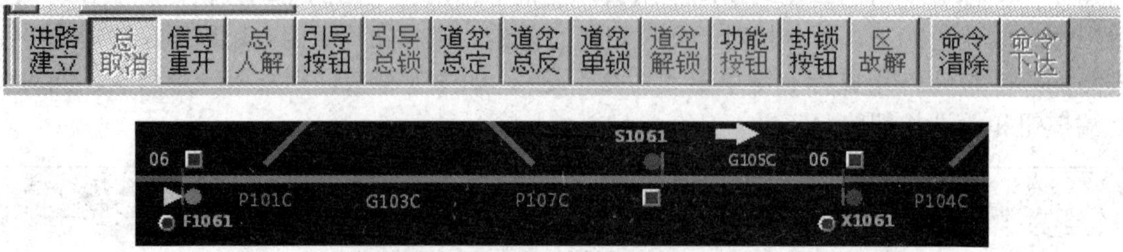

图 8-41　取消进路左键按钮方式

(2) 右键菜单方式：用鼠标右键点击站场图选择进路的始端信号机并在出现的菜单中选择该操作项，此时该信号机及所属车站的信息将自动输入到弹出的对话框中。操作员选择“执行”，该请求将发送给服务器处理。

3. 人工解锁进路

当需取消已处于接近锁闭状态(接近区段有车、信号开放、进路空闲)的进路时，单击“总人解”按钮；在办理取消引导接车进路时，单击“总人解”按钮。另外，在取消进路时，可单击“总取消”按钮，也可单击“总人解”按钮。人工解锁进路提供以下两种操作方式：

(1) 左键按钮方式：如图 8-42 所示，点击最下面功能按钮中的“总人解”，然后点击信号机始端按钮。如果用于解锁普通进路，则开始延时解锁；如果用于解锁引导进路，则进路和引导同时被解除。

图 8-42　人工解锁进路左键按钮方式

(2) 右键菜单方式：用鼠标右键点击站场图选择进路的始端信号机并在出现的菜单中选择该操作项。操作员选择“执行”，该请求将发送给服务器处理。

4. 查询进路控制状态

选择这一功能允许用户查看某个信号机为始端的进路是否处于 ATS 自动触发状态。用鼠标右键点击站场图选择信号机并在出现的菜单中选择该操作项，弹出的对话框中显示该信号机为始端的所有进路是人工控制还是自动触发，如图 8-43 所示。

5. 进路交人工控

选择这一功能允许用户将某个信号机为始端的进路取消 ATS 自动触发使能，转为人工办理。如图 8-44 所示，用鼠标点击站场图选择进路的始端信号机并在出现的菜单中选择该操作项，在弹出对话框中的进路列表中选择进路并选择“确定”按钮，可以设置该条进路必须为人工办理，不能由 ATS 自动触发。

6. 进路交自动控

选择这一功能允许用户将某个信号机为始端的某条进路设置为由 ATS 自动触发使能。如图 8-45 所示，用鼠标点击站场图选择进路的始端信号机并在出现的菜单中选择该操作项，在弹出对话框中的进路列表中选择进路并选择“确定”按钮，可以设置该条进路由 ATS 自动触发。

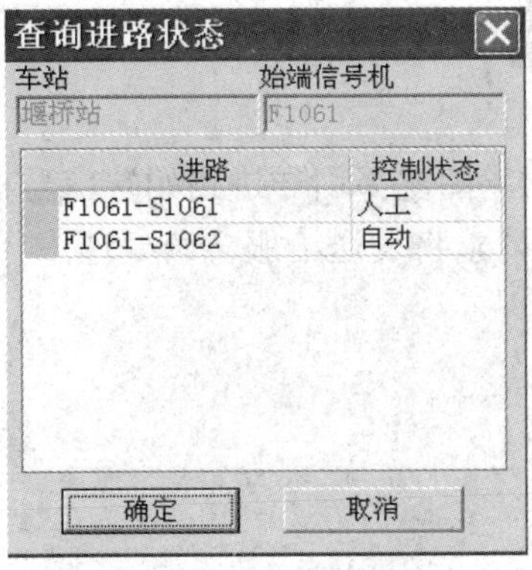

图 8-43　查询进路控制状态

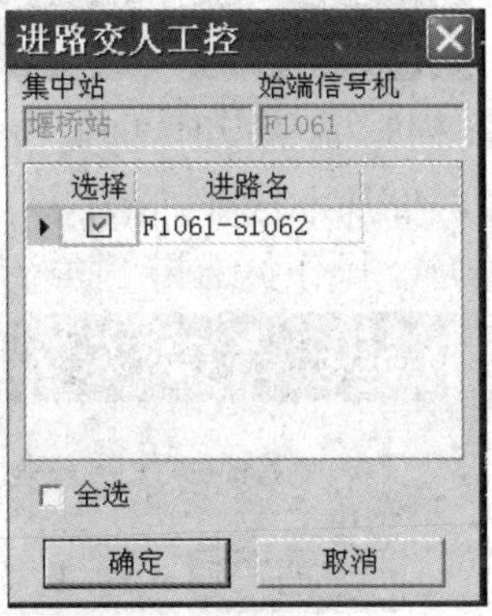

图 8-44　进路交人工控

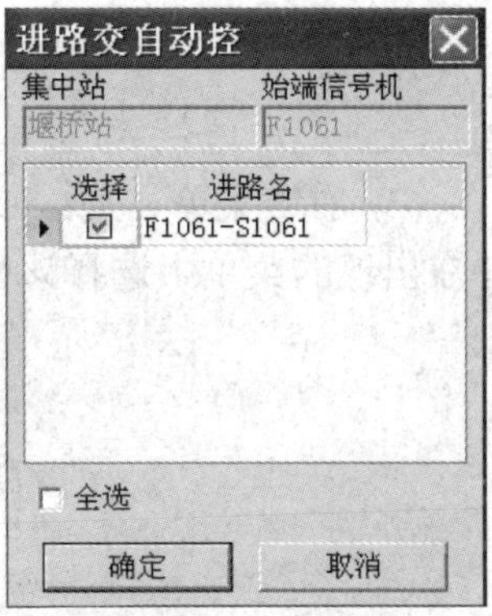

图 8-45　进路交自动控

7. 信号重开

选择这一功能允许用户向某个未开放信号机发送信号重开命令。该功能提供以下两种操作方式：

(1) 左键按钮方式：如图 8-46 所示，用鼠标点击最下面功能按钮中的“信号重开”，然后点击信号机(区间信号机)或者信号机始端按钮(进路信号机)。

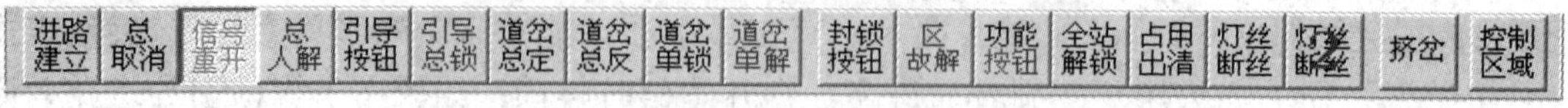

图 8-46　信号重开左键按钮方式

(2) 右键菜单方式：如图 8-47 所示，用鼠标右键点击站场图选择信号机(区间信号机)或者信号机始端按钮(进路信号机)并在出现的菜单中选择该操作项，此时该信号机及所属车站的信息将自动输入到弹出的对话框中。操作员选择“执行”，该请求将发送给服务器处理。

图 8-47　信号重开右键菜单方式

8. 信号机引导办理

该功能提供以下两种操作方式：

(1) 左键按钮方式：如图 8-48 所示，用鼠标点击最下面功能按钮中的“引导按钮”，然后点击站场图右下方的信号机“引导”按钮。

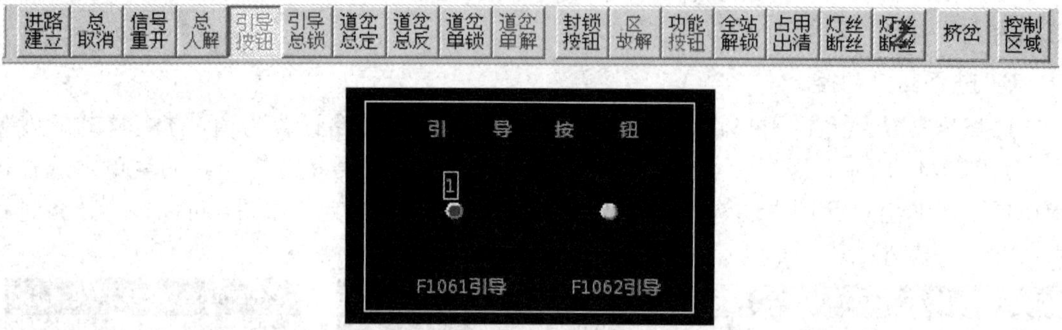

图 8-48　信号机引导办理左键按钮方式

(2) 右键菜单方式：如图 8-49 所示，用鼠标右键点击站场图选择引导进路始端信号机并在出现的菜单中选择该操作项。操作员选择“执行”，该请求将发送给服务器处理。

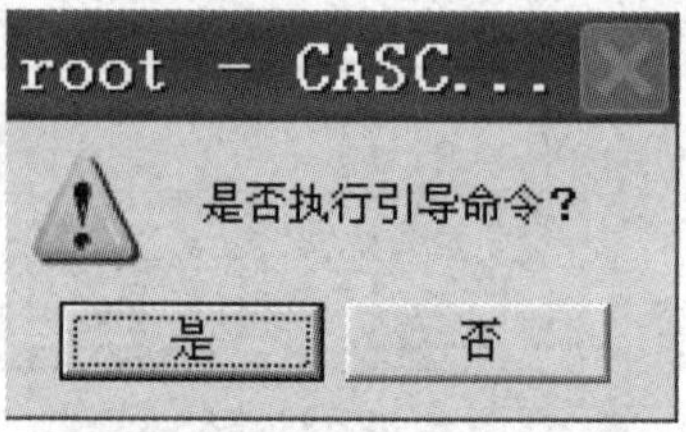

图 8-49　信号机引导办理右键菜单方式

9. 信号机引导取消

该功能提供以下两种操作方式：

(1) 左键按钮方式：如图 8-50 所示，用鼠标点击最下面功能按钮中的“总取消”，然后点击站场图右下方的信号机“引导”按钮。

注意：如果为进路信号机，则此时引导被取消，但进路不会被取消。只有按“人工解锁进路”操作，才能同时取消引导和进路。

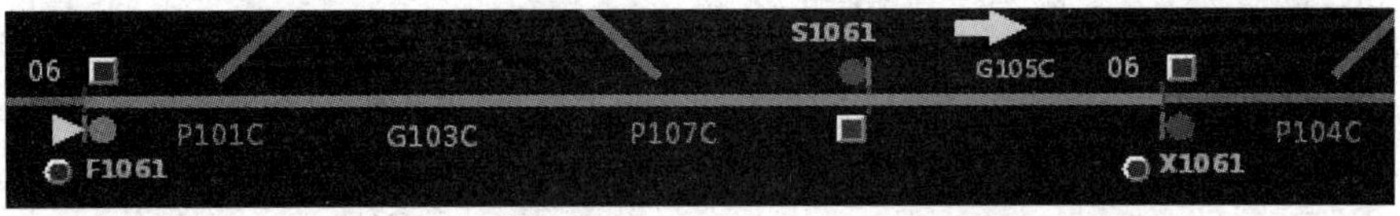

图 8-50　信号机引导取消左键按钮方式

(2) 右键菜单方式：用鼠标右键点击站场图选择引导进路始端信号机并在出现的菜单中选择“人工解锁进路”操作项。

10. 引导总锁

该功能提供以下两种操作方式：

(1) 左键按钮方式：如图 8-51 所示，用鼠标点击最下面功能按钮中的“引导总锁”，然后点击站场图“引导总锁”按钮。在弹出二次确认的对话框中重新选择操作为“引导总锁”，再次确认。如果已设置引导总锁，则再操作一次为取消引导总锁。

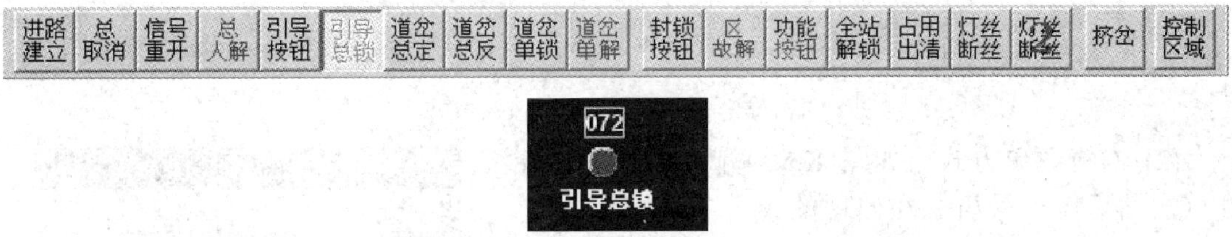

图 8-51　引导总锁左键按钮方式

如果是“设置引导总锁”，则弹出对话框显示操作内容，点击对话框按钮确认。如果是“取消引导总锁”，则弹出 HILC 对话框，第一步输入框内已显示操作内容，点击第一步输入框旁边的“确认”按钮；使能第二步输入框内的操作内容选择界面，操作选择同样的命令，然后点击第二步输入框旁边的“确认”按钮。

(2) 右键菜单方式：如图 8-52 所示，用鼠标右键点击站场图“引导总锁”按钮并在出现的菜单中选择该操作项。操作员选择“执行”，该请求将发送给服务器处理。

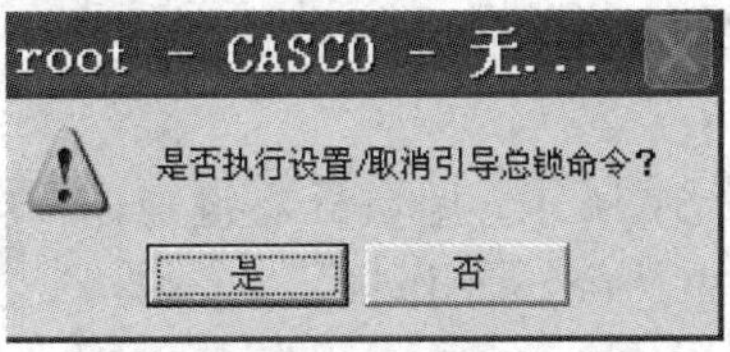

图 8-52　引导总锁右键菜单方式

如果是“设置引导总锁”，则弹出对话框显示操作内容，点击对话框按钮确认；如果是“取消引导总锁”，则弹出 HILC 对话框，如图 8-53 所示。

此时，第一步输入框内已显示操作内容，点击第一步输入框旁边的“确认”按钮；使能第二步输入框内的操作内容选择界面，操作选择同样的命令，然后点击第二步输入框旁边的“确认”按钮，如图 8-54 所示。

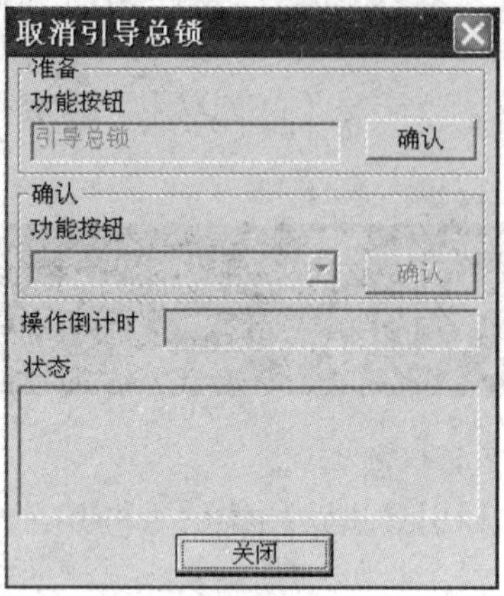

图 8-53　取消引导总锁 1

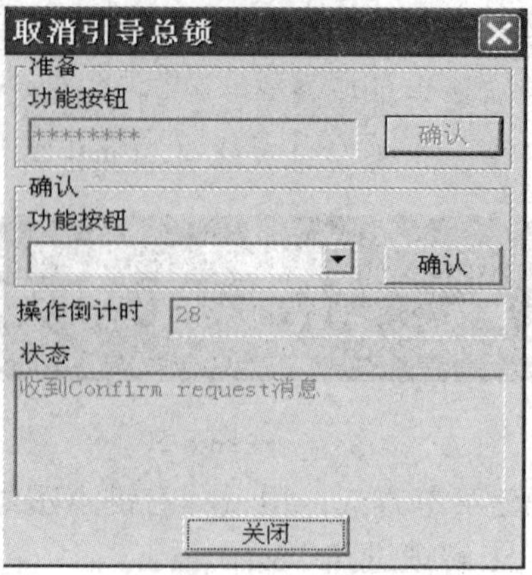

图 8-54　取消引导总锁 2

11. 信号机/区段/道岔封锁

该功能提供以下两种操作方式：

(1) 左键按钮方式：如图 8-55 所示，点击最下面功能按钮中的“封锁”按钮，再点击信号机/区段/道岔，然后弹出对话框显示操作内容，点击对话框按钮确认。

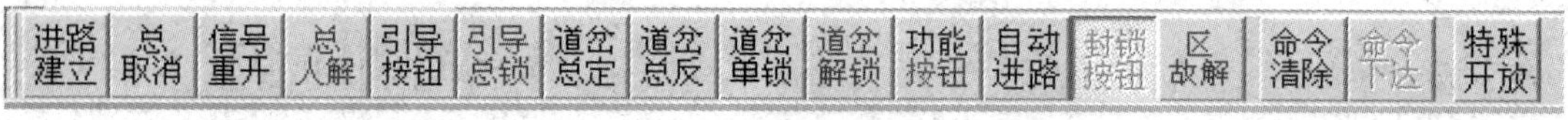

图 8-55　信号封锁左键按钮方式

(2) 右键菜单方式：如图 8-56 所示，用鼠标右键点击站场图信号机并在出现的菜单中选择该操作项，此时该信号机/区段/道岔及所属车站的信息将自动输入到弹出的对话框中。操作员选择“执行”，该请求将发送给服务器处理。

图 8-56　信号封锁右键菜单方式

12. 信号机/区段/道岔解封

该功能提供以下两种操作方式：

(1) 左键按钮方式：用鼠标点击最下面功能按钮中的“信号封锁”，点击信号机，弹出 HILC 对话框，第一步输入框内已显示操作内容，点击第一步输入框旁边的“确认”按钮；使能第二步输入框内的操作内容选择界面，操作选择同样的信号机，然后点击第二步输入框旁边的“确认”按钮。

(2) 右键菜单方式：如图 8-57 所示，用鼠标右键点击站场图信号机并在出现的菜单中选择该操作项。

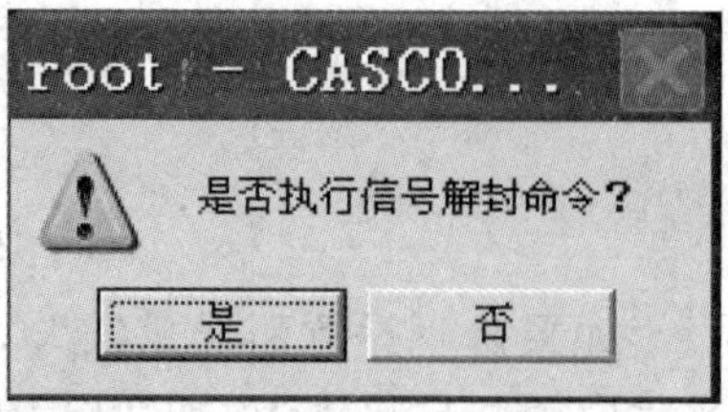

图 8-57　信号解封右键菜单方式

操作员选择“执行”，弹出 HILC 对话框，如图 8-58 所示。

第一步输入框内已显示操作内容，点击第一步输入框旁边的“确认”按钮；使能第二步输入框内的操作内容选择界面，操作选择同样的信号机，然后点击第二步输入框旁边的“确认”按钮，如图 8-59 所示。

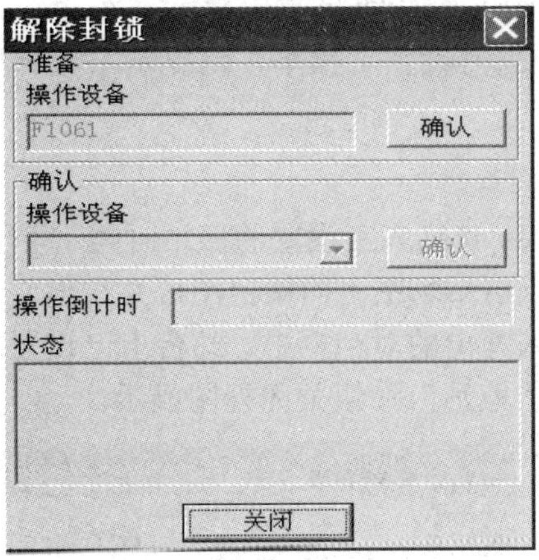

图 8-58 解除封锁 1

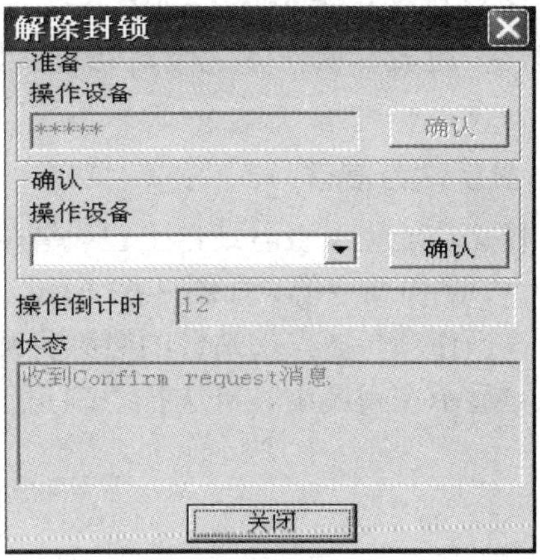

图 8-59 解除封锁 2

13. 设置/取消通过模式

选择这一功能允许用户向某个未开放信号机设置/取消通过模式。该功能提供以下两种操作方式：

(1) 左键按钮方式：用鼠标点击站场图选择进路的信号机并在出现的菜单中选择该操作项，信号机及其车站属性将被自动列入弹出的对话框中，如图 8-60 所示，选择“确定”按钮，将发出设置通过模式命令。

(2) 右键菜单方式：用鼠标右键点击站场图选择进路的信号机并在出现的菜单中选择该操作项，信号机及其车站属性将被自动列入弹出的对话框中，如图 8-61 所示，选择“确定”按钮，将发出取消通过模式命令。

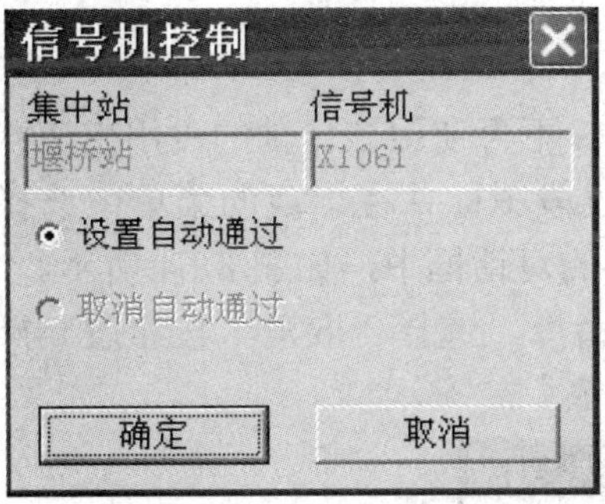

图 8-60 设置自动通过

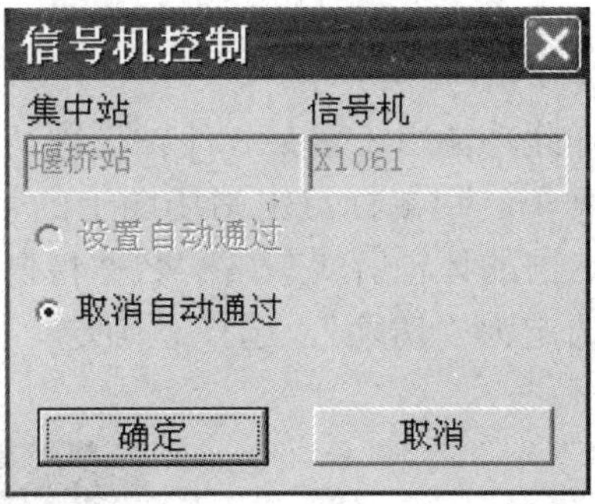

图 8-61 取消自动通过

三、站台操作

1. 提前发车

选择此功能用于对某一指定站台设置提前发车命令，允许该站台当前停站列车立即发车，不论是否还剩余停站时间。用鼠标点击站场图上的站台图标并在出现的菜单中选择该操作项，被点击站台的属性将被自动列入弹出的对话框中，如图 8-62 所示。如上行站台设置提前发车“范围”自动选定为“本站台上行”，如下行站台设置提前发车“范围”自动选定为“本站台下行”，选择“确定”按钮将发出提前发车命令，选择“取消”按钮放弃操作并关闭对话框。如果站台当前设置了扣车，则提示不允许提前操作发车命令。

2. 显示站台信息

选择此功能用于查看站台上已设置的命令信息，包括人工设置的停站时间、运行等级、扣车命令、跳停命令等，如图 8-63 所示。用鼠标点击站场图上的站台图标并在出现的菜单中选择该操作项，被点击站台的名称将被自动列入弹出的对话框中，站台上已设置的命令内容也被显示在视图中，可选择“确定”按钮或“取消”按钮关闭视图显示。

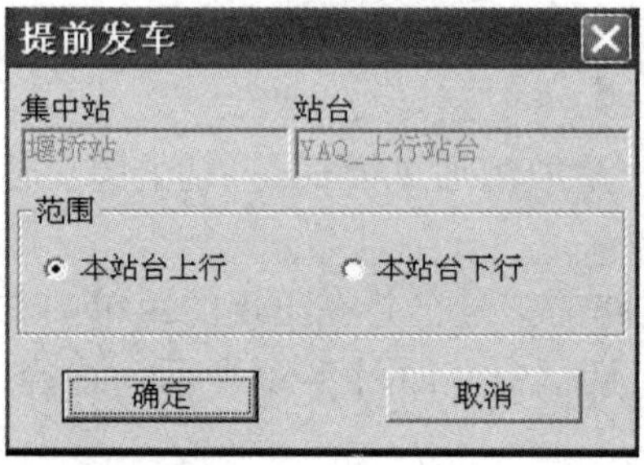

图 8-62　提前发车

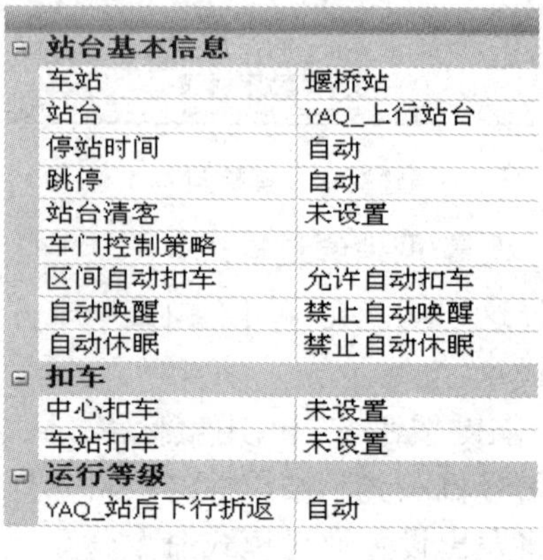

图 8-63　显示站台信息

四、区段操作

1. 区段切除跟踪

选择此功能用于对某一计轴设置切除状态，ATS 不再使用该计轴的占用出清状态变化来跟踪列车。用鼠标点击站场图上的轨道或道岔线段图标并在出现的菜单中选择该操作项，被点击的计轴所属车站和名称将自动列入弹出的对话框中，如图 8-64 所示。“功能”被自动选定为“切除”，选择“确定”按钮将发出命令，选择“取消”按钮放弃操作并关闭对话框。

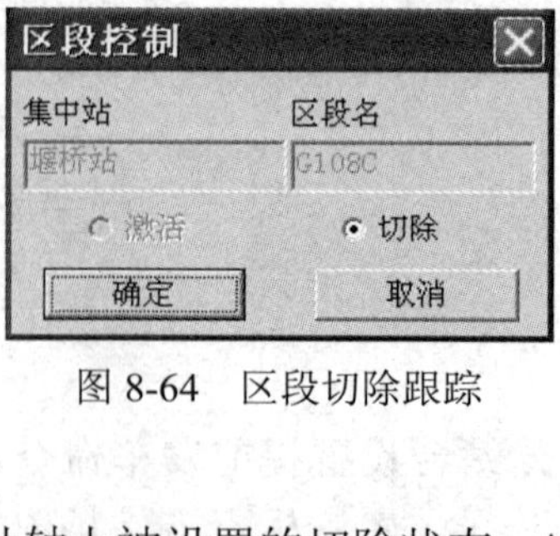

图 8-64　区段切除跟踪

2. 区段激活跟踪

选择此功能用于取消某一计轴上被设置的切除状态，ATS 重新使用该计轴的占用出清状态变化跟踪列车。用鼠标点击站场图上的轨道或道岔线段图标并在出现的菜单中选择该操作项，被点击的计轴所属车站和名称将自动列入弹出的对话框中，如图 8-65 所示。“功能”被自动选定为“激活”，选择“确定”按钮将发出命令，选择“取消”按钮放弃操作并关闭对话框。

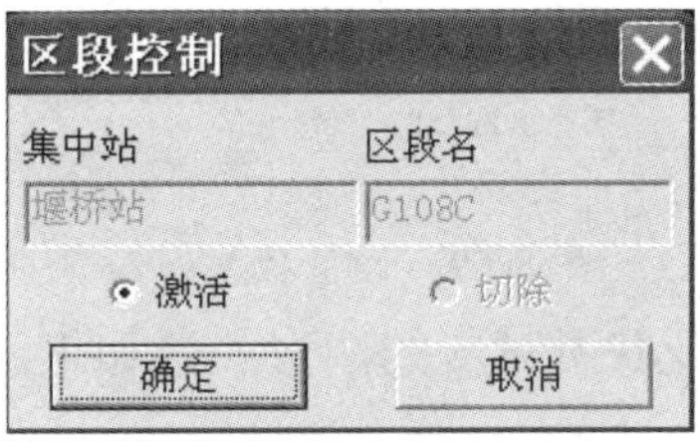

图 8-65　区段激活跟踪

3. 区段故障解锁

该功能提供以下两种操作方式：

(1) 左键按钮方式：如图 8-66 所示，用鼠标点击最下面功能按钮中的“区故解”，然后点站场图特定按钮。

图 8-66　区段故障解锁左键按钮方式

(2) 右键菜单方式：用鼠标右键点击区段图形并在出现的菜单中选择“区段故障解锁”，弹出 HILC 对话框，第一步输入框内已显示操作内容，点击第一步输入框旁边的“确定”按钮；使能第二步输入框内的操作内容选择界面，操作选择同样的道岔，然后点击第二步输入框旁边的“确定”按钮。

4. 轨道状态查询

计轴故障区段清扫成功查看方式：如图 8-67 所示，用鼠标右键单击轨道名称，弹出轨道操作菜单，选择“查看设备状态”菜单项。

或者用鼠标右键单击道岔名称，弹出道岔操作菜单，选择“查看设备状态”菜单项，如图 8-68 所示。

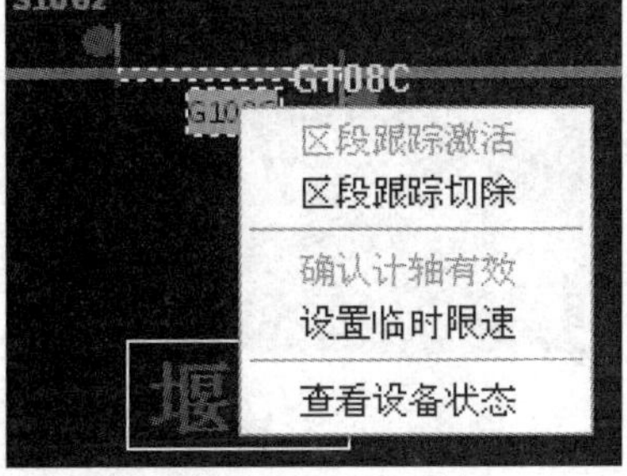

图 8-67　轨道状态查询 1

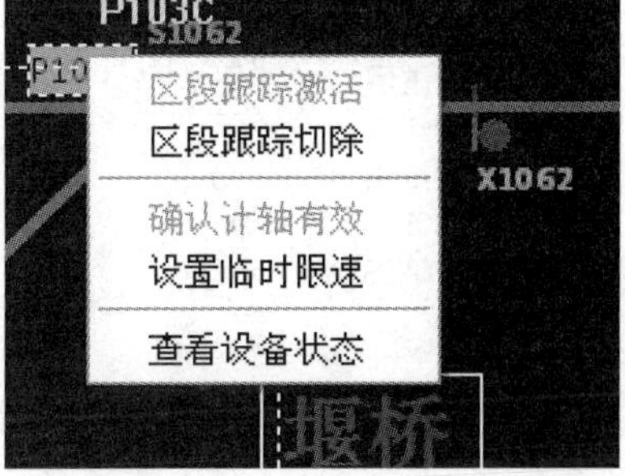

图 8-68　轨道状态查询 2

选择“查看设备状态”菜单项后，在界面右侧弹出设备状态列表，如图 8-69 所示。

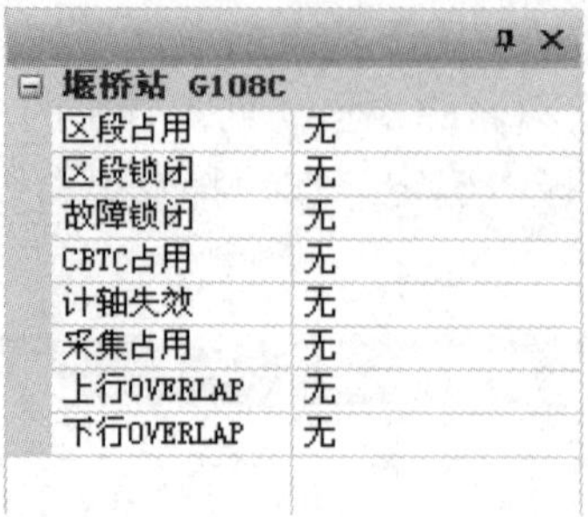

图 8-69　设备状态列表

设备状态列表中各项含义及其所对应的图形表示如下。

1) 区段占用

如图 8-70 所示，“无”表示区段没有被联锁报告区段逻辑占用；而“有”表示区段被联锁报告区段逻辑占用，并以红色光带显示，如图 8-71 所示。

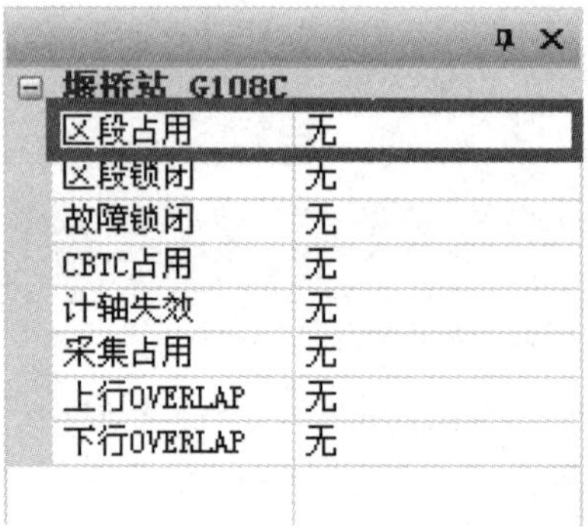

图 8-70　区段占用

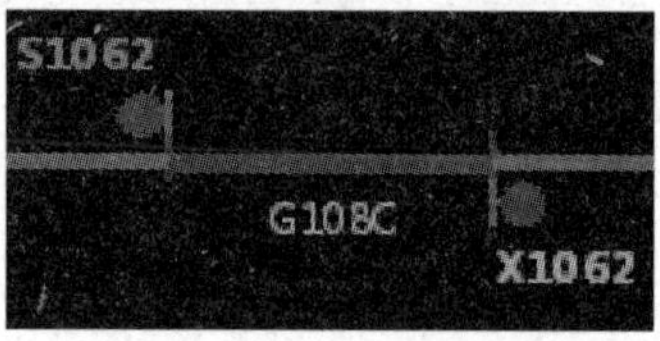

图 8-71　红色光带

2) 区段锁闭

如图 8-72 所示，“无”表示区段没有锁闭；而“有”表示区段锁闭，并以绿色光带显示，如图 8-73 所示。

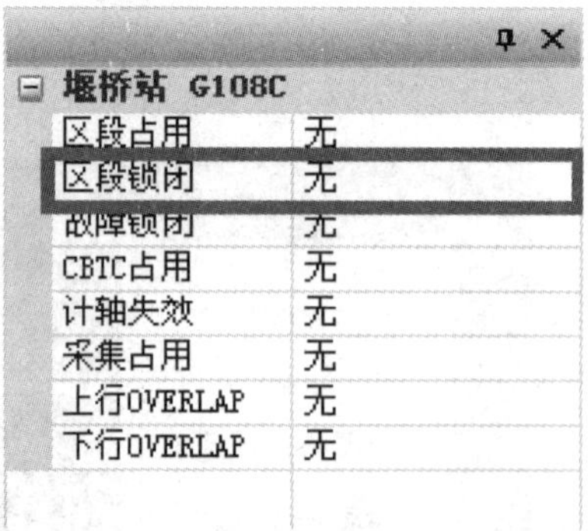

图 8-72　区段锁闭

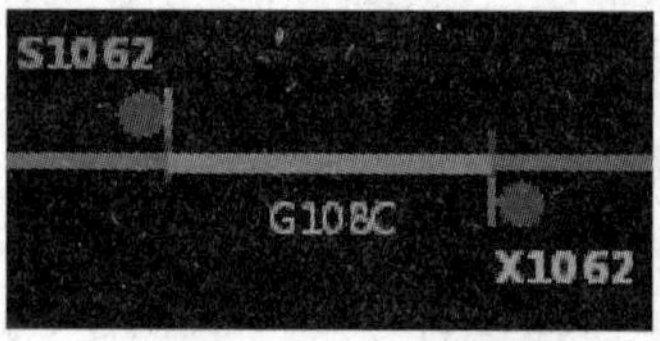

图 8-73　绿色光带

3) 故障锁闭

如图 8-74 所示，“无”表示区段没有故障锁闭；而“有”表示区段故障锁闭，并以白色光带显示，如图 8-75 所示。

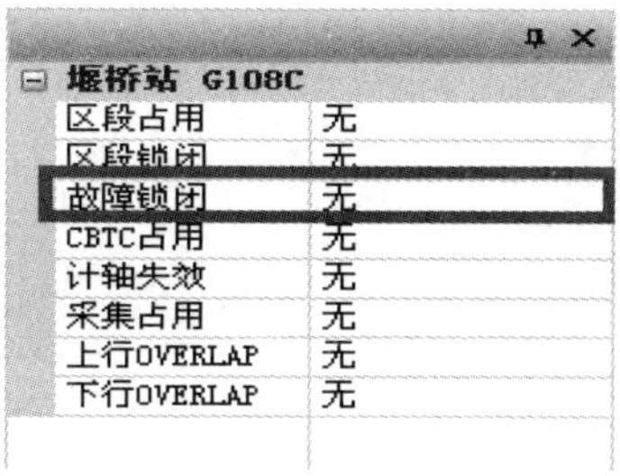

图 8-74　故障锁闭

图 8-75　白色光带

4) CBTC 占用

如图 8-76 所示，“无”表示没有 CBTC 列车占用；而“有”表示有 CBTC 列车占用区段，并以紫色光带表示，如图 8-77 所示。

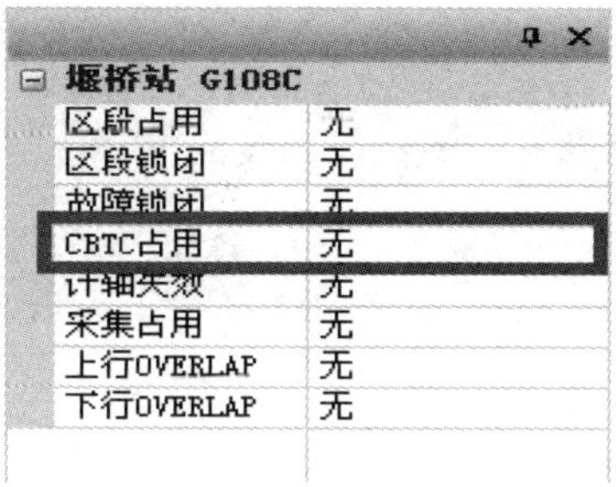

图 8-76　CBTC 占用

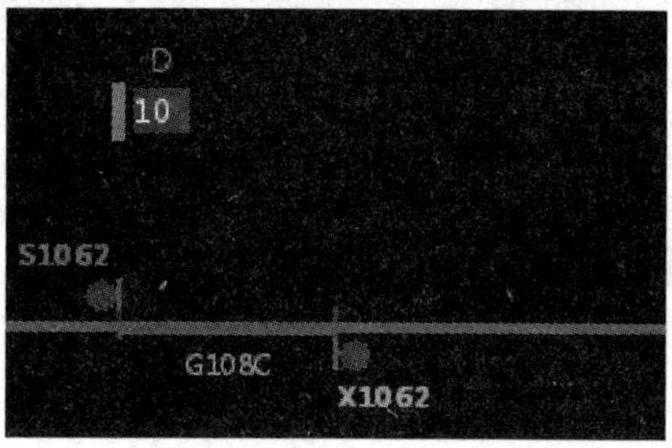

图 8-77　紫色光带

5) 计轴失效

如图 8-78 所示，“无”表示计轴没有被 ZC 报告失效；而“有”表示计轴被 ZC 报告失效，并以棕光带显示，如图 8-79 所示。

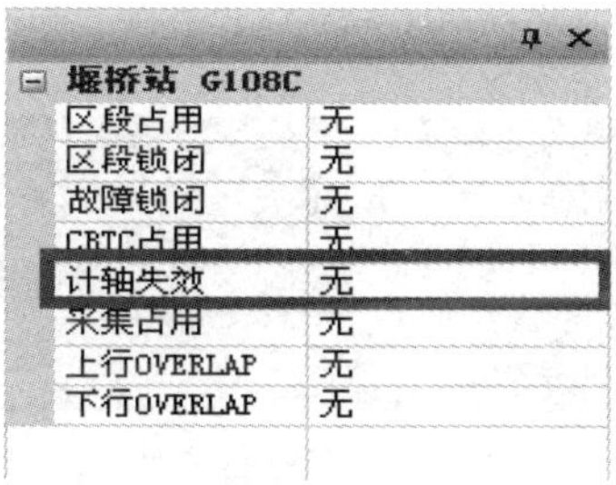

图 8-78　计轴失效

图 8-79　棕光带

6) 采集占用

如图 8-80 所示，“无”表示没有计轴占用信息；而“有”表示有计轴占用信息。

注意：此状态与轨道区段的 GJ 状态对应。

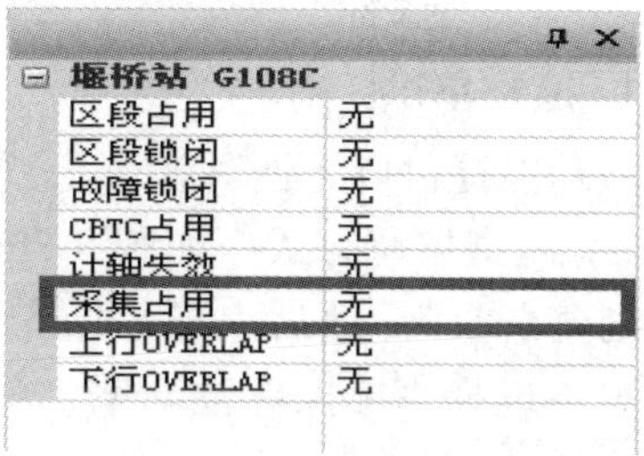

图 8-80　采集占用

7) 上行 OVERLAP

如图 8-81 所示，“无”表示区段没有 OVERLAP 表示；而“有”表示区段有上行侧 OVERLAP 表示，并以深绿色光带显示，如图 8-82 所示。

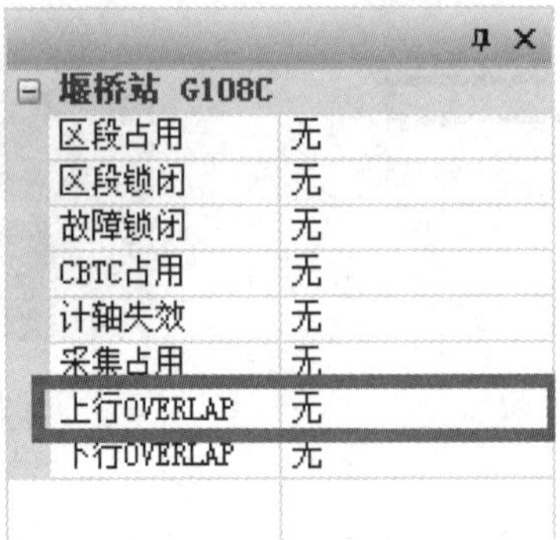

图 8-81　上行 OVERLAP

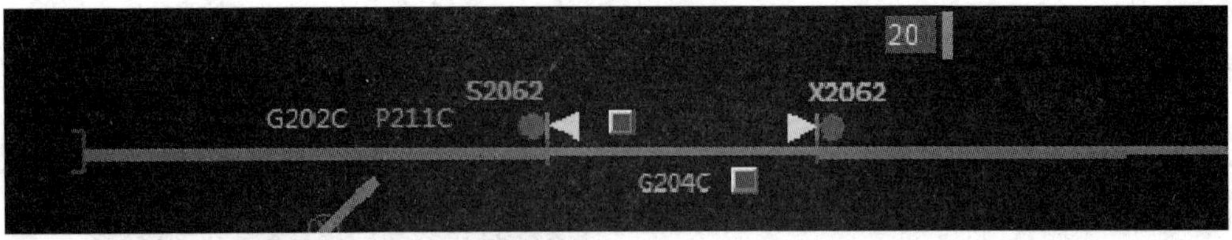

图 8-82　深绿色光带

8) 下行 OVERLAP

如图 8-83 所示，“无”表示区段没有 OVERLAP 表示；而“有”表示区段有下行侧 OVERLAP 表示，并以深绿色光带显示，如图 8-84 所示。

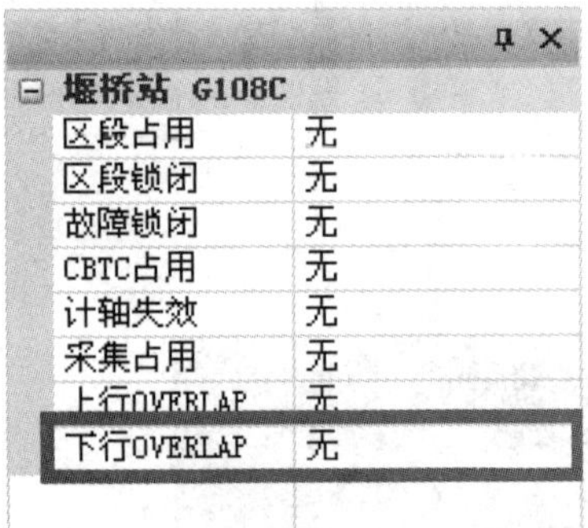

图 8-83　下行 OVERLAP

图 8-84　深绿色光带

五、道岔操作

1. 道岔单操

该功能提供以下两种操作方式：

(1) 左键按钮方式：如图 8-85 所示，用鼠标点击最下面功能按钮中的“道岔总定”或者“道岔总反”，然后点击站场图上对应道岔的名字；用鼠标右键点击道岔图形并在出现的菜单中选择“单操定位”或“单操反位”，然后弹出对话框显示操作内容，点击对话框按钮确认。

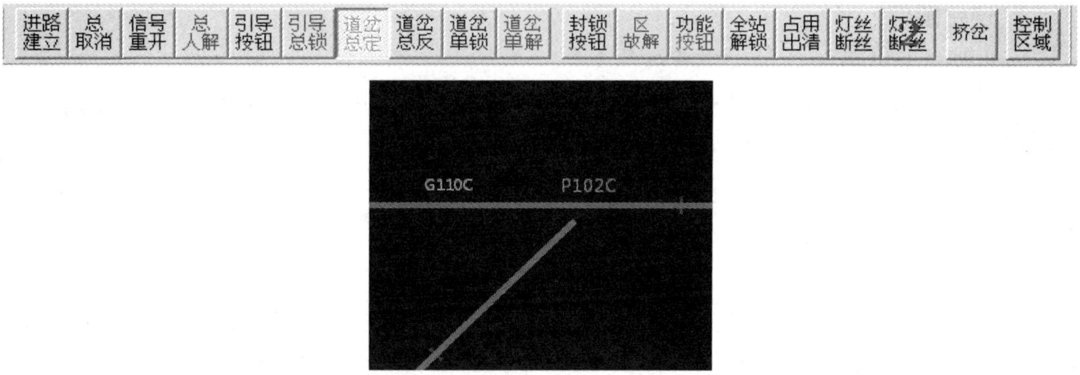

图 8-85　道岔单操左键按钮方式

(2) 右键菜单方式：用鼠标右键点击站场图道岔，选择“单操定位”或“单操反位”，被点击的道岔所属车站和名称将自动列入弹出的对话框中，分别如图 8-86 和图 8-87 所示。选择“确定”按钮将发出命令，选择“取消”按钮放弃操作并关闭对话框。

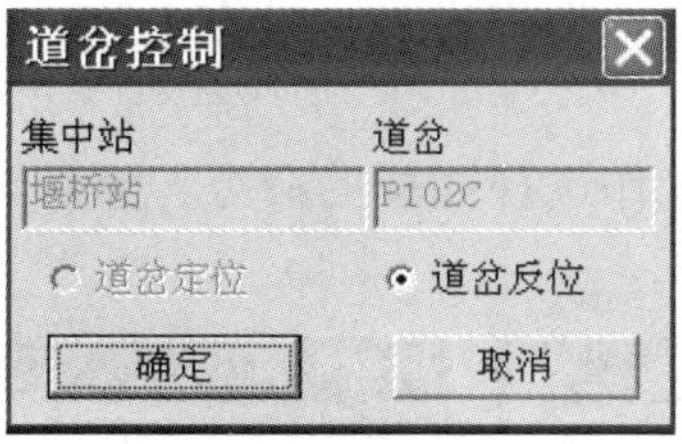

图 8-86　道岔反位

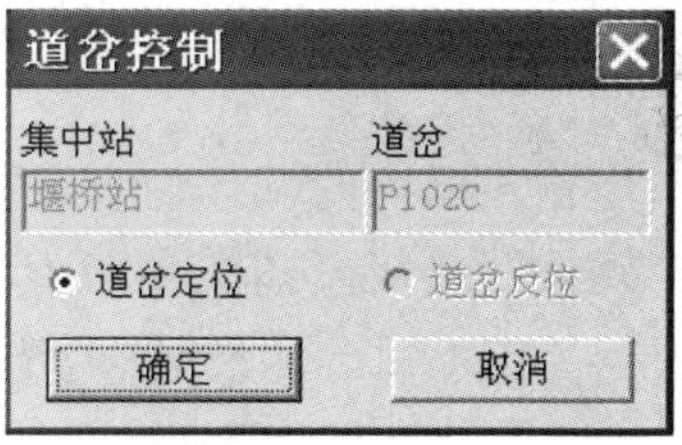

图 8-87　道岔定位

2. 道岔单锁

该功能提供以下两种操作方式：

(1) 左键按钮方式：如图 8-88 所示，用鼠标点击最下面功能按钮中的“道岔单锁”，然后点击站场图上对应道岔的名字；用鼠标右键点击道岔图形并在出现的菜单中选择“道岔单锁”，然后弹出对话框显示操作内容，点击对话框按钮确认。

图 8-88　道岔单锁左键按钮方式

(2) 右键菜单方式：用鼠标右键点击站场图道岔并选择该操作项，然后弹出对话框显示操作内容，被点击的道岔所属车站和名称将自动列入弹出的对话框中，如图 8-89 所示。选择“确定”按钮将发出命令，选择“取消”按钮放弃操作并关闭对话框。

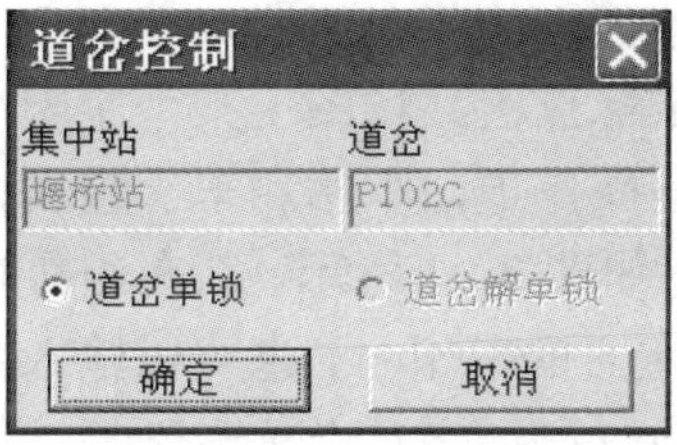

图 8-89　道岔单锁右键菜单方式

3. 道岔解锁

该功能提供以下两种操作方式：

(1) 左键按钮方式：如图 8-90 所示，用鼠标点击最下面功能按钮中的“道岔解锁”，然后点击站场图上对应道岔的名字。

图 8-90　道岔解锁左键按钮方式

用鼠标右键点击道岔图形并在出现的菜单中选择“道岔解锁”，然后弹出对话框显示操作内容，点击对话框按钮确认。弹出 HILC 对话框，第一步输入框内已显示操作内容，点击第一步输入框旁边的“确认”按钮；使能第二步输入框内的操作内容选择界面，操作选择同样的命令，然后点击第二步输入框旁边的“确认”按钮。

(2) 右键菜单方式：如图 8-91 所示，用鼠标右键点击站场图道岔并选择该操作项，弹出对话框显示操作内容，点击对话框按钮确认。

如图 8-92 所示，弹出 HILC 对话框，第一步输入框内已显示操作内容，点击第一步输入框旁边的“确认”按钮。

使能第二步输入框内的操作内容选择界面，操作选择同样的命令，然后点击第二步输入框旁边的“确认”按钮，如图 8-93 所示。

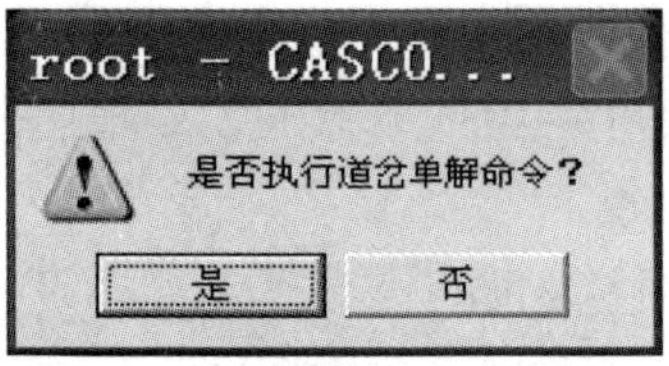

图 8-91　道岔解锁右键菜单方式

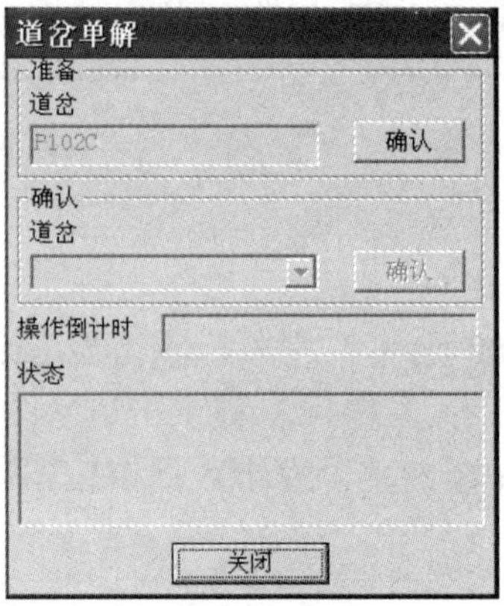

图 8-92　道岔单解 1

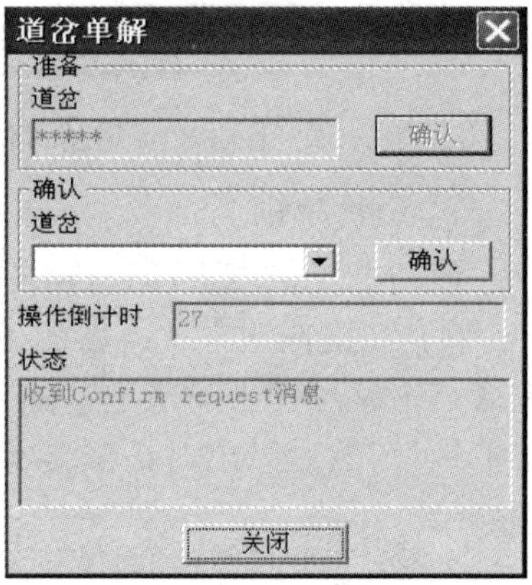

图 8-93　道岔单解 2

六、列车操作(车次窗)

1. 定义车组号

选择此功能用于在正线或车辆段的某个位置定义一个需要 ATS 跟踪管理的列车记录。用鼠标点击站场图上某个空闲车次窗图标并在出现的菜单中选择该操作项，车站和车次窗属性将被自动输入到弹出的对话框中，如图 8-94 所示。新车组号可以通过下拉框选择 ATS 系统已经定义的车组号，也可以输入自定义车次号。输入的车组号必须为三位数字且必须大于零。输入的车组号必须未被系统中其他列车信息使用。

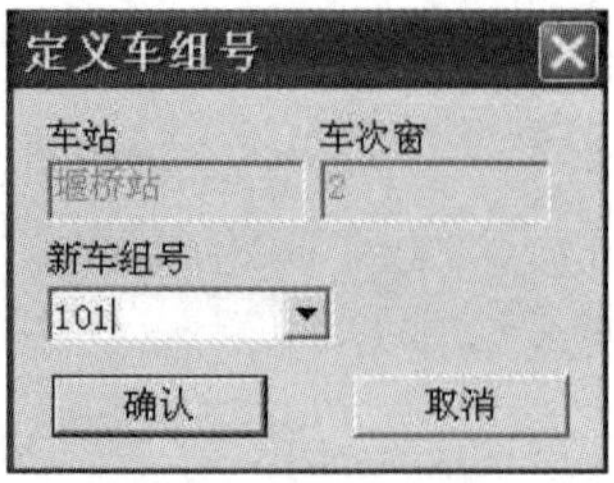

图 8-94　定义车组号

使用该操作建立的列车初始状态为人工车，可通过后续操作指定为计划车或头码车。选择“确认”按钮将发出命令，选择“取消”按钮放弃操作并关闭对话框。

2. 删除车组号

选择此功能用来删除位于正线或车辆段的某个列车，不管其是计划车、头码车还是人工车。用鼠标点击站场图上列车所在车次窗图标并在出现的菜单中选择该操作项，车站、车次窗、列车车组号将被自动输入到弹出的对话框中，也可以通过键盘手工输入车组号，如图 8-95 所示。选择“确认”按钮将发出命令，选择“取消”按钮放弃操作并关闭对话框。

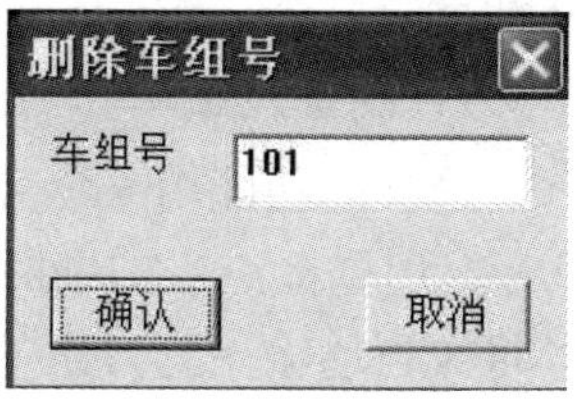

图 8-95　删除车组号

3. 移动车组号

选择此功能用来手工移动列车到一个新的车次窗位置(限制非 CBTC 列车)。用户鼠标点击站场图上列车所在车次窗图标并在出现的菜单中选择该操作项，列车车组号将被自动输入到弹出的对话框中，也可用键盘手工输入车组号，如图 8-96 所示。然后用鼠标左键点击站场图上某个空闲车次窗作为移动目的地(粉红光带占用)，目的车次窗信息将被自动显示在对话框中。处于移动闭塞追踪模式的列车不能使用该操作来人工移动位置。选择“确认”按钮将发出命令，选择“取消”按钮放弃操作并关闭对话框。

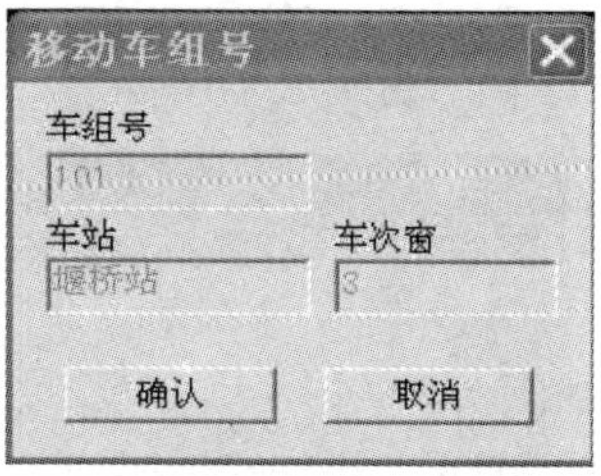

图 8-96　移动车组号

4. 修改车组号

选择此功能对正线或停车场的某个列车修改其车组号，不管其是计划车、目的地车还是人工车。用鼠标点击站场图上列车所在车次窗图标并在出现的菜单中选择该操作项，车站、车次窗、列车原车组号将被自动输入到弹出的对话框中，如图 8-97 所示。新车组号可以通过下拉框选择 ATS 系统已经定义的车组号，也可以输入自定义车次号。输入的车组号必须为指定位数且必须大于零，并且输入的车组号必须未被系统中其他列车信息使用。选择“确定”按钮将发出命令，选择“取消”按钮放弃操作并关闭对话框。

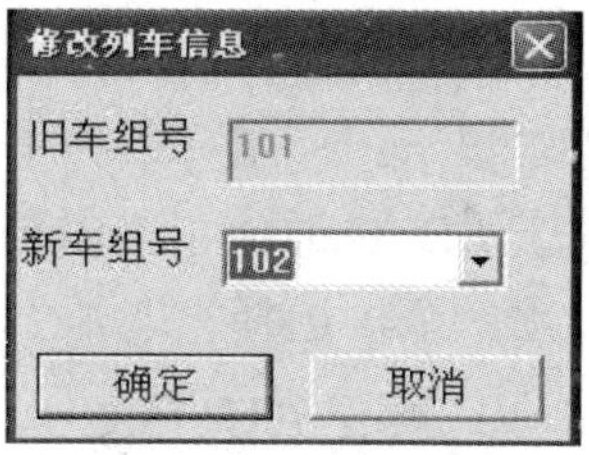

图 8-97　修改车组号

5. 设置计划车

选择此功能用来为列车指定计划运行任务，ATS 将尝试将列车作为计划列车管理。用鼠标点击站场图上列车所在车次窗图标并在出现的菜单中选择该操作项，列车车组号将被自动输入到弹出的对话框中，如图 8-98 所示。在进行此操作时，必须输入与当日行车计划相符的 3 位车次号。只有正线区域的列车可以应用该操作。选择“确认”按钮将发出命令，选择“取消”按钮放弃操作并关闭对话框。

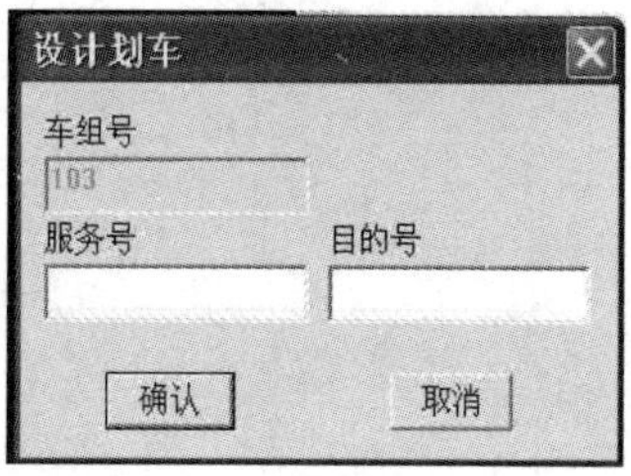

图 8-98　设置计划车

6. 设置头码车(目的地车)

选择此功能用来将列车设定为头码车，并指定该车是否不停站直达目的地。用鼠标点击站场图上列车所在车次窗图标并在出现的菜单中选择该操作项，列车车组号将被自动输入到弹出的对话框中，如图 8-99 所示。选择“确认”按钮将发出命令，选择“取消”按钮放弃操作并关闭对话框。

7. 设置人工车

选择此功能用来将列车设定为人工车，清除之前的计划车或目的地车属性。如图 8-100 所示，用鼠标点击站场图上列车所在车次窗图标并在出现的菜单中选择该操作项，列车车组号将被自动输入到弹出的对话框中。ATS 根据车组号查找到指定列车并将其设为人工车。

8. 标记 ATP 切除

选择此功能用来标记指定列车的 ATP 设备已被切除。用鼠标点击站场图上列车所在车次窗图标并在出现的菜单中选择该操作项，所点击列车的车组号将自动输入到弹出的对话框中，如图 8-101 所示。

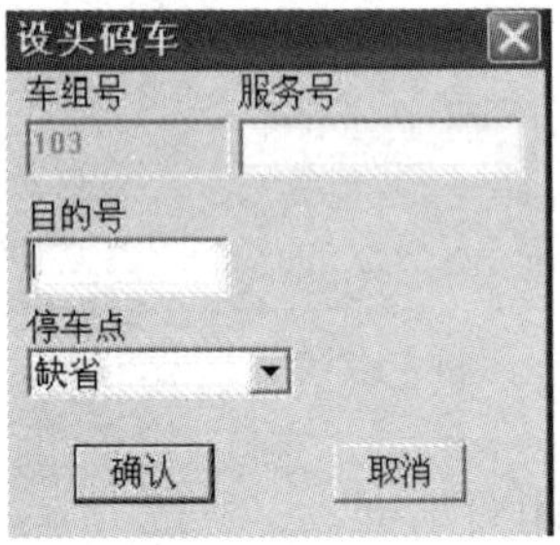

图 8-99　设置头码车

图 8-100　设置人工车

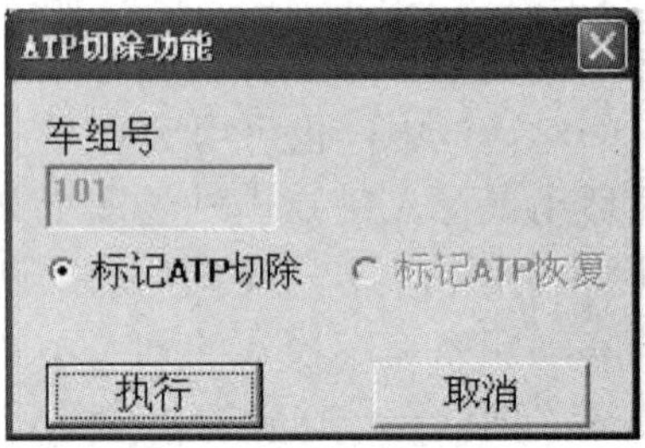

图 8-101　标记 ATP 切除

执行该操作后，列车车组号颜色显示和列车动态信息显示框中都有明显的状态变化和文字提示，显示列车处于 ATP 切除状态。此功能仅应用于没有 CBTC 车地通信的列车。对于 CBTC 通信正常的列车，ATS 可以从车载 CC 获得该状态报告。选择“执行”按钮将发出命令，选择“取消”按钮放弃操作并关闭对话框。

9. 标记 ATP 恢复

选择此功能用来标记指定列车的 ATP 设备已恢复工作。用鼠标点击站场图上列车所在车次窗图标并在出现的菜单中选择该操作项，所点击列车的车组号将自动输入到弹出的对话框中，如图 8-102 所示。

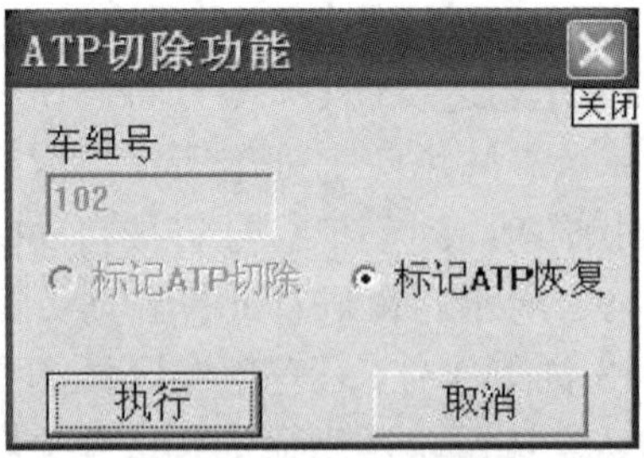

图 8-102　标记 ATP 恢复

执行该操作后，列车车组号颜色显示和列车动态信息显示框中都有明显的状态变化和文字提示，显示列车处于 ATP 正常状态。选择“执行”按钮将发出命令，选择“取消”按钮放弃操作并关闭对话框。

10. 列车信息显示

选择此功能用来显示指定列车的各项详细信息。选择该功能后，将弹出一个多属性页的对话框，显示列车的基本信息/车组信息/计划信息，分别如图 8-103、图 8-104 和图 8-105 所示。列车详细信息中的 ATP 切除仅表示人工标记 ATP 切除，用来提醒调度员注意。

图 8-103　列车基本信息显示

图 8-104　车组信息显示

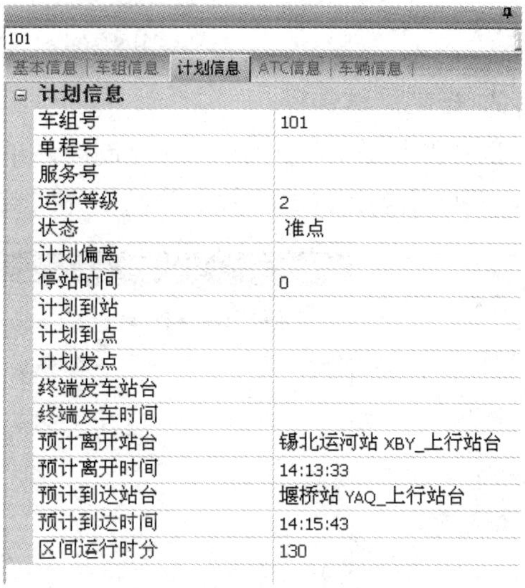

图 8-105　计划信息显示

七、其他操作

1. 站遥控转换

选择此操作功能用于进行站遥控转换。在系统菜单中选择“站遥控转换”，将弹出图 8-106 所示的操作界面对话框。

可以通过下拉框选择一个集中站，并选中需要的转换控制模式命令。命令有四种：

(1) 紧急站控：强行将控制模式转为紧急站控。

(2) 请求站控：请求将控制模式转为车站控制。

(3) 非请求站控：强行将控制模式转为车站控制。该功能用于中心无法完成正常的控制权转换操作时。

(4) 请求中控：请求将控制模式转为中心控制。

选择“设置”按钮将发出命令，选择“取消”按钮放弃操作并关闭对话框。

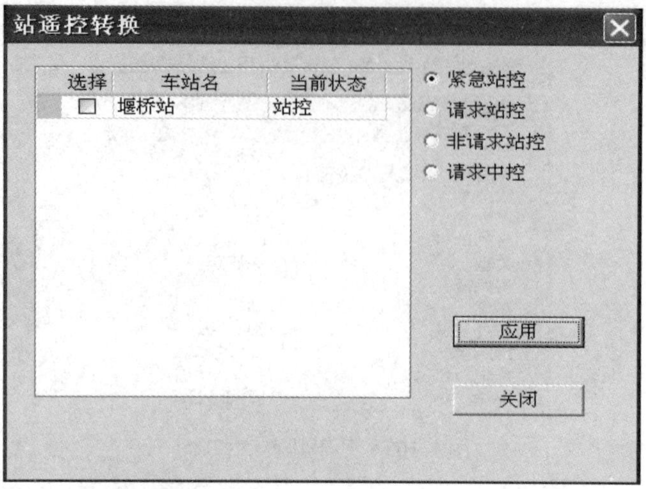

图 8-106　“站遥控转换”对话框

2. 控制区域选择

选择此操作功能用于进行控制区域的申请和释放。在系统菜单中选择“控制区域选择”，将弹出如图 8-107 所示的操作界面对话框。

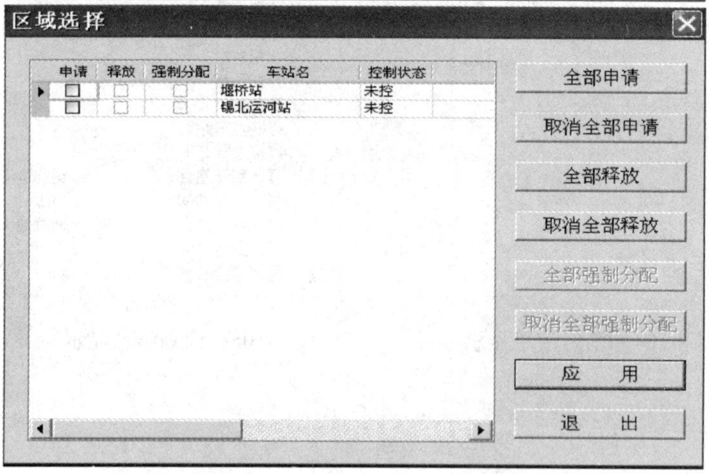

图 8-107　“区域选择”对话框

可以从图中查看到当前每个车站的控制权分配状况。通过单个选中“车站名”前的“申请”或“释放”，或通过“全部申请”“全部释放”按钮来选择需要申请或释放的控制区域，选择“应用”按钮将发出命令，选择“退出”按钮放弃操作并关闭对话框。

3. 变通设置

在站场图上用鼠标右键点击“变通”按钮，出现菜单“变通策略”，如图 8-108 所示。

选择该菜单，弹出如图 8-109 所示的对话框。

用户可以选择某个变通策略，点击“确定”按钮来设置。设置后，下次打开该对话框时可在当前变通策略里面显示上次成功设置的策略。

图 8-108　变通策略

图 8-109　“变通策略选择”对话框

4. 设置/取消自动折返

选择这一功能允许用户设置/取消自动折返进路。该功能提供以下两种操作方式：

(1) 左键按钮方式：用鼠标左键点击最下面功能按钮中的“功能按钮”，然后点击站场图“自动折返”按钮。

(2) 右键菜单方式：用鼠标右键点击站场图“自动折返”按钮并在出现的菜单中选择该操作项，折返名称及其车站属性将被自动列入弹出的对话框中，选择“确定”按钮将发出自动折返办理/取消命令，分别如图 8-110 和图 8-111 所示。

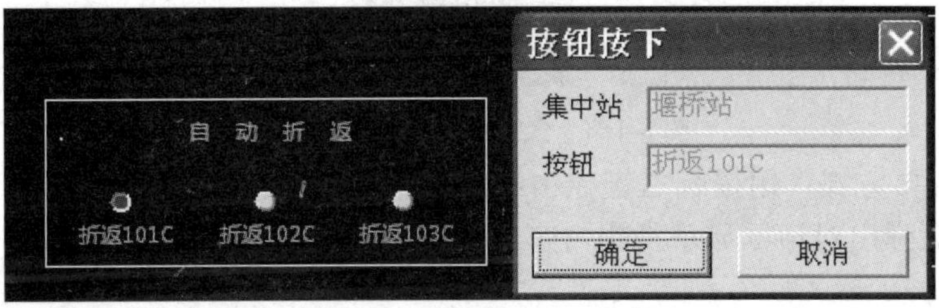

图 8-110　按钮按下

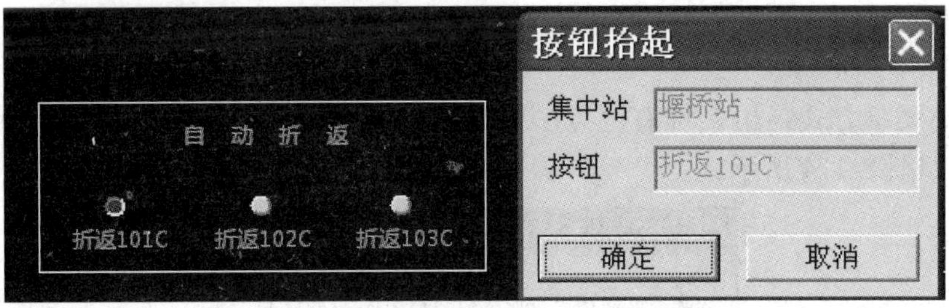

图 8-111　按钮抬起

5. 上电解锁

该功能提供以下两种操作方式：

(1) 左键按钮方式：用鼠标点击最下面功能按钮中的“功能按钮”，然后点击站场图“上电解锁”按钮，如图 8-112 所示。

(2) 右键菜单方式：用鼠标右键点击站场图“上电解锁”按钮并在出现的菜单中选择该操作项，弹出 HILC 对话框，第一步输入框内已显示操作内容，点击第一步输入框旁边的“确认”按钮；使能第二步输入框内的操作内容选择界面，操作选择“上电解锁”，然后点击第二步输入框旁边的“确认”按钮。

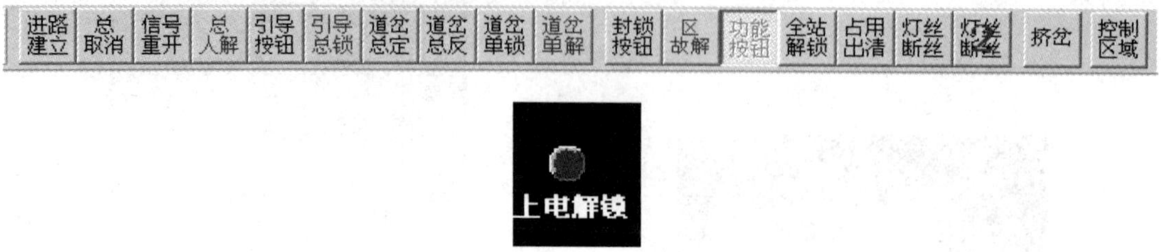

图 8-112　上电解锁左键按钮方式

6. 取消全站封锁

该功能提供以下两种操作方式：

(1) 左键按钮方式：用鼠标点击最下面功能按钮中的“功能按钮”，然后点击站场图“全站封锁”按钮(即执行“取消全站封锁”操作)，如图 8-113 所示。

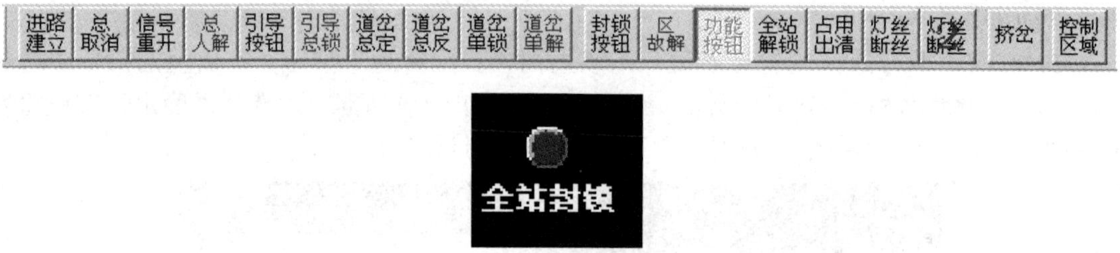

图 8-113　全站封锁左键按钮方式

(2) 右键菜单方式：用鼠标右键点击站场图“全站封锁”按钮并在出现的菜单中选择该操作项，然后弹出对话框显示操作内容，点击对话框中的“确认”按钮。

7. 强制点灯

选择此功能用于对某联锁区段进行强制室外点灯。该功能提供以下两种操作方式：

(1) 左键按钮方式：用鼠标左键点击最下面功能按钮中的“功能按钮”，然后点击“强制点灯”按钮下达命令。

(2) 右键菜单方式：用鼠标右键点击站场图“强制点灯”按钮并在出现的菜单中选择该操作项，如图 8-114 所示。

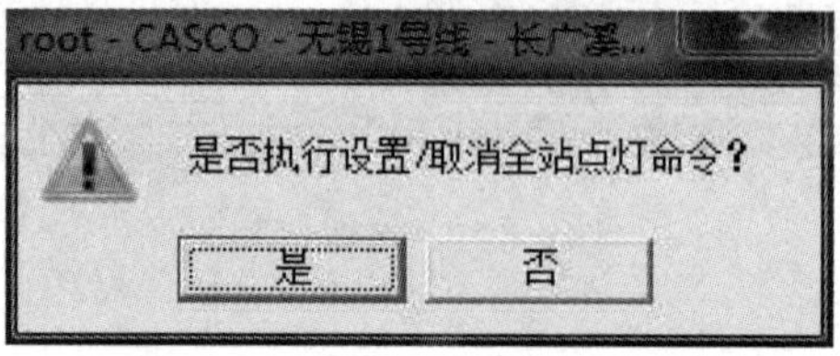

图 8-114　强制点灯右键菜单方式

操作员选择“执行”，弹出 HILC 对话框，如图 8-115 所示。

第一步输入框内已显示操作内容，点击第一步输入框旁边的“确认”按钮；使能第二步输入框内的操作内容选择界面，操作选择同样的信号机，然后点击第二步输入框旁边的“确认”按钮，如图 8-116 所示。

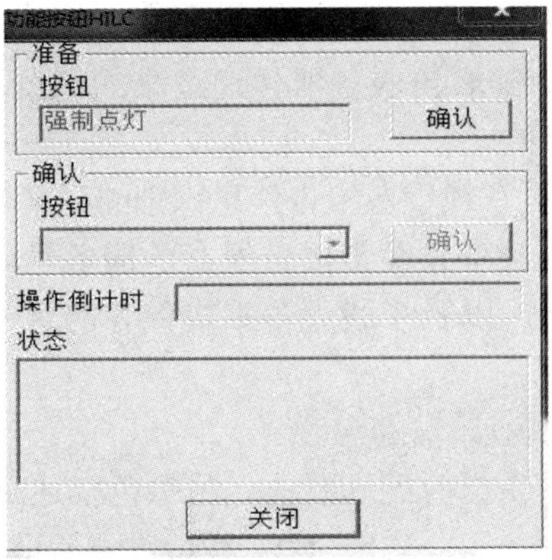

图 8-115　强制点灯 1

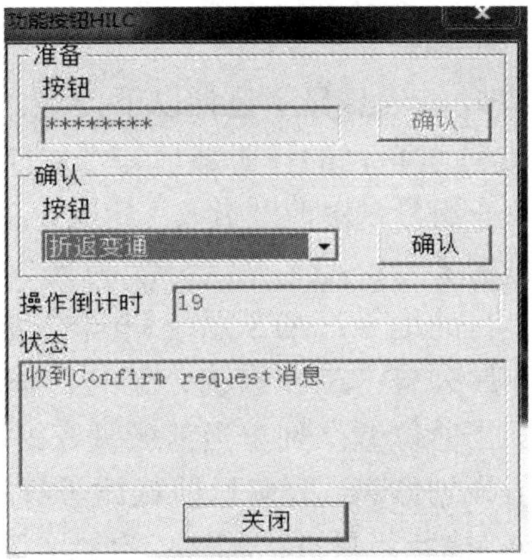

图 8-116　强制点灯 2

8. 计轴预复位

选择此功能用于对某一计轴区段进行预复位操作。该功能提供以下两种操作方式：

(1) 左键按钮方式：用鼠标左键点击最下面功能按钮中的“功能按钮”，然后点击站场图上的“计轴复位”按钮，如图 8-117 所示。

图 8-117　“计轴复位”按钮

(2) 右键菜单方式：用鼠标右键点击站场图“计轴复位”按钮并在出现的菜单中选择该操作项，直接发出命令。

下面就车控室采用计轴按钮盘预复位的方式进行详细描述。

如图 8-118 所示，在 HMI 上设置“计轴复位”按钮，该按钮用于给计轴预复位提供条件电源，允许操作人员在 60 s 内取消该“计轴复位”按钮；在车控室的计轴按钮盘上设置各区段的计轴复位按钮。如果操作人员需要对某区段进行复位时，操作人员首先按压 HMI 上的“计轴复位”按钮，该按钮的有效时间为 60 s；其次操作人员需要在这 60 s 内按压需要进行计轴复位区段的“计轴复位”按钮。

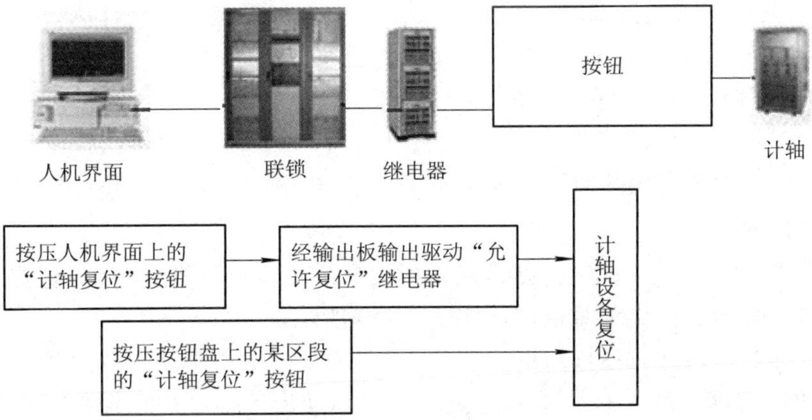

图 8-118　计轴复位方式

选择此功能用于对某一计轴区段进行预复位操作。该功能提供操作方式：用鼠标右键点击站场图“计轴复位”按钮并在出现的菜单中选择该操作项，直接发出命令。

9. 列车运行信息显示

列车动态信息显示包括以下内容，所有的消息都取自服务器传递过来的消息，除了停站时间是通过自己的计时器以每 5 s 的间隔来计算的。

(1) 车组号：由调度员人工定义，或者 ATS 根据车载设备报告信息识别的列车车组号。

(2) 服务号：ATS 系统分配的列车服务号，以及车载设备报告保存的服务号。

(3) 目的地号：ATS 系统分配的列车目的地号，以及车载设备报告保存的目的地号。

(4) 序列号：ATS 系统分配的列车的序列号。

(5) 当前位置：列车当前所处车站以及所处轨道/计轴的名称。

(6) 计划偏离：列车目前相比于行车计划的早/晚点时间和状态。用颜色描述早/晚点状态(晚点：棕色；早点：绿色；准点：白色)，文字为 00：32E、00：12L(E 表示早点，L 表示晚点)；

(7) 运行状态：用文字显示计划车或非计划车信息。附加信息：是否跳停。

(8) 当前站台：列车停站，为当前站台；列车发车，为计划到达的下一站站台。(车开进折返线时，此列信息为空；车折返掉头 checkin 后，为出来的第一个正线站台；车在出库线上，为出库线站台。)

(9) 计划到点：对应于第 10 列“站台”的计划到点。停站为本站计划到点，发车为下一站计划到点；该计划到点为实际运行时刻表中的计划到点，而非计划运行时刻表中计算出的结果。

(10) 计划发点：对应于第 10 列“站台”的计划发点。停站为本站计划发点，发车为下一站计划发点；该计划发点为实际运行时刻表中的计划发点，而非计划运行时刻表中计算出的结果。

(11) 停站时间：S 为 CAD 设置的停站时间或人工设置的停站时间；R 为实际停站时间，由 GPC 工作站在接收到列车停站状态后每 5 s 定时计算刷新，如果超过 3 min，工作站将这栏显示为红色。

(12) 运行等级(时间)：系统为列车设置的运行等级(时间)(包括 CAD 自动设置或人工设置，CAD 自动设置可选择采用运行等级或运行时间(秒级调整))。

(13) 列车驾驶模式：ATB、ATO 等。

(14) 车辆运行状态：上线、下线等。

(15) 车门状态：是否关上且锁闭。

以上信息在列表中动态实时刷新显示。

10. 邻站显示

在中控/站控情况下，现地工作站可显示相邻车站可显示的信息。用鼠标点击主菜单邻站显示菜单项，弹出邻站显示对话框，如图 8-119 所示。

可使用鼠标左键拖动对话框边框修改对话框大小。当站场图尺寸大于对话框尺寸时，将自动出现相应的水平或垂直滚动条，且用户可以使用鼠标左键来拖动站场图的可视区域。站场图仅具有可视属性，右键菜单仅具有基本的站场图操作(车站选择，放大、缩小站场图或车次窗等)。当用户点击主菜单项“显示信号机名”“显示道岔名”等站场显示信息时，如该窗口处于显示状态，则自动对应刷新站场显示。

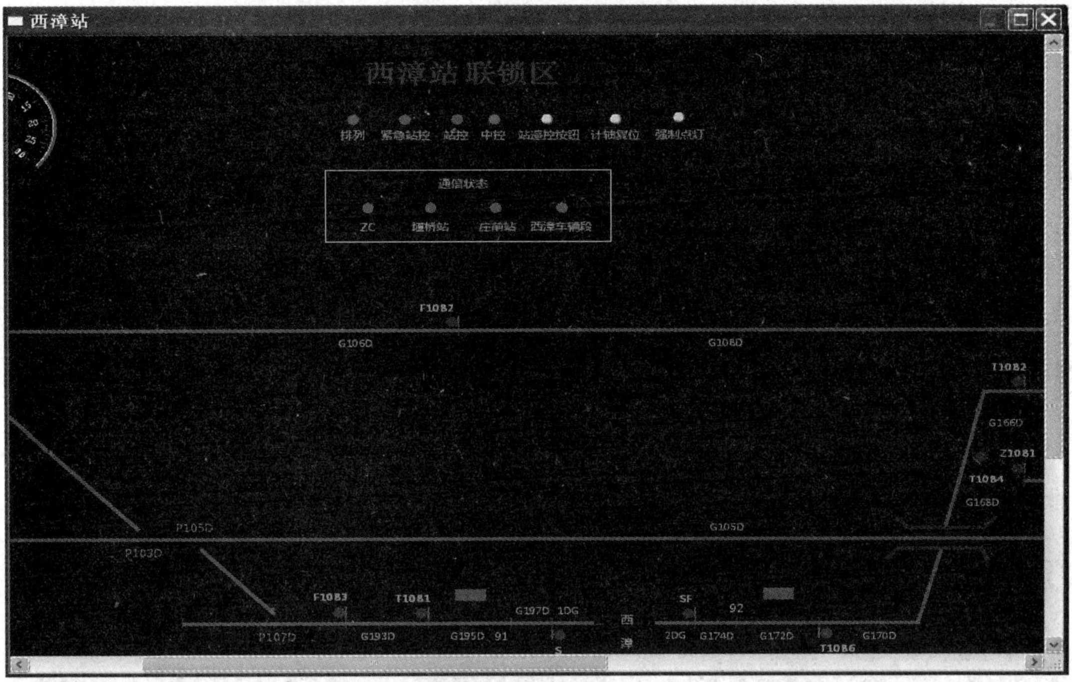

图 8-119　邻站显示

八、信息管理和维护

1. 报警过滤设置

如图 8-120 所示，可以设置需要查看显示的告警类别，哪些级别以上的告警需要显示。如有四大类告警，则对于每类告警都可以设置是否显示，以及哪些级别以上的告警会在工作站报警视图内显示。

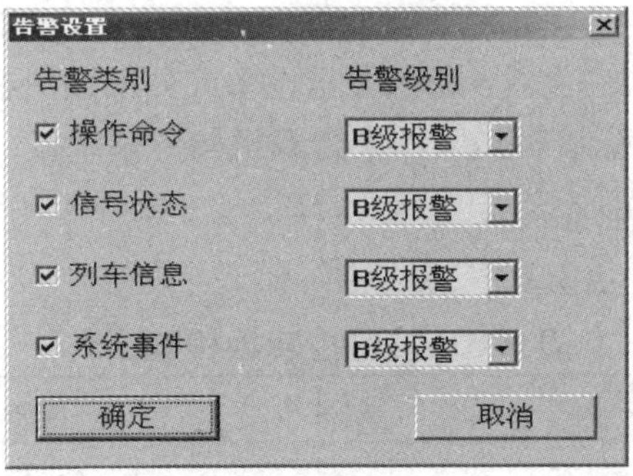

图 8-120　报警过滤设置

2. 登录

选择该功能可以使用户用不同的身份登录系统，以获得不同的操作权限。只有注销之后才能重新登录。用户需要输入正确的用户名和密码来登录系统，如图 8-121 所示。

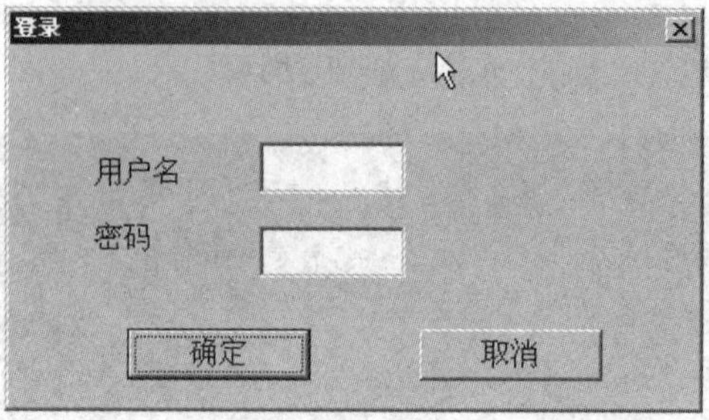

图 8-121　登录

3. 注销

选择该功能可以使用户注销当前的身份，同时屏蔽大部分操作，并且使用户能够不用担心别人使用他的机器用他的身份进行命令操作。点击菜单后即可生效。

4. ATS 设备状态显示

查看 ATS 设备的当前状态，如图 8-122 所示。

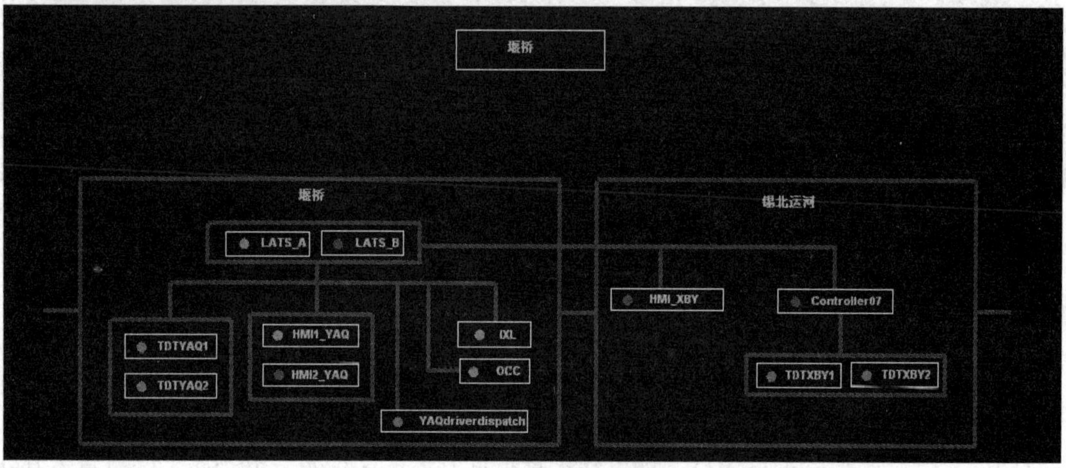

图 8-122　ATS 设备状态显示

每个设备图标颜色指明该设备的工作状态和外部设备与 ATS 的连接状态。

红色表示设备或外部接口离线；绿色表示设备或外部接口在线，为主机(如果为双机热备系统)；黄色表示设备在线，为备机(如果为双机热备系统)。

5. 站遥控转换检查条件

站遥控转换检查条件如表 8-6 所示。

表 8-6　站遥控转换检查条件

条 件	配置名
中心状态	OccStatus
引导总锁	LockGuide
引导进路	RouteGuide
紧急关闭	EmergencyClose

6. 控制区域设置

车站按照非集中站来划分多个区域，用户可选择申请控制区域菜单，在弹出的对话框中勾选需要的控制区域并确认即可。

任务五　卡斯柯 ATS 子系统的故障处理

【工作任务】

(1) 掌握 ATS 子系统的日常维护流程。
(2) 掌握 ATS 子系统的双周检流程。
(3) 熟悉 ATS 子系统的故障应急处理方法。

【知识准备】

一、ATS 子系统日常维护

1. 检查 ATS 服务器机柜

(1) 外观检查及清洁，无积尘。

(2) 检查机柜(DCS 机柜、网络机柜、应用服务器机柜、数据库服务器机柜)顶部风扇，通风良好，无异常噪声。

(3) 检查主、备机切换开关接通“自动位”。

(4) 登录维护台查看详细设备状态。

2. 检查应用服务器工作状态

(1) 检查主、备机状态并记录：两台服务器，一台为主控，另一台为备机。

(2) 检查主、备机网络状态：打开“网络和共享中心”，查看“DGREY”和“LGREY”连接状态。

(3) 检查应用服务器机柜前面板指示灯状态：亮稳定绿灯或闪烁。

(4) 检查应用服务器机柜外观无异常。

3. 检查数据库服务器工作状态

(1) 检查主、备机状态并记录：两台服务器，另一台为主控，一台为备机。

(2) 查看服务项：打开数据库服务器桌面，点击“开始”→“服务”，查看 OracleOraDb11g_home1TNSListenerLISTENER_DB1(或 DB2)和 OracleServiceATS1(或 ATS2)的服务显示已启动。

(3) 检查数据库服务器机柜前面板指示灯状态：亮稳定绿灯或闪烁。

(4) 检查数据库服务器机柜外观无异常。

4. 检查通信前置机工作状态

(1) 检查主、备机状态并记录：两台服务器，一台为主控，另一台为备机。

(2) 检查与外系统接口状态：主机用“FEP”桌面显示外系统颜色为绿色，备机用“FEP”桌面显示外系统颜色为红色，主备机“STBY”显示为绿色。

(3) 检查网络机柜前面板指示灯状态：亮稳定绿灯或闪烁。

(4) 检查网络机柜外观无异常。

5. 检查 LATS 分机与 HMI、MMI

(1) 外观检查：无异常。

(2) 检查服务器工作状态和切换单元状态并记录 A/B 机工作状态：服务器无异常，无异响；切换单元为自动位，码位正确。

(3) 检查 HMI、MMI：设备状态正常，设备操作无异常。

二、ATS 子系统双周检

1. 检查调度员工作站

(1) 检查调度员工作站状态：工作站软件显示状态正常，界面完整不卡屏。

(2) 分别重启调度员工作站：退出工作站软件和系统后，在主机面板选择重启电脑观察工作站软件自动启动，查看软件显示状态正常，每台调度工作站两个 IP 网卡连接状态正常，中央联锁工作站双屏显示正常。

(3) 检查调度工作站性能状态：主机风扇运行正常，无异常噪声；各磁盘空间充足；与母钟时间同步。

2. 检查大屏接口计算机

(1) 检查大屏接口计算机状态：软件显示状态正常，无异常告警；4 个 IP 网卡连接状态显示正常。

(2) 重启大屏接口计算机：退出工作站软件和系统(鼠标移至屏幕右边黑框内单击右键，选择关闭程序后点击“Enter”回车键)，在工控机主机面板选择重启电脑观察工作站软件自动启动后(屏幕右边有黑色边框即为启动)，重启大屏抓屏软件(单击鼠标右键选择分屏设置，点击关闭所有客户端 5 s 后再点击开启所有客户端)。

(3) 检查大屏接口计算机性能状态：主机风扇运行正常，无异常噪声；各磁盘空间充足；与母钟时间同步；大屏无卡屏等异常现象。

3. 检查时刻表编辑工作站

(1) 检查时刻表编辑工作站状态：工作站软件显示状态正常，界面完整不卡屏。

(2) 重启时刻表编辑工作站：退出工作站软件和系统后，在主机面板选择重新启动电脑观察工作站软件自动启动，查看软件显示状态正常，工作站两个 IP 网卡连接状态正常。

(3) 检查调度工作站性能状态：主机风扇运行正常，无异常噪声；各磁盘空间富余；与母钟时间同步。

4. 检查服务器机柜

(1) 机柜外观检查及清洁：机柜完整无损坏，无积尘，接地线无损坏。

(2) 检查机柜(网络机柜、应用服务器机柜、数据库服务器机柜、DCS 机柜)顶部风扇，通风良好，无异常噪声。

(3) 网络机柜内部交换机检查及清洁：插头紧固，接地正常，无积尘。

5. 检查应用服务器

(1) 检查主备机状态并记录：两台应用服务器，其中一台为主机，另一台为备机。

(2) 检查网络连接状态：每台服务器的两个 IP 网卡连接状态正常。

(3) 检查服务器主机前面板指示灯状态：亮稳定绿灯或绿灯闪烁。

(4) 倒机重启应用服务器：打开软件并登录，查看 A、B 机状态找到主控机，如 A 机为主控，登录主控机后退出并关闭(A 机)等待备机(B 机)升为主控机，备机(B 机)升为主控机后，启动 A 机(软件自动打开)并等 A 机升为主控后，重启 B 机。

(5) 再次按照(1)、(2)、(3)步骤检查并记录。

(6) 检查应用服务器性能状态：主机风扇运行正常，无异常噪声；各磁盘空间富余；CPU 使用率无异常；与母钟时间同步。

6. 检查数据库服务器

(1) 检查数据库服务器的服务项：分别检查 A、B 机里以 Oracle 开头的服务项中除以下四项外其他均需启动：Oracle Job SchedulerATS1/ATS2、Oracle OraDb11g-home1ClrAgent、Oracle OraDb11g-home1TNSListenerLISTENER-SCAN1/2、Oracle ATS1/ATS2 VSS Writer Service。

(2) 重启数据库服务器：首先关闭数据库服务器 A 机，在主机面板选择重新启动，系统启动完毕后检查第(1)步骤中相应服务项是否正常启动(一般此步骤需等待 10～15 min)。待数据库服务器 A 机启动正常后，用同样方法重启数据库服务器 B 机并检查相应服务状态是否正常。

(3) 检查磁盘阵列状态：磁盘阵列面板灯位正常，查看光交换机背后尾纤完整无破损，无挤压。

(4) 检查数据库服务器性能状态：主机风扇运行正常，无异常噪声；与母钟时间同步。

(5) 检查数据库服务器与客户端连接状态：数据库重启完毕后，在应用服务器 Oracle 客户端上测试与 Oracle 服务端的连接状态是否正常。(开始→所有程序→Oracle oraclientllg howel 32bit→配置和移植工具→NetManager→本地→服务命名→ats→最左边一栏从上往下第三个符号(测试服务)→更改登录(用户名：tcc-its，密码：tcc user)→测试，显示连接成功。)

7. 检查通信前置机

(1) 检查通信前置机主备机和热备机笼状态：两台通信前置机，其中一台为主机，另一台为备机；热备机笼切换开关处于“自动”位。

(2) 检查通信前置机网络连接状态：每台前置机三个 IP 网卡连接状态正常。

(3) 检查通信前置机主机各外部接口状态：与各接口连接正常，接口名称显示稳定绿色(备机接口名称显示红色)。

(4) 倒机重启通信前置机：退出通信前置机主机软件和系统。如：A 机为主控，登录主控机后退出并关闭(A 机)等待备机(B 机)升为主控机，备机(B 机)升为主控机后，启动 A 机(软件自动打开)等待 A 机升为主控后，启动 B 机。

(5) 再次按照(1)、(2)、(3)步骤检查并记录。

(6) 检查通信前置机性能状态：主机风扇运行正常，无异常噪声；各磁盘空间富余；CPU 使用率无异常；与母钟时间同步。

8. 检查维护工作站

(1) 检查维护工作站状态：工作站软件显示状态正常，界面完整不卡屏。

(2) 重启时刻表编辑工作站：退出工作站软件和系统后，在主机面板选择重新启动电脑观察工作站各软件自动启动，查看各软件显示状态正常，工作站三个 IP 网卡连接状态正常。

(3) 检查调度工作站性能状态：主机风扇运行正常，无异常噪声；各磁盘空间富余，日志所在磁盘不溢出；与母钟时间同步。

(4) 查看信号设备详细状态，确认本次双周检各设备状态正常。

9. 检查 LATS 分机

(1) 外观检查及清洁。

(2) 检查服务器工作状态。

(3) 完成 LATS 分机重启试验。

三、控制中心 ATS 故障应急处理指南

1. 目的

控制中心应急处理指南用于指导控制中心 ATS 维护人员快速处理运营过程中出现的一些故障，包括单站信息中断故障、单调度台中断故障、大屏中断故障、中心全部中断故障、ATS 应用服务器故障、无法下载运行图、维护员工作站无法回放或远程访问文件、ATS 数据库服务器故障、ATS 通信服务器故障、网络故障、时间同步故障、外部接口故障等。

2. 故障处理原则

(1) ATS 系统发生故障时，首先提醒调度员将相应车站转入站控或紧急站控模式。

(2) ATS 发生单点故障时，不要轻易切换应用服务器和通信服务器，不要轻易重启交换机等网络设备，否则容易扩大故障影响范围。

(3) 日常巡视中发现备用机器或者备用通道发生故障时，即使暂时不会影响使用，也必须立即处理。

3. 故障处理过程

ATS 操作员在定位故障前，不能关闭声音安全报警功能。ATS 操作员应确保每个月从硬盘向 ATS 子系统 RAM 内存中重新装载配置数据和程序，以降低 RAM 内存由于随机数据损坏造成的 ATS 子系统故障。

1) 单站信息中断故障

在维护工作站上打开设备状态面板观察该站 LATS 主、备机的通信状态，如果全部中断则可能是网络故障(转至网络故障流程处理)或 ATS 应用服务器故障(转至 ATS 应用服务器故障流程处理)。

如果观察到 LATS 正常但联锁 HMI 连接中断，且该站在大屏、调度员工作站、维护工作站上都失去显示，则通知现场工区检查联锁 HMI 状态和连接线，必要时重新启动 LATS 或联锁 HMI。

联系现场工区检查设备供电情况，如果发现供电故障，则按照电源故障流程处理。

同时立即通知卡斯柯值班人员，由技术人员电话支持或者赴现场处理。

2) 单调度台中断故障

如观察到站场图信息中断，则可能是与服务器连接故障，首先检查设备状态栏服务器工作状态，如果正常则重新启动并登录当前调度台程序；如果中断则检查与服务器的网络连接(ping)，并且检查机器时间与服务器是否同步(ATS)；如果网络不通则转至网络故障流程处理；如果时间错误则转至时间同步故障流程处理。必要时重新启动调度台计算机。如果故障依然存在则可能是应用服务器故障，转至应用服务器故障流程处理。

如果站场图信息正常，但运行图紊乱或者操作异常，则应重新启动并登录调度台程序；如果故障依然存在则可能是 ATS 应用服务器故障，转至应用服务器故障流程处理。

同时立即通知卡斯柯值班人员，由技术人员电话支持或者赴现场处理。

3) 大屏中断故障

如观察到大屏失去所有车站和车次号的显示，但维护工作站及调度员工作站上显示正常，首先重新启动大屏工作站软件；如果故障依然存在则可能是网络故障，检查与服务器的网络连接(ping)，并且检查机器时间与服务器是否同步(ATS)；如果网络不通则转至网络故障流程处理；如果时间错误则转至时间同步故障流程处理。必要时重新启动大屏计算机。如果故障依然存在则可能是应用服务器故障，转至应用服务器故障流程处理。

如观察到大屏失去所有车站和车次号的显示，同时维护工作站及调度员工作站也发生中断，则可能是服务器故障(转至应用服务器故障流程处理)或网络故障(转至网络故障流程处理)。

同时立即通知卡斯柯值班人员，由技术人员电话支持或者赴现场处理。

4) 中心全部中断

如果各调度台上车站信息全部中断(包括运行图)，首先检查 ATS 应用服务器工作状态，如果工作不正常(如死机或者双主双备)，则进行 ATS 应用服务器的主备切换或者重新启动；如果工作正常但车站连接状态全部中断，则检查 ATS 应用服务器的网线以及网卡状态，确认本机无故障后转入网络故障流程处理。

如果中心全部工作站(包括大屏)显示不刷新，并且中心和车站连接状态正常，则需立即应用服务器倒机以修复故障。

同时立即通知卡斯柯值班人员，由技术人员电话支持或者赴现场处理。

5) ATS 应用服务器故障

正常情况下，应用服务器在界面系统状态栏显示本机主备机状态和对方机的主备机状态，同一时间只有一台应用服务器为主机，另一台为备机，状态栏下方的信息窗口中以正常滚动速度显示一般的提示信息。

如果出现双主机或者双备机的异常情况，则选择退出一台的程序(首先登录，用户名 root，密码 root)；如果故障依然存在，则再退出另外一台的程序，然后再启动。

如果启动后故障依然存在，应立即退出该机程序，进行人工倒切到另一台做主机。

同时立即通知卡斯柯值班人员，由技术人员电话支持或者赴现场处理。

6) 无法下载运行图

如果调度员工作站或显示终端无法正常下载运行图，并且显示连接数据库失败，用NetManager测试，与数据库连接仍然失败，则应为ATS数据库服务器故障，转入ATS数据库服务器故障处理流程。

同时立即通知卡斯柯值班人员，由技术人员电话支持或者赴现场处理。

7) 维护员工作站无法回放或远程访问文件

需要实现回放或远程访问文件必须启动Computer Browser、Server、Workstation三个服务，查看维护员工作站及应用服务器上这三个服务(控制面板、管理工具、服务)是否已处于启动状态，如处于停止状态，则需手工启动该服务，并把启动类型设为自动。

8) 数据库服务器故障

正常情况下，两台数据库服务器以冗余方式工作，其中一台故障不影响系统正常运行。如果发现多次车次号自动换号失败，则可能发生双数据库服务器故障。首先在维护台上或调度台上尝试下载当天计划，如果尝试失败并且可ping通数据库服务器，则可判断为双数据库服务器故障，应立即重启两台数据库服务器；如无法ping通数据库服务器，则可能为网络故障，转至网络故障处理流程。

同时立即通知卡斯柯值班人员，由技术人员电话支持或者赴现场处理。

9) 通信前置机故障

通信前置机界面显示了主、备机状态，正常情况下同一时间只有一台通信前置机为主机，另一台为备机，且主、备机通信正常。如果出现双主机或者双备机的异常情况，则选择退出一台的程序；如果故障依然存在，则再退出另外一台的程序，然后再启动；如果启动后故障依然存在，应立即退出该机程序，进行人工倒切到另一台做主机。

如观察到与外部接口的通信中断，首先通过双机切换单元进行人工倒切到另一台做主机，如果故障依然存在，则转到外部接口故障流程处理。

如果观察到与ATS应用服务器的通信中断，首先检查与服务器的网络连接(ping)，如果网络不通则转至网络故障流程处理；如果故障依然存在则可能是应用服务器故障，转至应用服务器故障流程处理。必要时重新启动通信前置机计算机。

同时立即通知卡斯柯值班人员，由技术人员电话支持或者赴现场处理。

4. 网络故障

1) 单点网络故障

(1) 排除物理故障。正常情况下，机器后的网卡指示LINK灯常绿，ACT灯闪绿；交换机对应端口的LINK灯常绿或者闪绿；出现其他情况如灭灯、黄灯、红灯则表示物理连接故障，需要检查网线接插，必要时更换备用网线。

(2) 排除系统设置故障。对于Windows系列操作系统，打开控制面板的“网络连接”检查网卡设置状态。在CMD窗口中运行ipconfig命令可以查询TCP/IP设置状态，如果没有列出网卡，则表明网卡被“禁用”或者物理连接有问题。

(3) 用ping命令检测局域网连通质量。在CMD窗口中运行ping a.b.c.d -t，其中a.b.c.d

是局域网中无故障的机器地址，如果发生丢包现象，则进一步检查网线接插，必要时更换备用网线。

(4) 涉及远程终端设备的，排除以上可能故障后问题依然存在，应立即联系DCS系统和数传系统相关人员。

2) 网络全面故障

(1) 交换机故障。检查交换机的工作状态，包括前后面板的各种指示灯，如果发生全灭则可能是供电问题，或者被他人意外关机，检查电源后开机试验；如果指示灯全闪或者其他异常情况则重新开机(关机等 2 min 后再开机)再试；如果重新开机后还不能恢复，则彻底关机，完全切换到另外一台交换机。

(2) 由网络广播风暴导致的全面故障。这种故障在交换机上表面看起来基本正常，但是终端之间时通时断，ping丢包严重或者时延严重，出现这种故障时可以采用一根一根地拔出交换机的网线，如果拔出某根后故障消失，则这根网线连接的终端有问题(比如病毒)或者这根网线构成了环，顺藤摸瓜可以查出原因。

3) 中心与车站全部中断

这种故障表现为中心设备之间通信正常，但与车站全部通信中断，此时涉及DCS系统和数据传输系统，应立即联系相关人员排除故障。

同时立即通知卡斯柯值班人员，由技术人员电话支持或者赴现场处理。

5. 时间同步故障

ATS系统依赖统一的时间源，如果任何两台设备之间时间不同步，但不影响设备的主要功能正常运作，则在每天运营结束后再进行时钟的统一调整。

正常情况下，ATS 时间与时钟系统的时间一致。如果发现 ATS 时间异常，首先检查ATS通信服务器与时钟接口是否正常，如果中断则转到外部接口故障流程处理；如果正常则可能发生ATS系统内部时间同步异常，可以使用以下手段直接同步。

(1) 在Windows XP/2008系统下查看服务“Windows time”是否处于启动状态，如处于停止状态，则需手工启动该服务，并把启动类型设为自动。

(2) 在LATS系统下运行# ntpupdate cats-ip-address，其中cats-ip-address是ATS应用服务器的 IP 地址，如果成功则提示一行英文，包含一个纠正的时间差；如果不成功，则可能时间源(应用服务器或者通信前置机)故障或者网络通信中断，必要时可以手工修改时间，但必须精确。

(3) 如果时钟系统的授时功能发生故障，必须立即联系时钟系统解决，同时断开通信前置机与时钟系统的接口。

(4) 人工调整ATS系统内设备的时间有可能导致网络通信故障，应通知卡斯柯值班人员，由技术人员电话支持或者赴现场处理。

6. 外部接口故障

如果ATS系统与外部系统接口发生中断故障，首先应检查相关连接线路是否有问题，在排除ATS端故障后如果问题依然存在，则应联系对方系统维护人员共同解决。对于通过网络连接的，应转到网络故障流程处理；对于通过串口连接到ATS通信服务器、LATS或车站接口控制计算机的外部接口，如已排除了线路故障，还需要检查 ATS 通信服务器、

LATS 的双机切换单元是否工作正常。

7. ATS-时钟系统接口故障

ATS-时钟系统接口发生故障时，系统能自动降级切换至 1 级时钟同步，不影响正常运营，待当天运营结束后再处理故障，转至时间同步故障。

8. ATS-综合监控系统接口故障

该故障将主要影响综合监控的 PA/PIS 功能，综合监控系统发送给 ATS 的 SCADA/BAS/FAS 信息也将不在 ATS 上有效显示，应联系双方技术人员尽快查明原因恢复故障。

9. ATS-无线接口故障

该故障将有可能影响无线电调无法正常与列车通信，应联系双方技术人员尽快查明原因恢复故障，故障期间启动备用联系方式。

10. ATS-TDT 接口故障

对于个别点的 TDT 显示故障，并不影响全线的运营和调度，应及时通知车站值班人员检查是否由于 TDT 硬件故障引起。

同时立即通知卡斯柯值班人员，由技术人员电话支持或者赴现场处理。

11. 日常定期维护重启

因为 Windows 操作系统不是一个可以长期正常、稳定工作的操作系统，在可能的情况下至少一周重启一下机器。

12. 三层交换机配置说明

三层交换机需划分 Vlan，具体实施可由 DCS 协助完成。具体配置说明如下：

(1) 划分两个 Vlan：

- interface Vlan-interface5
  ip address 10.5.100.100 255.255.0.0 ——项目使用的 IP 地址段
- interface Vlan-interface3
  ip address 10.3.100.100 255.0.0.0 ——数据库内部网使用的 IP 地址段

(2) 端口说明：

interface Vlan-interface5 对应交换机端口为 1 口到 20 口。

interface Vlan-interface3 对应交换机端口为 21 口到 24 口。

13. 系统无法自动创建当天出入库计划

如果派班室在凌晨 4 点无法正常创建派班计划，即使手工输入也不行，则请立即确认当天正线计划是否正常创建；如无当天正线计划，需手工创建当天正线计划，然后再次手工创建派班计划。

四、车站 ATS 故障应急处理指南

1. 目的

车站故障处理指南用于指导车站 ATS 维护人员快速处理运营过程中出现的一些故障，包括 ATS 车站分机故障、现地工作站故障、网络故障、时间同步故障、非设备集中站 TDT

故障等。

2. 故障处理原则

(1) ATS 系统发生故障时，首先提醒值班员将相应车站转入站控或紧急站控模式。

(2) ATS 发生单点故障时，不要轻易重启交换机等网络设备，否则容易扩大故障影响范围。

(3) 日常巡视中发现备用机器或者备用通道发生故障时，即使暂时不影响使用，也必须立即处理。

3. 故障处理过程

ATS 操作员在定位故障前，不能关闭声音安全报警功能。

ATS 操作员应确保每个月从硬盘向 ATS 子系统 RAM 内存中重新装载配置数据和程序，以降低 RAM 内存由于随机数据损坏造成的 ATS 子系统故障。

1) ATS 车站分机故障

正常情况下，ATS 车站分机在界面上显示本机主、备机状态和对方机的主、备机状态，同一时间只有一台机器为主机，另一台为备机，状态栏左方的信息窗口中以正常滚动速度显示一般的提示信息。

当 ATS 车站分机单机故障或网络连接故障时，在现地工作站界面上设备状态栏如图 8-123 所示，此时不影响 ATS 系统使用，但需及时查找解决该故障。

图 8-123　ATS 车站分机单机故障或网络连接故障

当 ATS 车站分机双机故障或网络连接故障时，在现地工作站界面上弹出如图 8-124 所示的报警框，同时站场界面全部变为灰色，此时需与调度联系，转为紧急站控模式继续指挥行车。

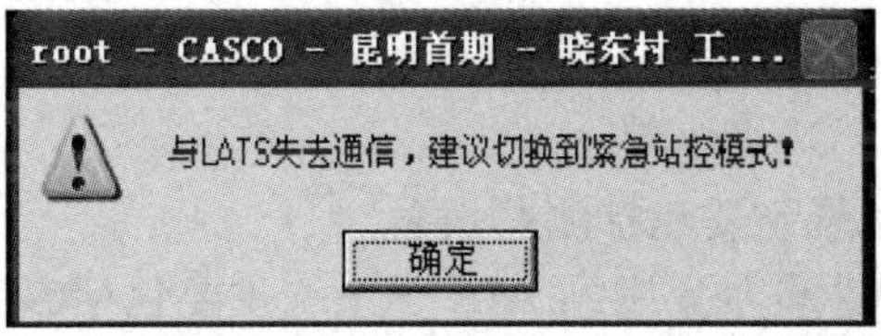

图 8-124　ATS 车站分机双机故障或网络连接故障

在 ATS 车站分机上查看，如果状态栏左方的信息窗口中无任何信息刷新，则车站分机故障，此时需重启 ATS 车站分机。

若重启 ATS 车站分机后，故障仍未恢复，且 ATS 车站分机与任何其他设备连接状态均未建立，则可能为网络连接故障，应转入网络故障处理流程。

同时立即通知卡斯柯值班人员，由技术人员电话支持或者赴现场处理。

2) 现地工作站故障

设备集中站两台现地工作站互为主备，其中一台故障时，不影响 ATS 系统的使用，可在另外一台现地工作站上完成相应的操作。

如果观察到站场图信息中断，则可能是与 ATS 车站分机连接发生故障。首先检查设备状态栏 ATS 车站分机工作状态，如果正常则重新启动并登录当前程序，如果中断则检查与 ATS 车站的网络连接(ping)，如果网络不通则转至网络故障流程处理，如果整个操作系统无反应则重启该机器。此时，如果现地工作站与 ATS 车站分机的网络正常，则需立即将 ATS 车站分机倒机，以恢复正常显示。

同时立即通知卡斯柯值班人员，由技术人员电话支持或者赴现场处理。

4. 非集中站 TDT 故障

如果是单个 TDT 故障，则更大程度上怀疑是个别设备的故障所致；如果是整个站的 TDT 都突然没有显示了，则怀疑是该非集中站的车站接口机软件异常，重启车站接口机程序尝试恢复，可以通过车站接口机界面显示初步判断故障原因。

LATS 状态：绿色表示连通，否则代表断开。

TDT 状态：绿色表示连通，否则代表断开。

5. 车站 lats 无法登录

造成车站 lats 无法登录的原因主要有两种，现象描述及解决方法如下：

(1) 键盘无法操作。

原因可能为鼠标键盘端口冲突或者 KVM 切换器供电不够(KVM 不使用电源)，解决方法为拔掉鼠标(Linux 系统不使用鼠标)。

(2) 进入界面后显示小企鹅，无法正常进入 Linux 界面。

使用 Ctrl + Alt + Tab 退出小企鹅界面，使用 Ctrl + Alt + F2/F3/F4 切换到 Linux 使用界面。

6. 车辆段/停车场单元控制台操作无响应

如果发现车辆段/停车场单元控制台执行操作后无响应，可暂时切换至现地工作站办理相关操作，然后再进行相关的故障处理流程。

习　题

1. 控制中心 ATS 子系统主要包括哪些设备？
2. 正线设备集中站和非设备集中站 ATS 子系统主要包括哪些设备？
3. 简述 CATS 应用服务器的功能。
4. 简述发车计时器的工作原理。
5. ATS 子系统内部接口和外部接口分别都有哪些？
6. 培训/模拟系统主要包括哪些功能？
7. ATS 子系统主要有哪些功能？
8. ATS 人工控制的主要设备及对象包括哪些？
9. ATS 子系统定义了哪几种线路控制模式？
10. ATS 子系统显示信息内容包括什么？
11. 什么是列车识别号？简述列车识别号的组成。

12. 除列车识别号外，ATS 可通过图形和颜色显示列车的哪些状态？
13. ATS 子系统会记录哪些事件？
14. 站遥控使用时机包括哪些？
15. 简述 ATS 子系统的日常维护流程。
16. 简述 ATS 子系统的故障应急处理方法。

项目九　卡斯柯 DCS 子系统

【项目描述】

卡斯柯 DCS 实现了车地的双向无线通信。本项目介绍了 DCS 子系统的构成、功能、工作原理和维护流程。

任务一　卡斯柯 DCS 子系统概述

【工作任务】

(1) 掌握波导管作为无线传输媒介的优点。

(2) 了解卡斯柯 DCS 子系统的特点。

【知识准备】

Urbalis888 系统的数据通信子系统是为同时承载高可靠性的 CBTC 数据和高吞吐量的非紧急业务而设计的。数据通信子系统(DCS)的主要特点如下：

(1) 独立于信号业务的有线和无线网络，该网络可同时承载其他业务。

(2) DCS 子系统确保各子系统间直接的端到端的通信，通过波导管的无线传播提供车辆和轨旁的连续通信。

(3) DCS 有线网络是一个冗余的、多业务的和高可靠性的系统，将轨旁和中心的信号设备连接在一起。该系统的设备(SDH 和 IP 交换机、路由器)完全满足 IEEE 802.3 标准，可通过虚容器(VC)无干扰地同时管理数据、视频和语音业务。

(4) DCS 无线网络同时满足国际和中国标准。DCS 子系统满足 2.4 GHz 的 IEEE 802.11g 接口要求。

(5) DCS 子系统确保可靠、有效地传递 CBTC 数据。

一、确保关键数据的安全

关键安全设备间采用安全可靠的通信协议(如 SACEM 或 FSFB2)进行信息交换。此外，有线和无线网络采用了多种安全协议进行客户认证和数据通信加密来防止黑客攻击。

二、选择优良的无线扩频技术

DCS 采用 OFDM 无线扩频技术用于车地无线链路。OFDM 采用多载波传输技术，将无线频谱划分为许多载波，并将低速数据调制到载波上进行传输。OFDM 的信道隔离非常小，这样显著提高了频谱的效率。此外，相对 FHSS(跳频序列扩频)和 DSSS(直序序列扩频)，OFDM 具有以下优势：

(1) 更高的接收性能。在−90 dBm 的信号强度下，OFDM 最大可接收 6 Mb/s 的数据速率，而 DSSS 可接收的最大数据速率为 2 Mb/s。FHSS 的性能稍差，在−81 dBm 的信号强度时，最大数据速率为 1 Mb/s。

(2) 更强的抗多径干扰能力。因为低速的数据被调制到每个 OFDM 的载波上，所以编码重组的时间较长。这一结果使得 OFDM 有更强的抗多径干扰能力，并对码间干扰的敏感程度较低。

(3) 更强的抗脉冲干扰能力(如蓝牙、无线局域网等)。CBTC 业务数据(包括协议开销)的最大速率为双向 100 kb/s，仅占用 6 Mb/s 无线通道的 4%(每方向 2%)。CBTC 的业务数据包的大小为 500 个字节，OFDM 每 40 ms(单向传递 100 kb/s)中，仅需 0.7 ms 完成一次 CBTC 数据的传递；而 FHSS 则每 4 ms 中需 2 ms 传递 CBTC 数据。所以，OFDM 可以利用最短的时间完成数据的传递，大大提高了系统的抗脉冲干扰能力。

(4) 更强的抗背景干扰能力。抗背景干扰能力取决于信噪比。如果在 6 Mb/s 的速率下传输 200 个字节的报文，那么 OFDM 技术可以在背景噪声高于信号强度 10 dB 的条件下进行。也就是说，此条件下 OFDM 的信噪比为−10 dB，而同等条件下 FHSS 在信噪比为+13 dB 时的数据速率为 1 Mb/s，DSSS 在信噪比为 0 dB 时的数据速率为 5.5 Mb/s。

(5) 利用译码技术，确保与安全相关的子系统间采用故障-安全方式交换信息。利用 OFMA(正交频分复用)扩频技术，确保 CBTC 数据抗干扰地传输，尤其在站台和室外区域。

(6) 冗余的结构可避免通信系统设备的单点故障对通信造成的影响。

(7) 灵活的漫游机制。在列车行进过程中，可确保与轨旁设备通信的平滑切换。

三、高级别的移动漫游机制

Urbalis888 系统采用的 DCS 方案具有成熟可靠的移动切换机制，以确保列车在轨旁无线接入点之间行进时，提供连续不断的无缝的无线连接。无线移动终端完成移动切换的过程如下：

(1) 判别是否需要切换。无线移动终端时刻监测所连接接入点的信号质量，如果检测到错误或接收的信号强度低于门限值，则进入扫描状态。

(2) 扫描新的无线接入点。当进入扫描状态后，无线移动终端在接入点列表中搜索新的信道。

(3) 接入新的接入点。当收到来自新的接入点成功确认后，无线移动终端将关联到新的接入点。

四、可靠的波导管无线传输方案

为了确保在所有环境情况下(隧道和露天)的高性能通信，采用波导管作为无线传输媒介。波导管具有链路可靠、完全免维护的特点，从而确保系统的可靠性和节约维修成本。

波导管技术的其他主要优点如下：

(1) 无线传输不受外界环境影响(如狭窄隧道、开阔区域、车体阻挡等)；

(2) 采用 2.4 GHz 的 ISM 频段，可与同频段的其他业务(如 CCTV)共存；

(3) 免受其他发送设备的干扰(蓝牙、Wi-Fi 等)；

(4) 采用经过验证的移动性原则，即便列车高速运行，也能在无线小区间平滑切换；

(5) 现场调试内容比自由无线简单；

(6) 保证传输质量和性能没有任何改变；

(7) 无噪音，不会产生对其他通信的电磁污染；

(8) 无线传输遵循最新的 802.11g OFDM 开放标准，为未来的升级和其他 802.11g 设备的互通互联提供了保证。

五、全冗余的架构

DCS 在各层面提供冗余的架构机制，如两个独立的 CBTC 业务通信通道、冗余的车载天线。每个 DCS 网络设备(无线接入点、以太网交换机和车载无线调制解调器)冗余。

在每辆列车上，装配两台无线移动终端用于传递 CBTC 业务。通常情况下，每台无线移动终端配置专用的通道。当通道错误或无线链路有问题时，自动倒换到另一条通道。

任务二　卡斯柯 DCS 子系统的构成

【工作任务】

(1) 掌握卡斯柯 DCS 子系统有线网络和无线网络的构成。

(2) 熟悉卡斯柯 DCS 子系统的接口。

【知识准备】

卡斯柯 DCS 子系统由以下两部分组成。

1) 有线网络部分

(1) 骨干网：主要由 SDH 节点组成。

(2) 接入网：主要由交换机和光电转换器组成。

2) 无线网络部分

(1) 轨旁无线网络：由 TRE、耦合单元及波导管等组成。

(2) 车载无线网络：由车载调制解调器及天线组成。

DCS 网络整体结构如图 6-5 所示。

一、有线网络

1. 骨干网(BTN)光缆结构

DCS 有线传输系统的核心网络采用基于 SDH 技术的多业务网络解决方案，能利用 SDH 完善的保护机制来确保信号应用间的通信有更高的可靠性。通常在每个集中站设置一个 SDH 节点，并且节点的组成模块都是冗余配置，因此即使在节点上的某单一模块出现故障，也不会影响冗余网络的正常通信。

骨干网拓扑结构如图 9-1 所示，其主要设备包括 OSN 2500 SDH 节点和以太网节点。

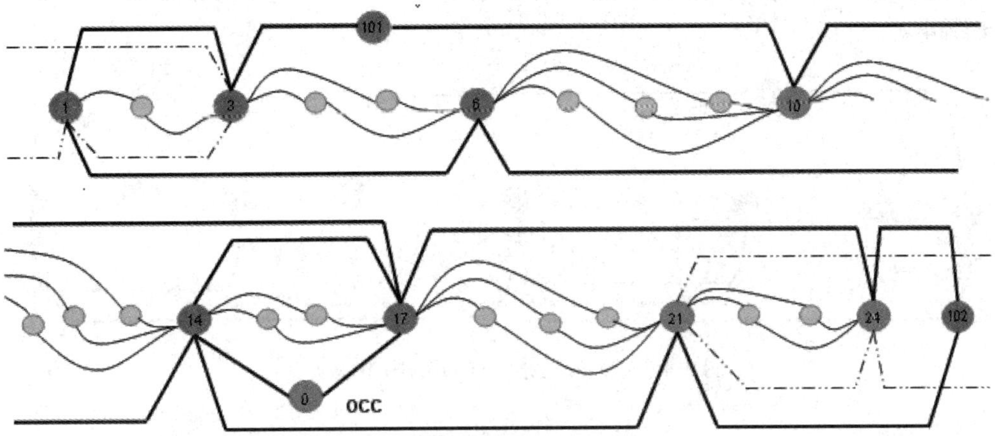

图 9-1　骨干网拓扑结构

2. 接入网(LAN)拓扑结构

承载在骨干网上的专用局域网(EPLAN，用于 SIG、ATS、维护)可接入到沿线每个设有 SDH 节点的车站，并通过交换机组成的接入网与其他设备相连接。ATS EPLAN 也可从未配置 SDH 的车站通过光电转换器接入骨干网络。

每个 EPLAN 均配有专用的 SDH 虚容器，使每种应用的带宽都可以得到保证且能将数据分开。如图 9-2 和图 9-3 所示，SIG EPLAN 由两个 EPLAN 组成：蓝网 EPLAN 和红网 EPLAN。红、蓝 EPLAN 为环状，即使在同一节点发生灾难性双重故障，至少其中一个网络可以通过其他地点的路径继续通信。

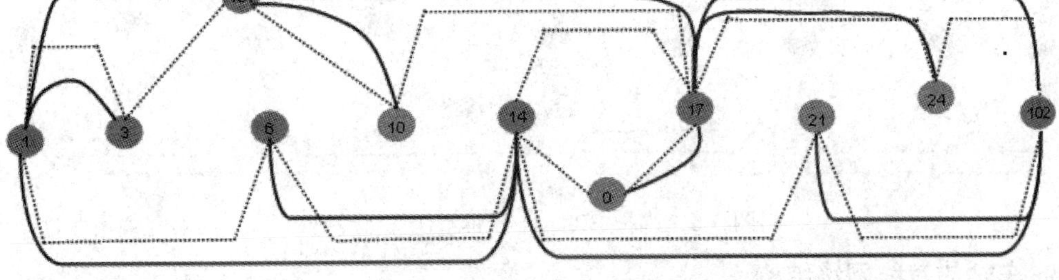

图 9-2　SIG EPLAN 分布示例图 1

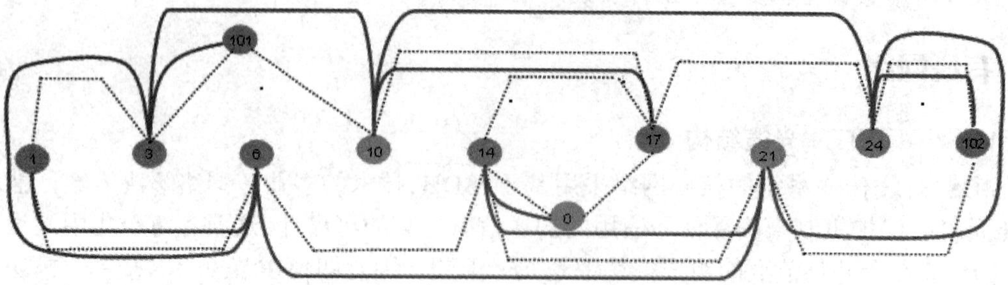

图 9-3　SIG EPLAN 分布示例图 2

ATS EPLAN 和维护 EPLAN 按照 SDH 拓扑分布成一个环形，分别如图 9-4、图 9-5 和图 9-6 所示。

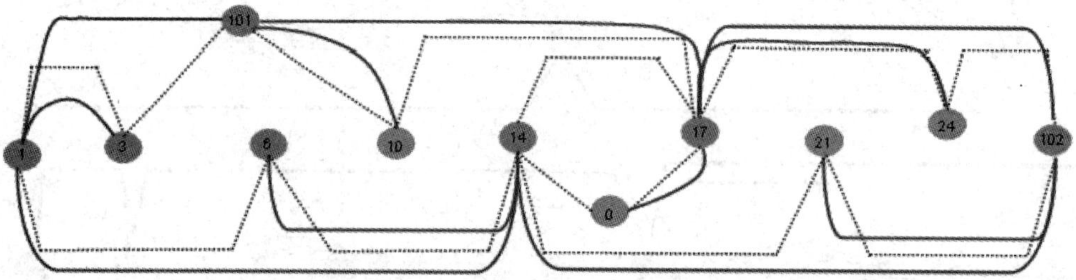

图 9-4　ATS EPLAN 分布示例图 1(深灰网)

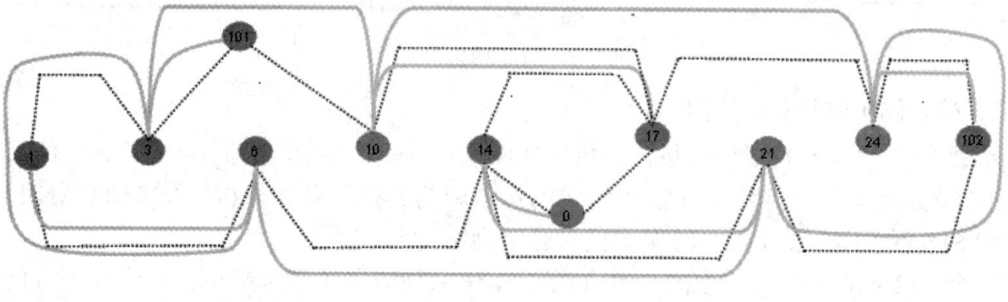

图 9-5　ATS EPLAN 分布示例图 2(浅灰网)

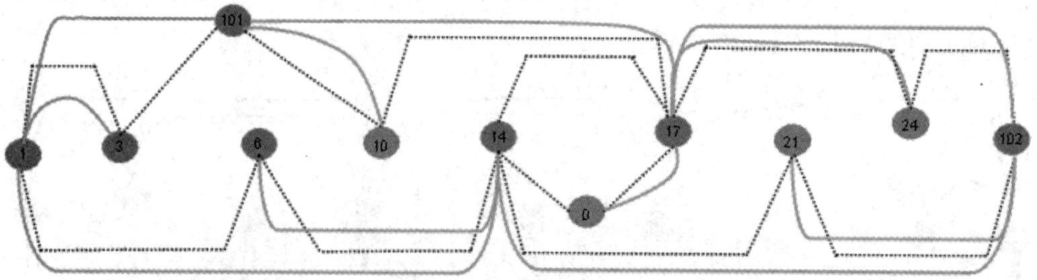

图 9-6　维护 EPLAN 分布示例图(绿网)

3. 车站的有线网络结构

车站的有线网络结构如图 9-7 所示。

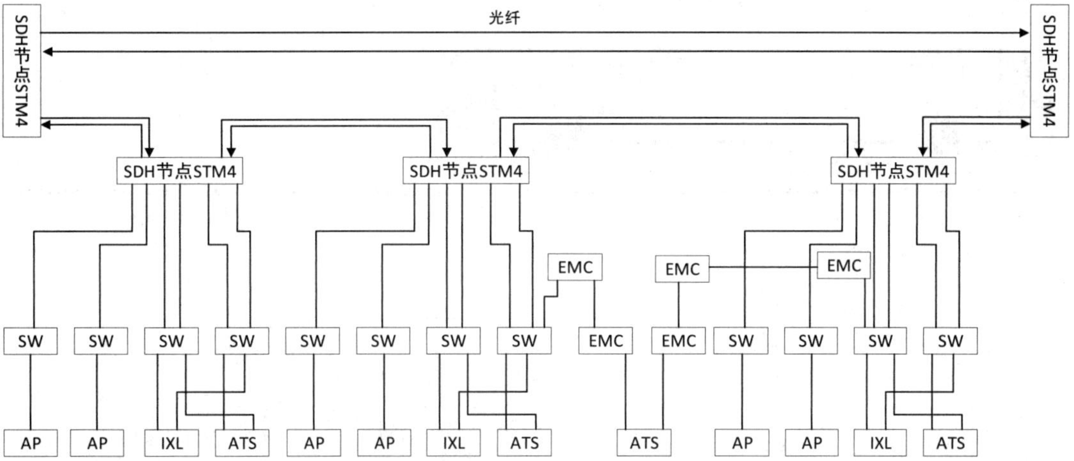

SW—以太网交换机；IXL—联锁；EMC—光电转换器

图 9-7　车站的有线网络结构

在每个集中站都设置有 SDH 节点，另设两台光接口交换机和两台电接口交换机。光接口交换机用于连接远程的设备(如 DCS 无线接入点)，而电接口交换机用于连接本地与非集中站的设备。信号子网和 ATS 子网共用电接口交换机，数据流通过 VLAN 相互隔离。在未安装 SDH 设备的非设备集中站，通过光电转换器(EMC)将 ATS EPLAN 连接至两侧最近的 SDH 节点站。OCC 的 SDH 节点配置和设备集中站的相同，如图 9-8 所示。

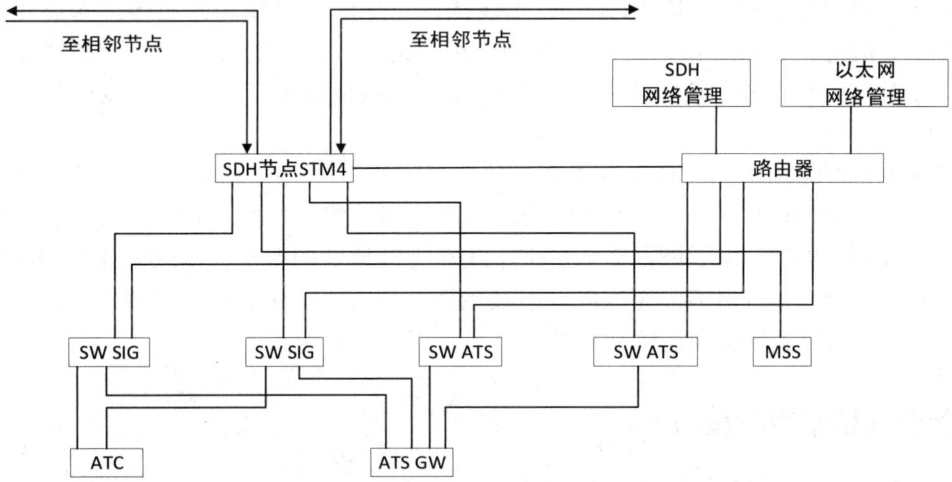

SW—以太网交换机；GW—网关；SIG—信号

图 9-8　OCC 的有线网络结构

二、无线网络

DCS 无线网络用于实现车辆与地面系统的无线通信，它由位于轨旁的无线接入点(AP)、耦合单元、波导管、车载无线天线和车载无线调制解调器组成。DCS 无线网络采用冗余结构，由红网和蓝网组成，它们用于承载车载和轨旁 CBTC 系统间信号数据流的通信。

DCS 无线系统的典型结构如图 9-9 所示。

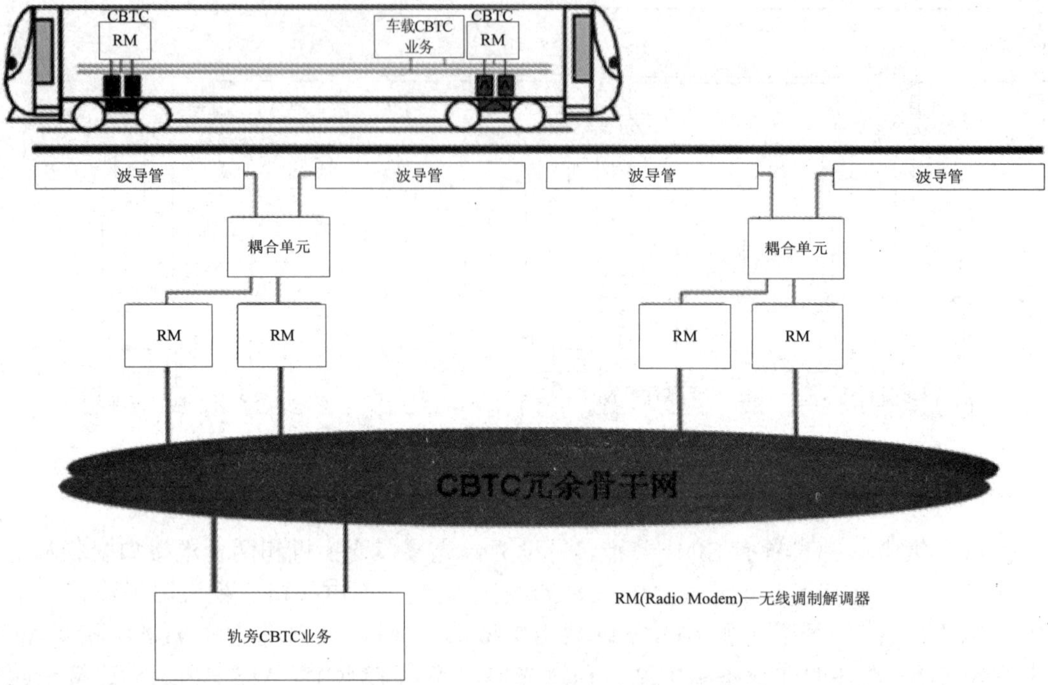

图 9-9　DCS 无线系统的结构

每个 TRE(轨旁无线设备)由红、蓝无线接入点组成，此红、蓝无线接入点与其各自的无线网络相连接。TRE 的红、蓝无线接入点分别通过不同的光纤与有线网络连接。每个红、蓝无线接入点分别连接到各自的耦合器上，耦合器将红、蓝网无线信号耦合到波导管上传输。

DCS 无线网络通信系统根据隧道特性及界限等条件在正线全线(含岔区)实现无线网络的冗余、连续的全覆盖，以满足列车无线通信的连续性和可靠性。同时，DCS 在试车线也设置独立的无线冗余覆盖区域，以满足试车线对无线通信的要求。车载无线调制解调器在无线覆盖区域能与无线网络快速完成握手及授权并接入，以保证列车正常投入运营及故障恢复满足系统功能、性能及运营效率要求。

三、数据通信系统的接口

骨干传输网络(BTN)主要支持从 OCC 传输至车站和停车场的数据、控制/命令信息。与其连接的系统包含 ATS(本地、控制中心和停车场)、ATP/ATO 系统、联锁、信号 MSS、信号系统应用的无线传输系统(AP SIG)。

信号系统使用的接口有两类：RJ45 上的 100BASE-TX 以太网和光纤上的 1000BASE-LX。这些接口可确保如图 9-10 所示的连接。

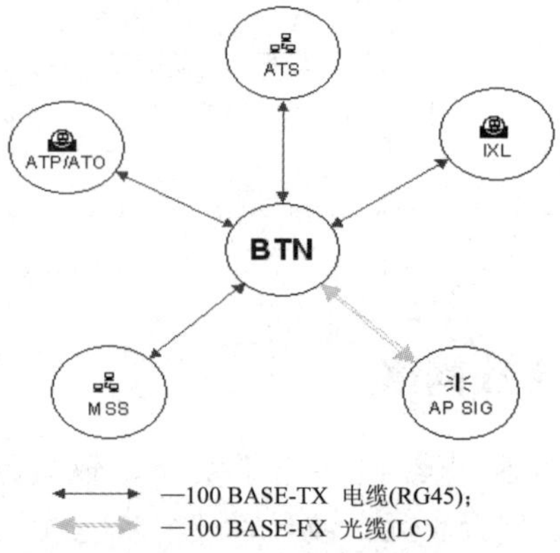

图 9-10　与 BTN 相关的系统

任务三　卡斯柯 DCS 子系统的功能

【工作任务】

(1) 掌握卡斯柯 DCS 子系统有线网络的功能。

(2) 掌握卡斯柯 DCS 子系统轨旁和车载无线网络的功能。

【知识准备】

一、有线网络

1. 有线网络典型设备组成

图 9-11 说明了 SDH 节点配置(OSN2500 型)与交换机的连接(交叉节点)。在该节点有四个光纤接口，两个用于连接内环的前节点和后节点，两个用于连接外环的前节点和后节点。

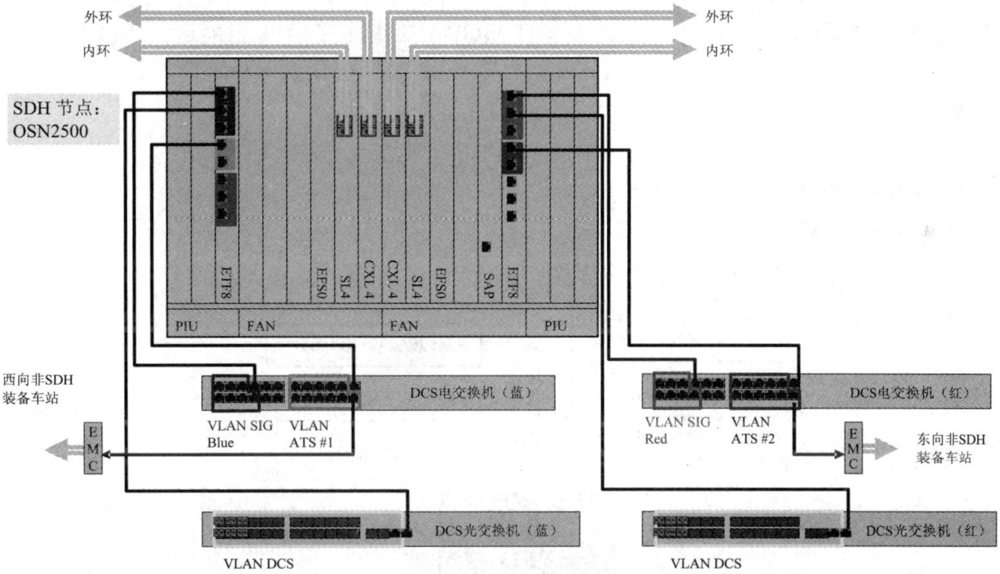

图 9-11　OSN2500 与交换机的连接

设备板描述如下：

(1) SAP(仅 OSN2500)：提供公务电话、板间通信和 PMU 功能。

(2) CXL4：STM-4 系统控制、交叉连接、光接口板，集 STM-4 线路处理单元、交叉单元、时钟单元和主控单元于一体。

(3) EFS0：带有局域网切换功能的快速以太网接口板，用于接入并处理 100BASE-FX、10/100BASE-TX 以太网信号。

(4) ETF8：8 路 10/100M 以太网接口板，用于接入并处理 8 路电口 FE 信号。

(5) FAN：风扇单元。在 OSN2500 配备有两个 FAN。

(6) PIU：电源输入单元。电源的引入和防止设备受异常电源的干扰。

(7) SL4：1 路 STM4 SDH 处理光接口板，用于站间节点，以连接内环。

2. DCS 有线网络功能

1) 骨干网(SDH)的功能

(1) 将 EPLAN 从 SDH 网络中分离到相应的接入交换机。或反之，将交换机的数据接入到 SDH 网络并传输。

(2) 当光纤出现故障时，确保业务信息能够重新配置并且转换到另一个方向进行数据传输。

(3) 当关键面板(如交叉连接、电源单元等)出现故障时，确保对设备的防护，并且不影响数据的传输。

(4) 自动监测 SDH 网络状态并向 SDH NMS 报告状态信息。

2) 接入网的功能

(1) 在集中站配备两台电接口交换机，用于连接 SIG 和 ATS 网络的设备，通过划分 VLAN 来进行网络隔离。

(2) 在集中站配备两台光接口交换机，用于连接远端的无线接入点。

(3) 在非设备集中站，通过光电转换器(EMC)将设备连接至两侧最近的 SDH 节点站。

二、无线网络

1. 轨旁无线网络

1) 轨旁无线基站

图 9-12 是关于波导管轨旁基站的详图。

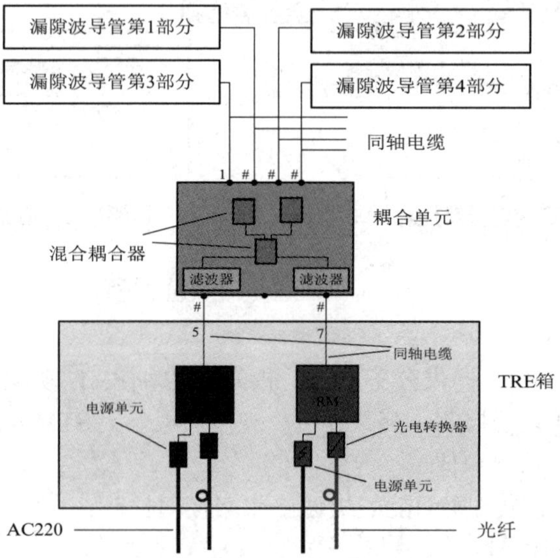

图 9-12　波导管轨旁基站

耦合单元由两个射频(RF)滤波器和三个混合耦合器组成，耦合单元与漏隙波导管连接，该设备的防护等级为 IP65。TRE 是配置于轨旁的无线传输设备，可与车载无线设备进行无线通信。其设备包括两个无线调制解调器、两个电源单元和两个光电转换器。无源耦合单元将两路无线信号耦合为单一信号，该无线频率信号通过 RF 电缆在波导管内传输。无源耦合器和 TRE 箱一般安装在隧道内的墙壁上，如果在其他区域(开阔地或高架)，将根据实际情况再确定其安装位置和方式。

2) 漏隙波导管

漏隙波导管由挤压断面、TEDLAR 涂膜层、聚酯盖组成，防护等级为 IP65，一般情况下安装于钢轨外侧。典型的安装方式为每段漏隙波导管的长度不大于 500 m，连接耦合单元到漏隙波导管馈电线缆长度不大于 15 m。

2. 车载无线网络

每辆列车内各安装两个无线调制解调器(红、蓝网)用于 CBTC 业务传输，每个无线调制解调器连接两个位于车体下方的天线(用于与波导管进行无线信息传输)。为满足列车双向行驶，以及根据安装条件有时候波导管安装在走行轨道的左侧，有时候安装在走行轨道的另一侧的情况，列车每端必须配置两个车载天线。

1) 车载天线

车载天线(包括安装支架、天线)安装在列车底部。

2) 无线调制解调器

DCS 的无线调制解调器是一个双重频带无线通信平台，专门设计用于地铁系统，其数据传输速率高且通信可靠。车载和轨旁无线通信系统使用相同的无线调制解调器。

任务四　卡斯柯 DCS 子系统的工作原理

【工作任务】

(1) 理解卡斯柯 DCS 子系统无线网络的工作原理。

(2) 基于 SDH 的传输和自愈原理，理解卡斯柯 DCS 子系统有线网络的工作原理。

【知识准备】

一、无线 DCS 子系统

1. 连续通信

无线系统的各个无线网络在轨道沿线构成一套重叠的无线覆盖区域。一个区域由相应基站连接的波导管产生。无线覆盖的原则如图 9-13 所示。

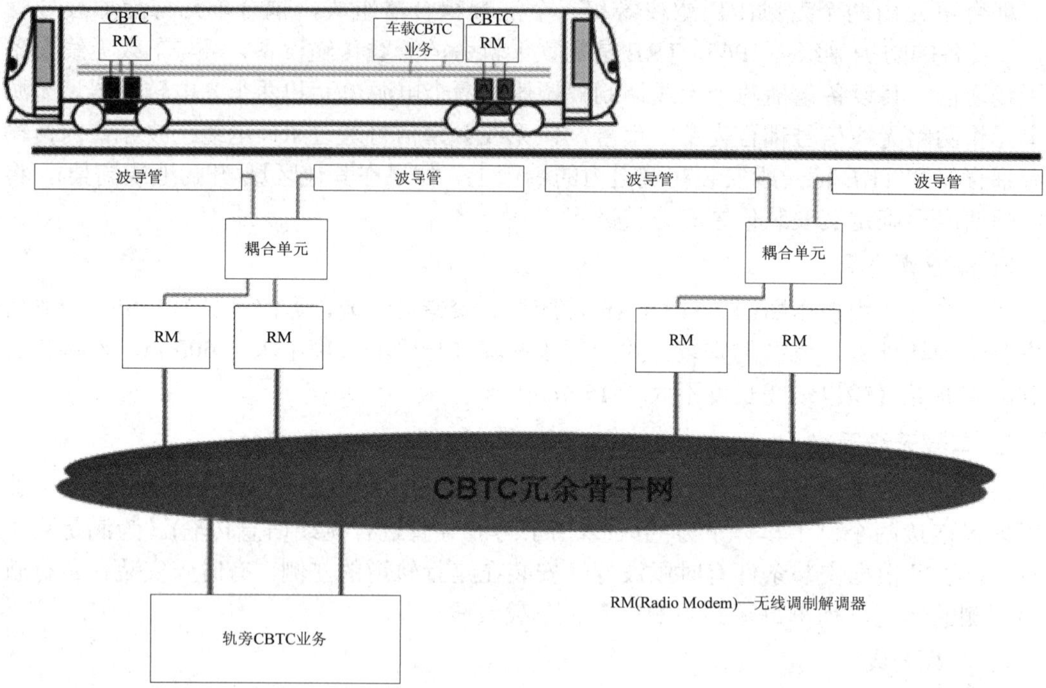

图 9-13　无线覆盖的原则

一个轨旁无线接入点能够覆盖的范围被称为无线小区。整个线路的无线覆盖是由连续重叠的无线小区组成的。一个无线小区内包含的无线网络有红网和蓝网，红、蓝车载无线调制解调器能与红色或蓝色的 AP 进行通信。

对于 CBTC 业务，红网(蓝网)车载无线调制解调器默认情况下与对应的红色(蓝色)接入点相关联。每个红网或蓝网无线调制解调器都存储了一个已授权无线网络的列表，用于连接。该列表由两个部分组成：主用无线网络和备用无线网络。红网车载无线调制解调器的无线网络列表如下：

(1) 主用无线网络 = 红色无线网络；

(2) 备用无线网络 = 蓝色无线网络。

蓝网车载无线调制解调器的无线网络列表与上述情况类似，不同的是，主用无线网络为蓝色，备用为红色。当红网(或蓝网)接入点出现故障时，红网(或蓝网)车载无线调制解调器可与其备用无线网络的蓝网(或红网)接入点部分建立连接。当车载无线调制解调器到达两个无线覆盖区域的重叠区域时，将进行接入点之间的切换。

2. 无线传输参数和最大应用信息吞吐量

车载红、蓝无线调制解调器和轨旁的红、蓝无线接入点采用 IEEE 802.11g 无线协议进行无线传输。CBTC 业务无线连接的吞吐量为 6 Mb/s，使用 OFDM 传播模式和 BPSK 调制。为了满足波导管无线传输性能的要求，根据环境条件的不同(直隧道、弯曲隧道和车站)，无线小区的覆盖范围在 600～800 m 之间变化。

3. 正常情况下的连续通信

图 9-14 显示了 DCS 无线系统如何能在列车沿轨道运行过程中为车载和轨旁系统提供

连续的通信连接。此时列车在隧道内运行，处于无线单元内。其车载红网调制解调器与红色接入点(A)相连；其车载蓝网调制解调器与蓝色接入点(A)相连。红网和蓝网列车无线调制解调器向红网或蓝网接入点(A)发送或从它们那里接收数据包。

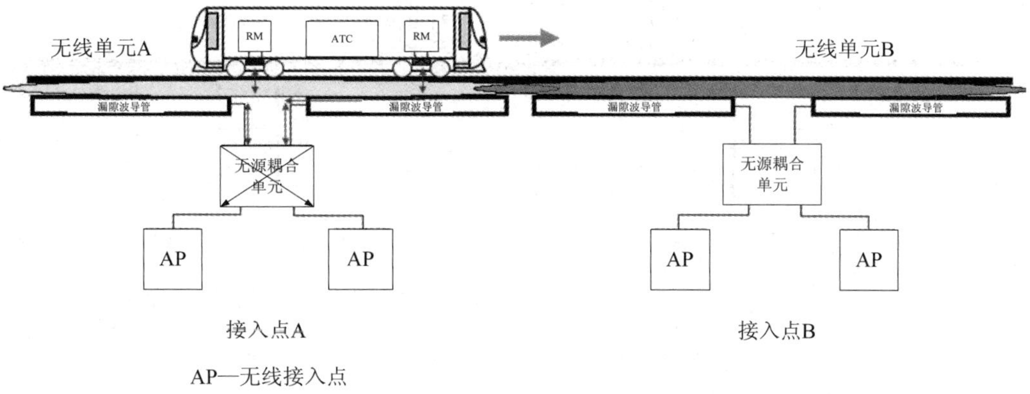

图 9-14　位于一个无线单元内的列车(波导管方式)

图 9-15 显示的是到达无线单元(A)和无线单元(B)之间重叠区域的列车。在此重叠区域内，列车红网无线调制解调器接收红网接入点(A)和红网接入点(B)定期发出的识别消息。列车红网无线调制解调器将测量和比较接收到的两个功率，当从红网接入点(B)接收到的功率高于从红网接入点(A)接收到的功率时，无线连接将从红网接入点(A)切换到红网接入点(B)。

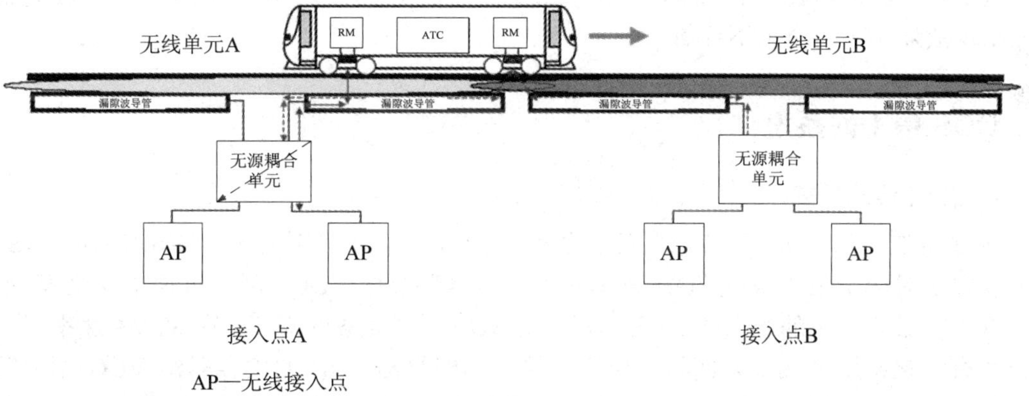

图 9-15　列车进入无线单元 A 和无线单元 B 的重叠区域

当从红网接入点 B 接收到的信号高于从红网接入点 A 接收到的信号时，红网车载无线调制解调器将执行下列任务：

(1) 停止与接入点 A(红网)的通信；

(2) 停止与接入点 A(红网)的关联；

(3) 执行鉴定并与接入点 B(红网)关联；

(4) 继续与接入点 B 进行通信。

在完成上述四项任务后，红网和蓝网车载无线调制解调器如图 9-16 所示，位于无线单元 B 内。

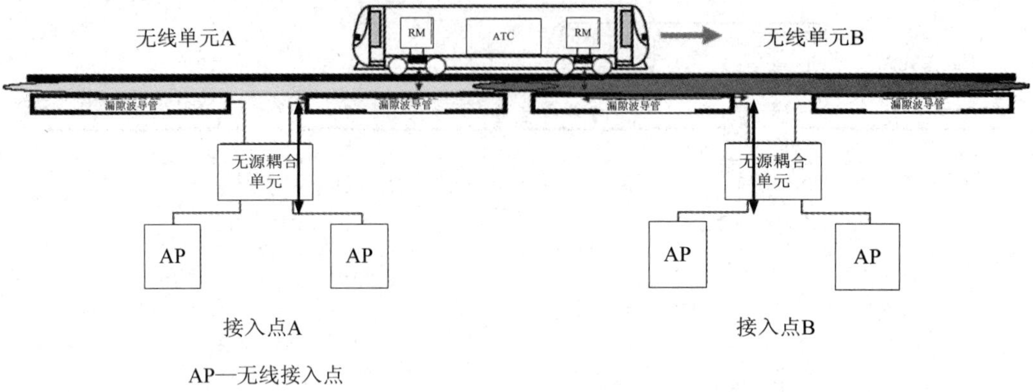

图 9-16　进入无线单元 B 的列车

红网车载无线调制解调器和蓝网车载无线调制解调器的交接绝不可能同时进行。也就是说，当一个车载无线调制解调器在进行切换时，另一个继续正常通信。

4. 故障情况下的通信

仅当主用无线连接由于接入点故障或无线网络故障而中断时，才建立备用无线连接。备用无线连接一直维持到列车无线调制解调器检测到主用无线连接切换后自动恢复。红网和蓝网是独立的，如果一个无线网络出现故障，另一个并不受影响；如果一个车载调制解调器出现故障，另一个也不受影响。

二、DCS 骨干网系统

1. SDH 传输原理

DCS 所选用的 SDH 节点均为冗余设置，选用的 STM 级别为 STM4(622 Mb/s)。SDH 标准规定了对应于某个现有 PDH 速率的“虚容器”数量。DCS 网络可使用 4 个 VC4 容器。VC4 容器带有小的容器(VC3 和 VC12)以适应不同业务的需要。在 STM4 速率下，网络会留有一定备用带宽以方便将来应用。接入的网络与 SDH 的虚容器组(VCG)相关联。每个 VCG 相关的数据流均为物理分离，并且每个 VCG 都能保证固定带宽。这样，不同 VCG 传输的数据流之间不会存在干扰。被接入网络的每种应用使用 SDH 核心网络通过一个或两个专用通道来传送数据，而这些通道与其他通道完全分开。

如图 9-17 所示，在 SDH 上配置了以下接入网：

(1) SIG EPLAN(冗余)：使用红网和蓝网，传输 ATP/ATO、联锁信息；

(2) ATS EPLAN(冗余)：使用深灰色和浅灰色网络，传输 ATS 信息；

(3) MSS EPLAN(非冗余)：使用绿色网络，传输 MSS 信息。

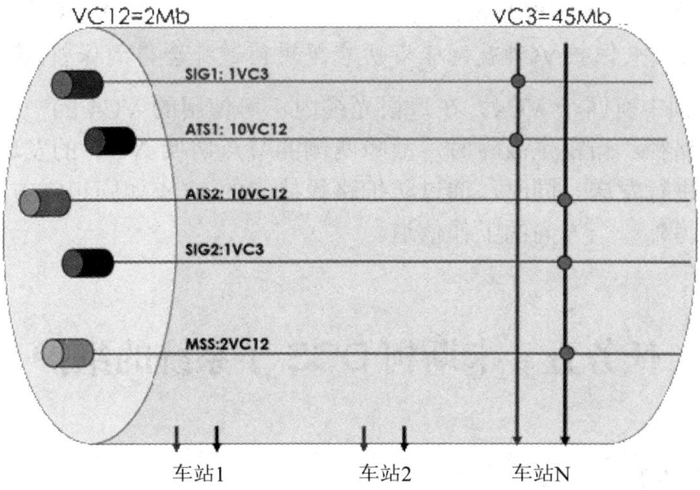

图 9-17　SDH 核心网络的应用

2. SDH 自愈原理

SDH 采用多种冗余方式，以下分别进行介绍。

1) 设备冗余

SDH 网络在 SDH 节点的电路板(电源板、交叉连接板、光接口板、处理板)完全按双套配置。当设备正常工作时，交叉连接的备用单元处于待机模式。待机单元不控制设备，不进行交叉连接以实现维护，也不为系统提供时钟。但是，其交叉连接矩阵设置和时钟配置与当前主机完全一致。在电路板切换时，SDH 核心网络重新配置时间小于 50ms。

根据业务特点来决定 SDH 节点的支路接口板。冗余网络(SIG EPLAN 和 ATS EPLAN)使用两个独立的支路接口板，它们之间不需要切换，但由业务应用处理其网络冗余。

2) 光纤防护和 SDH 网络的重新配置

SDH 核心网络通过光纤连接的方式可以得到全面的防护，甚至光纤被切断时，它也能在 50 ms 以内完成自身重新配置。当光缆修复好时，系统在 10 min 内(该时间可配置)自动恢复保护模式，并切转回正常运行模式。SDH 光缆防护原理如图 9-18 所示。

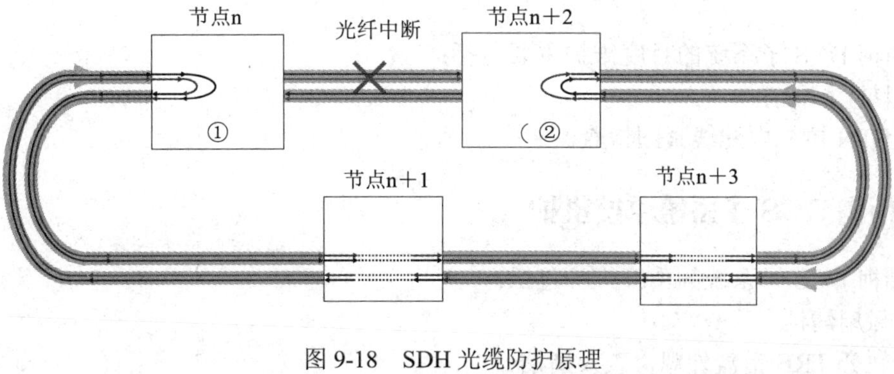

图 9-18　SDH 光缆防护原理

SDH 光纤环网选用的光纤保护方式为 MS-SP(复用段共享防护)环。此保护运行在 VC4 级，以确保为网络中的所有数据提供一种快速防护机制。

注意：VC4 是一个高级虚容器，其中一些小的虚容器，如 VC3 和 VC12，会连接在 VC4 上(SDH 层)。因此，保护 VC4 就意味着所有逻辑信道都会得到保护(基于 VC3 和 VC12)。

一个 STM4 帧中有四个 VC4。在每根光缆内，可使用的 VC4 的一半用于工作路径，其余的用于防护路径。当发生故障时，故障两侧的节点切换 VC4 的发送方向，由防护路径替代工作路径进行发送。同时，通过防护路径接收的 VC4 如同正常方式一样，被提取、分析，并发送至另外一个方向的工作信道。

任务五　卡斯柯 DCS 子系统的维护

【工作任务】

(1) 掌握卡斯柯 DCS 子系统日常维护流程及方法。
(2) 掌握卡斯柯 DCS 子系统月度维护流程及方法。
(3) 掌握卡斯柯 DCS 子系统季度维护流程及方法。
(4) 掌握卡斯柯 DCS 子系统年度维护流程及方法。

【知识准备】

一、卡斯柯 DCS 子系统日常维护

卡斯柯 DCS 子系统的日常维护包括：
(1) 每日巡视设备房 BTN 机柜、光电交换机。
(2) 车载 DCS 子系统，包括车载信标天线、车载 MRE 状态检查。
(3) 每日 NMP DCS、NMS IP 巡视，查看全线 DCS 设备工作状态。

二、卡斯柯 DCS 子系统月度维护

卡斯柯 DCS 子系统的月度维护主要包括：
(1) 防尘网除尘。
(2) BTN 机柜内配线紧固检查。

三、卡斯柯 DCS 子系统季度维护

卡斯柯 DCS 子系统的季度维护包括：
(1) 风扇清洁。
(2) 轨旁 TRE 箱盒外观检查及清洁。
(3) 箱盒密封性检查。
(4) 箱盒接地检查。

(5) 馈线外观及密封性检查。

(6) 波导管接地线检查。

(7) TRE 设备安装检查且防松标识完好。

(8) 车载 DCS 天线、车载 MRE 箱外观清洁。

(9) 车载 DCS 天线、车载 MRE 固定螺丝，连接电缆、接头。

四、卡斯柯 DCS 子系统年度维护

卡斯柯 DCS 子系统的年度维护在季度维护的基础上还包括：

(1) 轨旁 TRE 及附属设备(含波导管、耦合单元、RF 馈线)的安装检查，确保固定螺丝无锈蚀、脱落。

(2) TRE 箱内部模块检查。

(3) 波导管无线信号覆盖检查。

(4) 波导管连接件紧固。

(5) 车载 DCS 天线功能测试。

(6) MRE、中继器功能测试。

五、注意事项

注意事项如下：

(1) 维护人员应穿戴好劳动防护用品，做好“三预想”：工作前要预想联系、登记、检修准备、防护措施是否妥当；工作中要预想有无漏检、漏修和只检不修及造成妨害的可能；工作后要预想是否检和修都彻底，复查试验、加封加锁、注销登记手续是否完备。

(2) 拆装设备时不对设备本身造成损害。

习　　题

1. 简述卡斯柯 DCS 子系统的主要特点。
2. 简述波导管技术的主要优点。
3. 简述卡斯柯 DCS 子系统有线网络和无线网络的构成。
4. 简述卡斯柯 DCS 子系统日常及月度维护流程与方法。
5. 简述卡斯柯 DCS 子系统季度及年度维护流程与方法。
6. SDH 采用哪些冗余方式？
7. SDH 的传输原理是什么？
8. 简述 DCS 有线网络的功能。
9. SDH 节点(OSN2500 型)包括哪些设备板？
10. 简述卡斯柯 DCS 子系统的接口。

附录　轨道交通信号系统常用中英文对照表

缩　写	中　文	英　文
2oo2	二取二通道配置	2 out of 2 channel configuration
2oo3	三取二通道配置	2 out of 3 channel configuration
	A	
AC	交流电	Alternating Current
AC	信标 /计轴	Axle Counter
ACS	计轴系统	Axle Counter System
ADC	自动关门	Auto Door Close
ADO	自动开门	Auto Door Open
ADM	系统工作管理站、系统管理器	Administrator Workstation
ADP	活动距离验证	Activation Distance Proving
AFC	自动售检票系统	Auto Fare Collection
AID	经核准的输入数据	Approved Input Data
ALARP	合理实现低水平	As Low As Reasonably Practicable
ALF	自动逻辑后备	Automatic Logic Fallback
AM	列车自动驾驶(列车驾驶模式)(也是 ATO 模式)	Automatic train operation (mode)
AMC	自动驾驶模式(有司机)	Automatic Mode Controlled(with Driver)
ANSI	美国国家标准协会	American National Standards Institute
AP	接入点/安全包络/自动防护	Access Point/Automatic Protection
API	应用程序接口	Application Programming interface
APU	放大器单元	Audio Power Unit
AR	自动折返	Automatic Reversal Operation
ARS	自动进路排列	Automatic Route Setting
AS	管理服务器/接入交换机	Access Switch
ASK	幅移键控	Amplitude Shift Keying
ATB	自动折返按钮/自动折返(模式)	Automatic Turnback Button/Automatic Turn Back
ATC	列车自动控制	Automatic Train Control
ATO	列车自动运行	Automatic Train Operation
ATP	列车自动防护	Automatic Train Protection
ATR	列车自动调整	Automatic Train Regulation

续表一

缩　写	中　文	英　文
ATS	列车自动监控	Automatic Train Supervision
ATSA	阿尔斯通交通股份有限公司	Alstom Transport S.A.
AU	自动排列进路模式	Automatic routing mode
AX	安全型继电器	Safety Type Relay
AZS	计轴系统	Axle Counting System
	B	
BA	应答器天线	Balise Antenna
BAS	设备监控系统/楼宇自动化系统	Building Automation System
BAZ	接近区域边界	Boundary Approach Zone
BER	误码率	Bit Error Rate
BM	点式 ATP 防护后备模式	Standard Block Mode
BS	骨干交换机	Backbone Switch
BSR	闭塞速度限制	Block Speed Restriction
BV	证实旁路	Bypass Validation
By	旁路(列车驾驶模式)	Bypass (train operation mode)
	C	
CAD	计算机辅助列车调度	Computer Aided Dispatch
CASCO	卡斯柯信号有限公司	CASCO SIGNAL LTD.
CATS	中心 ATS	Central ATS
CBI	冗余联锁/计算机联锁	Computer Based Interlocking
CBTC	基于无线通信的列车控制	Communication Based Train Control
CC	车载控制器/中央控制	Carborne Controller/Central Control
CCT	组合 CDMA / TDMA	Combined CDMA / TDMA
CCTV	闭路电视/电视监视器	Closed Circuit Television
CH	通道	Channel
CI	计算机联锁	Computer Based Interlocking
CIS	计算机联锁系统	Computer Interlocking System
CL	与本地连接建立	Connect Location
CLOW	中央联锁工作站	Center Locking Workstation
CM	配置管理	Configuration Management
CML	车组管理清单	Cargroup Management List

续表二

缩 写	中 文	英 文
CNR	车组号报告 SQL 脚本	SQL-script for crew number report
COM	通信系统，通信服务器	Communication System，Communicator Workstation
COCC	中心 OCC	Central operation control centre
COTS	商业化的现货供应	Commercial Off The Shelf
CPS	中央计算机系统	Central Processing System
CPU	中央处理单元	Central Processing Unit
CRC	循环冗余码	Cyclic Redundant Code
CRT	阴极射线显示器	Cathode-Ray-Tube
CRU	车载无线单元	Carborne Radio Unit
CS	中央服务器	Center Server
CSC	非接触智能卡	Contactless Smart Card
CST	非接触智能筹码	Contactless Smart Token
CTC	调度集中、连续式通信控制级	Centralized Traffic Control、Contionuous Train Control
CTCS	中国列车控制系统	Chinese train control system
CTC-SM	连续式通信控制级下的 SM 驾驶模式	Centralized Traffic Control-SM
CU	运算单元/耦合单元	Computing unit/passive coupling unit
D		
dB	分贝	Decibel
DB	数据库	Database
DC	直流电	Direct current
DCC	车辆段、停车场控制中心	Depot Control Center
DCS	数据通信系统	Data Communication System
DDC	数字直接控制器	Direct Digital Controller
DEK	计轴车轮传感器	Axle Counter Wheel Sensor
DID	目的地号	Destination Identification
DL	与本地连接中断	Disconnect Location
DLM	设计联络会	Design Liaison Meeting
DMI	车载显示器、司机显示单元、驾驶室显示屏	Driver Machine Interface、Driving Monitor Interface
DOT	行车方向	Direction Of Travel
DPS	车辆段服务对话框	Depot Service Dialog
DRB	无人折返按钮	Driverless Return Button

续表三

缩　写	中　文	英　文
DRI	无人折返表示器	Driverless Return Indication
DSU	数据服务单元/数据存储单元	Data Service Unit / Data Storage Unit
DTI	发车指示器、发车计时器	Departure (Dwell) Time Indication
DTRO	无人自动折返	Driverless Train Reversal Operation
DVA	数字语音广播器	Digital and Audio Announcements
E		
EB	紧急制动	Emergency Brake
EBM	增强型后备模式	Enhance Block Mode
EC	紧急中心越权控制	Emergency Central Override
ECC	元件(单元)控制计算机	Element control computer
ECC-CU	元件控制计算机-运算单元	Element control computer-computing unit
ECS	环境控制系统	Environment Control System
EIM ECC	元件接口模块　元件控制计算机	Element interface module element control computer
EIRP	有效全向辐射功率	Effective Isotropic Radiated Power
EL	紧急车站越权控制	Emergency Local Override
E&M	机电	Electrical & Mechanical
EMC	电磁兼容/以太网媒体转换器(电/光)	Electromagnetic compatibility/Ethernet Media Converter
EMCS	车站设备监控系统	Electrical and Mechanical Control System
EMI	电磁干扰	Electric Magnetic Interference
EMP	紧急停车按钮	Emergency Stop Plunger
EN	欧洲标准	European standard
EOA	列车前方 AP 的尾部位置(地址终端、移动授权终点)	End of Movement Authority
EOD	设备运行参数	Equipment Operating Data
EP	电空制动	Electro Pneumatic Brake
EPS	紧急电源(包括 UPS)	Emergency Power Supply (incl. Uninterrupted Power Supply (UPS))
ERTMS	欧洲铁路交通管理系统	European Rail Traffic Management System
ESA	紧急停车区域	Emergency Stop Area
ESB	紧急关闭(停车)按钮	Emergency Stop Button
ESP	紧急关闭按钮/紧急停车活塞	Emergency Stop Plunger
ETCS	欧洲列车控制系统	European Train Control System

续表四

缩 写	中 文	英 文
	F	
FALKO	时刻表验证和时刻表生成	Timetable Validation and Timetable Construction
FAS	防灾报警系统	Fire Alarming System
FAT	工厂验收测试	Factory Acceptance Tests
FDU	前部显示单元	Frontal Display Unit
FEP	前端处理器	Front End Processor
FHA	故障危害分析	Fault Hazard Analysis
FM	频率调制	Frequency Modulation
FMEA	故障模式影响分析	Failure Mode Effect Analysis
FMECA	故障模式影响&危险程度分析	Failure Mode Effect & Criticality Analysis
FOC	光缆	Fibre Optic Cables
FSB	全常用制动	Full Service Braking
FSFB	故障安全总线	Fail Safe Field Bus
FSFB2	故障安全现场总线第二代	Fail Safety Field Bus / 2 generation
FSK	频移键控	Frequency-shift keying
FTA	故障树分析	Fault Tree Analysis
FTP	文件传输协议	File Transfer Protocol
	G	
GB	中国国家标准(GuoBiao)	National Standards，China
GCC	图形监视计算机	Graphic Control Computer
GEBR	可保证的紧急制动率	Guaranteed Emergency Brake Rate
GONG	声音模拟	Sound animation
	H	
HDLC	高级数据链通信协议	High level Data Link Communication protocol
HMI	人机界面/接口/车站工作站/现地控制工作站	Human Machine Interface
HPTS	串行连接传输处理器	Serial Link Transmission Handler
HSCB	高速断路器	High Speed Circuit-Breaker
HW	硬件	Hardware
	I	
I/O	输入/输出	Input/output
IBP	综合后备盘/综合按钮盘	Instancy Back-Up Panel / Integrated Button Panel

续表五

缩　写	中　文	英　文
ICD	接口控制数据库	Interface Control Database
ICF	接口控制表	Interface Control Form
IDC	清结算数据中心	Intermodality Data Center
IDU	内部显示单元	Internal Display Unit
IEC	国际电工技术委员会	International Electrotechnical Commission
IF	接口	Interface
IFS	接口服务器	Interface Server
IHA	接口危险性分析	Interface Hazard Analysis
IL	联锁	Interlocking
IL bus	联锁总线	Interlocking bus
ILC	联锁控制器	Interlocking Controller
ILD	联锁对话框	Interlocking Dialog
iLock	安全型计算机联锁	Vital Processor Interlocking
INOM	输入/输出操作模块	Input/Output operating module
IntlC	联锁内核	Interlocking core
IOC	输入输出计算机	Input Output Computer
IP	互联网协议	Internet Protocol
ISCS	综合监控系统	Integrated Supervisory Control System
ISO	国际标准化组织	International Standards Organization
	K	
KS	按键开关	Key Switch
	L	
LAN	局域网	Local Area Network
LATS	本地 ATS(车站 ATS)	Local ATS
LC	本地控制(站控)/线路控制器	Local Control/Line Controller
LCC	生命周期成本	Life Cycle Cost
LCD	液晶显示器	Liquid Crystal Display
LCP	本地控制盘	Local Control Panel
LCW	本地控制工作站	Local Control Workstation
LW	漏隙波导	leaky waveguide
LED	发光二极管	Light-Emitting Diode

续表六

缩　写	中　文	英　文
LEU	轨旁电子单元/线路编码单元(欧式编码器)	Lineside Electrical Unit
LIDI	列表显示	List display
LLC	逻辑链路控制	Logical Link Control
LoT	列车列表	List of Trains
LOW	现地工作站/本地操作员工作站	Local Operator Workstation
LRU	线路可更换单元	Line Replaceable Unit
	M	
MA	移动授权	Move Authority
MAATR	ATR 对话框	Mask program for ATR
MAFPL	时刻表操作对话框	Mask program for timetable operation
MAL	移动授权限制	Move Authority Limit
MARP	记录和回放对话框	Mask program for record and playback
MASCRIP	报告处理对话框	Mask program for reports
MASTRIA™	MASTRIA™是 ALSTOM 的标准产品，包涵一系列 ATC 系统，包括 ATP 和 ATO	MASTRIA™ is an ALSTOM standard signaling product including ATC system such as ATP and ATO
MASTW	联锁指令对话框	Mask program for interlocking commands
MAZ	移动授权区域	Movement Authority Zone
MAZLV	TMM 对话框	Mask program for TMM
MC	动车	Motor Car
MCB	小型电路断路器	Miniature Circuit Breaker
MCBF	运行设备两次损坏之间的次数	Mean Cycles Between Failure
MCS	人工车载信号模式(ATP 保护下的手动驾驶模式，手动 ATP 模式)	Manual Cab Signal
MDC	手动关门	Manual Door Close
MDO	手动开门	Manual Door Open
ME	存储互换模块	Memory Exchange
MF	人工带后备进路模式或 Microlok II 故障	Manual with Fallback routing mode or Microlok II Failure
MIB	维护信息库	Maintenance Information Base
MMI	人机界面/中央工作站	Man-machine interface
MMS	维护监测系统	Maintenance Monitoring System
MN	人工无后备进路模式	Manual with no Fallback routing mode

续表七

缩 写	中 文	英 文
MOC	建设部	Ministry Of construction
MOCS	城市轨道交通运营控制系统	Metro Operation Control System
Mp	带受电弓的动车	Motor Car With Pantograph
MPU	主控单元	Main Processor Unit
MSC interface	平交道口信号接口	Signal interface for level crossings
MSS/MMS	维护支持/检测/监测系统	Maintenance Support System
MSTP	多业务传输平台	Multi-Service Transmission Platform
MT	城市轨道交通	Mass transit
MTBCF	致命故障平均间隔时间	Mean Time Between Failures
MTBF	平均故障间隔时间、平均无故障时间	Mean Time Between Failure
MTBRSF	平均安全侧故障间隔时间	Mean Time Between Right Side Failure
MTBSF	平均运行故障间隔时间、平均无故障运行时间	Mean Time Between Service Failure
MTBWSF	平均危险侧故障间隔时间	Mean Time Between Wrong Side Failure
MTIB	轮径校准信标、列车移动初始化信标	Moving Train Initialisation Beacon
MTTF	平均失效前时间	Mean Time To Failures
MTTR	平均故障修复时间	Mean Time To Repair
MTTRS	平均系统还原时间	Mean Time To Restore the System
MVB	多功能车辆总线	Multifunction Vehicle Bus
MWS	维护工作站	Maintenance Work Station
	N	
NIAP	无标识自动防护	Non-Identified Automatic Protection
NMS	网络管理系统	Network Management System
NRM	非限制人工驾驶模式(ATP 切除)	Non Restricted Train Operation Mode
NTAP	无通信自动防护	Non Talkative Automatic Protection
	O	
OBCU	车载控制单元/车载计算机单元	On-Board Control Unit
OBCU_ITF	车载控制单元接口元件	Interface component of OBCU
OBCU_ATO	ATO 车载单元	ATO on-board control unit
OBCU_ATP	ATP 车载单元	ATP on-board control unit
OBCU_DIS	分配器(分配数字和非数字输入和输出信号以及电源，并将电缆连接到模块和外部设备)/车载控制器配电盘单元(为列车分配信号)	DIS on-board control unit

续表八

缩　写	中　文	英　文
OCC	控制中心	Operation Control Centre
ODD	车载诊断数据(报文)	On-board Diagnose Data
ODI	操作和显示接口	Operation and display interface
OFDM	正交频分复用技术	Orthogonal Frequency Division Multiplexing
OLM	光连接模块	Optical link module
OMAP	车载调试软件	Outil de Mise Au Point(法语)
OOE	车载运营事件(报文)	On-board Operational Event
OOS	车载运营状态(报文)	On-board Operational Status
OPD	车载屏蔽门(报文)	On-board platform door
OPG	测速电机(里程脉冲发生器)	Odometer pulse generator
OPR	车载位置报告(报文)	On-board Position Report
OPS	操作	Operations
O&SHA	运行及支持危险性分析	Operating & Support Hazard Analysis
OSI	开放系统互联	Open System Interconnection
OSP	运营停车点	Operational Stop Point
OTN	开放传输网络	Open Transport Network
OVR	冒进	Overrun
	P	
PA	车站广播系统	Public Addressing
PB	动车转向架	Powered Bogie
PC	个人计算机	Personal Computer
PC(Interlocking)	道岔控制	Point Control
PCI	外围设备互连	Peripheral component interconnect
PDI	站台发车计时器	Platform Departure Indicator
PDI(software)	过程数据接口协议	Process data interface
PDU	配电装置	Power Distribution Unit
PEACC+	符合CENELEC和CMM要求的西门子研发流程	Product Engineering according to CENELEC and CMM
PEC	乘客紧急呼叫	Passenger Emergency Call
PEP	紧急停车按钮	Platform Emergency Pushbutton
PESB	站台紧急停车按钮	Platform Emergency Stop Button

续表九

缩 写	中 文	英 文
PF	电源故障	Power Failure
PHA	初步危险分析	Preliminary Hazard Analysis
PIS	乘客信息系统	Passenger Information System
PIIS	乘客导向系统(轨旁)	Passenger Information and Indication System (trackside)
PIN	个人身份号码	Personal Identification Number
PIS	乘客信息系统(车载)	Passenger Information System (onboard)
PL	运行等级	Performance Level
PLC	可编程逻辑控制器	Programmable Logic Controller
PMA	定期维修分析	Preventative Maintenance Analysis
PMU	电源管理单元	power management unit
POM	道岔操作模块	Point operating module
POP	防护点/危险点	Point of Protection
POR	限制点	Point of Restriction
PPP	点对点协议	Point to Point Protocol
PSC	电源控制	Power Supply Control
PSD	站台屏蔽门/站台门	Platform Screen Door
PSM	输入校验分配程序	Program to coordinate and check all inputs
PSR	固定限速/永久限速	permanent Speed Restriction
PSS	供电系统	Power Supply System
PSU	供电装置	Power Supply Unit
PSY	电源	Power Supply
PTI	列车主动识别	Positive Train Identification
PVID	永久性车组编号	Permanent Vehicle Identification
PVU	便携式验票机	Portable Verifying Unit
	Q	
Q.C.D.S	质量、成本、交期、服务	Quality Cost Delivery Service
QoS	服务质量	Quality of Service
	R	
RAM	可靠性、可用性、可维护性	Reliability，Availability，Maintainability
RAMS	可靠性、可用行、可维护性和安全性	Reliability，Availability，Maintainability and Safety

续表十

缩　写	中　文	英　文
RAP	记录与回放	Record and Play
RB	重定位信标/无线骨干网	Relocalization Beacon/Radio Backbone
RC	进路控制/无线通信	Route Control/Radio Communication
RDCS	无线数据通信系统	Radio Data Communication System
RF	射频/无线电信号	Radio Frequency
RFI	射频干扰	Radio Frequency Interference
RIA	铁路行业协会	Railway Industry Association
RM	限制人工驾驶模式/车载无线调制解调器/ATP 限制人工驾驶模式，RMF(前)/RMR(后)/	Restricted Manual (train operation mode)/Radio Modem/Restricted Mode
RP	参考点	Reference Point
RPS	背投系统	Rear Projection System
RSF	安全侧故障	Right Side Failure
RS/RST	车辆	Rolling Stock
RTU	远程终端单元	Remote Terminal Unit
S		
SACEM	驾驶、操作及维护支持系统	Système d'Aide à la Conduite，à l'Exploitation et à la Maintenance(法语)
S&D	服务与诊断系统	Service and Diagnostic System
SC	信号控制	Signal Control
SCA	电力监控系统	SCADA
SCADA	电力监控系统/监督控制与数据获取	Supervisory Control And Data Acquisition
SCC	车站控制计算机	Station Control Computer
SCIL	安全关键项目清单	Safety Critical Item List
SDH	同步数字系列	Synchronous Digital Hierarchy
SDT	站停时间	Station Dwell Time
SEMI-TVM	半自动售票机	Semi-automatic Ticket Vending Machine
SER	信号设备室	Signaling Equipment Room
SGD	静态线路数据库(轨道描述)	Static Guideway Database(Track description)
SHA	子系统危险性分析	Sub-system Hazard Analysis
SIC	车站接口箱	Station Interface Case
SICAS	西门子计算机辅助信号	Siemens Computer Aided Signalling

续表十一

缩　写	中　文	英　文
SICAS ECC	SICAS 单元控制计算机/西门子计算机联锁系统元件控制计算机	Siemens Computer Aided Signalling Element Control Computer
SICAS ECC ODI	SICAS ECC 操作和显示接口	Siemens Computer Aided Signalling Element Control Computer Operation and Display Interface
SIG	信号设备供货商的统称/信号 ATP/ATP+CI	Signalling; the lot who is supplying the signalling equipment
SIL	安全完善度等级	Safety Integrity Level
SIM	信号接口管理	Signalling Interface Management
SIMIS	西门子的故障-安全微机系统	Fail-safe microcomputer system from Siemens
SLC	西门子(中国)有限公司	Siemens Limited China
SM	ATP 监督的人工驾驶模式(列车驾驶模式)	Supervised manual train operation (train operation mode)
SN	西门子标准	Siemens Standard
SNMP	简单网络管理协议	Simple Network Management Protocol
SOM	信号操作模块	Signal operating module
SP	停车点	Stopping Point
SPS	车站计算机系统	Station Processing System
SR	车站报告的 SQL 脚本/速度限制	SQL-script for station report/Speed Restriction
SRU	车间可替换单元	Shop Replaceable Unit
SSCX	西门子信号有限公司	Siemens Signalling Company Ltd. (Xi'an)
SSHA	子系统危险性分析	System and Sub-System Hazard Analysis
SSP	运营停车点(在站台停好之后，车头所在的点)	Service Stop Point
STDE	次级列车检测设备	Secondary Train Detection Equipment
STM	同步传输模块	Synchronous Transfer Module
STO	半自动列车驾驶	Semi-Automatical Train Operation
SV	电源	Power supply
SVPRN	打印机管理器程序	Printer manager
SW	软件	Soft Ware
SZ1/2	线路 1/2 的限速区段	Speed Zone on track 1/2
	T	
T&S	培训与模拟	Training and Simulation
TB	中国铁道部标准	Standards of MoR，China

续表十二

缩　写	中　文	英　文
TBD	待定义，待规定	To be Defined
TBEx	拖车外转向架	Trailer Bogie -External
TBIn	拖车中间转向架	Train Bogie -Intermediate
TBU	踏面制动单元	Tread Brake Unit
T&C	试验&调试	Testing & Commissioning
Tc	拖车	Trailer Car
TC	轨道电路	Track Circuit
TCC	轨道交通路网管理服务中心	Traffic Control Centre
TCB	轨旁接线箱	Trackside Connection Box
TCMS	列车控制管理系统	Train Control Management System
TCP	传输控制协议	Transmission Control Protocol
TCP/IP	传输控制 / 网络协议	Transmission Control Protocol/ Internet Protocol
TDB	线路数据库	Track Data Base
TDCL	车门关闭锁紧信息	Train Doors Closed Locked
TDMA	时分多址	Time Division Multiple Access
TDMS	列车数据管理系统	Train Data Management System
TDST	时间有关的饱和传输	Time Dependent Saturation Transfer
TDT	发车计时器、发车表示器	Train Departure Timer
TEL	通信系统(列车无线接口)	Telecommunication (Interface to train radio)
TGI	列车运行图	Train Graph Indication
TID	列车追踪号	Tracking Identification
TIMS	列车集成管理系统	Train Integrated Management System
TIS	运营信息系统	Travel Information System
TTL	时刻表装载	Timetable Loading
TIMS	列车信息管理系统/ = TCMS	Train information management system
TLE	站场图编辑器	Track Layout Editor
TMM	列车运行监视(对话框)	Train Movement Monitoring (Dialog)
TMS	列车管理信息系统	Train Integrated Management System
TMT	列车监视和追踪	Train Monitoring and Tracking
TORR	列车运行进路解锁	Train Operated Route Release
TPC	牵引功率控制	Traction Power Control

续表十三

缩 写	中 文	英 文
Trainguard MT	西门子的基于移动闭塞的 ATC 系统	Siemens Moving Block based ATC System
TRC	列车排路计算机	Train Routing Computer
TRE	轨旁无线设备	Trackside Radio Equipment
TRN	培训	Training
TRPR	透明报文处理	Transparent telegram processing
TS	目标速度/终端服务器	Target Speed/Terminal Server
TSR	临时限速	Temporary Speed Restriction
TT	时刻表	Timetable
TTCO	时刻表比较	Timetable Comparison
TTM	时刻表管理	Timetable Management
TTR	车次报告的 SQL 脚本	SQL-script for train trip report
TTS	列车和轨道数据库服务器/时刻表系统	Train and Track Database Server/Timetable System
TTT	列车跟踪	Train Tracking
TVD	轨道空闲检查/计轴器	Track Vacancy Detection
TVDS	轨道空闲检查状态	Track Vacancy Detection Status
TVM	自动售票机	Ticket Vending Machine
TVS	轨道空闲状态	Track Vacancy Status
TVP	轨道空闲处理	Track Vacancy Processing
TWC	车地通信	Traffic Wayside Communication
	U	
UEVOL Urbalis	平台文件缩写	Abbreviation for Urbalis Platform documents
UHF	超高频	Ultra High Frequency
UNOM	通用输入/输出操作模块	Universal input/output Operating Module
UPS	不间断电源	Uninterrupted Power Supply
Urbalis888	Urbalis888 是 ALSTOM 用于中国项目的大客运量轨道交通解决方案的标准信号系统产品	Urbalis888 is an ALSTOM standard signaling product applied to a mass transit solution in Chinese Project
UTO	无人自动驾驶	Untended Train Operation
	V	
V	版本	Version
VA	有效的 CTC 请求	Validate CTC Request

续表十四

缩　写	中　文	英　文
VAU	计轴处理板	Axle Counter Processing Board
VHF	超高频	Very High Frequency
VICOS	车辆和基础设施控制和操作系统	Vehicle and Infrastructure Control and Operation System
VIO	安全输入输出	Vital Input Output
VLAN	虚拟局域网	Virtual Local Area Network
VTB	(移动闭塞下的)可变列车闭塞	Variable Train Block
VO	表决器模块	Voter
VPI	可视乘客信息	Visual Passenger Information
VR	车辆调整控制	Vehicle Regulation
VSP	安全停车点/安全速度曲线	Vital stopping point
V&V	验证与确认	Verification and Validation
VVVF	变压变频	Variable voltage Variable Frequency
W		
WAN	广域网	Wide Area Network
WCC	轨旁通信控制器	Wayside Communication Controller
WCN	轨旁通信网络	Wayside Communication Network
WCR		Wired CMV Receptacle
WCU	Trainguard MT 轨旁控制单元/轨旁室内设备	Trainguard MT Wayside Control Unit
WCU_ATP	WCU 的 ATP 元件	ATP Component of WCU
WCU_TTS	WCU 的 TTS 元件	TTS Component of WCU
WE	轨旁设备	Wayside Equipment
WLAN	无线局域网	Wireless Local Area Network
WMA	轨旁移动授权	Wayside Move Authority
WOBCOM	轨旁和车载通信通道	Wayside and on-board communication channel
WOD	轨旁运营数据(报文)	Wayside Operational Data
WOMAN	线路地图管理程序	Worldmap manager
WSF	危险侧故障	Wrong Side Failure
WSP	轮速传感器	Wheel Speed Sensor
X		
X11	透明图形接口	Transparent graphic interface

续表十五

缩　写	中　文	英　文
	Z	
ZC	区域控制器/移动授权	Zone Controller
ZLC	区域逻辑控制/车站计算机联锁	Zone Logic Control
ZP 43	计轴传感器	Axle Counter Head
ZVBA	零速制动施加	Zero Velocity Breaking Applied
ZVI	零速指示、零速信息	Zero Velocity Information
ZZA	PIIS 和 DTI 处理	Process for PIIS and DTI

参 考 文 献

[1] 宁波市轨道交通集团有限公司运营分公司. 信号维护员[M]. 成都：西南交通大学出版社，2017.

[2] 张玮，吴昕慧. 城市轨道交通列车运行自动控制系统维护[M]. 成都：西南交通大学出版社，2017.

[3] 黄浩勇，杨菁，付向明，等. 城市轨道交通信号联锁与 ATS 系统[M]. 成都：西南交通大学出版社，2016.

[4] 张建平. 城市轨道交通列车运行自动控制系统[M]. 成都：西南交通大学出版社，2016.

[5] 王磊，段立正，赖成红，等. 城市轨道交通车载信号系统[M]. 成都：西南交通大学出版社，2016.

[6] 李珊珊. 城市轨道交通列车运行控制系统[M]. 北京：化学工业出版社，2014.

[7] 林瑜筠. 城市轨道交通列车自动控制系统维护[M]. 北京：中国铁道出版社，2014.

[8] 贾毓杰. 城市轨道交通自动控制系统[M]. 北京：机械工业出版社，2017.

[9] 徐金祥，贺鹏，冲蕾，等. 城市轨道交通列车运行自动控制技术[M]. 北京：中国铁道出版社，2017.

[10] 吴金洪，张瑾，叶建忠，等. 城市轨道交通列车运行控制[M]. 北京：国防工业出版社，2014.

[11] 李锐，张国侯，穆中华. 城市轨道交通列车运行自动控制[M]. 合肥：中国科学技术大学出版社，2015.

[12] 付兵，杨菁. 中心信号设备检修[M]. 北京：人民交通出版社，2017.